世界数字友好共识
——汇聚人类思想之光　共建数字友好世界

杨　勇　刘泽枫　著

中国商务出版社
CHINA COMMERCE AND TRADE PRESS

图书在版编目（CIP）数据

世界数字友好共识：汇聚人类思想之光，共建数字友好世界 / 杨勇，刘泽枫著 .— 北京 : 中国商务出版社，2022.7（2023.5重印）

ISBN 978-7-5103-4297-4

Ⅰ.①世⋯ Ⅱ.①杨⋯ ②刘⋯ Ⅲ.①信息经济 Ⅳ.①F49

中国版本图书馆CIP数据核字(2022)第093747号

世界数字友好共识——汇聚人类思想之光　共建数字友好世界
SHIJIE SHUZI YOUHAO GONGSHI——HUIJU RENLEI SIXIANG ZHI GUANG　GONGJIAN SHUZI YOUHAO SHIJIE
杨　勇　刘泽枫　著

出　　　版：	中国商务出版社
地　　　址：	北京市东城区安定门外大街东后巷28号　邮　编：100710
责任部门：	教育事业部（010-64243016）
责任编辑：	刘姝辰
总 发 行：	中国商务出版社发行部（010-64208388　64515150）
网购零售：	中国商务出版社考培部（010-64286917）
网　　　址：	http://www.cctpress.com
网　　　店：	http://shop595663922.taobao.com
邮　　　箱：	349183847@qq.com
开　　　本：	980毫米 × 1240毫米　1/16
印　　　张：	21.5	字　　数：465千字
版　　　次：	2023年2月第1版	印　　次：2023年5月第2次印刷
书　　　号：	ISBN 978-7-5103-4297-4
定　　　价：	88.00元

凡所购本版图书有印装质量问题，请与本社总编室联系。（电话：010-64212247）

版权所有　盗版必究（盗版侵权举报可发邮件到此邮箱：1115086991@qq.com 或致电：010-64286917）

自　序

人类正在从工业文明进入数字文明时代，技术改变了经济，经济改变了社会。在这场长期的变革中，有几个根本性的问题需要解决：数字文明时代的创新和技术演进路径是怎样的？数字文明时代的经济形态和经济增长是怎样的？数字文明时代的社会治理结构是怎样的？数字文明时代复合型国际化创新人才、青年领军人物如何培养？如何建立起数字友好统一战线和全球大循环？数字鸿沟问题如何破局？数字经济如何测算？数字经济学理论如何重构？数字经济和数字贸易的发展方向是怎样的？变局之中我们该怎么做？这些大问题下又有很多原子化的问题，例如互联网思维、免费模式、双边市场、区块链DeFi分布式金融、垄断、直播电商、新基建、无人系统、元宇宙、碳中和等，因为过于庞杂和跨学科，或者追求学科的精准性，目前的很多著述要么精深而忽略完备性，要么缺乏一个成熟的公理体系，要么仅停留在自己学科的领域，不敢予以跨学科的引用，不利于读者纵横对比理解。这不利于我们系统地掌握数字文明的知识体系。我们需要从哲学层面思考更上位的问题，人是什么？社会是什么？财富是什么？生产什么？如何生产？如何分配？因为"道不行，乘桴浮于海"，这些不想清楚，我们做事就容易舍本逐末、南辕北辙。我们还需要横向对比众多概念，弄清楚这些五花八门的概念内涵和外延究竟有什么区别，以免混淆走偏。

"文王拘而演《周易》。"突如其来的新冠肺炎疫情，给了我们一次停下脚步的机会，使我们能够在忙碌的工作之后，安静地从事研究和思考。我们期望找到一种扫出世间真相的宏大思想（sweeping idea），能够普遍性地覆盖和指引数字文明时代的种种问题，能够团结世界最广泛的数字化人才，能够帮助人类命运共同体实现自由而全面的发展，从必然王国走向自由王国。数字友好社会契约论应运而生。

2013年以来，国际报告逐渐将电子商务（e-commerce）提法改为数字贸易（digital trade）。2017年美国向WTO提交提案，建议各国讨论数字贸易，并且附带论证数字贸易不仅有利于发达国家、更有利于发展中国家的经济学分析。联合国贸发会议（UNCTAD）为不发达国家提供了eTrade快速测评表，用以加速各国数字贸易发展。

数字贸易肇始于数字技术的发展，本质是人类精神创造的无限性、超时空性对传统生产制造领域的有限性、时间性、地域性的突破。传统的比较优势分工理论、相关市场、单边市场理论均受到了重大挑战。事实证明，遵循技术和经济发展的基本规律，在差异的基础上，通过协议（protocol）和贸易去凝结共识（consensus），以一种数字友好的价值倡导和方法论共识去连接世界，或可成为数字时代调和国际发展矛盾的新型社会契约语言。如何发展出一个和平、健康、安全和丰富公共产品的社会，运用前瞻的数字社会契约理论，让自身成为国际人才生长母国、教育母国、医疗母国、宜居母国、财富母国，将会成为世界发展竞争的主要机遇和挑战。

本书的价值，不在于观点的罗列和技艺的堆砌，而在于试图在数字友好社会契约及数字友好贸易总论方面建立一个具有面向未来无限创造性的数字友好总论体系共识。我期望这个共识能够成为接下来建设数字经济、数字组织、数字治理的基础性研究，同时辅之可以给予普通从业者借鉴的简单实用的案例分析和思考。我们首次大胆地从人性的视角、历史的视角、经济的视角、技术的视角、法治的视角、实践的视角，去论述数字友好社会契约是什么、为什么、怎么做。可证伪性（falsifiability）、辩证法（dialectics）和批判性思维（critical thinking）为代表的科学精神和不同凡响（think different）的创新精神将会贯穿本书始终。think different是什么意思？正常英语语法应该用think differently，取副词，指的是从不同的视角看待事物，但是think different指的是思考不同的事物，找出其内在关联性，并重组它们，这是创新的第一要义，请读者留意。谁在无可选择中选择，谁就是被选择的人。

目 录

专题一 数字友好—数字文明时代的新社会契约 ⋯⋯⋯⋯⋯⋯⋯⋯⋯⋯⋯⋯⋯⋯⋯⋯⋯⋯⋯ 1
 一、人类社会发展的初心和使命——面向未来的传承、创造与永生 ⋯⋯⋯⋯⋯⋯⋯⋯⋯⋯ 1
 二、数字友好的公理前提 ⋯⋯⋯⋯⋯⋯⋯⋯⋯⋯⋯⋯⋯⋯⋯⋯⋯⋯⋯⋯⋯⋯⋯⋯⋯⋯⋯ 2
 三、中美竞争数字友好均衡的共性 ⋯⋯⋯⋯⋯⋯⋯⋯⋯⋯⋯⋯⋯⋯⋯⋯⋯⋯⋯⋯⋯⋯⋯ 6

专题二 世界数字友好宣言 ⋯⋯⋯⋯⋯⋯⋯⋯⋯⋯⋯⋯⋯⋯⋯⋯⋯⋯⋯⋯⋯⋯⋯⋯⋯⋯⋯⋯ 8

专题三 数字友好经济概论 ⋯⋯⋯⋯⋯⋯⋯⋯⋯⋯⋯⋯⋯⋯⋯⋯⋯⋯⋯⋯⋯⋯⋯⋯⋯⋯⋯⋯ 10
 一、什么是数字经济 ⋯⋯⋯⋯⋯⋯⋯⋯⋯⋯⋯⋯⋯⋯⋯⋯⋯⋯⋯⋯⋯⋯⋯⋯⋯⋯⋯⋯⋯ 10
 二、数字经济与传统经济：原子化与比特化二分 ⋯⋯⋯⋯⋯⋯⋯⋯⋯⋯⋯⋯⋯⋯⋯⋯⋯ 11
 三、数字经济对成本和费用的改善 ⋯⋯⋯⋯⋯⋯⋯⋯⋯⋯⋯⋯⋯⋯⋯⋯⋯⋯⋯⋯⋯⋯⋯ 12
 四、搜索费用的降低 ⋯⋯⋯⋯⋯⋯⋯⋯⋯⋯⋯⋯⋯⋯⋯⋯⋯⋯⋯⋯⋯⋯⋯⋯⋯⋯⋯⋯⋯ 12
 五、数字产品的复制成本为零 ⋯⋯⋯⋯⋯⋯⋯⋯⋯⋯⋯⋯⋯⋯⋯⋯⋯⋯⋯⋯⋯⋯⋯⋯⋯ 15
 六、降低运输成本 ⋯⋯⋯⋯⋯⋯⋯⋯⋯⋯⋯⋯⋯⋯⋯⋯⋯⋯⋯⋯⋯⋯⋯⋯⋯⋯⋯⋯⋯⋯ 17
 七、降低跟踪成本 ⋯⋯⋯⋯⋯⋯⋯⋯⋯⋯⋯⋯⋯⋯⋯⋯⋯⋯⋯⋯⋯⋯⋯⋯⋯⋯⋯⋯⋯⋯ 17
 八、降低验证成本 ⋯⋯⋯⋯⋯⋯⋯⋯⋯⋯⋯⋯⋯⋯⋯⋯⋯⋯⋯⋯⋯⋯⋯⋯⋯⋯⋯⋯⋯⋯ 18
 九、对消费者剩余的测量重新测量 ⋯⋯⋯⋯⋯⋯⋯⋯⋯⋯⋯⋯⋯⋯⋯⋯⋯⋯⋯⋯⋯⋯⋯ 19

专题四 数字友好金融概论 ⋯⋯⋯⋯⋯⋯⋯⋯⋯⋯⋯⋯⋯⋯⋯⋯⋯⋯⋯⋯⋯⋯⋯⋯⋯⋯⋯⋯ 20
 一、货币、信用与中介：金融的本质 ⋯⋯⋯⋯⋯⋯⋯⋯⋯⋯⋯⋯⋯⋯⋯⋯⋯⋯⋯⋯⋯⋯ 20
 二、数字金融概念初探 ⋯⋯⋯⋯⋯⋯⋯⋯⋯⋯⋯⋯⋯⋯⋯⋯⋯⋯⋯⋯⋯⋯⋯⋯⋯⋯⋯⋯ 21
 三、数字信用 ⋯⋯⋯⋯⋯⋯⋯⋯⋯⋯⋯⋯⋯⋯⋯⋯⋯⋯⋯⋯⋯⋯⋯⋯⋯⋯⋯⋯⋯⋯⋯⋯ 23
 四、直接融资与间接融资 ⋯⋯⋯⋯⋯⋯⋯⋯⋯⋯⋯⋯⋯⋯⋯⋯⋯⋯⋯⋯⋯⋯⋯⋯⋯⋯⋯ 26
 五、"万业之母"——银行业 ⋯⋯⋯⋯⋯⋯⋯⋯⋯⋯⋯⋯⋯⋯⋯⋯⋯⋯⋯⋯⋯⋯⋯⋯⋯⋯ 26
 六、"金融脱媒" ⋯⋯⋯⋯⋯⋯⋯⋯⋯⋯⋯⋯⋯⋯⋯⋯⋯⋯⋯⋯⋯⋯⋯⋯⋯⋯⋯⋯⋯⋯⋯ 28
 七、供应链金融 ⋯⋯⋯⋯⋯⋯⋯⋯⋯⋯⋯⋯⋯⋯⋯⋯⋯⋯⋯⋯⋯⋯⋯⋯⋯⋯⋯⋯⋯⋯⋯ 30

专题五 数字友好贸易总论 ⋯⋯⋯⋯⋯⋯⋯⋯⋯⋯⋯⋯⋯⋯⋯⋯⋯⋯⋯⋯⋯⋯⋯⋯⋯⋯⋯⋯ 33
 一、数字贸易的概念 ⋯⋯⋯⋯⋯⋯⋯⋯⋯⋯⋯⋯⋯⋯⋯⋯⋯⋯⋯⋯⋯⋯⋯⋯⋯⋯⋯⋯⋯ 33

二、当代教育的批判 34
三、残酷的教育真相：分离均衡 35
四、元认知能力 39
五、历史的视角 41
六、科学的视角 47
七、技术的视角 52
八、创新的思维 56
九、头脑风暴法 64
十、奥斯本检核表法 66
十一、TRIZ创新理论 67

专题六　数字友好经济学　75

一、当代经济学的问题 75
二、学科的本质 82
三、经济学的公理 83
四、清教徒对资本主义的影响 84
五、政治经济学 85
六、重农主义 86
七、重商主义 86
八、国民财富与道德情操 87
九、比较优势理论 89
十、要素禀赋理论 90
十一、人口论 93
十二、剪刀均衡与利息理论 93
十三、资本主义经济危机 94
十四、商业周期理论 94
十五、科斯定理 95
十六、博弈论 97
十七、内生增长理论 102
十八、反垄断反思 106
十九、需求定律 109
二十、成本曲线 112
二十一、帕累托最优 114
二十二、产权理论 114

目录

二十三、价格的本质 ... 115
二十四、成本的本质 ... 117
二十五、外部性与内生外部性问题 ... 120
二十六、搭售问题 ... 121
二十七、自然垄断的争议 ... 121

专题七 数字友好计算机基础 ... 123
一、计算机的逻辑和基础 ... 123
二、计算机硬件 ... 125
三、计算机软件 ... 128
四、操作系统 ... 130
五、进程与线程 ... 132
六、移动操作系统 ... 133
七、开源的真相 ... 134
八、数据、数据库与数据结构 ... 136
九、数据库的历史演进 ... 138
十、数据库系统逻辑 ... 140
十一、数据库系统 ... 141
十二、非关系型数据库 ... 143
十三、数据结构 ... 144
十四、算法 ... 147
十五、算法的好坏 ... 149
十六、计算机网络历史 ... 150

专题八 数字友好法学基础 ... 160
一、以德配天、明德慎罚、刑民一体的中华法系 ... 160
二、法是什么 ... 161
三、法治与法制 ... 162
四、大陆法系与普通法系 ... 162
五、程序员眼中的法律 ... 166
六、经济学家眼中的法律 ... 167
七、民法典 ... 167

专题九 数字友好贸易商业模式 ... 170
一、从《食神》看怎么做一家上市公司 ... 170

二、财富是什么 ……………………………………………………………… 171
　　三、商业模式的本质是什么 …………………………………………………… 171
　　四、数字贸易商业模式根本特点：双边市场 ………………………………… 173
　　五、先发优势与后发优势 ……………………………………………………… 181
　　六、平台型经济 ………………………………………………………………… 182
　　七、直播电商为什么会崛起 …………………………………………………… 184
　　八、数字贸易商业模式分类 …………………………………………………… 186
　　九、大生意：垂直行业B2B平台 ……………………………………………… 188
　　十、好复制：B2C四字诀 ……………………………………………………… 189
　　十一、创业的比较优势与风口 ………………………………………………… 190
　　十二、流量公司怎么做 ………………………………………………………… 193
　　十三、互联网九大思维 ………………………………………………………… 194
　　十四、数字友好的5F策略 …………………………………………………… 196
　　十五、数字友好思维的十大法则 ……………………………………………… 197
　　十六、数字文明的商业模式 …………………………………………………… 199
　　十七、常见的商业模式辨析 …………………………………………………… 201

专题十　OKR管理与营销 …………………………………………………… 210
　　一、管理的本质：认知管理 …………………………………………………… 210
　　二、战略就是格局加破局 ……………………………………………………… 214
　　三、OKR目标和关键成果法 ………………………………………………… 216
　　四、真假OKR自测 …………………………………………………………… 220
　　五、营销的本质 ………………………………………………………………… 220
　　六、营销的关键词 ……………………………………………………………… 222

专题十一　数字贸易5G产业新机遇 ……………………………………… 230
　　一、5G是什么 ………………………………………………………………… 230
　　二、5G的三大特征 …………………………………………………………… 231
　　三、Gartner 2020年十大战略技术趋势 ……………………………………… 231
　　四、通信的历史 ………………………………………………………………… 232
　　五、广域网与局域网 …………………………………………………………… 233
　　六、5G的特征 ………………………………………………………………… 234
　　七、OTT与双边市场，互联网模式的起源 ………………………………… 238
　　八、乔布斯对移动互联网的定义 ……………………………………………… 239
　　九、5G的商业模式 …………………………………………………………… 240

十、IT 与 OT 的竞争 ·· 247
　　十一、数据标注师将成为蓝领工人 ································· 248
　　十二、5G、光纤、4G 之争 ··· 249
　　十三、云计算、雾计算、边缘计算 ································· 249

专题十二　数字友好世界 ·· 250
　　一、数字友好安全空间 ·· 250
　　二、数字友好世界——元宇宙 ······································· 255
　　三、数字友好碳中和 ··· 256

专题十三　电子商务法 ·· 258
　　一、电商平台运营的"应当" ·· 258
　　二、电商平台运营的"不应当" ····································· 259
　　三、《电子商务法》重点条文 ·· 260
　　四、跨境电商主体资质及许可 ······································· 268
　　五、跨境电商食品安全标准 ·· 269
　　六、跨境电商消费者权益保护 ······································· 269
　　七、跨境电商数据共享 ·· 270
　　八、跨境电商模式下的犯罪形态 ···································· 270
　　九、跨境电商的民商事法律问题和行政管理问题 ·············· 271
　　十、《电子商务法》中跨境电商规定的意义 ····················· 272
　　十一、微商、海外代购 ·· 273
　　十二、个人代购与走私之间的界限 ································· 273

专题十四　数字贸易竞争力指数 ······································· 275
　　一、数字贸易的国际定义与中国方案 ······························ 275
　　二、数字贸易、数贸区和数贸港将改变全球城市生态 ········ 284
　　三、数字贸易创新的本质是数字权利创新 ······················· 288
　　四、数权确权是重中之重 ··· 289
　　五、没有知识产权就没有数字贸易竞争力 ······················· 293
　　六、数字贸易总体增进社会福利 ···································· 295
　　七、降低数字鸿沟是重大战略机遇 ································· 296
　　八、降低数字贸易壁垒促进国际合作 ······························ 297
　　九、数字技术正在冲击贸易理论 ···································· 298

附件一　数字友好竞争力评价体系 …… 303

附件二　以"人类命运共同体"哲学思想为统领，推动构建数字友好人类命运共同体
…… 306

附件三　中国数字贸易正在发生什么 …… 309

附件四　构建数字友好型全球数字贸易示范区
——以数字友好公理系统为引领推动我国数字贸易示范区全球话语体系建设 …… 311

附件五　世界数字友好城市白皮书（通用版）
——"世界数字友好城市"和"世界数字友好园区"将改变全球城市竞争格局 …… 317

专题一
数字友好—数字文明时代的新社会契约

本专题从人类社会发展的基本问题入手，对数字友好共识的公理前提进行架构。后续专题会以本专题为逻辑前提。

一、人类社会发展的初心和使命——面向未来的传承、创造与永生

人类发展长期面临一些基本的问题，对这些问题的解答往往就成为我们做事的准则。我们研究问题，提出新的理论，不仅是为了预测，更是为了对现象进行本源性说明，提炼出基本规律，帮助人类掌握世界，掌握自身。

当人掌握了世界、掌握了自身，人就成了神，神就成了人[①]。

人的本质是什么？是物质，是精神，还是数据[②]？

人注定一死，那么人是面向死亡、面向现在还是面向未来？人是一天吃三顿饭、睡一张床的物质消费的有限性，还是精神追求和创造力的无限性？

人生而自由吗？为什么要追求自由？

财富是什么？如何创造财富？财富是人类自由而全面发展的必要条件吗？

社会是什么？人类社会是如何组成的？人类社会的组织规则又是如何演进的，遵循什么规律？规律是否一定要实证，还是遵循科学逻辑即可？人类制度安排的必然方向在哪里？

计算机和网络的本质是什么？为什么网络的节点数又与人类大脑的神经元网络高度近似？从这个角度看，是网络创造了人类还是人类创造了网络？

为了探究人生的真谛，认知世间的规律，掌握自我，实现自由而全面的发展，历代智者皓首穷经，也只能管中窥豹。严密推演，遇到现实却往往大相径庭。

生物的进化可以通过博弈论和计算机进行模拟，人类需要自然，自然却不一定需要人类。去不到终点，回到原点，对于人类社会发展的初心和使命，我们从138亿年前的奇点爆炸来看，从4.5亿年前寒武纪的有性繁殖来看，变换的是代码的重组，不变的是时间的流逝。我们建立一

[①] 库兹韦尔在2011年版《奇点临近》前言中说：人类总是面临困境，找到思想引领，进而变成现实。思想的力量本身就是一种思想。

[②] 新古典经济学之父马歇尔（Alfred Marchall）在《经济学原理》第8版序言里明确提出：经济学者的朝圣之地不是动态经济学，而是经济生物学。现代生物经济学研究认为，自然进化可以通过数学和博弈论分析和模拟。

个数字友好公理前提：人类的初心和使命，是面向未来的传承、创造与永生。一切围绕此前提展开。

二、数字友好的公理前提

过去的体系在解释未来时，总会显得乏力，所谓"老地图走不到新大陆"，我们需要建立一个数字友好的公理前提。公理不一定是正确的，只是我们需要认知这个世界，觉得这个世界应当具有某个逻辑起点而假定的大前提。例如1+1=2，并不是绝对正确的，而是我们在认知世界过程中，觉得有理数应当具有某些性质，因此假定了1+1=2。

笔者试图将数字友好称为数字文明时代的新型社会契约的公理前提在于：

人是面向未来的，数据的无限可复制性来自人类精神的无限性，精神的无限性产生了创造的无限性；而创造的无限性使得元组技术不断重组，从量变引发质变，加破坏性创新形成了技术进步；技术进步提高了生产力，生产力重置了生产要素分配；生产要素分配等于资本的分配；资本的分配决定了生产关系；生产关系的高级阶段将形成新的社会契约；新的社会契约再次影响人类的智慧和精神，指引元组技术进一步重组和破坏性创新。农耕经济产生了"天命"思想的社会契约，工业文明产生了民权让渡的社会契约，数字文明产生面向精神创造无限性的数字友好社会契约。

技术来自元组技术的重组与创新，量变产生质变。生产力是单位生产要素的产出。生产要素等同于生产资料，是人假想出来的市场，并不存在独立的一个市场叫作生产要素市场。它主要是一种理论区分，用于判断投资、增值和分配。资本是一个广泛的概念，能够产生利息收益、具有时间维度的叫作资产，资产根据利息率折现的价格叫作资本。生产关系等同于一切可以产生利息的资本协调组织关系总和，既包括生产，也包括分配。因为分配完了消费掉或者存银行，又会作为生产要素投入生产领域。

人类社会从农耕文明进入工业文明到如今的数字文明，相应的社会制度发生了巨大的变革。我们认为这些变革是由技术的进步导致了生产力的变革，导致了资源的协调和分配方式出现了变革，于是生产关系出现了变革。这些生产关系在平等主体间构成了市民社会，在政府治理中构成了政治国家。于是人类文明的演进，从30年以上的维度看：技术—经济—制度—技术—经济—制度，这种往复的变革，熊彼特（1883—1950）称之为一帮天生具有创新性的企业家所从事的破坏性创新。熊彼特认为，企业家是刺激和发动其他一切事情的中枢。我们所说的企业家或者创新者就是这样一类特殊人种。他们四处寻找艰难和挑战，为了改变而寻求改变；他们敢于冒险，乐此不疲。

经济的发展需要财富的积累，对于家庭而言，往往是通过"代际传递"实现的。如果一个人大量的时间都在为生存而奔波，是没有精力从事智慧和创新活动的。而代际传递怎么实现？一是自己创造、自己消费，创造与消费的结余成为代际传递的积累；二是吸引外部资源，通过投资还本付息的方式，利用他人的资源发展。

新闻上常说拉动中国经济的"三驾马车"是投资＋消费＋出口，但是GDP按照支出法计算由居民消费＋企业投资＋政府购买＋净出口构成，也就是投资既包括政府投资也包括私人投资，消费既包括政府采购也包括私人消费，出口指的是净出口额，也就是出口额减去进口额，这是通常的财富观。货币只是计价符号，长期的货币增值永远来自财富的增长。相应地，如果货币脱离了财富本身，那么货币就会贬值。

在农耕文明时代，因为生产力低下，资源有限，高科技（例如盖金字塔、修长城、当木匠、说相声）的传承需要严格人身依附的师徒制，以防租值耗散。因此，农耕时代的社会契约是以严格的制度、宗法和习惯去调整利益分配，实现代际传递的资本积累。从这个角度看，奴隶制、宗法制，可能并不是因为天生有人就喜欢压迫别人，子女就一定要唯父母之命所从，而是因为低下的生产力和技术传承手段，注定了需要有严格的人身依附制度。因此在农耕文明时代，西方的社会缔结方式是奴隶制、封建制、教会来控制租值的分配，中国的社会缔结方式是皇权、郡县制、宗族制。

到了工业文明时代，得益于500年前宗教改革、文艺复兴和地理大发现，尤其是宗教改革使得教廷开始丧失人与神中介的地位，人类开始释放人性，开始自我主宰命运。殖民主义、工业化生产、社会化生产，使得西方出现了庞大的资产阶级。孟子说"有恒产者有恒心"，一个人财产独立，才能够行为独立，才能够责任独立。资产阶级为了进一步积累财富，需要扩大自己的权利。为了论证帝国主义、殖民主义和资产阶级对于权利追求的合理性，以英国的边沁（Jeremy Bentham，1748—1832）功利主义追求快乐最大化为原则，以亚当·斯密（Adam Smith，1723—1790）的有限分工理论和李嘉图（David Ricardo）的比较优势理论，使得资产阶级从理性人和贸易的角度去追逐财富和政治权利，马克斯·韦伯（Max Weber）对资本主义蓬勃发展动力的本源解释来自追求金钱但禁欲的基督教新教伦理。萨缪尔森（Paul A. Samuelson）甚至将全部的经济学问题归结为一个最大化问题[1]，但是人类的问题并不是简单地最大化的问题，如果经济学所研究的标的尚与人类的行为有关，那么单一研究最大化行为则过分偏狭。或者说萨缪尔森并没有什么揭示世间真相的过人观点。

就政治权利而言，卢梭（Jean-Jacques Rousseau）《社会契约论》、洛克（John Rocke）《政府论》和孟德斯鸠（C. L. Montesquieu）《论法的精神》由殖民主义者、犯罪分子和清教徒在美洲大陆付诸实践，创立了美国。他们在基督教新教的宗教基础之上，形成了三权分立的法治结构，之上衍生出了以"弗吉尼亚法案"为代表的代议制民主政治制度。资产阶级为了论证其获得社会权利的合法性，开始思考社会是由其让渡出来的个人权利缔结的社会契约而构成。他们提出了理想化的政治口号假设：人人生而平等，造物者赋予他们若干不可剥夺的权利，其中包括生命权、自由权和追求幸福的权利。政府的价值不在于告知人民能做什么，而在于人民可以告诉政府不能做什么，这就是所谓市民社会的"法不禁止即自由"和政治国家"法无授权不可为"。

---

[1] 见1970年保罗·萨缪尔森诺贝尔经济学奖演说《经济分析中的最大化原理》。

社会契约论的优势在于提供了理想化的政治模型，"无代表则无税"原则制定了产权，提供了公共产品，保护了市场经济，满足了资产阶级谋求更大权利的理论需求，并且具有相当的号召力，在西方殖民主义时期以及第二次世界大战后新秩序建立时期实现了其全球主张，但是这种思潮并不具备实证的当然性。例如，采用如上三本著作构建民主政治结构的国家或地区非常多，但是第二次世界大战以来只有亚洲"四小龙"[①]"四小虎"[②]实现了经济的腾飞，而大多数国家却依旧贫困，甚至由富返贫，并且这些国家在经济腾飞阶段大多数都是威权主义。从归纳法看，民主宪政与经济的高度发展有着千丝万缕的关系。在经济领域，以生产过剩为代表的资本主义经济危机总是周期性上演，1929年资本主义大萧条达到顶峰。但是现代宏观经济学则随着供给学派和新凯恩斯主义大行其道，可以稳健地抚平经济波动，刺激经济发展。流动性泛滥的结果加上理性预期的存在，使得货币大量进入资产领域。伴随着货币政策退出和资本项目自由兑换，使得美林时钟像电风扇一样快速转动，贫穷者的财富进一步被收购。伴随着美国曼哈顿计划、阿波罗计划、星球大战计划和信息高速公路计划，大家发现原来经济发展的真谛不再是发行货币，而是通过宏观调控手段和市场要素的配置作用，辅之以大规模的国家级科技计划和民间资本投资，以科技创新为变量促进经济的内生增长和全球财富大规模增加，从而占据了世界舆论的先机。凡是科学技术发展好的国家，则成功跨出中等收入陷阱；凡是在科学技术上落后的国家，则面临经济发展的停滞，甚至国民经济的崩溃。

但是上述三本著作并没有解释清楚现代民主政治和"西方中心论"能够大行其道的根源问题：一个国家人民权利得到保障、生活富裕，到底是因为其采用了民主政治结构，具有了"上帝选民、山巅之城"（chosen by God, shining on a hill）价值理念，还是因为它先富裕了，有了庞大、稳定的中产阶级和资产阶级，促进了科学技术发展，进而出现了民主政治结构？在没有庞大的中产阶级以前，如何实现增量民主，进而带动普惠式的富裕和人民民主？这是一个因果关系问题。如果这个问题不阐述清楚，只会给众多盲从的国家造成混乱。相应地，我们在评价西方政治时，也不能单纯地采用"凡是敌人支持的我们就反对，凡是敌人反对的我们就支持"的机械教条观点，凡事要运用"第一性原则"，从科学的视角配合实证去论证是否有利于自身国家民族的比较发展优势，严守核心利益。于我、于彼都有利，我支持；于我无害、于彼有利，我不反对；于我有害、于彼有利，我反对，此所谓比例原则。这是做学问的两种方法：预设立场或者不预设立场。

资产阶级功利主义思潮进一步放大了人性的欲望，使得追求快乐和最大利益成为理所当然，导致了贩卖黑奴运动、20世纪贸易保护主义和两次世界大战。这在今天依然留有隐患，例如美国各处爆发的"黑命贵"运动，例如美国作为第二次世界大战后世界秩序的主导者所倡导的"美国优先"政策。科斯（Ronald H. Coase）曾经就对于这种黑板经济学进行过深刻的批判：没有人性的消费者，没有组织的企业，没有市场的交换。家庭、企业和国家并不是一个简单、冰

[①] 20世纪60年代末至90年代期间，韩国、中国台湾地区、中国香港地区、新加坡的合称。
[②] 20世纪80年代至90年代期间，泰国、马来西亚、菲律宾、印度尼西亚的合称。

冷的生产函数。

20世纪中叶，罗尔斯（John Rawls）认为工业文明殖民者、垄断资本主义和帝国主义的掠夺行为是必然的。这种旧的资产阶级社会契约不合时宜，意图构建新型的社会契约。他提出了正义三原则：自由优先、公平原则和差别对待。因为上天给了人不同的天赋，如果机会平等则结果必然不平等，如果结果平等则必然机会不平等，互相比较。罗尔斯认为保障机会平等和对结果进行纠偏是新的社会契约，符合自然正义。

实际上罗尔斯本意是好的。他试图通过正义论去解决社会契约论对人性恶的放大，但是他并没有解决社会契约论的根本性难点，一个保障公民权利良治结构的第一本源到底是因为制度优劣还是生产力和财富的高低？他的论述虽然精彩，但并没有改变工业文明的根本特征，即资源的有限性和欲望的无限性。在新古典经济增长理论生产函数中，短期内也就是其他条件不变的前提下，要素的边际产量递减，要素的报酬等于其边际效应。前者说的是生产，是实物生产的必然规律，真实的函数曲线是先增后减，呈倒U形；后者是分配，是人性使然，也就是同一享乐不断重复，带来的享受感逐渐减低。例如我们饿了吃包子，愿意为第一个包子付出的价格跟愿意为第十个包子付出的价格是大不相同的。

到了数字文明时代，最突出的特点就是生产力的极大发展。古典增长理论中短期内边际递减效应的理论获得突破，呈现出长期内规模效应递增、可变成本和边际成本趋近于零的特性。因为可变成本和边际成本几乎为零，于是商家可以高额投入研发新科技，然后以免费的方式向用户传递使用价值，形成规模化的用户集群，匹配以数据和算力，进一步优化产业结构，降低交易费用、增加生产率即单位劳动力产出。

人类的欲望依旧是无限的，好了还想更好，强了还想更强。也正是因为如此，人类的智慧和创造性也是无限的，很难对人类的贪婪、欲望、冒险、追求快感、奋进、内圣外王在外观上做出区分，因为外观上都是对于某种目的孜孜以求，这也就是亚当·斯密洞彻人心的观察。他承认世界上有坏人，但是一帮不怀好意的人却意外通过"看不见的手"分配了要素，调节了市场价格，促进了财富的增加。数字友好型社会契约的本质，是构建一种社会制度，实现对人类积极智慧和创造的无限性的引导和支持。在这个价值下，任何组织、结构的建设均朝着保障和激发人心内在的无限创造性而演进，去抑制假丑恶的欲望，鼓励真善美的创新。

我们认为数字文明时代，由于生产力的发展，传统的新古典经济生产函数和增长理论已经被突破。在众多行业由于可变成本趋近于零，新的生产关系正在形成；生产关系的高级阶段，就是新的社会契约论。把握住人类命运共同体下新型数字友好型社会契约关系，将会成为我们人类实现自由而全面发展的重要价值指引和舆论高地。这个数字友好型社会契约，就是人类面临自己内心的无限创造性，追求自由而全面发展的社会组织形式。

三、中美竞争数字友好均衡的共性

中国和美国的竞争归根结底是创新的竞争，创新离不开人才，因此又是人才的竞争和梦想的竞争。有人口就有人才吗？不必然。保罗·罗默（Paul M. Romer）认为，如果科技存量低于某个临界值，经济增长根本就不可能出现，人口规模并非经济增长的必要条件，更不是充分条件，因为人力资本和科技存量与人口规模没有直接关系，甚至没有任何关系。

有人说美国自由，尊重个人，使得美国的经济创新活力极大，引领了社会的发展。但是如果国民吃不饱、穿不暖、喝不到干净的水、上不了干净的厕所，无法获得公平良好的教育，生命安全无法得到保障，这样的社会就是再尊重自由，也无法产生高质量的创新。从结果看，如果把创新和实践比作0—N的过程，美国在0—3角度也就是原创性研究领域占有优势地位，中国在0—3领域稍弱，但是在3—N的产业实践和规模化领域有着非常强大的优势。

创新一需要有科学精神，二需要有闲工夫。美国很多家庭住别墅，别墅有车库，有车库的好处是你可以拿来注册公司。惠普、迪士尼、苹果、谷歌、亚马逊都是诞生于车库，车库代表了一个独立、自由和相对宽广的空间。光有车库也不行，还需要人聚到一起，于是便捷的高速公路网络又异常重要。中国梦和美国梦都是创新，而美国梦创新于车库，中国梦目前还在公寓和写字楼里，很多毕业生想开公司创业，可能第一步都得先租个办公地址。未来我们要让更多的中国家庭住上更大的房子，拥有更多的创新车库，开上更多的汽车，用上更广泛的高速公路网络。当我们的物质足够丰富，商业足够发达，人们的可配置资源和职业选择更加多元化，由法律来保障人的自由、自信和精神风貌，这时就具有了创新的基础。

从历史维度看，农业文明时代，地租函数中，农民的劳动力、牛和耕地都是生产要素，有时人工不一定赶得上牛工，遇到灾年还要减租。工业文明时代，人和机器都成了时间与金钱的函数，经济学家研究的是没有人性的消费者和没有企业家的企业。而信息文明是面向人类智慧和创造的无限性，追求人类个体自由而全面的发展，追求基于协议和共识、统一开放的大市场，上天给了人不同的智慧和思想，技术进一步放大了个人的能力，你就是你。当生产力极大发展，社会保障惠及每个人，穷人不怕生病、农民不怕歉收、职员不怕经济危机裁员、老板不怕破产，人们具有公民意识，在法治的框架下运转，整个社会的精神风貌就为之改善，创新也会进一步加强。

目前有很多人还在争论社会制度问题，但是未来这可能并不是一个问题。回到本源，人就是物质和精神的重组。新冠肺炎疫情来临，大家发现每个制度都有其优缺点，唯一不变的是你有什么，你能做什么。前者是你的物质，后者是你的创造力也就是精神。按照博弈论"纳什均衡"观点，越是完全竞争市场，产品、营销和店面的同质化越强。例如百事可乐、可口可乐、麦当劳、肯德基，你能说出它们的本质区别吗？我所看到的就是代言明星、赞助活动偶尔有些不一样。美国的强大是创造在美国，天使投资在美国，资本回流在美国，产权平等、反垄断保护在美国。中国的强大是制造在中国、消费在中国。那么我们能不能让创造也在中国，资本回流也在中国，人才的衣食住行医疗教育都在中国？这就是数字友好型社会契约的应然状态，因为任何创新者都期望有安全的公共产品供给，你不能指望发生危机时一个虚拟人物能来保护你。这样的道理对其他国家而言，也是共通的，所以现在多国都在严厉打击加密货币，因为它既造成了资本外流，又没有对实体产业产生促进作用，反而沦为很多"黑色产业"的温床。

过去世界经济的发展并没有普遍呈现出南北差距缩小的情形，反而是在发达国家之间呈现出人均GDP和国民收入趋同的特征，都在四万美元左右。这说明过去资本主义发展并没有给世界带来普惠性，反而是庞大的质优价廉的中国制造在切实帮助发展中国家和最不发达国家获得"代际改善"，真正帮助贫穷国家完成代际累积而不必将宝贵的外汇都拿来购买生活必需品。当中国与美国在硬件各方面趋同之后，在中国加入的区域自由贸易协定越来越多实现高水平的贸易和法治之后，人们在住房、交通、教育、医疗方面都没有后顾之忧，又玩得开心，才会吸引越来越多的优秀人才涌入中国。所以从长期看，中国与美国会出现一种均衡的状态，而一流的基础设施就是这个均衡状态来临前吸引一切优秀人才"凤栖于梧"的必要内功。

这套数字文明时代为了人类的永续，实现人类普惠、自由而全面发展的公民权利和社会权利的缔约宣言，我称之为数字友好型社会契约。我们制定了世界数字友好宣言，把我们对于未来数字友好社会的建设理想公之于众，这是我们的奋斗目标。

专题二
世界数字友好宣言

本专题所示宣言发布于2020年8月18日第一届世界数字友好大会期间，是我们从事数字友好工作的纲领和宣言。

数字友好，是一种人与数字化和谐共生的社会形态和数字文明趋势。其核心内涵是以人为本的人类生产生活与数据驱动的数字生态系统协调可持续发展，激发人积极精神和创造的无限性，并面向未来遵循科学实证不断进化改善，最终实现人类自由而全面发展的社会状态。数字友好型社会是由数字友好型技术、数字友好型产品、数字友好型企业、数字友好型产业、数字友好型贸易、数字友好型金融、数字友好型教育、数字友好型法律、数字友好型社区、数字友好型园区、数字友好型校园、数字友好型乡村、数字友好型城市、数字友好型政府、数字友好型评价等共同组成。

世界数字友好大会是各国政府、私营部门、行业协会、民间团体、科学和学术界以及用户实现数字友好的合作交流平台。大会致力于制定全面的数字友好工作方案，以审视与全球数字友好有关的全局性问题，包括各成员提出和确定的问题。大会将就数字友好工作进展和特定议题编写报告，并向成员提供行动建议。

为了实现人类自由而全面发展的数字友好之目的，我们特此宣言：

（1）制定数字化策略和营造数字化环境，遵循开放、公平、透明和无歧视的价值和原则。

（2）提供普遍、安全、可负担的数字网络服务和设备。

（3）培养复合型数字友好人才。

（4）促进国际合作，促进提高人权、包容性、普惠性、多样性、创新性的数字业态发展。

（5）降低数字鸿沟，尤其关注性别平等、年龄平等、健康平等，为儿童和职业教育提供数字要素培养机会，增加对于中老年人和残疾人的数字友好关注度，增加对于中小微企业的数字化支持。

（6）基于数字友好，建设金融平等、金融安全、金融效率和金融普惠。

（7）促进数据要素的确权、定价、转让和保护机制，改善数据要素融资。

（8）提供非排他性数字技术和数据作为公共产品，促进数字经济和数字贸易内生增长，鼓励数字知识经济，促进和培养开源技术，良性激励创作者和创新者。

（9）促进数字友好关键标准制定、共享与实施，开放数字友好法规。

（10）促进信任、安全、可控的数据自由流转。

（11）促进正当、合法、必要的数据治理。

（12）促进不同主体、地域、制度和法律体系下的数据互操作性。

（13）促进法域内或者跨法域数字化司法、司法协助与救济、问责制及程序正义。

（14）在反垄断策略、保护隐私、提高安全性、建立信任方面提供建设性意见。

（15）促进可信的数据技术、计算技术和流转技术、提高数字系统鲁棒性[①]和数字化透明度，保障安全、隐私、财产和秘密。

（16）发展数字友好的技术、工艺、产品和服务，建设符合数字要素条件的生产力布局和全要素生产率改善方案。

（17）建设数字化包容度高的产业结构，建设可持续发展的数字化产业，强化产业链。

（18）促进货物贸易数字化、服务贸易数字化和数权贸易数字化，构建经济增长新增量，匹配供需，改善就业。

（19）促进数字友好的绿色经济、循环经济、高效清洁产业。

（20）促进形成人人关爱、鼓励、维护数字友好的社会风尚和文化氛围。

[①] 鲁棒性是 robust 的音译，也就是健壮和强壮的意思。此处指在异常和危险情况下系统生存的能力。

专题三
数字友好经济概论

一、什么是数字经济

数字经济概念没有标准定义。中国过去把数字经济叫作电子商务,因为中国的生产制造强大、人力和物流成本低,使得数字经济的早期发展和群众喜闻乐见的形式是线上订购,线下小包裹物流配送。美国把数字经济定义为由数字化传输标的的数字贸易。专家则认为数字贸易既包括了数字交付本身,又包括因为数字连接而改善的服务贸易、货物贸易、技术贸易和供应链贸易(注:观点来自于WTO《世界贸易报告2018》)。2021年中国电子商务交易额42.3万亿元,占全球电子商务交易额超过51.9%,超过前十大电子商务市场名单中后九个市场的总规模,其中网上零售额达13.09万亿元,同比增长14.1%,实物商品网上零售额10.8万亿元,占社会消费品零售总额的比重上升到24.5%,电子商务从业人员达到6 727.8万人,超过韩国2021年的总人口数(注:数据来自于2022年中国商务部发布的《中国电子商务报告》)。中国快递件数超过1 083亿件,人均快递使用量76.8件(注:数据来自于2022年国家邮政总局发布的《中国快递发展指数报告》)。

一个概念从逻辑结构看,"属+种差"的定义方式最容易区分于其他概念。属指的是这个概念是什么。例如可乐是一种饮料、经济是一种行为,不同的属构成概念内涵的核心区别;例如铁是一种金属,那么可乐与铁就从属的概念上区分。而种差指的是概念的范围。例如可乐是一种褐色的甜味碳酸饮料,橙汁是橙子榨取的果汁饮料,这样从种差来看,可乐又可以与橙汁这种同样一个系属的饮料作出区分。

我们要搞清楚数字经济到底是什么,不在于从系属方面区别于数字政府,而在于要把它从其他的经济形态中区分出来,例如与农业经济、工业经济和服务经济有什么区别。

引用2016年G20杭州峰会《G20数字经济发展与合作倡议》中对数字经济的定义:数字经济是指,以使用数字化的知识和信息作为关键生产要素、以现代信息网络作为重要载体、以信息通信技术的有效使用作为效率提升和经济结构优化的重要推动力的一系列经济活动。

G20的关于数字经济的定义,从系属看是一系列经济活动,从种差看数字经济有三个"或"逻辑的种差:数字化知识和信息作为要素、信息网络作为载体、信息通信技术作为效率提升和结构优化的推动力。由此我们发现了数字经济与工业经济、农业经济在种差方面的重要区别：采用了数字化和信息化手段。

二、数字经济与传统经济：原子化与比特化二分

上述定义在三个种差方面，凸显出数字经济三个本质特征：

其一，数字是生产要素。数据是一种泛载化、泛在化、碎片化的资源、资产和资本，联合国贸发会议（UNCTAD）[1]认为数字经济本质是数据驱动经济[2]。生产要素在商业循环中的结果是什么？是产品，是财富。从财富的来源看，与开工厂、种地，把产品制造出来，把庄稼种出来是一个意思。这在当代的经济研究成果里就是技术的内生增长性。内生增长性是什么意思？它是一个经济增长、获取超额利润的变量，而不是视之当然的常量。当然在一国境内，政府作为公共产品提供方或者基础信息技术服务提供方，要做的是把其作为常量普惠式地提供给人民。其中理论变化脉络我们后续详述。

其二，数字是载体。载体是生产、交易、消费的场所，与土地、厂房是物理空间的场所是一个意思，也具有租值，也是财富，与把厂房租出去、把住宅和写字楼租出去是一个意思。

其三，数字是提升效率和结构优化的动力。效率作何解？帕累托效率是达到一个临界点。这个临界点有人受益，也必然有人受损。如果目前可以使得有人收益，而他人不会受损时，这个改进的过程叫帕累托改进。以及卡多尔-希克斯效率，采用虚拟补偿原则，如果一些人受损，另一些人受益，只要总体上来看益大于损，就表明总的社会福利增加了，这在行政法上叫作比例原则。从帕累托效率和卡多尔-希克斯效率看，数字化提高了劳动生产率，使得生产单位产品所耗费的劳动时间越来越小。数字化手段区别于纸质或者喊号子，同时也降低交易费用和管理协调成本。于是综合看数字化，可以使得经济产生帕累托改进，或者追求帕累托效率。所以如果未来看到某位"大咖"[3]说起有效率无效率，注意可能不是直观理解跑得快这种"效率"，而是帕累托效率，即是否存在不损人而利己的改进机会，存在就是无效率，不存在就是有效率。

工业化与农业化是基于物质世界创造的，物质的最小单元是原子，原子化的物质具有有限性，这也是为什么西方经济学的公理前提之一是资源的"稀缺性"。数字化和信息化是基于精神创造的，精神的体现是比特流。[4]比特流在复制看来是零成本无限性的，这就对西方经济学资源"稀缺性"的公理前提形成了挑战。因此数字经济是一种面向精神创造无限性的思考方式，它可以运用在方方面面。

---

[1] United Nations Conference on Trade and Development，英文简称是UNCTAD。成立于1964年，是联合国大会常设机构之一，是联合国系统内唯一综合处理发展和贸易、资金、技术、投资和可持续发展领域相关问题的政府间机构。
[2] UNCTAD, *Digital Economy Report*, 2019.
[3] 在某个领域里比较成功的人。
[4] 比特是信息量的基本单位，因计算机信息数据传输是采用二进制（Binary）表示，二进制中的一位数字（digit）就代表一比特（Binary digit，简称Bit）信息。这个术语第一次被正式使用，是在香农（Claude Elwood Shannon）著名的《信息论》，即《通信的数学理论》（*A Mathematical Theory of Communication*）论文之第1页中。

所以数字经济的核心是信息的比特化表示。这减少了数据存储、计算和传输的成本。数字经济的本质是数字技术改变了经济活动。当用比特来代替原子去构建和改善商业时，会出现怎样的变化？

三、数字经济对成本和费用的改善

成本与费用，经济学与会计学的概念内涵有所不同。经济学中的成本是机会成本，做决策所放弃其他收益的最大值。而会计学中的成本是历史成本，说的是取得某一项资源而发生的实际支出，是生产产品周期所耗用的东西加总，例如直接人工、材料、机器、水电。而费用是不管生产不生产，都会发生的会计期间费用，包括管理层的工资、行政人员的工资、银行的财务费用、销售费用、广告费用等。总之，为生产产品所支出的费用，就是成本，包括直接材料、直接人工和制造费用。如果不管生产不生产都会发生的支出，就是费用。费用会影响利润，会导致所有者权益减少，而成本只是对产品和劳务的归集。当生产完产品之后，会形成存货进入资产，没有销售前不需要转入损益，不影响当期利润；当产品销售时，产成品成本要结转入销售成本，就会影响销售利润。

成本还有边际成本的概念。新古典经济学认为在竞争市场中，企业利润最大化要按照边际成本定价，张五常[①]却否定边际成本定价原理。他认为企业实际定价是根据生产的上头成本加市场租值，也就是任何企业家对产品和服务的定价首先是要力求收回生产投资的上头成本，然后根据产品和服务的独特性或垄断程度尽可能地获得最高的"租值"，再根据市场需求的变化不断做出调整。

那么数字经济中的信息比特化问题，到底改善了成本还是费用呢？我们认为成本和费用在5个方面被改善了：①搜索费用降低，②复制成本降低，③运输成本降低，④跟踪成本降低，⑤核查费用降低。数字技术的出现，使得搜索模型、非对抗产品模型、运输成本模型、价格歧视模型和声誉模型都发生了改变。

四、搜索费用的降低

在降低搜索费用方面，信息搜索费用属于交易费用的一种。数字化降低了信息搜索费用，使得各种产品被放在一个平台上比较，形成了均衡价格。根据制度经济学的理论，公司只是市场合约的替代，像一个气泡一样忽大忽小。公司与市场的边界在于，管理协调成本等同于市场的交易费用，于是由于搜索费用的降低，平台业务开始普及，企业的组织形式呈现出变化。这在不需要集中化生产领域的企业表现得尤为突出。目前中国公司法改革将越来越凸显出公司的契约性质，在公司章程优先性、董事会中心主义中扩大公司的自治性。

---

① 张五常：《经济解释（神州增订版）》，中信出版社，2010，第168页。

（一）价格的降低与价格离散的不确定性

根据统计，在同质化产品中，由于具有价格比对，通过线上平台购买商品的价格的确低于线下零售商品的价格。价格离散度指的是同质商品价格对于中心价格的偏离程度。价格离散倒不是很明确。消费者在进行搜索的时候，会多维度比对产品的价格、质量、信誉、邮费、送货时间等指标。因为吸引消费者搜索的信息是多维度的，而假定消费者搜索成本接近于零只是一种理论性假设，所以当把消费者吸引到网络平台之后，消费者会不会发生实际购买行为，反而有赖于平台的算法设计。很多商家会把隐性费用添加至最后的结算界面变相地提高价格，或者同一商品在不同平台，由于展示方式的不同，依旧存在价格离散的状态，所谓"千人千面"。"千人千面"又叫作差别待遇，是较为典型的滥用市场支配地位，属于反垄断法的规制领域。

因此虽然价格降低了，但是价格离散性还是存在，因为搜索成本是内生性的，而不是不变的外生常量，所以依旧有企业通过营销的技巧、算法和搜索的操控、信息不对称，维持利润。

（二）低搜索费用使得强者恒强

低搜索费用使得用户在寻找稀有或者个性化、细致化的长尾需求方面，变得更加容易，同时，又使得强者恒强，呈现出超级明星产品的效应。搜索费用降低到底是增加还是减少了产品的多样性，取决于企业内生选择的搜索过程。有很多电商平台如京东，会推荐买了这个的人也买那个。如果企业把搜索推荐方式建设成为外生变量，按照固定的比例去展示，那么个性化的长尾品就会多出售。流行度从来是营销领域不可或缺的因子，人气度不仅影响购买行为，还影响借贷和投资行为；而且还会引起经济学中一个奇特的"吉芬物品"现象，也就是越贵买的人越多。

（三）低搜索费用促进了交换

例如在租房和求职市场，低搜索成本的确让人们更容易找到匹配度高的住房和职位，更容易催生点对点的平台发展。例如买家与卖家、空房与旅行者。这些需求被人称作"共享经济"，就是个人把闲置的资源租给其他人，或者由平台统一收购做分时租赁。这种共享经济主要在耐用消费品领域开展，使闲置产能得以利用。

（四）平台的流行

平台是一个中介。平台不仅仅指的是淘宝类C2C，多数的科技公司都是一个基于平台的业务模式，其关键点在于引流和交付，平台追逐的不再是股东利益的最大化，反而是利益相关者（stake holder）的互利共赢。平台原理后续我们会详述。数字市场催生平台有两个主要原因：一个是平台促进匹配。在同质化要素或产品市场中，低搜索成本使得可以创建更加高效的匹配结构。二是提高了贸易的效率，增加了资金周转的频次。平台的互操性也非常重要。例如高德地图就可以同时对多个在线旅游平台的酒店以及网上约车服务报价进行比价，那么消费者通过高德平台去订酒店或者打车的价格，就会比单一平台上订购的服务更具有价格优势。

（五）影响企业组织形态

企业组织形态分为内部组织形态和外部的组织边界。就内部组织形态而言，这些组织是围绕着一些功能和业务形成的事业部或者支持部门。那么在企业内部，为了匹配商业需求，实现要素配置，信息传递的方式是通过中心化会议指令的方式去给予指令和协调。那么数字化之后，信息检索匹配的程度更高，分布式决策成为可能。在互联网科技公司常用的OKR管理机制中，企业的层级不超过四级，最基层的员工也了解CEO的关键战略目标和关键行动，并匹配自己的关键战略目标和行动，因此，企业管理的主动性、自发性和分布式特点越来越强，这个我们也会后续详述。

搜索费用的降低，同时导致了企业的边界出现变化，如国际化的雇佣和外包，以及以3D打印为代表的离岸设计和本土化制造。不同文化的人合作起来会面临习惯和文化的障碍，相同文化的人更容易在国际雇佣通道中互相合作。

数字化的产品复制成本低，于是生产的边际成本趋近于零，可以最大限度地低价向消费者普及，改变了稀缺性，产品呈现出一种非竞争性（non-rival）形态，也就是你对某个产品消费多，不会使得别人对某个产品消费少。但是如果数字化技术你用了，别人也用了，他比你用得更好，就会形成对你的竞争优势。所以在知识产权领域，都是给予一定的垄断时间以换取相对的公开。

数字化的传输方式使得运输成本无限降低。作相关市场分析时，地域不再是主要界限。这使得数据的控制存在地理边界与非地理边界（完全的跨境自由流转）之争。

数字技术可以自动化追踪物和人的行为，做出分析和判定，优化生产和销售。低成本追踪带来了什么？过去同一个产品同一个价格，现在由于追踪和分析的能力加强，存在了"千人千面"的可能性，也就是价格歧视。同时也引发了大家对于隐私和安全的担忧。关于隐私问题，虽然理论研究热闹，但是在市场领域算不得显学，主要在正当、合法、必要、明示同意、数据本地存储、数据脱敏的框架下细化。除去国家战略安全和商业秘密，适当牺牲一部分隐私是有助于社会安全的。例如摄像头的增加降低了犯罪率。

数字技术更容易核查个人、组织和企业的声誉，节省交易达成所需的判定时间费用。验证成本降低，使得交易的信任更容易达成，也促进了交易的速度和频次。

数字化对国家、地区、公司和个人的影响。数字化影响了生产力、贸易、城市的经济作用、国内和国际外包、消费者剩余，以及人们如何度过闲暇时间。

五、数字产品的复制成本为零

数字产品边际成本为零并没有改变需求曲线向下倾斜。价格低于边际成本时公司收益为最优定价。原子化产品和比特化产品的关键区别是比特产品是非竞争性的。你消费了，不影响别人消费。在没有法律来强制改变利益分配规则的情况下，人人都可以生产比特化的数字产品，而不会降低质量。然而，零边际成本和非竞争性商品可以同时有利于生产者和消费者。边际成本下降，盈余上升。基础技术企业和政府如果能够提供非排他性的产品，可以让每个人享受到对抗性的好处。

（一）非竞争性数字产品如何定价获得更多利润

数字产品的非竞争性导致了一个问题，即如果生产商选择收费，如何对大量非竞争性零成本产品进行定价。当两种或多种产品以单一价格一起销售时，就会发生捆绑销售或者叫作搭售。当消费者喜欢一个产品不喜欢另一个产品时，捆绑销售的条件就出现了。有人认为动作片10元、爱情片2元，有人认为爱情片10元、动作片2元，以12元的价格出售捆绑包比将动作片和爱情片分开卖获得的利润更高。其中缘由我们在经济学原理专题搭售中进一步分析。企业要做的是识别这种偏好的负相关性，以确定捆绑销售会增加利润。这种捆绑还有能够平衡销售商信息真实性的妙用。

比特商品的非竞争性使得商家可以捆绑销售大量的产品，而不会大幅增加产品成本。给一个爱奇艺的视频会员开放一百部影片和一万部影片观看权限，对于爱奇艺的成本变化是微乎其微的，因为会员一个时间段内只能看一部影片，不会明显增加CDN的费用。一个直觉化的结论是将成千上万的数字产品捆绑在一起，获得的收益是最大的。现实中不论是Netflix还是爱奇艺，也正是这么做的。如果变换到小规模的创业中，例如一个年营收额1 000万元的情感培训项目中，就可以以这种会员价的方式，去吸引用户购买初级课程换取20名市场最优质的情感导师的一次性付费课程外加终身的免费复训。剩下要思考的就是怎么样去撬动最优质的情感导师，例如分利润、版权授权费，以及怎么样从公域流量①筛选出私域流量②，引导用户之间的分享推介，以3层③以内的合法方式去推介用户实现病毒式销售，达到累积用户的目的。

（二）为什么要提供数字公共产品

创造数字产品的人，可以自主选择排他性使用或者非排他性使用，其实这里面从法律角度看有三层含义：一种叫独占使用，也就是只能被授权方使用；一种叫排他性使用，也就是权利

---

① 公域流量：平台或公共区域带来的用户。
② 私域流量：个人可以管理，并且重复互动的用户。
③ 根据最高人民检察院、公安部《关于公安机关管辖的刑事案件立案追诉标准的规定（二）》实践，3层以内的会员推广体系是界定合法销售与非法传销的重要界限，但3层并非唯一标准。

方和被授权方使用；一种是非排他性使用，就是大家都可以用。如果人都是自利的，为什么有人会选择把他创造的数字产品共享、开源，给大家一起使用呢？开源软件运动或者维基百科都是分布式管理创造出优秀结果的例子。

以开源软件为例。软件开源后，只要遵循相关开源许可证，就可以免费使用开源软件。软件开源的好处：对于个人开发者而言，是向潜在雇主展示出他们的开发能力，这叫职业关注度。对于公司来说，软件开源以后，它们可以补充出售给开源软件提供支持的其他服务，例如硬件或咨询服务，这叫业务互补性。

数字技术的非竞争性使得发展中国家的消费者和工人可以一键获得与发达国家人民相同的信息。广泛的慕课课堂正在中国、巴基斯坦等国如火如荼地开展起来。教育资源的平等分配又会增加穷人改善阶层的机会，改善人力资本，提高劳动生产效率。

但有的时候，如果不限制数字产品的非排他性使用也就是无限共享，又会导致社会福利减少。如果一个数字化产品开发出来就被人免费地散播到世界各地，又有可能降低以盈利为目的的数字开发者的开发动机。这部分削弱的动机或者产量是没有人买单的，就是负外部性。开放数据同时也会意味着隐私的减少。现在动辄大规模的个人一般信息、敏感信息被泄露，再加上智能化数字化的呼叫机器人，给犯罪分子可乘之机，造成了多起重大案件。因此数字公共产品的投入，既包括对于知识和软件、数据库的建设与分享，也包括对于数据安全、隐私方面的高成本投入。

数字技术在提供正面公共产品的同时，也提供了大量的负面公共产品。例如垃圾邮件[①]、垃圾电话，利用比特币网络的黑客勒索和黑产交易网络。像360公司开发的手机卫士对于骚扰电话就有不错的预防功能，通过用户自助标记，使得骚扰电话被标记出来。

另外几乎所有的免费的公共产品，都会出现公地悲剧（the tragedy of the commons），所以需要运用数字技术或者设计机制避免数字化公共产品出现类似于深海过度捕鱼、草场过度放牧，即公共产品被破坏的局面。这里少不了好的宣传教育和共识。

关于数字公共产品必要性的研究成果，目前巅峰之作是保罗·罗默（Paul M. Romer）1990年的内生增长模型、菲利普·阿吉翁（Philippe Aghion）和彼得·豪伊特（Peter Howitt）1992年的内生增长理论模型。我们后续详述。

（三）数字市场如何影响版权政策

在早期的互联网中，版权问题经常被忽视。人们通过点对点技术，可以免费观看和下载小说、音乐、电影等。版权本身叫作"copyright"，也就是复制权。对于是否应当以复制权来收费，不赞成的认为这叫文件分享，赞成的人认为这就是盗版。

短期来看，免费的在线复制行为，会导致销售收入增加。但是很难说李小龙、成龙的电影

---

① WTO于2021年11月份召开的第十二届部长会议（MC12）其中一个重大议题就是关于不请自来的垃圾邮件的谈判。

风靡全球，给华人增光，其中没有那些盗版的录像带、VCD的功劳。周杰伦的歌当年盗版磁带多，是不是使得周杰伦的名气更大，演唱会门票的定价更高呢？如果允许免费复制行为，让消费者路人转发，你的收入很有可能增加。就跟付费的走高速、不付费的走普通道路一样，我个人看来，电影或者音乐也可以采用这种思路。这本质上就是一种搭售，就跟爱马仕会强制要求经销商在进货好卖的铂金包（Birkin）之外搭配一些不好卖的丝巾、配饰一样。

另外对于版权的保护，也有可能会减少创新和投机需求。例如第二次世界大战期间取消德国书籍的版权，导致了美国科学研究成果的大幅增加。对版权的保护，虽然短期增加了创作者的收入，但是减少了其他人基于作品和智力成果创新的机会和动机。尽管复制很容易，但是数字化并没有扼杀创意产品，因为生产和分销成本已经下降，技术还会促进版权法的监测、取证和执法。现在基于NFT非同质化通证的区块链项目，使得粉丝可以深度参与到项目中，在文化、娱乐、音乐、体育等领域展现生命力。更有基于NFT技术，建立起实体货物映射关系而对现行货物贸易形成了改善的项目。

六、降低运输成本

中国与美国数字经济状态的不同，源于两国基础设施和比较优势的差异。中国的高速公路、铁路建设新，人力配送成本低，而美国物流不如中国快，人力成本也高。所以在美国，数字经济主要是在线传输的数字经济。而中国多数谈数字经济，直观感受是线上订购线下配送或者服务的电子商务。那么地理距离对于经济的影响因素彻底被排除了吗？分行业。有证据表明，人们在线上采购的时候还是倾向于选择离自己近的店家或者平台。因为离自己近的店家和平台，在口味甚至网店的装修风格上，都更了解自己的习惯。例如中国人阅读网站的习惯跟美国人就有不同，美国人选购商品喜欢看看自己附近购买产品的人的推荐，而中国人则没有这种习惯。

另外一个地理距离对网络经济的影响是社交网络。社交是高度地域性的，虽然网络使得我们跟世界各地的人都可以便捷地沟通，但大多数人所发的电子邮件，可能都是来自同一栋大楼，大多数人的社交关系集中在某一个城市。较低的信息传输费用，对于城市的收益更大。包括Facebook也都是先做同学的社交网络，然后扩展到各高校，再拓展至遥远的陌生国度。

七、降低跟踪成本

跟踪成本降低最早带来了"千人千面"的定价策略，也就是"价格歧视"。通过分析很多客户对于价格的敏感度，进行不同的定价，从而获取最大利润，但是有很多行业是不采用这个策略的。目前较流行的是从个性化定价转向了个性化广告。在双边市场中，由于信息中介存在消费者市场和广告市场，信息中介可以通过给消费者展示低价，而向广告商收取足够高的价格。例如美团外卖平台。它们对于商家收取的推广费就是可观的，但具体外卖呈现给消费者的则是一个具有吸引力的价格。在产品存在多媒体渠道归属和多消费者归属的情况下，均衡结果是在线广告价格比离线广告价格低得多。许多大型互联网公司，就其利润的本质来看，都是由广告费支持的。在线广告的兴起使得同样的广告被以不同的价格卖给了成千上万的客户，拍卖成了这个广告动态标价的一个工具。

隐私监管就是跟踪成本降低的"盾"。但是由于欧洲隐私法规的规制，欧洲的在线广告有效性大幅降低。这暗示了加入隐私政策对于广告商是不利的。美国对于电子病历使用的隐私控制政策反而导致了更糟糕的医疗效果。是否保护隐私对于创新至关重要，但是隐私保护不是一个非此即彼的概念，不同类型的隐私保护，对个性化服务有着不同的影响。

隐私政策会给行业带来连锁反应。例如一般的隐私政策都要求消费者同意。那么首先公司就要说服消费者同意，消费者也必须做出同意的表示，这样等于加重了公司和消费者的义务。在数字化应用中，每征求"同意"一步，可能就会多流失一部分消费者，从打开到应用不应该超过三步。其次，隐私政策的好处也难以评估。因为即便市场上有消费者和专家不断表明隐私保护的重要性或者通过讲解和服务赚钱，但是又有很多人在一些小利益的引诱下，做出了对于价值声称不一致的行动。最后，在商业消费领域和国家安全领域也存在隐私的用途的区分。政府对于隐私数据的采集和管理，的确可以加强公共安全。

八、降低验证成本

追踪成本降低导致了征信的验证成本降低。有一句名言，"互联网上，没有人知道你是一只狗"。由于数字市场涉及成千上万的小玩家，不论是买家还是卖家，互相识别声誉都非常重要。在产品和服务个性化难以同质化比对的情况下，对于买方和卖方的信誉核验就非常重要。例如在美国的二手车市场（即柠檬市场，lemon market），如果都是个人卖家，那么事故车、泡水车、烧机油的车在市场上掺杂着卖就会造成"劣币驱逐良币"的问题，于是出现了二手车商作为评级平台，抹平市场的信息不对称。例如调表车现象，在美国的《机动车信息和成本节约法案》（Motor Vehicle Information and Cost Savings Act）、《真实里程法案》（The Truth in Mileage Act）中，把调表定义为不检点行为（misdemeanour）之外的重罪（felony）[1]。原因就是调表车或者车况不明的二手车流向市场不仅惹争议，而且可能会出重大问题，导致车毁人亡。

目前信誉的验证在数字市场呈现出效应递增的情形。有研究表明，高信誉的卖家，价格更高，收入也更高。但是由于目前造假的手段越来越高超，信誉也可以通过刷单或者利诱刷单获得，一个号被封，可以另起一个号从头再来。因此要保留便捷的第三方申诉渠道。它不同于直接在买卖留言下的评价，以及相同产品的比对机制，可以保证多维度地评价不诚信的交易者。

降低验证信用成本的重点在于提高产品的质量信息公示。例如对于市场价偏离过大要进行提示，而不是刻意展示卖家的信息和评级，不然就舍本逐末了。一个信誉看起来高的卖家，不

---

[1]《二手车调表每年涉案60亿，美国如何立法重罚50年？》，网易号，https://www.163.com/dy/article/EA7Q4UIV0527A6DV.html.

一定是个好卖家，很有可能是他伪装得够好，欺骗的人够多罢了。

九、对消费者剩余的测量重新测量

在数字经济业态下，生产率、国内生产总值（GDP）和国民收入（GNI）等指标，并不能测算消费者剩余。1987年经济学家索洛（Robet Solow）有句名言："你可以在任何地方，除了生产力统计领域，感受到计算机时代。"

多数最有价值的在线内容是免费的，所以这些指标的测算就会完美错过消费者剩余的增长。我们将越来越多的闲暇时间放在网上，代替了闲暇的休闲，并代替了工作和睡眠，这种消费者剩余的改善对于穷人是明显的。国外就有学者测算过Apache许可证协议下的开源软件给美国带来了20亿美元的消费者剩余。在测算方面，有学者进行过激励相容的选择实验（incentive compatible choice experiments），例如调研人们不能够访问Facebook等互联网服务愿意接受多少钱的补偿。结论是，互联网搜索是数字产品最重要的品类，如果要求放弃，中位数用户要求一年补偿17 530美元；电子邮件其次，要8 414美元；数字地图3 648美元。他们认为经济中有很大的份额没有计入GDP，这种新的消费者剩余测算方式是超越传统GDP贡献的独特价值，且更能直接量化幸福感，如果想知道人们有多富裕，应当关注消费者剩余，人们得到了多少收益，而不是实际支付了多少钱。注：2019年3月，麻省理工学院斯隆经济学家Erik Bryjolfsson（埃里克·布莱恩约尔松）、美国国家经济研究局（National Bureau of Economic Research）的阿维纳什·科利斯（Avinash Collis）、欧文·迪维尔特（W. Erwin Diewert）、荷兰格罗宁根大学的菲利克斯·艾格斯（Felix Eggers）、凯文·J.福克斯（Kevin J. Fox）等人，做了大量在线服务实验用来衡量数字商品和服务创造的价值，并发表论文《国内生产总值-B：计算数字经济中新商品和免费商品的价值》（*GDP-B: Accounting for the Value of New and Free Goods in the Digital Economy*）。

总之，对数字经济的利与弊各有不同观点，但是毫无疑问，大家在节省搜索、复制、运输、跟踪和验证的成本和费用方面，具有了共识。这些共识使得我们对于数字经济活动的本质进一步了解，也对于数字经济与非数字经济如何互相影响、对基础设施的作用，有了更好的了解。

专题四
数字友好金融概论

金融在不同人眼中有不同的含义。金融过去是什么，未来是什么？我们到底需要一个怎样的金融体系？有人说数字技术是支撑金融服务的，但是随着区块链技术的发展、美国的通货膨胀、国际局势的不稳，分布式金融DeFi、非同质化通证NFT玩法层出不穷，各国主权数字货币也纷纷上马，以分布式金融为代表的DeFi分布式交易所、分布式借贷、流动性"挖矿"每天都在交易和锁仓。同时，项目落空、代币被盗、资产循环质押也带来了巨大的风险。也许数字技术也可以构成金融本身，但如何不跑偏，识别其中的骗局与机遇？这就需要我们对金融及数字金融有着清晰的认知。

一、货币、信用与中介：金融的本质

什么是金融？至少有以下常用的金融定义，在货币银行学中，金融是围绕货币和信用配置生产要素的。在微观金融市场，金融是讲怎么融资的。在信息经济学中，金融是主讲在不对称信息分析的基础上设计经济激励机制的，诸如如何让人不偷懒、如何让人不说谎。在财政学和公司理财中也有人用到金融二字。我们要注意金融在不同语境下其实不是一回事儿。但是毫无疑问，金融是围绕着货币、信用与中介发生的，可能涉及宏观经济，也可能涉及微观市场。金融的本质是将资金主要是货币，利用金融工具，从资金盈余方流向资金稀缺方的经济活动，是一种信息处理的中介服务。当然，也可以泛化货币的概念，货币是对社会资源进行记账，价值较为稳定的凭证。价格是传递市场信号的胜负手规则。不同的领域会有不同的规则。比如说有身份、有背景、人品好、素质高、长得帅，只要你愿意，都可以成为胜负手的规则。

生产制造业需要金融，战争需要金融，融资融券买卖股票也需要金融。有货币计价的金融，如当年国民党发行的法币和金圆券；有实物的金融，如淮海战役中"老乡的小推车"；有信任的金融，如老乡借你三杆枪，革命胜利还他一头牛。那么有金融的生产制造和无金融的生产制造有什么区别呢？我们知道任何生产制造都要有初始要素——土地、劳动力和资本的投入，现代又包括了技术和数据，如果没有资本，则巧妇难为无米之炊。

因此，在经济的初始阶段，除去战争掠夺，资本是通过代际累积或者城乡剪刀差实现的。例如在古代父母做长工，攒下两亩地一头牛，孩子可能出生就是有地有产者了，可以忽视经济

周期的波动，如长期求学、参加科举、入朝为官。又或者如现代城市工业发展需要资本投入，在没有外来资本的情况下，通过城乡剪刀差实现长期的基本要素领域乡村补贴城市，换得城市发展的初始要素。

但是这种代际累积过于缓慢，于是金融的魅力就来了。只要有利可图，你不是没钱吗？有人有钱，我把这些人找到，借给你用就行了。资金有机会成本、有财务成本，会通货膨胀，放在手里就会贬值。因此，资金就像水一样，哪里有利，就流向哪里，但是因为理性预期的存在，泛滥的流动性又会导致货币政策的失灵，出现"流动性陷阱"，形成经济的滞胀。金融工具就是人为修建的一条条水渠，通过一条条溪流流入江河湖海，再通过一条条水道"反哺"万里良田。18世纪的英国工业革命，蒸汽机是当时的核心技术。其实，这项技术早在工业革命发生之前就已经存在，从技术问世到产业真正形成，中间还差一场金融革命，即筹集到大量的廉价资金，无论是纺织业还是航运、铁路，都必须有金融的大力支持。有了金融革命，工业革命才真正大爆发。

由此我们发现，金融的目的只有一个，就是利用信息不对称，去归集货币生产要素，实现支持发展、资金提供方增值、中介收益的三赢局面。或者一言以蔽之，金融就是进行信息处理的资金中介。有了金融之后，只要有利可图，资本不足和资本投入短期性问题都可以解决。

所以如同刚才我们举"小溪汇江河入大海"的例子，金融要解决两个问题：如何去寻找水源，如何去构建水渠。找水源就是去找到钱，建水渠就是匹配钱，也就是一个个金融工具或者科技。

除去那些令人眼花缭乱的金融定义，金融往往是围绕着六点来开展的，即借、贷、支付、融资、信用、杠杆。很多产业发展到最后，都成了金融牌照的搜集游戏。监管者认为金融需要牌照，需要履行反洗钱义务，企业家或者自由软件运动从业者则认为金融不需要牌照。从不同的看法，划分出传统的中心化金融和现在以DeFi为代表的分布式金融。但是毫无疑问，不论金融需不需要牌照，金融离"庞氏骗局"都只有一线之隔，是一个风险极高的游戏。自从1971年"布雷顿森林体系"解体，美元跟黄金脱钩开启了现代信用经济，到1980年代货币主义兴起，各国都把货币政策视作抚平经济波动、促进经济增长的重要手段，但是却导致了各国货币脱离实体经济，经济滞胀、债务崩溃。不管怎么样，监管应当是适度的，如果一个制度的推行需要成本更高的制度去监督执行，那么这个制度就是不利于经济的。如果消费主义盛行、借贷盛行，总是寅吃卯粮，这种生活观念也是不可持续的，总有一天会出问题。这是常识。

二、数字金融概念初探

数字金融有一些近似概念，如互联网金融、金融科技、科技金融、CeFi、DeFi等。它们经常被替换使用。例如互联网金融在2014年中国政府工作报告以及中国人民银行2015年的文件中出现过，金融科技被国际金融稳定理事会使用，科技金融是平安银行采用的概念。而DeFi则在区块链圈子广为流行，美国的货币量化宽松政策，直接引发了DeFi概念龙头价格及以ETH、Polkadot为代表的几个公链生态暴涨。我们必须厘清数字金融的内涵和外延，才能知道如何万变不离其宗。

数字金融脱胎于传统金融，数字化理念与数字化技术运用的不同，对传统金融的组织形式和实现方案进行了变革，进而衍生出两种数字金融发展思路：一是用数字技术改造传统金融；二是采用区块链分布式组织DeFi的理念与传统金融形成破坏性创新。两者也并不是非此即彼的关系。目前看来各有所长，未来可能是一种既竞争又合作的关系，因为资金在兼顾风险的前提下"无利不起早"，就看哪种体系在动态时间内获利更大并且更加安全。

利用数字化技术改造传统金融领域，数字化技术有三个核心要素：一是丰富的数据；二是基于大数据的风控技术；三是基于大数据的信用体系。数字金融与传统金融在作为信息处理的资金中介商角色方面，并没有本质区别，只是分布式理念、数字化技术的高效率和零边际成本，有可能形成更大规模的金融组织，降低费用，助力贸易和实体绿色、普惠、可持续发展。

在采用区块链分布式组织DeFi的理念与传统金融形成破坏性创新领域，我们认为除了前述数字化技术的三大核心要素，又附加了三种理念：1、通缩的理念，避免资金崩盘。2、智能合约的理念，通过智能合约和算法，保证交易和激励机制尽量不为人所控制。3、分布式理念，将区块链的生态体系，交给利益相关者，去决定这个区块链项目的走向。从权益和治理结构上有点像公众公司，但是这个公众公司却不是为了社会化、工业生产而缔结，也不是为了股东利益而缔结，而是服务于利益相关者Stake holders，包括你的员工、供应商、客户等。这使得区块链在金融和可数字化消费品领域具有应用前景，在实体领域主要要解决Token与实体资产的法律关系映射难题、多数人的暴政、安全和隐私问题，及如何服务实体经济问题。

数字金融的具体业务分为五大类：一是基础设施，包括区块链、智能合约、大数据、云计算、数字身份识别；二是支付清算，包括移动支付、数字货币；三是融资筹资，包括众筹、网络贷款；四是投资管理，例如余额宝、智能投顾；五是保险，指数字化的保险产品。

从趋势看，不论是在金融牌照范围之内的创新，还是密码朋克运动者声称的code is law不需要牌照的自组织，大多数创新公司都喜欢加上破坏性创新者的噱头，然而的确很多创新公司都在与传统的金融机构寻求合作，或者金融机构在向科技公司转型，所以未来的趋势应该是基于金融客观规律，各取所长、互相融合。

因此，为了将两种中心化金融与分布式金融的理念予以统筹概括，建立起合适的数字金融公理体系，我们暂且将数字金融定义为采用数字化技术去处理资金、信用与中介的信息处理服务，不包含任何理念和组织形态之争。

数字金融有哪些方面的转型升级点，现在没有确切的答案，但是我们可以从市场的异动来体验全新的数字金融领域将会在哪些方向发力。正如之前所归纳，金融的本质是借、贷、支付、融资、信用、杠杆。那么相应的数字金融对于金融的破坏性创新，可能会围绕着数字信用、数字资产、数字支付、数字风控、数字交易等演进，我们将逐一分析。

三、数字信用

现代商业的核心特征之一就是信用经济。有了信用就可以加速发展。信用是以收回为条件的付出，以归还为义务的取得。但是每个人的信用无法从外观上获得。例如在民法领域有一个"物权的公示公信原则"，也即物权的得失变更必须要以他人知晓的方式进行，以维护交易安全，否则一个人把别人的东西卖了或者拿去融资，或者多次融资，那么就会出现巨大的风险。举例而言，我在地铁口卖给你一部iPhone，你可能敢买。因为在动产领域，我控制了动产，法律上就推定我拥有所有权，维护与我交易的善意的第三方的交易安全。但是在不动产领域，我住在一间屋子里，有可能是租的、借的或者通过网络平台订购临时住几天，无法判断出住房人是不是真的房屋所有权人，所以要通过登记机关去网签、预告登记、初始登记、过户登记、设立抵押权、查封手续等进行风险判断；判断之后，你才敢与我交易房产。如果再深一步演进，就会涉及供应链金融中的保理、应收账款质押、动产抵押、仓单质押、票据质押等或标准或复杂的法律问题。

这就是数字技术和数字信用可以大显身手的地方。数字信用就是通过数字化技术对个人及组织过往的行为数据进行充分的分析，从而得出的信用画像。这种信用画像完全来自数据支撑。数字信用与目前的信用体系相比，最大的优势一是来自数字技术的运用，二是信用孤岛的消除更加多维度、多元，三是信用的多元化利用价值。

想要了解主体的信用，就需要进行征信。目前我国的征信体系主要有三类：第一类是政府征信，如中国人民银行从1980年代建立起的个人征信数据。第二类是行业协会牵头商业公司运营的个人征信，如百行征信、朴道征信，目的是向社会公众提供商业征信服务。第三类就是面向企业的征信，像芝麻信用、腾讯信用、天眼查、大公信用评级，是服务于自己的商业生态或者向企业提供商业服务的体系。第三类数据是公司生态中花费大量沉默成本所获得的核心资产。各公司之间壁垒十足，因此公司之间开放数据动力不足，公益性也不足。根据2013年国务院《征信业管理条例》，征信指的是对企业、事业单位等组织的信用信息和个人的信用信息进行采集、整理、保存、加工，并向信息使用者提供的活动。实践中，征信机构所采集的信用信息通常服务于授信机构用于判断风险和征信牌照的发放，而面向个人征信的牌照和面向企业征信的牌照是独立管理的。

在征信历史上，欧洲有公共征信机构，通过强制提供的方式获得用户在商业银行、财务公司、信用卡公司、保险公司等金融单位的数据，如违约贷款、欠款、贷款风险、担保等。它们会收取一定的费用，用以覆盖运作成本，同时服务于宏观金融决策和金融业信贷风险防范。在美国最流行的就是三大信用局：Experian（益百利）、Equifax（艾可飞）、TransUnion（环联）。三大征信所的每一家都掌握了大约2.5亿美国人的信用报告。美国人口总数3亿多，也就意味着做到了成年人的全覆盖，市场近乎饱和。美国的征信市场有多大呢？2016年这三家公司美国境内总营收约为456亿美元，由此可以推断，美国征信市场应该在500亿~600亿美元的范围内。

美国是怎么做的呢？三大信用局首先通过协议的方式，让金融机构、电信运营商、法院、公共事业单位、1 000多个地方信用局在用户自愿的基础上提供基础数据；然后设计了一套完整的FICO模型，来分析居民的付款记录、未偿还债务、开立账户时长、贷款、使用过的信贷记录，结合基本信息，例如姓名、住址、SSN（美国的社会安全号码，social security number），即以信用信息，查看个人的贷款、信用卡、法律纠纷、破产、支付记录，综合算出个人的信用分数。这些信用分数需要付费，然后给能够利用信用产生价值的行业使用，如金融服务、公共事业、电话安装、就业、租赁、工商注册等。美国居民FICO分数区间在300～850分。低于620分，信用不好，增加担保、增加利息；620～680分，需要进一步调查核实；680分以上，信用卓著。2011年以来美国FICO中位数在711分，2013年24%的消费者FICO分数低于600分。

那么传统征信机构与数字征信机构区别在哪里呢？从数据来源看，传统征信机构的数据多为信贷和公共机构的数据。数字征信机构数据来源除了以上数据，还有很多网络行为数据和用户自我提交的数据。例如芝麻信用就通过做任务获得芝麻分的方式，鼓励用户自行提交数据。从便利性上看，传统征信机构，信用报告、评分等服务需要通过线下网点获得，不够便利；而数字征信机构具有云计算能力，对海量数据分析形成了有效的积累并提供API和SDK供应用层面调用和开发。从灵活度看，传统征信机构的信用报告使用者难以将信用的利用反馈给征信系统，形成回路；而数字征信机构，信用生态合作者可以提供后续的反馈，形成新的行为和交易数据，从而形成一个数据和商业闭环。

所以任何做数字信用有关的企业，或者以信用为判断依据的金融公司，如何设计FICO模型、如何收集数据、如何计算，成了一个难题和一家企业的商业秘密乃至核心竞争力。鉴于这种对于数据和算力的高容量高算力要求，科技类的金融公司通常是互联网巨头的关联公司。它们的原始数据通常源于自己的服务生态或者一些黑色产业链之中，与强监管但是获客、分析能力不足的银行等传统金融机构有着密切的合作空间。

2015年8月，我国央行公布了个人征信首批试点，包含芝麻、腾讯、鹏元、前海、考拉等8家机构，然而，到了2017年竟然没有一家获得征信牌照；2019年最终仅在中央银行的牵头下，新设了百行征信，多家征信机构入股，成为市场首家个人征信持牌机构；到2021年还有一家朴道征信。时至今日，我们才发现这个行业的闭环做起来何其艰难，尤其是面向公众提供服务的征信公司。这里面最大的问题在于非银信贷行业里面，共享借款人债务信息非常困难。根据用户过去的行为，为未来的还债能力做预估，传统意义上的征信局限在用户的房贷、车贷、信用卡以及担保人等维度上面，随着互联网生态的完善，个人征信的维度被大大拓展，比如网上购物、社交关系、出行情况、线上理财等，都可以被当作征信的元素；但是公众类的征信公司又无渠道获取，这就是难点——一个公益数据的开放性与商业数据的保密性的矛盾。

然而，这些行为数据几乎都被特定的企业所垄断。这些公司肯向社会开放这些核心数据吗？让你知道电商平台假货问题有多严重，金融公司坏账率有多高？还是来谈谈世界和平的事吧。有一些信用分在机场通道、住酒店、小额消费金融上无比有用，但真正有公司拿这些信用分做第三方的金融风控，估计那家公司会赔到怀疑人生。因为公司间的金融行为不是散户精选层评估出来的个人信用，而是真的受制于商业风险、经济周期、法律政策。银行对比互联网公司差在了第一手个人金融需求流量的引入不足，以及个人风险识别能力的不足，这使得银行会并购消费金融公司牌照，在流量端选择与互联网公司合作，但是这催高了市场利率，并且乏力已显。

现有的信用体系往往与交易体系挂钩。信用的组成部分较为单一，并且无法从多场景、多角度收集行为数据，无法构建多维度的数据支撑，从而信用属性较为单薄，支持信用的社会力度不强。这也直接造成了信用无法真正构成资产。数字化的转型升级可在很大程度上提高个人及组织行为数据，将其充分转换成信用资产，方便后期的分析及利用。

数字服务包括但不限于在线服务。在金融领域中，目前一部分工作已转到线上，App、小程序、网站等均实现线上办理业务。随着业务不断发展，线上服务将会占据更多份额。金融的本质在于风险的管理；而数字化服务也包括数字风控的创新，基于建立完善的数字信用，数字风控将在此基础之上实现精准、高效、科学的管理。

现有的风控体系虽然有数字化平台的参与，但是大多数的风控管理基础还是源于线下。通过线下的核实来反馈于线上，线上最主要的作用是辅助，而不是主导风控实施。特别是2B的业务线，目前为止，还没有哪个业务层面完全依赖数字化技术做全流程的风控，所以数字服务之中，数字风控将是后期金融领域建设的重点。

在数字信用和数字服务之下，最本质的交易要素当属数字资产，有实物资产的数字化，也有货币的数字化，还有一些区块链领域做NFT非同质化通证资产交易。我国从2014年起就重点布局央行数字货币（DCEP）[①]研发，时至今日，DCEP已开始在雄安新区、成都、苏州、粤港澳及冬奥会场景中使用。

数字人民币的推出更多的是对M0的替代。从大的层面来说，数字人民币可以有效杜绝洗钱，提升货币政策效率，并且可在断网的条件下实现点对点交易等。数字人民币也可以对人民币的国际化起到助推作用，可推动"一带一路"经济体建设等。数字人民币可能会有巨大的替代作用。在未来的发展中，数字人民币不断完善，其性能逐渐成熟，接受度逐渐增加，智能合约生态完善，也许会在世界贸易中起到举足轻重的作用。随着区块链、物联网等技术的不断创新，真正的数字资产不仅仅限于数字货币，还有更多实体资产的数字化转型。

总体来说，数字金融的发展离不开数字资产的交易，离不开数字信用的建立，离不开数字服务的完善，当然这一切都离不开数字技术的创新和数字理念在大众心中的认知升级，可以预见泡沫会一个又一个破灭，而新生又将一个又一个开启。

---

① 《数字人民币丨DCEP机遇无限 2022或成DCEP元年》，腾讯网，https://new.qq.com/rain/a/20220106A031FO00.

四、直接融资与间接融资

资金融通的渠道分为以市场为中心的直接融资和以银行为主的间接融资。直接融资是资金需求方从供给方直接获得资金，例如发行股票、债权或者民间借贷，这里面最重要的是信用、担保与风险控制。在间接融资中，资金需求方不直接与资金供给方接触，转而通过金融中介去获得资金。金融中介所做的工作就是对资金转换，即对期限、风险和规模的转换，或者更通俗地说，就是期限错配、风险错配和资金错配。

在间接融资方面，数字金融就是用数字技术去做金融活动。一种是技术公司，利用技术改善金融服务。另一种是数字金融的普惠性。诺贝尔和平奖获得者尤努斯教授因为创造了穷人银行——格莱珉银行而成为普惠金融的代表人物。他的穷人银行有个缺憾，就是规模太小，而且扩张速度很慢。在金融业，规模效应压倒一切，政府是最大的客户，基建、地产是资产的基本盘。传统模式的普惠金融很难做，一方面是获客难，这些小客户比较分散，规模也小，银行要找到他们就不太容易；另一方面是风控难，银行的风控一般看三样东西——抵押资产、财务数据和政府担保，而中小微企业和低收入人群多处于"三无"状态。

互联网银行则不同，如今每年能提供1 000万笔贷款。这对普惠金融是巨大的突破，有重要意义。因为互联网银行很好地解决了获客难与风控难的问题。即使在近几年的新冠肺炎疫情期间，网络贷款也在进行。这和传统金融因疫情冲击而业务减少相比，形成了鲜明的反差，体现出无接触交易的优势。金融是人类发明的最重要的经济工具之一，但金融有致命风险，即信息不对称，交易双方彼此并不了解。比如，人们到银行存款，银行把钱贷给企业，出资人和最终的用资人互相不了解，信息排查工作都交给银行，他们也因此牺牲了一部分回报或需要支付更高成本。但直接做投资就需要了解投资项目的好坏，并承担风险。

交易双方相互了解有限，会带来问题，包括交易之前的逆向选择和交易之后的道德风险。逆向选择是指主动提供良好回报承诺的交易对手未必是最好的交易对手。道德风险是指钱贷出之后，不知道对方能否信守承诺。这些都是信息不对称所导致的金融交易问题。如果问题特别严重，可能会引发金融危机。金融监管的各种要求，比如信息披露以及治理结构，都是为了降低信息不对称并控制风险。

五、"万业之母"——银行业

"银行"一词，源于意大利语Banca，其原义是长凳、椅子，是最早的市场上货币兑换商的营业用具。英语转化为Bank，意为存钱的柜子。在我国，"银行"之称与我国经济发展的历史相关。在我国历史上，白银一直是主要的货币材料之一。"银"往往代表的就是货币，而"行"则是对大商业机构的称谓。把办理与银钱有关的大金融机构称为"银行"，最早见于太平天国洪仁玕所著的《资政新篇》。

开始人们把金子存在金匠那里，金匠给予存金人凭证。后来商人们发现交易中不用直接给人黄金，直接给凭证就行。然后金匠就发现了自己签发的凭证具有货币的功能，于是就动歪脑筋开具假凭证；后来金匠又发现，即便开具了几张假凭证，只要所有客户不是同一天来取黄金，假凭证就等同于真凭证。这在区块链世界或者币圈叫作"双花"，是需要通过IBM大型机或者共识机制予以避免的。这就是现代银行中"准备金制度"的起源，也是"货币创造"机制的起源。银行体系可以将信用货币的数量放大，实物货币就做不到这一点。

有一个故事，银行家的儿子问银行家为什么赚那么多钱，银行家说你把冰箱里的猪肉拿到桌子上，再放回冰箱。儿子照办后，银行家问儿子，你手中有了什么，是不是多了猪油。所以从银行历史看，经历了铸币兑换业务，后来发展到为商人保管货币、收付现金、办理结算和汇款，不支付利息，而且收取保管费和手续费。随着工商业的发展，货币兑换商的业务进一步发展，他们手中聚集了大量资金。货币兑换商为了谋取更多的利润，利用手中聚集的货币发放贷款以取得利息时，货币兑换业就发展成为银行了。从集资放贷的角度看，美国联邦储备委员会也是这么做的，最初发行美元需要黄金储备，35美元兑换一盎司黄金；1971年放弃美元与黄金的兑换关系，到2022年大概1 800美元一盎司黄金。所以美元的发行其实就是充当世界银行的过程。美联储发行美元，购买美国财政部发行的美国国债，美国财政部募集国债就有了美元，就可以实施财政政策。至于那张绿纸是真凭证还是假凭证，背后到底有多少抵押储备，只有天知道。新古典自由主义代表者哈耶克（Hayek）在深入分析通胀理论之后，提出了著名的"货币非国家化"理论。哈耶克认为通货膨胀和失业存在的原因是，美国向全世界脱离金本位超发货币。只有私人银行为了维持通货价值和自身信誉，才可能小心谨慎地发行货币。这有助于消除经济民族主义，实现一体化世界模式。对于美元的信用及风险问题，2008年之前人民币与一揽子货币锚定，其中美元权重比较大，汇率波动较小，因为美元在国际结算中的主流地位，可能使美元为人民币增信。但是2008年之后，随着美国次贷危机大企业信用破产，美国多轮量化宽松向全世界收取铸币税，中国作为世界第一贸易大国，人民币与美元汇率稳定，与中国做贸易的国际商人手中持有美元和持有人民币均可，但是持有美元还可以使资金灵活出入中国，于是商人们选择持有美元。造成这种人民币强而商人持有美元的结果，恰恰是因为人民币给美元增信了。这也是为什么美元与人民币的汇率是一荣俱荣一损俱损的关系，远不如新闻报道上看起来两国剑拔弩张的民族主义情绪那样激烈。这也是我们开篇所说，一国的实体财富才是真正货币购买力的源泉，钱是最聪明的。

现代银行的业务更加多元化。银行的业务可以分为资产业务、负债业务、中间业务和表外业务四大类。控制这四大类业务风险的核心准则就是，巴塞尔协议资本充足率不得低于8%和四眼原则。

资产业务是指商业银行将资金通过各种途径加以运用，以取得收益的业务。包括现金类业务、贷款类业务、投资类业务。负债业务是指商业银行筹措资金、形成资金来源的业务。它是商业银行资产业务和其他业务的基础，主要包括存款类业务。存款是银行对储户的负债。中间业务是商业银行不直接承担或形成债权债务，不动用自己的资金，替客户办理支付及其他委托事宜而从中收取手续费的业务。商业银行的中间业务主要有结算业务、代理业务、咨询业务和保管业务等。中间业务比例高，则抗经济周期波动性强。表外业务是由商业银行从事的不列入资产负债表内而且不影响银行资产与负债总额的业务。包括担保、金融衍生工具业务（如远期外汇合约、货币互换、货币期货、货币期权、利率互换、利率期权、股票指数、期货和期权等）。

大多数银行业务收入都是以贷款类业务为主，其中做得好的就是每年股价增长前几名的银行。表外业务不受巴塞尔协议监管，因此很多银行都喜欢发展表外业务，但是市县一级的业务权限不够，表外业务不会太多。农商行给中小企业和农民贷款多，所以贷款量高，而政策类银行票据贴现业务占了大头。

目前，银行业的趋势是要做到普惠性，防止银行的资金在金融机构之间循环而不贡献实体经济。这基本可以看作是对于同业业务的限制。另外就是建设系统重要性银行名单。为防止大而不能倒的风险，进了这个名单就要提高准备金比例。到2022年初，因为受制于美联储加息政策所导致的市场资金向美国回流，中国市场除了外贸良好，内循环供需两不旺，中国在采取一种"怕薅羊毛"的定向货币政策，鼓励金融机构积极有为地定向放贷。中国与美国货币政策时差大约为6个月。

六、"金融脱媒"

"金融脱媒"是指随着直接融资（即依托股票、债券、投资基金等金融工具的融资）的发展，资金的供给通过一些新的机构或新的手段绕开商业银行这个媒介体系输送到需求单位，也称为资金的体外循环，实际上就是资金融通的去中介化，包括存款的去中介化和贷款的去中介化。"金融脱媒"这个词最早于20世纪60年代出现在具备完善的金融体制和发达的资本市场的美国，英语表达为"financial disintermediation"。在美国，大企业主要依靠在金融市场上发行债券或商业票据筹集资金。20世纪90年代后，在西方国家，债券筹资无一例外地超过信贷筹资。在证券化过程中，商业票据的发行部分取代了银行对公司的短期信贷，同时，居民也越来越倾向于比储蓄收益更大的基金或保险等[①]。传统的商业银行业务受到资金供给和需求的双重影响相对萎缩，利差收入减少，依靠传统业务难以维持生存，出现了"金融脱媒"现象。从发达市场经济的银行业发展历程来看，近30年来，商业银行都经历了不同程度的"金融脱媒"过程。以国际银行业的代表——美国银行业为例，从20世纪70年代末80年代初开始，货币市场共同基金、"垃圾"债券等替代市场的迅速发展，导致大量资金从银行系统流失，出现了明显的"金融脱媒"，并引发了美国银行业一系列改革与创新活动。从目前的融资状况来看，美国资本市场和企业债券市场融资比重远远超过银行信贷。在日本，尽管商业银行长期占据金融市场的主导地位，但资本市场及政府债券市场的兴起也对银行信贷形成了替代。亚洲新兴经济体中，马来西

---

① 根据2021年《中国股民行为报告》，中国有1/4居民愿意拿出一半身家炒股。

亚的资本市场融资远高于银行信贷，韩国则是资本市场、企业债券市场与银行三足鼎立，印度的资本市场融资比重也接近银行信贷。

现阶段，我国银行业的"金融脱媒"更多地体现为单向脱媒。从我国银行业的脱媒现象来看，尽管随着证券投资基金、货币市场基金等新型投资工具的出现，一部分存款和储蓄形成了分流，但总体看，由于资本市场发展滞后，目前我国可供大众投资者选择的投资品种仍然比较稀缺，同时对教育、医疗、养老等改革预期的不确定性，使得银行储蓄仍然是居民的首选，高达近50%的储蓄率就是很好的证明。但这个50%的储蓄率正在快速地变化。有统计表明，在一线城市，大多数家庭愿意将家庭资产的50%投资于股票市场。目前我国银行业面临的"金融脱媒"，借方的非中介化程度尚比较低，更多地体现在贷方的非中介化，即资产方面的"脱媒"。

由于企业可以通过发行股票、企业债券、短期融资券等方式进行直接融资，特别是短期融资券，成本远低于银行贷款，因此，对银行贷款形成了直接替代。"金融脱媒"对商业银行的总体影响：金融脱媒将使以商业银行为代表的传统金融中介失去融资主导地位，银行利差收入减少，依靠传统的业务越来越难以维持生存，从而使依靠传统业务、利差收入的经营模式面临危机。具体主要表现为：

第一，金融脱媒将逐步撼动商业银行的霸主地位。金融脱媒导致银行储蓄资产在社会金融资产中所占比重有可能持续下降，及由此引发的社会融资方式由间接融资为主向直、间接融资并重转换；随着直接融资的发展，越来越多的资金直接进入资本市场，投资于股票、基金、债券等，银行的资金来源相对减少，银行融资中介功能将渐渐削弱，银行可能会逐步失去其融资主导的地位。

第二，金融脱媒将对商业银行传统的信贷业务带来很大影响。优质企业一直是银行信贷发展的重点。股份制商业银行和中小金融机构也在同步跟进，将大量贷款投向优质企业。随着短期融资券等这些直接的债权融资工具的推出，大量优质企业会利用这一工具进行短期融资。优质客户的融资渠道和融资方式会更多地通过发行股票、债券进行直接融资，随之而来的是商业银行的优质客户资金贷款的需求会相应减少。

第三，金融脱媒使中国银行业主要依靠利差收入的盈利模式将会受到严峻挑战。中国银行业主要盈利来自于贷款利差收入。在中国银行业现有的资产结构中，信贷资产一般占85%左右，利差收入在总收入结构中占90%以上。在这一模式下，商业银行的业务发展和利润增长很大程度上依赖于信贷资产规模的扩张。信贷资产规模一旦出现萎缩，传统业务盈利空间进一步缩小，银行就面临生存考验。随着金融脱媒的逐步显现，银行业的盈利能力还会出现下降。所以很多银行开始拓展零售业务、中间业务、投行业务如企业发债，因为这一类业务抗周期性强，是可以穿越牛、熊市的稳定收益来源。

第四，金融脱媒将逐步改变商业银行传统的经营模式。短期融资券使客户更加倾向于通过发行企业债券进行短期和中长期融资，商业银行经营模式和战略将发生改变。从银行资产配置角度看，短期融资券的推出，将缩小商业银行利差空间。

第五，从金融发展的一般规律以及国家大力发展资本市场的政策导向来看，金融脱媒化程度的加强将是长期趋势。这将给中国现行的分业经营体制下的银行业带来很大挑战。金融脱媒带来的机遇如同业存款、企业机构大额存款业务面临发展机遇，直接融资的发展使居民储蓄向企业转移。企业直接融资的金额一般上亿，甚至100亿以上。这部分资金在用出去之前有一个沉淀期，给商业银行拓展大额存款业务提供了机遇。融资融券、证券质押贷款等支持金融市场和金融交易的新型融资业务获得发展契机。在传统信贷业务可能被直接融资所替代的同时，金融脱媒的发展也会催生新的资产业务。支付结算业务将获得较大发展机会，金融市场的发展将使金融产品日益多样化、复杂化，金融交易规模也迅速扩大，将极大地促进商业银行支付结算业务的发展。代理销售、托管业务、自营业务获得新的机会。随着国内市场对金融服务需求的日益增加，基金、保险、券商集合理财等金融产品将进入快速发展的机遇期。企业理财、现金管理、资产管理等咨询类中间业务前景广阔，直接金融工具的快速发展有利于商业银行企业理财等咨询类中间业务的发展。投资银行业务获得巨大发展潜力。随着金融脱媒的深化，现代企业制度的建设，改组、联合、兼并、租赁、股份制改造、规范上市、债券发行等多种产权制度和经营机制改革方式的实行，使企业在资本运作及其咨询方面产生更多的需求。

七、供应链金融

根据WTO统计，至2019年，70%的国际贸易是中间品（intermediate goods）和原材料。也就是说，除了购买制成品，大多数的生产制造行为都是在一个链条中去购销中间产品。这个中间产品的供销链条就是供应链。例如，特斯拉作为一家能源公司和汽车公司，其上游的关联股票就包括有色金属、汽车玻璃、锂电池、零配件等数百家厂商。而且这个产业链系统会构成一个产业的核心竞争力。为什么供应链金融重要？因为企业的盈利一方面是差价，另一方面就是账期，也就是卖货跟收款总有间隔期，在供应链中累积起来的这个账期就会很长。只要有一个环节不到位，链上企业资金循环就有可能枯竭，企业就会死亡；进而给链上其他企业带来连锁效应，大批量地死亡。

供应链企业最大的敌人是造假以及产能。像特斯拉、海尔这样的核心企业往往能掌握最真实的信息。国际上的流动资金贷款是要测算对方的资金缺口的。但是，在中国，一般的贷款融资就是要求对方提供担保；如果担保物够价值，可以打五折贷给对方。金融机构不关心对方拿钱做什么，它只关心贷得出去收得回来。但现实却是一个很奇怪的逻辑，例如新冠肺炎疫情背景下消费不足，美国直接给老百姓发钱，但是消费能力从来跟贷款额度没关系，而跟收入预期有关系。在收入预期不强的情况下，消费贷或者政府发的钱并没有真正进入消费领域，而是把奥迪卖了投入股市、坐公交、低碳环保，催生资产、原材料和加密货币价格高涨，然后在资产暴涨暴跌中被割得体无完肤。

供应链金融不同，是自偿的。我为下家供货，就得到了应收账款债权。这个债权本身的资金是来自供应链体系中的资金，而不是外部融资。因此贷款机构要判断能不能给对方做供应链贷款时候，需要判断对方的资金缺口是不是来自之前发生的交易关系，对方的交易关系能不能产生现金流偿还这个资金缺口。供应链金融要看"三流"，即物流、资金流、信息流，这三流需要统一。有着"三流"统一，通过ERP系统所反馈到的物权变动、资金转移和担保登记才有可能具有法律效力。供应链金融因此也就是把这"三流"拿来融资。如何用物流融资、用现金流融资、用信息流融资呢？

物流融资中会涉及动产质押、动产抵押、浮动抵押、最高额抵押、仓单质押等。抵押与质押有什么区别？抵押不会交付标的物，只是做一个担保权利的登记；而质押是需要把标的物交付给权利人，就好比人质，就是把人扣下了。从法律看，质押有两种：动产质押、权利质押。动产质押需要有两个要素才能合法构成：有效的质押合同、将质押动产交付给质权人。如果是供应链中的企业，例如福耀玻璃需要质押一批玻璃给银行，那么它是不会把玻璃直接搬给银行的，因为银行既没有仓库，仓储成本也很高。于是银行就指示交付，说你交付给某个仓储人视同交付给我，仓储人收取仓储费用即可。银行什么时间点设立了质权？如果这批玻璃不停地供应、消耗、处于动态的变化之中，那么质物就没法特定化，并且需要不断签署质押合同，明确质物。这样成本很高，于是银行就用到了最高额质押的制度。最高额质押的好处是，以一定时间内的变动的质物设定一个最高额的质押限额，在此限额范围内承担保证责任。这样货物进进出出只要限额不变，就不影响担保效力。但是物的特定化如何解决呢？仓库进进出出没有人承担责任，而且每个物的质量品类都应严格把控。质物又该如何看管呢？银行网点只有那么多，仓库可能在全国各地，谁去看管这些质物？派专人看管是低效且不友好的。

动产抵押是要登记的。登记是对抗要件，对抗无权处分中的善意第三人，质押不需要登记。为什么质押不需要登记？因为既然出质给别人了，第三人自然知道这个资产不归你控制，如果要买卖就会有风险。但是如果你没有把动产质押给别人，又要设立担保物权，那就以一种替代质押的方式向市场公示，这就是动产的抵押登记的必要性，法律后果叫登记对抗主义。不经抵押登记抵押权也可以生效，但是不登记不得对抗善意第三人，作为区分不动产时经登记抵押权才能够生效。其中道理我们之前已有说明，就是要以公示的方式让人知晓权属。不动产更难通过外观判断担保物权，于是设立了一个不动产到动产担保物权登记主次加强的义务。然而，动产抵押登记要去工商部门进行，还需要收费。抵押登记非常麻烦，一般供应链中没多少人做。但是可以通过合同约束对货物的监管，类似于质押。动产的抵押去工商部门登记后抵押权成立；但质押需要有效的质押合同，在将质物交付给质权人时，质押权设立。

浮动抵押是为了维持生产经营，登记一次即可。货物进进出出的过程可以不管，管的是一旦争议确定，就需要拿确定时刻的浮动抵押物转变为固定抵押物做抵押。浮动抵押的信息银行之间会共享，这使得二次抵押存在困难。企业融资有限，而银行抵押权的风险有保障，还有去控货的。

仓单是仓储中的物权凭证，谁有仓单谁就可以向仓储者提货。但是仓单如何质押呢？一种做法是把仓单给质权人，另一种做法就是电子仓单。但是因为电子仓单无法交付，也无法做登记，所以电子仓单的质押难点就在于，保证电子仓单的唯一性与数据电文的可控性，这里可以用到一些电子签名及区块链技术。

对于应收账款的法律融资，主要是保理和应收账款的质押。保理在民法上是应收账款债权的转让。债权转让为了保证受让债权对债务人有法律效力，要解决两个问题：如果原债权债务人约定了不得转让，债权转让有没有法律效力？债权转让要不要通知债务人？根据《中华人民共和国民法典》第五百四十五、五百四十六条，如果当事人约定了非金钱债权不得转让，则不得对抗善意第三人。这就是当事人之间约定的金钱债权转让只具有合同相对性，不得约束债权受让人也就是第三人。这就大大减轻了从事保理业务的银行的审核义务。因为保理的标的属于金钱债权。金钱债权天生具有很强的流通性，不管原债权债务人有没有约定债权可不可以转让，银行作为债权受让人都可以获得债权。

专题五
数字友好贸易总论

本专题讲解研究和从事数字贸易应当具备的基础性操作系统共识，包括数字贸易概念、劳动力市场的分离均衡信号、元认知能力迭代系统、历史的视角、科学和逻辑的视角、技术的视角以及技术创新的前沿理论TRIZ创新理论。

一、数字贸易的概念

商业主体的贸易在货物、服务及技术的生产、制造、销售、交付、支付等环节中，只要其一包含数字化要素，便称之为数字贸易。

这样定义，是因为我们认为在这场由信息技术所引起的生产力奇点变革以至生产关系变革，将全方位对产业的业态、商业的模式、政府的治理、人才的培养、社会的形态产生根本性影响，正在将人类从工业文明时代带入信息文明时代。数字贸易既不单单是将货物放在网上卖这种有形贸易，也不是在网上音乐平台买个会员听音乐这种无形贸易。我倾向于将数字贸易定义成一个更加广泛的概念。这既有利于数字贸易概念的深度普及和发展，同时也方便从工业文明时代成长起来的读者能够理解数字贸易到底是什么、为什么、怎么做。

信息文明时代的贸易有四大特征：大连接、大带宽、大数据、大计算。如果光有大数据、大计算，而没有大连接、大带宽，我们会发现信息不畅，难以产生贸易。如果光有大连接和大带宽，我们发现，哪怕数据流动能力、计算能力较弱，还是可以网上买卖货，只是有可能被骗罢了。因此，我们认为大连接是信息时代贸易的最本质特征，而大带宽、大数据、大计算是衍生特征。

因此，一切基于互联和数据驱动的贸易，都是数字贸易。所以从今天开始，如果你想在数字贸易时代做出成绩，摆脱路径依赖，摒弃电子商务概念，以信息文明大连接为纲，就需要以大带宽、大数据、大计算为目，去深入思考和理解数字贸易本质逻辑，在自己大脑中构建一个全新的数字贸易操作系统，不断迭代升级。

当前的数字贸易培训要么浮夸于归纳式的如互联网九大思维、六大商业模式，而经不起细致推敲。要么着重于讲述具体商务平台的操作细则，怎么做抖音、怎么做淘宝客，停留在工具使用的具体事务层面。短视频里天天推送着成功人士的空话、套话，既缺乏逻辑性，又像水上浮萍一样，散布在池塘的各个角落里难以串联，算不得真正的知识。而好的培训，既需要讲术，更需要讲道，术有千变万化，道万变不离其宗。你是愿意"步步追、步步慢"，继续做一个 nobody 和 small potato，被人"割韭菜"，还是愿意拨开浮云，探究事物的本质，构建自己的知识框架，提高认知，真正主导自己的命运，做一个 big shot？我们选择后者。

因此在讲解数字贸易之前，我们必须要讲清楚教育和培训的本质是什么，进而衍生出数字贸易底层操作系统的培养目标是什么。

二、当代教育的批判

1. 工业文明时代的普鲁士教育

现代教育起源于18世纪的普鲁士。原本浩瀚美不胜收的人类思想被其切割成了一块块便于学者传承的自留地，被称为"学科"。原本行云流水、融会贯通的概念被其分成了一个个单独的"课程单元"。可以说，学科式的职业培训体系，顺应的是工业文明，讲究的是教育的标准化、可替代性，使得拥有不同学科技能的劳动者化身为特定流程中的产业工人，就像精细打磨的工业零件一般，精准、恰当、可替代，给工业文明带来了强大动力。

2. 数字文明时代的创新教育

到了数字文明时代，生产的方式出现了巨大的变化。生产要素越来越多元化，单学科、纯体力的劳动价值比重越来越低，相反，跨学科、融会贯通的脑力劳动创新越来越重要。但教育的知识和教育方式的变革依旧缓慢：碎片化的学科培养体系使得人们的知识碎片化。教育与市场需求的脱节，使得学无所用。

数字经济时代因为生产力极大发展，对于劳动者的阅读能力、数学素养和人文底蕴要求越来越高。当今社会需要具有创造力、充满好奇心、富有冒险精神并能够自我引导的终身学习者；需要我们有能力提出新颖的想法，并付诸实施。然而，普鲁士教育的目标与这一社会需求相反，忽视了人与人之间异常美妙的多样性和细微差别，而正是这种多样性和差别，让人在智力、想象力、天赋方面各不相同。一般人皆知乔布斯那神龙见首不见尾的创造天赋，却不太知道乔布斯曾经异常勤奋地修习各门艺术学科，广泛阅读宗教思想（禅宗）和科学著作，详尽研究他心目中众多偶像人物的创造历程（包括爱因斯坦、费曼、毕加索、迪伦等），所以教育仍然是促成乔布斯伟大创造力的首要力量。

3. 对一万小时定律的批判

同时我们对于所谓一万小时定律，也进行了反思。一万小时定律，也就是通过一万小时的工作学习，可以成为某个领域的行家，大概职场工作年限在5年。但是我们要认识到，一万小时定律，在"认知复杂性"较低的活动，如象棋、钢琴、篮球、驾驶等方面管用。但是对于"认知复杂性"较高的活动，如创作、管理、科学研究等就很难找到足够的证据支持。在认知复杂性较低的活动中，知识总量是有限的，只需要多加练习，或者形成肌肉记忆，就可以成为一个中等偏上的专业人士。例如，玩一般的三阶魔方，只要记住公式，就可以在十几秒之内还原任何位置的魔方。但是对于复杂认知性活动，知识量呈指数级增长，光凭借勤奋加练习，是成不了高手的。所以在不同领域，要区别对待复习和考试的作用。复习和考试如何能够产生创新型人才？选拔性考试只是让你脱颖而出，从一个圈子进入了一个新的圈子，但是跟你直接的知识和能力、破坏性创新能力并没有必然的关系。很多用人机关也面临这种考试招募人才选拔方式过于单一的问题。

4.科举与高考的区别

当代教育比较大的问题是混淆了科举与大学入学考试的区别。古代东亚社会对创造力没有那么大的需求，因此科举是个好制度。社会管理规则是既定的，只需要在管理规则之下的条条框框内去选拔人才即可。它可以选拔出聪明的人，但是却难以选拔出能创新的人。

如果非要把科举考试同当代的考试进行类比，那么科举考试应当更近似于公务员考试和大公司的入职考试，即通过数理、分析、策论，把"聪明"人给筛选出来。但是越来越多的用人单位，反而认识到标准化程序选拔出来的人，在很多方面有不足之处。例如专业度、创新能力、品质和毅力、逆商、财商。所以很多单位的老板都喜欢用自己的标准去个性化选拔人才。大学的入学考试，目标是要选择可塑性强而又有志向接受进一步教育的人才，这好比熔炉里的液态玻璃，可以拉升，可以上釉。但标准化考试选拔的人才，就像上了釉的瓷器，你做的改动，很可能不是破裂就是刮伤。

关于当代教育的不足，笔者还是期望能够给大学教育更多的自主权，抛弃唯分数论。创新能力的培养，需要有广博的认知、冒险的精神，甚至根据诺贝尔经济学奖得主班纳吉等人的研究，需要稳定的收入。我们期望社会能够给予更好的物质保障，利用数字友好的理念，以更容易的途径去接触世间最前沿的知识，形成人人不必为衣食而操劳，人人可以创新、关爱创新的局面。

我们除了从应然角度看待创新型教育，还要分析一下现代教育的经济学现象：分离均衡。

三、残酷的教育真相：分离均衡

有很多人从事教育，却很少有人告诉学生教育的本质，等到学生碰得头破血流，悔之晚矣。

教育在现实中是为了淘汰人。考上大学并不是高三班主任为了激励大家所宣传的那样，"考赢高富帅，战胜官二代"，或者进入了一个带着泛黄记忆、满是欢声笑语、柏拉图式的象牙塔，而事实上是把你引入了一个又一个、永无止境的残酷竞技场。

好比特种兵训练游泳，最简单粗暴的方法，就是把你丢进水里，然后向你扔石头，让你在挣扎中获得求生的技能，游出困境。事实也恰恰证明，越是严苛的条件成长出来的生命越顽强。

真正的人才，没有哪个不是自己挣扎着游出来的。真正的科学家，不需要别人指导，他从进大学开始，就知道自己想要什么，需要什么支持，去哪儿找学习的资源，并且会向最适合自己的导师毛遂自荐。越是名牌大学，越是把你推进激流旋涡、狂风巨浪中，并且不断向你扔大石头，逼迫你更快游、向前游，否则就被淘汰。

郎平激励朱婷，你努力是为了什么？朱婷说我为了我爸妈。郎平说你这样永远打不出来。朱婷又答我是为了成为你。郎平说你永远成为不了我，你是为了成为你自己。施一公30岁还在迷茫，不知道自己要走向何方，但他后来认清了自己爱面子的事实，笃定了学术之路，建立起批判思维，勇于挑战学术权威，成为大科学家。无论学什么学科最重要的不是智商，而是科学的方法加持之以恒的努力。如果痛苦足够大，自然就完成了分离均衡和社会角色分工。

这不是危言耸听，在传统职场中，学历就是信号。如果去过国外专业人士的办公室，或者收到他们的名片，就会发现他们都把学历裱在墙上，名片上印博士头衔；德国人甚至硕士头衔都印。特朗普在《交易的艺术》中说他沃顿商学院的学历虽然没什么用，但是够吓人，大家都认。电影《逍遥法外》中，"小李子"造假，成了泛美航空公司的飞行员，把哈佛医学院的学历挂在墙上，在儿科医院当了医生，最后做了检察官助理，考过了Bar做了律师。

我们使用一个模型论证一下"学历是淘汰人的信号"的结论：

假设有老板在职业介绍中心招聘，有两种员工应聘，一种是好员工，另一种是坏员工。好员工的生产力是50，坏员工的生产力是30。在工资等其他条件不变的情况下，老板当然是想雇用好员工，而不是坏员工。

假设在职业介绍中心屋子中，好员工占10%，坏员工占90%。老板愿意给好员工50的工资，给坏员工30的工资。如果老板知道好坏员工的比例，却分辨不出来谁是好员工谁是坏员工，那么只能给全体员工的平均工资：$50 \times 10\% + 30 \times 90\% = 32$。于是，好员工期望能够告诉老板，他是好员工，从而获得更高的报酬50；坏员工则希望隐匿自己，从而继续能够获得32的报酬。好员工怎么证明自己好？站在桌上跳舞吗？坏员工也可以站在桌上跳舞，所以这个不足以区分好坏，毕竟谁都可以自我吹嘘人品好、素质高。如果想应聘成功，好员工必须要传递一些坏员工不能传达或者不愿意传达的信号。

假设老板说有MBA学位的是好员工，没有MBA学位的是坏员工，此时MBA学位如果要具有区分度，也就是经济学中所谓的均衡，必须是好员工通过努力取得了MBA学位，而坏员工没有动力取得MBA学位。我们需要计算好员工取得MBA学位的投入及坏员工取得MBA学位的投入。学费不能作为投入区分，因为MBA对好员工、坏员工收费都是一样的。我们这里用有效注意力或者精力。很容易理解：假设学MBA是做一道很难的题，那么好员工聪明做出来要5个注意力，坏员工比较笨做出来要10个注意力。这也说得通，因为对大多数人而言，学习是件苦差事，那么这种有效注意力的投入就是读MBA的成本。为了便于计算，我们除去单位，好员工成本是5/年，坏员工成本是10/年。

我们假设获得MBA学位要3年，好员工有MBA学位，坏员工没有MBA学位。老板通过MBA区分员工，有MBA是好员工，没有MBA是坏员工。我们要证明两件事，第一要证明，每一类员工都不愿意改变。证明均衡的时候要证明有人不愿意改变，而有人通过改变，造成对方获益或者受损,这都不是均衡。我们还需要证明,老板和均衡行为是一致的,通过MBA区分员工好坏。

假设员工只能获得一年的工资收入。

那么好员工3年MBA毕业,然后工作1年,他的收入是50-3×5=35。如果好员工没有获得MBA,那就会被归入坏员工,获得30的收入。35大于30,因此好员工会致力于去获取MBA学位。

而坏员工呢?如果他学习每天都是煎熬,获得MBA学位后工作一年的收益为50-3×10=20。坏员工如果继续当坏员工收入反而依旧是30,20小于30,因此坏员工没有动力去商学院学3年拿MBA学位。

在这个均衡中,MBA学位就成了区分好员工坏员工的标志。这就是分离均衡(separating equilibrium)。为什么叫分离均衡,是因为不同参与人可以被区分开来。好的类型可以被区分,坏的类型不想被区分还是被区分开了。均衡就是不以人的意志为转移。不管我们愿不愿意,最终结果就是这样的。

拿学位的时间可不可以更短?假设我们把拿MBA学位3年期改为只需要1年。那么好员工的收益是50-1×5=45>30,好员工依旧努力获得MBA;而坏员工的收益是50-1×10=40>30,坏员工也依旧会努力获得MBA,就不会存在均衡。这就跟大家一起在桌子上跳舞一样,都说我是好员工,却不具备让人区分好坏的能力。

因此一个教育的信号。如果它的目标是区分好员工、坏员工,那么必须要不同员工自己选择是不是去读MBA。如果要达到均衡即好员工要去读,坏员工不去读,你必须要让MBA学位难拿。

所以我们得出了以下的结论:

结论一:一个成功的分离均衡信号,需要一个大的成本或者收益,来区分不同的被分离类型。这样你通过不同的类型区分就自然找到了自己的位置。

结论二:如果降低了获得学历的门槛,研究生扩招、大学扩招,降低一本线比例,会有什么后果?最后学历就不值钱了。如果获得第一个学位很容易,好员工就会继续深造获得第二个学位。第二个学位很容易,他就会获得第三个学位。如果你让成本差别消失,员工就会想办法用别的方法找回成本差别。最后的结果是什么,那就是学位通胀,最终可能开出租车也需要大学本科以上学历。最近的实例就是,万科养猪场招聘管理人员的要求是35岁以下,本科以上学历,仿佛在专业领域受过职业教育的人,都敌不过上过本科的"万金油"。这种教育分离均衡的本质,也导致了目前中国市场上公立与私立教育资源的分化,使得"寒门难出贵子"。因为市场化的教育资源是要用钱堆出来的,所以数字友好的教育资源:一是要加大优质、便宜的教育资源供给,例如慕课;二是要将各种职业教育、高等教育的准入资格放宽,允许不同年龄、不同性别、不同身份的人,只要具有才能,都拥有公平的考试机会。

这是一个相当悲观的教育模型。首先,这个模型中,没有学习的概念,学前收益就是50和

30，学完之后还是50和30，学校教育对于生产效率提升没有任何帮助。

假设在学校没有学到任何知识，说明了什么？教育实际上变成了区分好员工和坏员工的工具，即教育没有什么社会用途。为什么学校教育没有社会用途？在这个模型里，教育没有改变员工的生产力。但是员工受教育是要消耗资源的。最后，好员工过得更好了，坏员工就没有好日子过了。老板们还和以前没什么两样，只是资源重新分配。

教育没有什么成果，反而浪费了资源。如何从社会角度了解这些资源的浪费？所有的教授别去教书了，去种地或者开出租车去吧，这是资源浪费。教育模型中的教育结果是什么？对于10%有天分的好员工，可以努力拿高薪，但是90%天分较差的员工怎么办？他们没有机会去受到更好的教育，他们能够收入多少呢？如果没有教育，他们仅能够获得30。教育加剧了不平等。

教育并没有通过善良的方式让富人更富，而是让穷人变得更穷来达到目的。当然现实中，我们依旧期待学生能够在学习和教育中学到知识、提高劳动生产率，但是除了学习之外，教育使得有学历的人跟没学历的人区分开来。结果，你得到了好处，有人却减少了收入，现实就是如此。

所以我们发现，教育并不仅仅是明面上冠冕堂皇的教书育人的理由，反而暗地里，教育是一个信号，去达成分离均衡。这是一个很残酷但是很现实的结论，因为分离均衡终将会被达成，不论你在法律和公德上怎么宣传平等，有些孩子注定要被落在后面。我们政府要做的是，发现每个人的天赋并给予他们平等奋斗的机会及公共产品，通过数字化的教育手段解决教育资源的不平衡问题，形成唯能力而不唯学历和年龄，人人关爱知识、尊重知识、学习知识的风尚。

模型看似简单、不起眼，但这就是经济学里著名信号传递模型。研究出来这个模型的斯宾塞（A. Michael Spence）因此获得了2001年诺贝尔经济学奖。有个很典型的例子，就是餐饮行业卫生等级标准，A级、B级都张贴，那么你C级、D级不张贴，消费者就默认你卫生标准差了，不需要强制要求，就自动完成卫生等级的区分和执行，就是餐饮行业卫生的分离均衡。

任何经济学的模型都是有前提的。通过对教育的完成学生分离均衡本质的讲述，我们可以对接下来的数字贸易操作系统升级与教育有关的共识进行如下观点总结。

结论一：如果你不想被老板挑来挑去做员工好坏之分，那就自己当老板。不过自己当老板后，依旧会被更大的老板挑来挑去。

结论二：如果注定有一部分人被落在后面，我们可以选择前进，或者固守。但是我们要记住，在选择职业培训的时候，一定要选择有区分度的培训，这个培训要么学习难、要么收益大。没有区分度的考试，当作一个技能掌握或者学习契机即可，不参加也罢。

模型中有很多假设的前提，解决问题不一定要盯着问题本身。否定了前提，你就可以突破模型。例如，老板是不是仅仅以MBA来区分员工呢？MBA是公共信息，人却有很多私有信息，例如容貌、星座、情商、爱好、人品好、素质高、长得帅等。教育也不是仅仅让人痛苦地投入，通过优质的教育的确能学到良好的知识，提高生产力。因此我们一定要学会跳出问题，多问为什么，用历史的视角、经济的视角、技术的视角、法律的视角，用第一性原则去分析问题。这也是为什么犹太人对于子女的教育都注重竞争性、启发性、批判性思维的训练。以色列面积与北京市+天津市相当，却出了14位诺尔贝奖获得者，犹太人获得诺奖总数达到了惊人的180余人，占世界诺奖总数的20%。这是为什么？重要的原因之一是犹太人从小就鼓励学生提问，不提问不给睡觉。犹太家长总是问孩子你今天提了什么有意思的问题，有没有提出对大人有挑战性的问题，而中国家长总是问孩子今天有没有听老师话。这也许是中国教育培养出来的学生原创性研究能力不足的原因。

对于个人受教育投入而言，你的注意力是你最大的投入和财富。每个人的注意力的价值不同，注意力的价值就是你注意力的机会成本。什么是财富自由，你不需要因为钱而不停转移注意力时，那就是了。

如果要提高自己的核心竞争力，就要不停地拓展自己接受教育的组件。一个技能比长度，两个技能比面积，三个技能比体积，技能越多，你的自身竞争力就越强。

那么问题来了。当我们明白了教育是残酷的淘汰赛这个本质之后，我们如何让教育变得不那么难？通过以上的分析我们明白，降低出题难度不是好选项，因为它会让教育不能够完成分离均衡。是的，我们要提高自己的学习能力，脱离自己学习和工作的舒适区，做分离均衡中的好员工，构建一个能够不断迭代升级的学习系统。

四、元认知能力

那么既然教育的真相很残酷，我们怎么能够学到真正的知识？

社会上有四种人：第一种不知道自己不知道，第二种知道自己不知道，第三种知道自己知道，第四种不知道自己知道。第一种95%的人不知道自己不知道，以为自己什么都知道，处于自以为是的认知状态。世间存在太多的未知，包括我们学习数字经济和数字贸易，就是要突破自己的旧有的习惯或者叫路径依赖。我们要摆脱95%芸芸众生的状态。第二种4%的人开始知道自己知识和能力的边界，例如我擅长读书、擅长做生意、擅长文学，但不擅长当"开心果"，开始有了边界思想，挑自己擅长的事情来做。第三种0.9%的人知道自己知道，开始知道了自己认知的规律，懂得利用这种规律不断完善自己，不断突破舒适区，扩大自己知识和能力的边界。第四种0.1%不知道自己知道，他们是大彻大悟之人或者有修为之人，所谓"内圣外王"，永远是一个空杯的心态。孟子说"大人者，不失其赤子之心"。赤子就是刚出生的孩子赤条条的状态，虽然大人懂得很多，但是永远是一个空杯的心态，多听他人的意见，多吸取他人的优点。我们要成为第三种人掌握认知规律，力争做第四种人，永远保持谦虚学习的心态。

元认知（metacognition）能力，是认知心理学上的概念，是认知的认知，就是上面所说的第三种状态，知道自己知道的状态。

元认知能力强，表现于你能够认识到自己认知的能力和局限性。例如你能够描述自己的记忆力、记忆方式和注意力的转移方式，你了解自己的优势和不足，知道哪些策略对自己有用；

你还懂得何时可以运用它们，如何激励自己，就跟一个工具箱一样。换言之，元认知能力强的人，有以一个理性的自我，站在身旁看待感性的本我，进而驾驭从必然王国走向自由王国的超我的能力。较小的孩子就没有这种能力。他们往往过于乐观，认为自己能很好、很容易且很快乐地完成多数认知任务。职业运动员、职业教练、大型组织的领导通常具有这种能力。

元认知能力的个中好手篮球明星科比·布莱恩特，就曾经对自己这种能力进行过精确的描述。他说："我知道用什么样的方式可以刺激自己最快速地进入比赛状态，激发自己最大的潜能。越是关键时刻我越是出奇地冷静。"阿伦·艾弗森（Chuck）在回忆当年掘金队旧事的时候，就说到一个很有趣的故事：肯扬·马丁当时防守科比，对着科比挑衅说，"你穿着你的球鞋，就像我穿着我的鞋子一样，你穿着你的衣服就像……你怕了吧，我会击败你的"这样疯狂的话。艾弗森在板凳席上听到了，长叹，天呐，那个男人变得沉默、安静起来了。科比开始疯狂起来了，扣篮、三分、中距离，好像要杀死这个比赛一样，拿了49分。在中间有一次罚球的时候，科比对艾弗森说："艾弗森，我现在很冷静，只是他们不应该打草惊蛇。"这其实就是迈克尔·乔丹所说的"像赢家一样思考"（think like a winner），后来科比将其总结为"曼巴精神"：热情（passionate）、执着（obsessive）、严厉（relentless）、不屈（resilient）、无惧（fearless）。

即便有很多顶级竞技选手偶尔传递出了一点成功的秘诀，但是在真实商场上，大佬们都在闷声大发财，他们是不会把独门秘籍热心与你分享的，或者他的成功本身只是偶然。这时候就需要你建立起自己思维的操作系统，不停观察、发问、学习，而这一切的本质，就是你的元认知能力。

例如，常听说某人"情商高"。那情商高的本质是什么？是会赔笑脸吗，那小丑应该是天底下情商最高的人。情商高，其实就是你的元认知能力强。此时，你的元认知能力，就不仅是对待自己认知过程的认知能力，而是你对他人的认知过程也有着相当的理解力。

好比你突然走进一个屋子，参加一场会议，你清楚感受到屋子里坐的形形色色参会者每个人的大体来历、情绪和需求，并做出良好的反馈，这就是情商高的表现。这也是为什么很多情商高的人，总能在形形色色人面前获评"如沐春风"。情商跟品德的要求不同。德，直心也。意思是直通内心不加修饰地表现是真品德。这里不讨论真君子与伪君子问题，本身儒家就讲究通过修炼达到"内圣外王"，假使一个人是伪君子一直在装真君子，那么装一辈子也成真的了，这就是所谓"周公恐惧流言日，王莽谦恭未篡时。向使当初身便死，一生真伪复谁知"。政治家对于民众、企业家对于员工和用户、老师对于学生、明星对于观众和粉丝、自己对于亲朋好友，这种元认知能力如果体现得非常好，无疑受欢迎度会倍增。

在教育和学习领域亦然。孔子说因材施教，是要了解学生有什么样的天赋，因势利导。作为成年人，我们常常会有一个观点、看法和情绪，那就需要了解自己为什么会有这样的观点、看法和情绪。

对待自己、对待他人、对待所学的每一个概念，你都能够不停地问自己，这样你对前因后果就学得更明白，知识的大树就会根深叶茂、越长越高。

后续我们讲解计算机原理、大数据和人工智能的时候，会讲到元数据，也就是指引数据的数据，会进一步分析元认知能力。因为目前人工智能，还是在研究计算机如何像人一样思考，将过去必须由人类才能够解决的问题交由机器解决。但是在人类对自己的认知和大脑还没研究透彻之前，机器永远只能是智能（intelligent），而不是智慧（smart）。

对于元认知能力的讨论，我们总结如下：

结论一：元认知能力是知识的知识，认知的认知，是一种稀缺的高度抽象的能力。在你注意力和精力有限的前提下，你的抽象和指引能力越强，你积攒的知识会越多。

结论二：元认知能力是包含识别、编码、输入、存储、转换、调用、整合、输出、运用的过程。你对这些过程认知得越清晰，你的元认知能力会进化得越完善。

结论三：元认知能力是可以后天培养的。它取决于每个人固有的思维方式，以及它期望培养的思维方式。它没有正确与否，也没有价值观的善恶。例如诗人的联想能力要非常强，而科学家的推演能力要非常强，诗人与科学家的元认知能力很可能表现为不同的方式，一个人可以具备多种元认知能力，关键看你怎么去定义自我、发现自我。

在你具备了元认知能力之后，可能会查缺补漏。例如由联想式的"发生了事件A→有了反应B"，或者归纳式的"A有点像D，B有点像D→C也很有可能像D"，转变为推演式的"发生了事件A→有了反应B→我为什么会有反应B？反应B是对的吗？→反应B是怎么样推演出来的？好像A推不出来B，只能推出C→反应C可能更合适"，甚至你会思考为什么你会联想、归纳与推演。

当你通过元认知能力去建立自己的思考和认知之后，不论思考自己的认知和自己积累知识，还是思考他人的立场意图，都能够建立强烈的共情心理。此时，为了有效利用元认知能力，还需要认识到注意力是你最宝贵的财富。没有注意力的时间，是用来浪费和休闲的，对于积累知识而言并不是有效的时间。因此高效的注意力配合元认知能力的训练，去高质量获取知识并温故而知新，对于积累知识非常重要。

那么问题来了，培养元认知能力我们从何处着手呢？

五、历史的视角

首先我们应当具有历史的视角。正如上一小节所言，元认知能力的第一步是识别。我们的视觉、听觉、味觉、嗅觉、触觉在不停地识别现在。但是现在其实是一个伪概念，因为每一毫秒的现在，在下一毫秒就会变成过去，也就是历史。我们的大脑对于信息和记忆的加工反馈，其实就是对于历史的识别、输入、加工与输出。历史的视角是多元的，不论是文明史观、阶级史观、全球史观、技术史观、社会史观，只要在它的公理体系内能够说得通，都可以成为一门学问。我们要掌握多重史观，才能够具有判断事物的多重视角和维度，就跟手术室的无影灯一样，最终展现出一个全面的历史。

对于历史，很多搞数字贸易或者电子商务的人不愿意去深究，就比如现在热议的人工智能技术，最起码经历了1950年代、1970年代、1990年代3次高潮与低谷。很多技术思路30年前就有了，不了解历史就永远管中窥豹而不得要领。就像人们总是感慨"少壮不努力，老大徒伤悲"一样，不努力的人只有到老了，才会伤悲感慨；而努力的人不伤悲，自然也不会感慨了。这就是数学中的"马尔科夫过程"，即不管初始条件为何，均会收敛于特定的均衡过程。所以一代又一代的年轻人，没有看清自身的努力与历史的进程，沉溺在游戏、追星、短视频中，被"奶嘴计划"所愚弄；而贪婪的资本，利用人性的弱点去闷声发大财。没有人会跟你说真正的道理，看明白的人不说，看不明白的，又没有必要说了。

就好比有公司高谈要做平台、做生态，要开放、分享，但他绝不会让友商的IM软件彼此互通有无。但是我们听说过中国移动不能发短信给中国联通吗？网易的E-mail邮箱不能发邮件到QQ邮箱吗？寡头与寡头之间，是既斗争又合作的关系。如果斗得多了，就是做了"艰难的决定"；如果是合作多了一点，大家都来分得一杯羹，也就是互相投资，做所谓生态。一般来讲，在既有市场中，例如阿里的电商、腾讯的社交和游戏，是很难互相分一杯羹的；但如果是新兴市场，彼此均属于市场的新进入者，巨头们是不介意划分市场的，因为不论怎么划分都是新增利益。

阶级史观告诉我们，人类社会是从原始社会、奴隶社会、封建社会、资本主义社会向社会主义社会、共产主义社会演进。这套分析历史的视角，是根据人对生产资料的占有来区分社会发展在历史中的各阶段。奴隶社会的生产资料之一是奴隶。奴隶是奴隶主的财产，可以买卖；奴隶主可强迫奴隶工作，奴隶工作无报酬。封建社会生产资料是土地和农民，土地由国王分封。资本主义社会资本家都在剥削工人劳动的剩余价值。

事实上，看过电视剧《封神榜》的应该有直观的印象，商朝不像奴隶制呀，谁是奴隶，黄飞虎是姜子牙的奴隶吗？奴隶制的定义约等于把人当成了财产+买卖+没有自由的苦力和牲口，但是这个定义有点牵强，如果这个特征是奴隶制，我看NBA也有点像奴隶制。每个赛季，NBA跟马戏团一样，先拉着球员飞美国大城市巡演打72场常规赛，东部选8支成绩最好的队，西部也选8支队，进入季后赛，决出东西部冠军打总决赛，犹如进了古罗马斗兽场。媒体一顿包装、塑造冲突，进入激斗模式，迈克尔·乔丹要跟卡尔·马龙决出来一个胜负。如果球员合同到期，球队觉得不合适，就转会卖了。2021年，意甲尤文图斯队因新冠肺炎疫情，收入大减，付不起C罗3 000万欧元年薪，就要2 300万欧元把C罗卖了。生产力再低，奴隶也得给饭吃；生产力再高，大形势不好，尤文图斯也要把C罗卖出去，只是溢价不同。

所以把"奴隶制"这个词暂时忘记，人的自由和私产固然宝贵，但是假如，我指某种历史的可能性，这种人身依附型的生产，是因为业务的天性要求，而奴隶的报酬比C罗低，除了法老和农奴主天生喜欢奴役人，有没有一点点可能是因为社会生产力低下、经济业态不够、税收和法律调整制度等生产关系还没有建立起来，没来得及覆盖到基本人权的原因呢？历史上是有例子的，2000年前西方文明之光古罗马因为生产力高，市民社会法治就相对完善，也出现了最早的共和政体和今天广为流传的"市民法"（civil law），也就是后来广为流传推崇，被德国、日本继承的"罗马法"，而它的万民社会，也就是外国人，则会受到区别对待，这叫"万民法"（the law of peoples）。我们深层次想想人身依附究竟是为了什么？直到今天，在有的手工传统行业，依旧有很强的人身依附性。师徒吵架翻脸的也屡见不鲜，为什么？工业时代资本、人力、原材料都是标准化的，标准化的可以这儿用，可以那儿用，自由流动。而看过《霸王别姬》电影就知道，张丰毅演的段小楼与张国荣演的程蝶衣，为了学京剧从小都是要住在师傅家里吃喝学艺干活挨打，是非标准化的服务，本身师傅也有巨大的沉没成本投入，自然在旧时代少年京剧演员自由度便不及产业工人。

工业时代的目标是把劳动、技术、流程包括教育作为组件（component）标准化，奔驰车厂的工人宝马厂也可以用，所以可以自由流动。兽医邓禄普心疼他儿子骑自行车颠簸，剪了自己家的橡胶水管做出来世界第一条充气轮胎。100年后，邓禄普轮胎在丰田和本田都能装得上，所以可以广泛销售。但服务业，越是技艺要求高，特征性强的服务业，越需要亲身面授。学相声要住在师父家里；当律师助理学习最好的方式，就是坐在合伙人师父的办公室里，从着装、言谈举止、接电话、谈客户、写邮件一点一滴学起。

我们没法回到古埃及，但是是否可以做一个假设呢？世人在感慨古埃及金字塔精妙，据说石头缝连个刀片都塞不进去的时候，是不是恰恰证明了这是那个时候的高科技——把金字塔盖起来，的确需要把人集中起来，按照工程管理的方式细致培训、严格管理，乃至严防死守。在今天我们可以用计算机进行BIM工程全流程管理，但在古埃及的生产力条件下，集中化的住宿、培训、施工，而且因为生产力低下，劳动保障不足，伤亡往往也很大。这些伤亡对于实现金字塔工程，可能就是不可避免的。后人把这个叫作奴隶制，但是观察到底古埃及是不是真的奴隶制，可能要看施工完毕，奴隶们又去哪儿了，或者奴隶们是不是真的"自由"，而为什么要限制奴隶的流动，不给奴隶"自由"呢？可能是因为大规模的工程基建，如果让奴隶走了，再想集中起来，培训出来熟练工种可能就非常难了，所以要按当时的生产力标准维持一个基本的供养状态。这就是著名的"贝叶斯定理"，即一切经济和社会现象都是概率，在机器系统中叫鲁棒性；在控制论里叫瑕疵系统的自平衡性；在人工智能领域，就是深度学习中的统计学和概率论。

再看中国，中国自商周朝代起，土地是商天子分封的，西伯侯姬昌就是封建主，小封建主听从大封建主，具有人身依附性。中国自秦代以后实施郡县制，郡县制什么特征？行政官员中央任命。封建制真正的特点，从生产力视角看，因为生产力不高，农民必须严格依附于土地，不能自由迁徙。看到中国与古埃及的区别了么？古埃及尼罗河流域每年一泛滥，没法形成以家庭为单位的自给自足的小农经济基础，所以没法开出土地分封之花。这深层次的原因是农业社会主要依靠土地的租值来供养社会，生产要素和劳动力都是家庭经济单元的私产，不能轻易让之于人。我们从文明的视角去分析为什么会出现宗法制度，因为生产要素是稀缺的，宗法制度主要是要解决生产要素的分配规则。即便在人民公社时代，家里的小孩在生产队下地干活也是要挣工分的，只是少了点罢了。

随着工业革命到来，小农经济不再是社会生产价值的主要来源，农民不需要严格地依附于土地，而城市需要大量的工人，农民或主动或被动地离开了他开始赖以生存后来又不那么赖以生存的土地，成了工人，于是封建制度自然而然瓦解，人类进入了资本主义社会。对于资本主义社会农民迁徙进城成为工人的问题，也有学者持保守态度。他们认为过分的城市化，不利于抵御经济危机；而保留恰当比例的农村经济，可以有效缓解对冲经济危机。对此看法我持肯定态度，可以预见未来农村土地和农村经济会进一步向城里人放开。

表5-1　农业文明、工业文明、信息文明的生产要素区别

时代	所用资源	加工产物	劳动工具	提升能力	支持的社会生产力
农业文明	物质	材料	人力工具	体力	农业社会铜器铁器
工业文明	物质+能源	材料+动力	动力工具	能力	工业时代机车电力
信息文明	物质+能源+数据	材料+动力+知识	智能工具	智力	网络计算机

阿尔文·托夫勒在《第三次浪潮》中谈到了文明的视角。他认为现代社会的演进，事实上是从农耕文明到工业文明，再到信息文明的演进（见表5-1）。农耕文明时代，土地是最重要的生产资料，为了维护土地收租的权利，可以有分封制，可以有郡县制。工业文明的发展，促使产品极为丰富，并且鼓励发明创造，于是有了物权、合同法、专利、商标、著作权，货物运输有海运的承运法律和保险，还有产品责任。随着信息文明的发展，现在开始有学者探讨隐私权、网络安全、数权、通证、互联网广告、新基建、网红直播带货的各种制度等。这几次文明或者工业革命变化区分点在于能源和生产要素的根本变革。

赫拉克利特（Heakleitus）说人不能两次踏进同一条河流，说的就是每天都是新的，所谓"苟日新、日日新、又日新"。但是在历史长河中，人们屡教屡犯的错误在于，多数人都倾向于用个人生命的经验去判断问题。忽视最大的错误往往来自于个人人生中没有发生过，但历史在反复重演的信号。人类区别于聪明的黑猩猩和乌鸦，最大的特点在于人类会累积经验会学习。我们可以通过求学，而不必像《单挑荒野》里的"德哥"一样，开局就是一条草裙，一出生就赤裸地暴露于大自然中，从零开始。这就是学习历史和经验的好处。了解了历史，我们就知道什么树开什么花，结什么果，不然容易出现"橘生淮南则为橘，生于淮北则为枳"的窘境。

举例而言，美国总统和州长相比，谁的权力大？从中国人的视角看，自然总统大。真实答案是，不好说。因为州长对州议会负责，总统是对联邦议会负责，州长和总统并没有隶属关系。美国的权力极其分散，概而言之叫"三纵三横"：立法、司法、行政三纵；联邦、州、地方三横，像美国的法院辖区与联邦储备委员会辖区划分都与行政区划不同。美国建国是卢梭《社会契约论》、洛克《政府论》和孟德斯鸠《论法的精神》在美洲大陆的试点案例。大概而言，就是美国建国之父们，又叫联邦党人，他们认为政府是公民通过契约的方式让渡自己的部分权利缔结而成的公共管理机构；每个州根据宪法让渡一部分权利组成了合众国。潜台词是公民天赋人权，而不受制于自己的身份，这叫"从身份到契约"，所以美国有非常成熟、历史悠久的商业和

契约文化。

为了保障公民的权利，联邦党人宣布了《独立宣言》、制定了美国宪法及后来的27条修正案。大意是美国公民生而平等，都有生命、自由和追求幸福的权利；美国立法、司法、行政三权分立，公民有反抗暴政、武装保卫自己的权利。于是你看到了今天的美国，堕胎、持枪、种族歧视都是非常敏感的话题。美国的党也就是Party，英文真实含义是代表一部分人的利益，所以在美国会出现党争且裹挟国家利益。根据《赫芬顿邮报》（*Huffpost*）的报道，美国国会议员每天平均分配4小时在电话上为竞选募资，1个小时做战略接触，这样一天5个小时的时间，超过一半的时间在不务正业。真正干事时间为2小时开会，1~2小时见自己的选民。还有1小时休息，喝咖啡什么的，整体算下来，一天正经工作时间不超过4小时，非常少。这里暴露了美国治理模式的一个自我加强的内耗，必须募到钱才能选上。这导致竞选当选成为目的，而不是国家治理。

西方对于中国共产党的理解总是立足于他们的代表部分人利益（partial）的政党（party）的理解，是极其片面的。美国任何辩论，师出有名的檄文叫宪法（constitution），而中国的自古以来的檄文叫"人心所向、天命可知"。中国共产党是马克思主义中国化经过历史验证和人民选择的结果。马克思主义是师承康黑哲学、古典政治经济学，并从欧洲实践出来的结果。列宁深刻认识到了西方党派之争带来的无效率，意图创建一种全新的政党，这个政党里包含各个阶层最优秀的人才。中国共产党也是柏拉图所意图构建的贤能制（meritocracy）在当代的发展的高峰，而远非戴有色眼镜的西方政客口中一句简单的"共产主义寡头"（communist oligarch）或者"红色中国"（red China）所能概括。

细致分析，你会发现美国标榜民主，但美国总统其实是自由世界最独裁的人。因为只要他愿意，约翰·肯尼迪可以任命他弟弟罗伯特·肯尼迪去白宫当司法部长，而不受任何制约。华盛顿特区的国会山和白宫里，充斥着大量的说客（lobbyist）。说客就是某一利益群体的代理人，去向议会和政府游说政策。美国没有腐败吗？它只是把腐败以交易的方式合法化了。事实上，如果只是为了防止腐败，美国的三权分立与孙中山提出的五权分立没有本质的不同。分权也不是防治腐败的唯一办法。更深层次的是正义的基本模型：行为决定权与利益确定权二分，先切蛋糕的人后拿蛋糕就可以。现代经济学中的博弈论（game theory）就是研究这些博弈和分配的问题的。

我们可以看到，今天的美国，是基督教新教宗教文化之上长出的三权分立法治文化，是三权分立法治文化之上长出的弗吉尼亚法案参众两院代议制和总统选举人制度的政治文化。离开美国独特的土壤，是长不出美国之花、结不出美国之果的。

不要忘记，美国的法律政治体系是1776年建立的，那时还是工业革命的早期，很多制度与工业文明时代所需要的生产关系早已脱节。但其却又与信息文明时代有着某种契合。某种意义上看，因为1950年代黑人民权运动、朋克文化和冷战的出现，点对点的互联网，包括数字贸易出现、流行在美国是历史的必然。美国的私立教育也非常发达，因为教育本身的人身依附性就很强，鼓励个人创新以及想你所不同（think different）。中国因为人力成本低，制造业庞大、交通基础设施强大，又有无数每天忙忙碌碌渴望改变生活的快递小哥、外卖小哥，构成了中国以商品交易为特征的强大电子商务体系。可以预见，随着个性化的张扬和大家对个人权利的重视，点对点的数字贸易和服务业会成为未来经济的重要"蓝海"，这也是区块链的魅力所在。

因此，从历史的角度，就可以预测美国制度的走向：资本让美国"从身份到契约"，但计算机及信息价值网络对于拥有技术能力的人无限加成，又会重新让美国"从契约到身份"。为什么会到身份？因为你有了钱，有了技术，你有可能变成"超级赛亚人"、钢铁侠，最差也是蝙蝠侠。

新冠疫情到来，企业家有保障员工基本生存的义务。清末的醇亲王家族，深知此理，所以作家训："财也大，产也大，后来子孙祸也大，若问此理是若何，子孙钱多胆也大，天样大事都不怕，不丧身家不肯罢；财也小，产也小，后来子孙祸也小，若问此理是若何，子孙钱少胆也小，些微产业知自保，俭使、俭用也过了。"世界也是如此，在单边主义、民粹主义抬头的情况下，如果美国不积极改革，站出来继续领导世界，援助他国，那么就会导致世界权力的真空，世界领导秩序就会在动荡中再次形成。这不以人的意志为转移，因为即便是猴子也有阶级也有领导，这就是康德所谓"先验"的"知性为自然立法"或者黑格尔所言"绝对精神"。很遗憾，美国前总统特朗普已经口头上说美国不是"世界警察"，世界正面临"百年未有之大变局"。

站在历史的视角去看待问题，我们便会不停地问自己，我从哪儿来，到哪儿去，我为什么会到那儿去。我们不要急于去着迷市场上眼花缭乱的互联网九大思维、六大商业模式、直播带货、亿元别墅跟明星做邻居，我们从历史去看问题，看看它是否"来得快，去得快"。

历史事件具有强烈的路径依赖性，这是我们数字贸易的第一原则：站在历史的视角，变换自己的角度，不停地总结规律，大胆假设，小心求证。

所以对于历史的视角，我们总结如下：

结论一：强大的元认知能力离不开强大的数据支持。数据既是现在，也是历史。我们要努力丰富自己对知识的摄入量，尤其在不能明辨是非时，从历史中寻找答案是一个不错的方法。

结论二：我们在学习研究数字贸易的时候，历史的视角切不可忘。人类不是石头缝里突然蹦出来的，而是跟着前人脚步一步一个脚印干出来的。因此，在不了解历史的情况下，不谈某些事物，容易犯经验主义错误，既不甚可取，也容易被人"割韭菜"。

学习历史，总结历史，反思历史中的不足之处，这也很重要。

那么问题来了，如果浩如烟海的历史材料成为我们识别数据的来源，那么如何才能够尽可能地抽象化、条理化知识，做到为我所用呢？

六、科学的视角

中国未来经济要可持续高质量发展离不开这四大法宝：德先生（democracy）、赛先生（science）、马先生（market economy）和洛先生（rule of law）。德先生就是民主，或者在代议制体系下就是人民主权。赛先生就是科学，当然也包括技术、科学的精神、独立的人格、兼容并包的文化。马先生就是市场经济，凸显的就是在当前的认识下，市场依旧是生产要素配置和经济运行最有效率的手段。此处效率指帕累托效率（Pareto offciency），也即存在可以有利于己而不损害他人的改进空间，而不是更好、更快的意思。洛先生叫法治，不是法制。法治的意思是从法律思想内涵科学、民主、公平、正义的理念所产生的社会治理，而法制的意思是制定一部法，你去执行就好了。法治是社会政治良性循环、保障公民权利的基本要素。本小节我们着重谈科学的视角也就是赛先生。

科学的视角如此重要，甚至我认为它是最重要的，也是中国人需要长期培养的。这对我们学习知识，包括学习数字贸易，至关重要。但是科学究竟是什么？通识教育中，大家只会去背诵公理、定理、定律，似乎很少有人说清个中缘由和区别。

科学的哲学基础是可知论，即自然在本质上是可知的，是可以被探察、被究因的。爱因斯坦（Albert Einstein）传奇的后半生就曾追寻"统一场论"，认为宇宙中的自然规律可以用宇宙的统一场来解释。但是构建任何追求高度纯粹性、精确性和明晰性的理论体系总要以牺牲完备性为代价。

"可知论"和科学认为，如果以高度控制的方式对现象及其背后的含义进行探索，就可以获得对自然的理解。科学是一套实践和思维方式，包括理论化、想象和猜测；科学是一系列认识（knowings），一系列由过去的观察与思考积累起来的理解；科学是一种文化，一种关于信仰与实践、友谊与思想交流、观点与确证、竞争与互助的文化。

中国教育界有著名的"钱学森之问"，"这么多年培养的学生，还没有哪一个的学术成就能够跟民国时期培养的大师相比。""为什么我们的学校总是培养不出杰出的人才？"中央电视台记者当年采访中国科学院资深院士核物理学家何泽慧先生，称赞她在居里实验室发现了铀的三分裂四分裂现象，并问及何先生发现的过程。何先生淡然地答道："这个简单得很，你要发现东西有什么过程，做工作做细致点，就成了，谁都会发现。"主持人问："您是怎么发现的？"何先生答："看见了就发现了，你在那里检查出有什么问题，你就可以发现。每个人都可以发现好些东西。除非你一天到晚不动脑筋。搞科学研究没那么难，你看呀看就看到了。"这说明了动脑筋的重要性。

科学的视角本质上是从一般到个别的推理方法，即用已知的一般原理（大前提）考察某一特殊的对象（小前提），推演出有关这个对象的结论。而做科学研究的方法，通常是发现一个问题，给出一个演绎逻辑的命题，再搜集数据，找一两个方法去验证命题的正确性，或者暂时不能够证伪。这样你即使做不了大科学家，做一个"自知者智，知人者明"的人，也不那么难了。

我们日常所学的物理、化学是科学，社会、法律、经济学者，甚至研究吃喝拉撒睡的，也都喜欢在自己学科后面加一个科学。为什么？因为科学作为一种看待世界的方法，超脱于物质本身。它的普适性非常强，掌握了相关领域的科学，你就可以在相关领域迅速积累知识，进而布道，"一传十，十传百，变成全国皆知的秘密"。从这个意义上看，在欧美，很多从事科学研究的博士研究生，完成论文、通过答辩之后，最终会被授予哲学博士学位（Doctor of Philosophy，Ph.D）。这代表了学术委员会对你从事科学研究、探究事物本质能力的认可。没有通过博士论文答辩的，只能叫准博士（all but dissertation，ABD）。诺贝尔经济学奖得主罗纳德·科斯就讲过这个问题，他当时没有Ph.D，没有学校愿意给他终身教职，后来读了Ph.D，才进入了芝加哥大学法学院当教授，研究法经济学，成为一代宗师。

对于文学作品，一千个人眼中有一千个哈姆雷特，无法形成从抽象到一般的复制、传播和验证。但一项知识，只要加上了科学，就迸发出了神奇之力，不仅告诉人们是什么、为什么、怎么做，同时也告诉人们怎么质疑、验证，以至不断发现新的科学知识。因为有了科学，人类掌握了快速认知世界的方法。当科学与技术积累量达到一定量级之后，辅之以强大的算力和算法，人类发现的知识呈现出奇点式的爆发。现代民主国家和民主政治兴起之后，人类才开始出现爆炸式的经济增长和财富积累。

那么科学与非科学的关键区别在哪里？

科学的论证，本质是可证伪性（falsifiability）。可证伪性的基础是逻辑（logic）。逻辑是什么？逻辑又叫罗格斯（logos），这个词来自古希腊语legein，意思是清楚、明确、有条理地说话。所以逻辑是跟人类的思维和说话密切相关的。思维，有理性与非理性之分，说话又跟心理的计算密切相关，话说得有权威，就成了规律和秩序。因此想理解逻辑一词，就需要跟很多近义词一并理解。

逻辑（logic）跟心理推理相结合，就成了理性（rationality）。

逻辑（logic）跟语音表达相结合，就成了说话（tell）；跟有内心推理的说话相结合，就成了智能（intell）；跟有模仿人类心理推理、会说话的人工制造的机器相结合，就成了人工智能（artificial intelligence）。我猜想著名的CPU制造商英特尔（Intel），可能采用了这个智能的含义：探究人类的智能，超越未来。

逻辑（logic）跟学科相结合，作为词根，就成了生物学（biology）、心理学（psychology）、社会学（sociology）。

因此，逻辑并不一定是演绎式的推理，归纳式的推理也可以叫作逻辑。只要这种思考方式是人类内化于心、外化于言的，我们都可以称之为逻辑。只是不同的逻辑有着不同的效果，有的适合作诗，有的适合发现，有的适合做研究，有的适合教学，有的适合引起共鸣。

对于归纳法的威力，中国学生不是很熟知，因为教得少，中国式教育多数时刻教你从牛顿三大定律、热力学第一定律、第二定律出发，然后推演出一些结果。但是这并不是费米、泰勒的研究方法。大科学家的很多研究方法是从试验的结果中归纳出原理，创建公理体系，发论文，可复现[①]，于是成了某个领域的开山鼻祖。某种意义上，归纳法与当前所流行的第一性原理，有着异曲同工之妙。因为第一性的问题是无法从逻辑上推演出来的，只能依靠人的直觉。例如开普勒定律、牛顿自然哲学数学原理、麦克斯韦电磁理论三大共识都是归纳出来的。高手与普通人的区别就在于，有着高超的抽象和归纳能力。想成为真正熊彼特（Joseph Alois Schumpeter）意义上的破坏性创新企业家，同样要具有这种自定义公理体系的能力。

科学的公理和第一性原理可能是归纳法总结而来，但是证伪则需要演绎的逻辑。它们的抽象化、可复制、可发现性非常强，为现代研究所推崇。归纳式逻辑，或者其他类比发散式逻辑，在创意领域则有着独特的优势。目前的人工智能之所以还没有达到人脑的水平，恰恰在于依旧还停留在对人类逻辑思考方式的模仿，搞人工智能的喜欢说他的黑盒的卷积神经网络多么高级，有几百几千层，但是这是一个超复杂的以繁解繁的学习系统，往往需要千万级的数据标注，才能识别出某张图片是自行车而不是狗，而3岁小孩一眼就能看出来。因此人工智能既需要人工，也不那么智能，暂时只能是模仿，是智能（intelligent），而不是人类特有的智慧（smart）。

所以你可以看到，很多大科学家往往是全才，在音乐和艺术方面也有着高超的造诣。这有助于他们发现新的问题。很多未来学家也清楚地指出：单拼智能，人脑拼不过机器，未来人文、创意可能是人类最宝贵的竞争力。艺术和科学的完美结合是创新和创造的不竭源泉。科学或许可以学习、借鉴或照搬，艺术则是完全个性化的，是个人灵感的迸发，是个性的张扬、精神的彰显和情感的表达，没有任何规律可循。

马丁·路德和约翰·加尔文的宗教改革，是最高级别的创新。哥伦布发现新大陆，哥白尼提出日心说，培根开启实验科学，克伦威尔发起共和实验和光荣革命，美国经历独立战争和立宪建国，牛顿奠基经典物理学，高斯创造现代数学，麦克斯韦发现经典电磁理论，普朗克创立量子假设，爱因斯坦发现相对论，"文艺复兴三杰"的艺术创造，达·芬奇所画的人体解剖图，直升机和潜水艇的发明，巴赫、莫扎特、贝多芬的音乐，毕加索的艺术创造，皆是人类最高级别创造的彰显，其意义甚至超过伟大的企业家在商业领域的创新。乔布斯如此评述自己："孩提时代，我总是认为自己是一个充满人文精神的人，然而同时我又喜欢电子科技。宝丽来公司的艾尔文·兰德曾经说过，能够站在人文和科技交叉点的人物就是非常重要的人物。艾尔文·兰德是我心目中的英雄之一，当我读到他的这番话时，我就决定这正是我希望追求的人生目标。"艺术非常重要，是科学灵感的源泉。

对于科学，我们得出结论如下：科学的逻辑大部分是演绎推理，无关结论本身的对错。那么什么是科学的命题和推理呢？例如天下乌鸦一般黑，这是科学的。因为你可以在逻辑上找到一只白乌鸦，就否定掉（证伪）这个命题。但天下有一只乌鸦是黑的，我认为这是非科学的。因为你不论找到了一只黑乌鸦，还是找到了一只白乌鸦，都没法否定天下有一只乌鸦是黑的；

[①] 可复现，指在相似或者相同条件下，在重复测量、实验、计算等研究过程中可以得到相对稳定的数据结果。

你必须找遍天下的乌鸦,它们都是白乌鸦,才能够证伪这个命题,但这是不可能的。逻辑上,想否定特称肯定命题,你必须找全称否定命题来验证,不符合实际。科学命题的提出,是从一般(全称)到特殊(特称);而科学命题的验证,则是从特殊(特称)到一般(全称)。如果特称化验证无从执行,那么就是非科学的。

又例如我们经常跟人探讨问题到脸红脖子粗,聊不到一块儿。假设"A推出B"为真,那从逻辑上看,逆否命题与原命题同真假,"非B推出非A"。但是现实中,往往有人用逆命题(B推出A)、否命题(非A推出非B)的真假,来论证原命题的真假,我们知道逆命题、否命题真假与原命题真假没有必然关系,这必须一眼识破,讨论是继续还是终止,那就视情况而定了。

例如:

原命题"我吃多了,所以肚子胀",从常识看是真,只要人吃多了,肯定肚子胀胀的。

否命题"我没吃多,所以肚子不胀",真假未知,因为你没吃多,但是你可能喝多了,喝多了也会推导出肚子胀,而不会推导出肚子不胀。

逆否命题"我肚子不胀,所以没吃多"也是真,因为你肚子不胀肯定没吃多。

逆命题"我肚子胀,所以吃多了"真假未知,因为你肚子胀,有可能是喝多了,所以推不出来一定是吃多了。网红博主Papi酱曾经做过一期叫《没有逻辑真可怕》的视频节目,很有意思,可以找来看看。

真正的科学,往往都是逻辑可证伪,而实证未证伪的。前述我说过科学视角是中国所亟需的,原因有以下几点。

(1)中国人重归纳而缺演绎。古代引以为豪的状元之文,都是古之圣贤怎么为,今之人就应当怎么为。这里就缺乏逻辑,古人怎么为跟今人怎么为只有经验上归纳式的总结关系,而无演绎上的必然联系。因此这种归纳式思考与科学的思考方式有很大不同。我相信历朝历代不缺乏好奇苹果为什么从树上往下掉,而不是掉天上去的人,但是因为没有科学的工具和思考方式,所以难以发现万有引力定律。明朝初年(1400年)有位开国功臣陶广义,被朱元璋赐封号"万户"。他绑了47个自制火箭在自己的椅子上,手上举了两个大风筝,期望像鸟儿一样飞翔。火箭点着后意外爆炸,万户献出了宝贵的生命。大约90年后,"文艺复兴三杰"之一达·芬奇在手稿中绘制出了直升机的原型。不过遗憾的是,他制作的直升机模型亦未能上天。大约287年后(1687年,清康熙二十六年)牛顿发表了《自然哲学的数学原理》。其厉害之处在于,在开普勒三大定律的基础上,用数学计算和实验,证明了万有引力定律。

但是万有引力定律也有它的前提,例如牛顿认为引力是种物质间的作用力,但实质上是物质改变了空间的形状,空间决定了物质的运动情况,表现出来很像是物质之间的力。而且牛顿认为引力的影响是瞬间的,不受时间限制,但实质上引力波的传播是以光速来传播的。

正是带着对牛顿的质疑,科学家们后来测算并证实了更多的力,如电磁力、强相互作用力、弱相互作用力。

牛顿说他是站在巨人的肩膀上，但是如果我们掌握的工具和方法不够，那发现科学也真是比登天还难。

（2）中国人讲究天人合一，是一种混沌的处理方式。但科学需要讲天与人相分，用人之道去探求天之道，再通过实证的方式去验证。电影《精武英雄》里，在陈真给霍元甲开棺验尸受到传统伦理巨大阻力的情况下，你很难想象西方医学可以在中国萌芽。科学和技术在旧中国被视为奇技淫巧。

（3）汉语单音节字概括性非常强。新的工具汽车虽然被发明了，"汽"和"车"都是归纳性的旧文字，因此还是回归到了用形象和意念去描述自然的归纳法里。英语描述一扇门，通过定语从句来表达，通常先说它是一面门，再细致描述门朝南，门是红色的。但是中文完全是反过来的，直接说它是一扇朝南的红色的门。因此英语是分散式的由面聚点，形而上学；而汉语是一种总括性由点及面，道生一，一生二，二生三，三生万物，生出去还得收得回来，才能形成科学。这种语言的差异，也方便我们理解传统中国王朝与美国社会形态的差异。

（4）我个人认为最重要的是，中国的科学体系没有建立起来，还是4000年来成熟稳定的农业经济及伦理制度所致。

从农业经济特征看，中国封建王朝时代，家庭是一个生产机构。虽然雇用劳力或租用土地的安排早已存在，但大致上生产要素是长者的私产，小农经济最重要的劳动力基础是农民必须依附于土地，不能擅自离开土地，土地租金分成。子女也是父母的私产，一家之主是父亲。家长怕姑娘跑了，衍生出缠天脚、童养媳等传统。从伦理制度看，家庭小家，国家大家，是由儒释道合一的道德规范组织而成。没有科学传统，在一个墨守成规、自给自足的农业经济中是可以的，可以达到进化稳定（evolutionarily stable strategy，ESS）和帕累托最优。包公审案，公正且快捷，判案的公允不一定比今天的各种程序差。但是伦理的稳定性和路径依赖，反而在客观上遏制了创新。如果要创新，必须上帝的归上帝，凯撒的归凯撒。法治与德治并行，伦理与创新并行。

研究科学，必须要突破规则，大胆假设，小心求证。因此本节我们对于视角的论述归纳如下：

结论一，科学的基础是逻辑，逻辑跟人的理性思考和语言表达有直接关系。我们做不了大科学家，可以试着做理性的思考者和富有逻辑的表达者。

结论二，掌握了科学的方法，就会开启学习知识、发现知识、求证知识的大门。非科学也并非不可取，跨学科跨门类的知识学习，良好的艺术修养，同样可以有助于我们在其他领域培养独特的智慧灵感，乃至科学的灵感。

结论三，原创型科学研究是归纳与演绎兼有，是过程而不是结论。归纳现象，建立公理，逻辑推演，结果复现。现实中的科学往往是逻辑可证伪，但是尚没有证伪的命题。因此像之前所举的天下乌鸦一般黑的例子，可以理解为它是被证伪的科学。你可以否定它的前提或结论，但是不能否定它的科学精神。单是明白这一点，你对科学与非科学的理解，就已经取得了重大突破。

结论四，科学是抽象的过程，充满了对人类思考方式的理解。对其理解得越透彻，抽象能力越强，触类旁通能力也就越强。机器在一直模仿人的智能，却难以达到人类的智慧。建议在学习知识的时候多运用智能，在发现灵感的时候多运用智慧。

如上对于科学的视角的论述，目的是期望在后续的数字贸易研究学习过程中，能够取得基本的逻辑上的一致，这对我们思考哪些是知识、哪些是圈套、哪些是机会，大有裨益。

那么问题来了，光有科学还不行，数字贸易的本质是新的数字化生产力的变革，带来了生产关系的变革。科学技术是第一生产力，光谈科学，不谈技术，依旧很难明白数字贸易怎么做。

七、技术的视角

如果你早上一觉醒来，突然发现自己像《单挑荒野》中的德哥（Ed Stafford）一样，没有手机、没有网络，甚至连桌椅板凳杯子都没有，只有一条草裙，因为饥饿，要去跟非洲草原的狮子抢一条斑马腿，不知会作何感想？这回归到一个本质上的问题，是什么造就了我们今日的生活？你说我有知识，有思想，还有美貌，不好意思，这跟生活水平没有直接关系。外表上看，是技术改变了我们的生活，其中也包括改变了经济和贸易形态。

技术如此重要，以至于不讲技术的脉络，我们难以讲清数字贸易。技术是什么，是怎么来的？技术与知识有什么区别？技术与科学有什么区别？技术是科学的应用吗？技术以怎样的方式在这个世界存在？技术是如何进化的？是技术决定了经济的业态，还是经济决定了技术？创新和制造的本源是什么？我们怎样看待技术？

技术与科学的区别，我们可以借用图5-1获得一个直观的感觉，人类能够感知客观世界，越具体的越是技术，越抽象的越是科学。

尼采说，所有概念都来自于我们对不等同事物的等化。技术就是解决某种问题的物理元组件的组合。这些元组件本身也是技术。技术通常是可执行的，所有的技术都利用现象达到目的。

我们看看通常关于技术的定义。世界知识产权组织（WIPO）给技术下过一个定义：技术是制造产品的系统知识。经济学家认为技术是生产手段。这两个定义有趋同之处，技术是一种为了实现某种目的的手段。比如我学会了打狗棒法，可以防止野兽袭击，这既不是制造也不是生产，而是出于一种自卫的目的，所以打狗棒法也是技术。

对于单一技术，很多相关专业学科的人都如数家珍。但是技术到底是什么？工程师通常只会使用他们能解决问题的技术。他解决问题了，就会说那就是技术。了解专利规则的人也许明白，如果你掌握了一项独创性技术，例如你能够让自行车跑起来，就可以为链条齿轮传动系统申请一个专利。我们姑且把这个传动系统叫作A+B；那么如果你添加了一个组件，是链条+齿轮+轮辋，那就是A+B+C，但这不能申请专利。如果你添加了一个组件，比如说皮带也可以传动，那么就是A+E，这个A+E是可以申请专利的。从现实的经验总结，我们发现技术其实是由一个个小的组件构成的。即便是我如上举例的链条，也依旧可以划分成链片、销子、滚子、接头等组件。

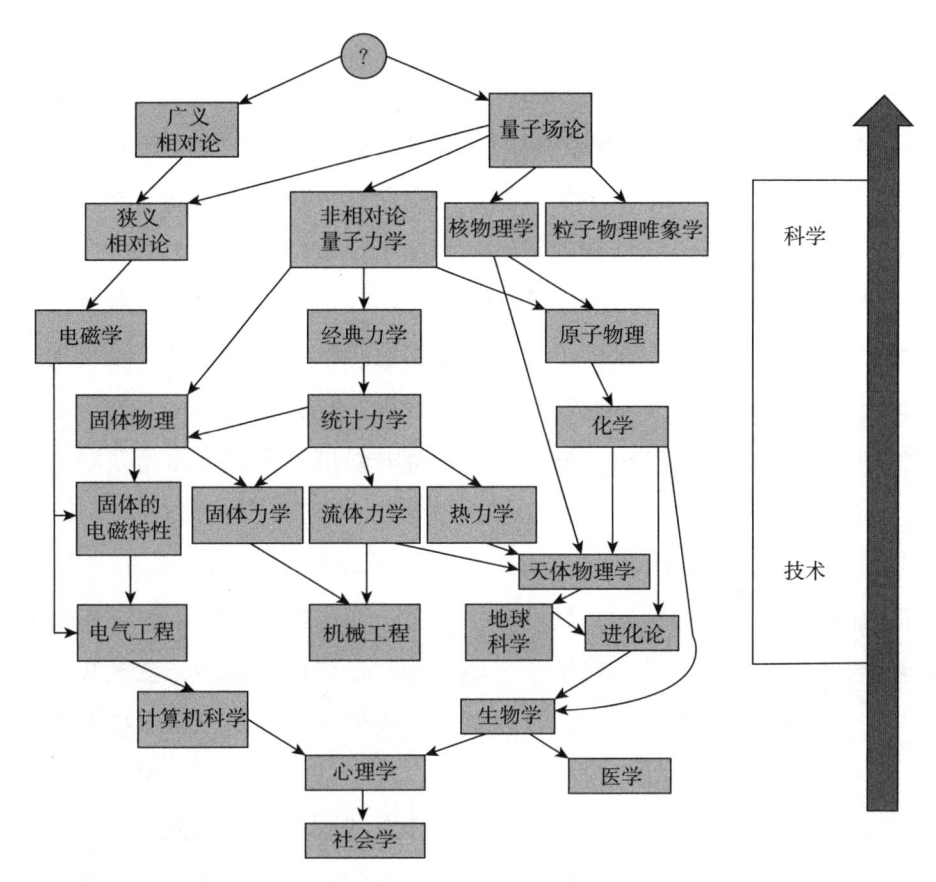

图5-1 科学与技术的层次

数据来源：李剑龙.以"松鼠会Sheldon"发表的知乎网文.作者有删改.

我们以一颗人类工业皇冠上的明珠——战斗机为例。一架歼-15舰载战斗机的设计目标是完成空中压制、拦截敌机、消灭地面目标等任务，于是它的设计可以包含空气动力外形、航电系统、涡扇发动机、加强型液压起落架、阻拦钩等关键系统。如果再深入分析，会发现每个系统中又有相应的子系统，例如：空气动力外形又包含进气道、机翼折叠、鸭翼、尾翼设计；涡扇发动机又包括风扇、低压压气机（高涵比涡扇特有）、高压压气机、燃烧室、驱动压气机的高压涡轮、驱动风扇的低压涡轮和排气系统设计。再深究下去，比如风扇又涉及特种合金材料的制造。每一个系统，都由更小的子系统组成，直到追溯至最基本的技术单元。如果把歼-15舰载机视作一个执行任务的单位，向上追溯，会发现歼-15舰载机与预警机、加油机、垂直发射系统、近防炮及航空母舰本身构建成一个更大的应用系统。如果将航母视作一个应用系统，它与支持它的驱逐舰、护卫舰、补给舰、核潜艇构成了一个航母编队，进而陆海空天电配合，协同应用。

因此，技术是解决某种问题的物理组件的组合，它的最底层是可供执行的元组件。什么是可供执行的？就是能够完成一定目的的。可执行性也是技术区别于知识的关键特征，就好比早上醒来发现只有一条草裙，这时候你的知识是石头碰撞可以产生火花，找到两块坚硬的石头，打击点燃了草裙暖了身子，知识就变成了技术。什么是元组件？它就像一棵大树的枝叶，你从任何一个枝叶进入大树，都可以走到大树的任意支点，就跟计算机数据库中的"遍历"和"图结构"一样，元组件会随着个人的认知和他人的共识，可大可小。比如"水门事件"之后，大家以"××门"来代替丑闻，就是一种共识的元组件，但不是技术领域的例子。一个优秀的建造师不一定要从选矿、冶金技术开始学起，也是元组件在不同技术领域的表现不同。技术都是按逻辑流程处理的，是一种按流程处理的信号。语法决定了特定域是怎么工作的，电子语法背后是电子运动的物理学，DNA操作语法是核苷酸和DNA一起工作的酶的内载特性。鲁棒性也是控制系统设计的指标。系统是一个基础可执行的技术层级结构。技术是自给自足的，结构上是固定的，永远不会完美。这在钱学森控制论里叫作瑕疵系统的自平衡性：并不是一切完美无缺的零件组装在一起了，就是一部完美无缺的机器，有时候机器系统反而是残缺之美。组合不是简单的聚集，还需要集成模块去执行新的理念。每个技术都有一个中心原理，围绕中央集成的骨架，再加上其他的零部件去运行。

技术如何进化是技术的核心问题。技术有一个递归性结构，我们了解了新技术是旧技术可执行化的排列组合之后，旧技术该如何被恰当地组合、进化成新技术，就是我们要思考的。技术从出生那一刻，就跟基因一样，不断地排列组合衍生出新的技术，新的技术组合成更新的技术。我们能够理解今后进化，就能理解技术的演进。但是单说组合可以构建新技术却不能让人信服。风筝技术的组合可能永远也进化不出飞机，马车技术再重组也无法重组出火车。这里面的奥秘在于人们对于现有技术、自然现象的不断总结，进行逻辑推演，再向现有技术里"做功""加盐"，才可能指导技术的组合和进化。

那么怎样向现有技术里"做功"和"加盐"呢？1946—1969年苏联发明家阿齐舒勒（Genrich S. Altshuler）通过研究300万份专利，总结出了萃智（TRIZ）创新理论。TRIZ是俄语"发明问题解决理论"的首字母缩写。他通过纵横坐标39个通用工程参数（目前已经更新至48个），以及改善的指标和降低的指标矩阵交汇处直接查表，查出相应的发明原理编号，再从40个发明原理中找到相关的解决方案，并形成了76个标准解法。苏联有专门的发明学校，专门培养通过强制联想的方式找到随机抽取的两项事物的关联关系，形成创新方案。例如，自行车跟电线杆有什么关联？苏联专家就发明了可以骑着上电线杆的爬电线杆工具。苏联的科学家和技术专家曾研究出了突出的技术成果，这也是为什么在苏联经济明显不如美国的情形下，在高科技领域依旧迸发出强大的生命力。因此，TRIZ是当年苏联的国家秘密。TRIZ对于发明的规律性总结，恰恰证明了技术创新和进化是有章可循的。所以以后不要说什么"风马牛不相及"的老话，根据"六度空间"理论，最多6步，就可以找到马，风马牛就可以相及，真是因为变众多不相及为相及，才造就了今天的技术奇点爆炸。

分析技术进化的规律之后，了解技术与经济的关系同样重要。技术与经济的发展遵循技术—经济—技术这种循环，可能三五年看不清楚，但是只要跨越几十年的观察，我们就能够看到经济创新、发展、崩溃和再生的过程。

经济是技术作为中介覆盖一系列商品和劳务的活动。经济的结构由技术铸造而成，技术构成了经济的框架。商业模式、谈判策略、物流、服务流、资金流、信息流，构成了经济体的神经和血液。这种视角，为了便于理解，可以解释为我们的心灵不是容纳概念和惯性思维的容器，而是容器的产物。我们的生态不是容纳物种的集装箱，而是物种集合的产物。经济因技术形成了一种生态，经济形成于技术。经济不可能独立存在。新机会会形成新的利基（niche），这些利基被填补形成新经济。技术集合在一起创造出一个结构，决策、活动、资金、货物、服务发生其中，称之为经济。排列组合的威力，在于它是指数级地增长。2个元素的排列组合是2×1，10个元素的排列组合是10×9，n个元素的排列组合结果约等于n的二次方，这就是梅特卡夫定律。一旦元素数目超过阈值，组合数就会爆炸性增长。再辅之以计算机的智能化的排列组合，人类的技术就会出现奇点式的爆炸，也就是库兹韦尔定律。这种技术演进的方式，与4.5亿年前有性繁殖带来的寒武纪物种大爆发是一个意思。技术的进化跟生命的进化看起来没有本质的不同。人类对于生命的认知最终被发现跟经济模型、技术模式是有强烈的共同性的，现在这在美国是一个流行的研究概念，叫生物经济学（bioeconomics）。一个简单的模仿生命演化模型，就是你在超量的棋盘格中设定一种规则，一个黑方块周边有几个白方块则自动变色，最终会进化出一个神奇的图形。

数字化时代拓宽了组合的可能，即使组合来自于不同的域，一旦进入数字化领域，就变成了相同类型的操作系统，数据字符串马上就可以用同样的方式进行组合。远程通信技术使得这些数字化元器件直接完成组合成为可能，随着计算机技术的发展，核心技术是计算，支撑技术如传感器、内存、硬盘、编程语言越来越多。这就是物联网万物互联的基础特征，也是数字经济和数字贸易的技术基础。这也是为什么电动汽车会是未来大趋势。因为电动汽车的传输信号是电信号，与现行的计算机系统和传感器无缝对接，要比传统变速箱结构的汽车延迟降低百倍，先天的优势使得未来自动驾驶汽车一定是基于电动汽车平台架构的。

认识到技术与经济的本质，我们如何利用技术带来的利基去寻找新的商业模式？技术是不是生产要素？如果技术是生产要素，古人流传的技术作为生产要素投入就属于社会共有。资本家由技术而产生的利润就应该大部分上交国库，而不是自己留存。所以现代的经济和法律学家发明了产权。有产权的技术才能作为生产要素投入。

明确了产权之后，定价也非常重要。定价是决定市场资源分配中胜负手的游戏规则，当然这个游戏规则也可以是别的，对于大规模的项目，协调技术元素的重组是十分困难的。一个大型项目，甚至制造一辆汽车，都需要千百家厂商联合配套。因此管理与工程变得非常重要。一切都不那么清晰和理性。因此人的组织性和关联性异常重要，所谓系统融合和工程控制BIM也是现代社会的核心竞争力，它的重要性甚至超过了技术元素本身的创新。

我们思考一下，技术怎么创造经济的利基？有没有实例？例如，纺织机械在哪些方面改变了手工作坊？由此产生了哪些变革？

过去我在家做土布，现在我有了很多纺织器械做洋布，于是要设厂。而设厂就要征地，征地之后要有工人，于是要让农民进城当产业工人。工人要住宿、求学、就医，就形成了厂区、学校、医院。由此也形成了城市。厂区制造出产品要运输出去，就需要港口。这种前面是港口，中间是产业园区，后面是城市的发展方式，就是"前港中区后城"模式（port-park-city，PPC）。深圳招商局集团招商蛇口就是这样发展起来的，以港口先行、产业园区跟进、配套城市新区开发，从而实现成片区域的整体联动发展。通过港区城联动，构建由政府推动、企业主导、汇集各类资源、多方优势互补协同的有效平台和产业生态圈。我们在经济重塑的利基中，哪怕端茶倒水、洗衣做饭、铺床叠被子都是赚钱的机会。目前这种PPC模式，已经成功在东非的吉布提港、菲律宾的克拉克新城进一步复制放大。

又比如5G技术，增强移动带宽、海量机器连接、高可靠低时延应用会带来哪些利基？区块链技术分布式账本、智能合约、通证经济会带来哪些利基？我们可以联想到很多的机会，暂且按下不表。

八、创新的思维

如前所述，科学与技术给经济带来了骨架和利基。那么我们如何利用这些利基，获得比较优势呢？比较优势就是差异化，差异化就是创新。品牌溢价是一种误解，能长期维持的差异化才是护城河。

我们要认识到，科研与创新并不是一回事。科研是将金钱转化为知识的过程；而创新恰恰相反，是将知识转换为金钱的过程。科学和技术的创新应该有三大基本标准：首先，能在某些领域产生颠覆性技术；其次，某领域的研究成果能在国际市场上占主导地位；最后，通过科技创新结果能够带来核心知识产权，并且给特定行业创造较高的毛利。三者得其一就是比较大的创新。这就是我们数字贸易所要求的科学技术创新的真谛。如果一味地把知识放在箱底，拿一笔科研经费，发完论文了事，那是与实践相脱节的。

创新有很多方法，《淮南子》中的"神农尝百草之滋味，一日而遇七十毒"，叫作尝试法。爱迪生尝试了1 600种材料，发明了白炽灯的灯丝材料，叫作试错法。这些尝试创新的方法效率低下，显然不适合于现代的快速创新。创新是有规律可循的。例如，iPhone虽然好用，但是其lightning充电线一直是易损耗品，时间用长了，容易裂开坏掉。有人就发明了磁吸数据线，插头处是一个磁铁，省去了用户充电线插手机的烦恼，还可以有多重炫亮效果。当然它也存在插头容易丢失、充电较慢的问题，但就是这么一个小创新，加上几块钱的价格，在抖音一卖就是几十万件。为什么人家能想到，你就想不到呢？创新是有方法的。

常规思维就是所谓的知识，比如中医能治病，连花清瘟胶囊治疗感冒、鼻塞、流鼻涕，是常规的思维、归纳式的经验总结。能治A、能治B，有可能也能治C。当你具有了批判性思维，你就要思考中医治病有什么依据，以逻辑化推演的方式思考。它是不是有特定的药物成分，哪种药物成分实际起作用？做科学研究和技术创新少不了批判性思维。还有一种就是创造性思维，中医除了治病还能干什么？比如中医能养颜；中医能够让母鸡心情好，下出来更多有某种保健效果的蛋。如果把这些功能科学化、逻辑化、标准化，就成了科学的知识，再辅之以合适的商业手段，就能发大财。例如最近市场上被广为推崇的抗衰老保健品β-烟酰胺单核苷酸，能够让实际年龄两周岁的白毛老鼠变成6个月状态的黑毛老鼠，成本低廉而利润很高。批判性思维和创造性思维是中国人缺乏的。我们喜欢总结现象，却缺乏批判性的思考。批判性思维和创造性思维就是所谓的创造力。

创新思维有"五大思维特征""十大思维定式""九大思维突破"。

创新思维的第一个特征是对传统的突破性。比如"一笔四线连九点"，你在框架之内是无法做到的。这时候，你必须在起笔的时候突破这九个点的框架，才可以实现。你觉得火箭是一节一节的，就无法设计出捆绑式火箭。你觉得飞机就是螺旋桨的，就设计不出来喷气式飞机。你觉得牛顿三大定律是不可置疑的，就发现不了质能方程。

创新思维的第二个特征是思路的新颖性。比如19世纪美国旧金山很多人去淘金，亚默尔就偏偏不去淘金，而是修了一条水渠给淘金客供应水喝，赚得盆满钵满；那些一窝蜂去淘金的，反而未必真的能发财。后来亚默尔通过消息，知道美国暴发猪瘟，东部缺猪肉，又提前卖了一批猪肉去美国东部，又赚了一大笔钱。通过把握别人容易忽略的微小信息和动态，准确判断市场的变化和行情的涨落，及时抓住机会，果断采取行动。

创新思维的第三个特征是程序上的非逻辑性。我们之前说"科学牛"，但是科学也仅仅是在其公理体系下"牛"。对于你为什么会发现新点子、新创意，非逻辑的思维就非常重要。例如李白作诗"飞流直下三千尺"，你是推不出来"疑是银河落九天"的。又如作战中，为了让鱼雷在水中航行又快又稳，外形非常重要。从直观感受上，我们在航行的船边挂一块大肥皂，若干天后，肥皂的造型可能就是鱼雷外形的优秀设计方案。这就是非逻辑思维在特定领域不可或缺的作用。

创新思维的第四个特征是视角的灵活性。比如两个园丁在吵架，内容是关于抓毛毛虫的。园丁A说，我们应该抓住毛毛虫扔地上摔死。农场主说，你说得对。园丁B说，把毛毛虫扔地上摔死，意味着你扼杀了一条生命。农场主说，你说得也对。管家对农场主说，不对呀，根据逻辑，如果两个命题是矛盾的，必然有一个为真，一个为假。农场主说，你说得也对。园丁A的视角是保护花园的植物，园丁B的视角是保护一条生命，管家的视角是凡事分个对错。农场主总览他们三个人的视角，所以他做了农场主。

创新思维的第五个特征是内容的综合性。比如坦克是谁发明的，其实不是大发明家发明的。坦克是第一次世界大战时候英国的随军记者埃文顿发明的。就是把履带式拖拉机+大炮+机关枪结合在一起，既有重组又有综合。

我们想有创新思维，就要从这五个特征做起，破旧立新，既要重视逻辑的方面又要重视非逻辑的方面。变换不同的视角，你才能做出不同的创新。

下面我们讲"十大思维定式"问题。思维定式是要对照反省，并做出突破的。

第一个思维定式是习惯性思维定式。例如马的屁股宽度决定了美国铁路的宽度和美国航天器的推进器宽度。因为美国铁路最初来自英国，而英国铁路是设计马路的人设计的。西方马车最早来自古罗马，而古罗马最常见的马车是两匹马并着拉的。所以美国铁路的宽度其实是两匹马的屁股宽度。运送航天器的推进器要用到铁路，推进器太宽就无法通过铁路的隧道和桥梁，因此推进器的宽度就跟铁路的宽度直接相关，最终跟两匹马的屁股宽度直接相关。这就是习惯性思维，经济学上叫作路径依赖。我们要学会突破自己的习惯性思维定式，因为旧地图走不出新大陆。

第二个思维定式是书本式思维。比如申请一笔科研经费，发表论文了事，这只能叫科研，不能叫创新。因为论文如果只是进入期刊库，跟锁在柜子里没什么区别。创新需要产业化的应用，把知识变成钱。例如马谡失街亭，就是纸上谈兵造成的。学习书本知识的同时，要保持思维的灵活性。注重学习知识的基本原理，而不是死记硬背，这样知识才有用处。而不是像孔乙己一样，只知道回字有四种写法。诺贝尔物理学奖获得者史蒂文·温伯格就说过："不要安于书本上的答案，要尝试下一步与书本上有什么不同。"书本上的都是旧知识，摆脱书本式思维定式对于创新是非常重要的。温伯格在名著《终极理论之梦》之中写道："我们的科学发现并非彼此毫无关系的孤立事实。任何一个普适的科学原理总是可以由其他理论来解释，后者又由另外的理论来解释。我们不停地向后追溯解释的箭头，我们已经发现了科学解释令人震惊的趋同模式：所有解释箭头都指向同一个方向！或许这是迄今为止关于整个宇宙我们所学习到的最深刻的东西。"例如粉笔之所以有颜色，是因为粉笔吸收了一种光而反射另一种光，于是反射的光被人眼所见就成了颜色，我们的可见光的颜色是由波长所决定的。进一步思考，为什么物质只能吸收某些波长的光呢？爱因斯坦提出光量子学说：光线由一个个具有特定能量和波长的粒子或光量子组成；光量子的波长与能量成反比，并由著名的普朗克常数来给定。玻尔提出了原子结构学说：基本粒子如电子和中子围绕原子核运动；原子或分子只能以某种能量状态存在；不同状态之间能量差距是一个确定的量；原子或者分子只有吸收特定数量的能量，才能跳跃至另一个能量状态。所以不同的物质只能吸收不同波长的光。

第三个思维定式是经验式思维。比如大发明家爱迪生很厉害，但是他就一直停留在他的经验式思维，说直流电很牛很厉害，完美错过了交流电的产业机会。爱因斯坦如果立足于经验式思维，就无法突破牛顿的三大定律。我们要有初生牛犊不怕虎的精神，敢于挑战权威。

第四个思维定式是局限性思维。比如盲人摸象的故事，有人说大象是柱子、是墙、是蒲扇，这是因为他们的视角和位置不同，只见树木不见森林。很多投资人当时跟马云聊，都觉得马云是搞传销的骗子，但是日本的孙正义独具慧眼，投资了马云，造就了一段投资传奇。比如用六根火柴摆出四个等边三角形，在平面上是摆不出来的。有两种摆法，一种是摆一个立体的，另一种是允许火柴凸出来。

第五个思维定式是从众型思维。平时我们有没有这种思维：随大流、凑热闹。法国昆虫学家法布尔做过一个毛毛虫效应的实验。因为毛毛虫有跟随前虫的习惯，法布尔在花盆边缘放了很多只毛毛虫，头尾相连。毛毛虫就一直跟随前面的毛毛虫转圈，而不去吃花盆周边的食物。一个星期之后，所有的毛毛虫力竭而亡。羊也有羊群效应，就是从众。头羊不小心掉进悬崖了，其他羊都跟着跳悬崖。这都是我们要避免的。

第六个思维定式是循规蹈矩式思维。创新意味着离经叛道，乔布斯说35岁之前不要循规蹈矩。3年前没人觉得主播直播带货能火，但是就是火了。李子柒墙内开花墙外香，成为直播电商领域的代表人物。思考动向，把握机会至关重要。明朝的万户为了飞翔把自己椅子上绑了自制火箭，但是不小心把自己炸死了。突破循规蹈矩要掌握科学的方法，所以后来的莱特兄弟在内燃机提供的动力越来越强大的基础上，发明了飞机。钱学森、郭永怀、王永志等老一辈科学家，掌握了科学规律，才把导弹发射到天上。

第七个思维定式是偏执型思维，就是钻牛角尖。如果一个问题研究不清楚，就先放一放，或者跳出来看一看。解决问题的方法往往不拘泥于问题本身。既要有宏观的视野，又要有微观的钻研精神，宏观与微观相互切换是最好的。

第八个思维定式是直线型思维。一是一，二是二，$A=B$，$B=C$，$A=C$，但是现实世界并不是这样泾渭分明的。小孩因为没有受过太多的教育和受思维定式影响，往往具有很好的非直线性思维。例如，热气球超载需要丢下去一个乘客，一个乘客是核物理专家，保卫国家安全的；一个乘客是农学家，解决亿万人吃饭问题的；还有一个乘客是经济学家，指导国家经济发展的。先丢谁？小孩答，谁胖先丢谁。法律职业资格考试题问，女朋友和妈妈掉水里先救谁？标准答案是先救妈妈。因为对妈妈有法定救助义务。小朋友答，谁近先救谁。实例就是强壮无比的摔跤明星沙德·加斯帕德于2020年5月21日，跟他10岁的儿子一起冲浪遭遇险情。救援人员赶到时，他让救援人员先救他儿子，一个海浪下去，加斯帕德再也没能爬起来。加斯帕德用他自己的死换来了他儿子的生，不管这背后是本能、爱，还是责任，总之，一个父亲不是优先考虑自己的求生，这就是非直线思维。

第九个思维定式是权威性思维，迷信专家。行行都有专家，但是现在的知识与分工越来越细，很少有人能够在多个领域都是专家。既然一个人在大多数领域都不是专家，就要多涉猎、多思考、多推理，多求证，不要迷信权威。当时邀请爱因斯坦当以色列总统，他就说我是个科学家，当政治家不是我所擅长的。

第十个思维定式是太极式思维。中国人思维是《周易》太极鱼图，黑中有白，白中有黑。但是做科学研究和创新，必须条分缕析分析问题。比如中国人吃菜，先满汉全席，点108道菜，想吃哪盘吃哪盘。但西餐是先头盘、汤品、副菜、主菜、甜品、咖啡或茶，一道接一道，按顺序来。中国菜谱是盐少许、酱油少许，但西方尤其是德国人的厨房，碗盆都是带刻度的，跟实验室一样。中国一把刀切十样菜，西方十把刀切一样菜。中国人最喜欢说的词，叫"随便"。不过想研究学问，研究贸易，探究事物的本质，随便可不行。不要被美国的自由散漫式教育所蒙蔽，美国公立教育大多数很滥，美国的教育精华是它的私立教育。它的私立教育是讲究团队精神和自律约束的。特朗普就因为太调皮，被他父亲送到了纽约军事学校读了5年中学。他说训练非常艰苦，但这一切都是值得的。后来他又从福特汉姆转学至沃顿商学院，也成就了他。

如何解决这十大思维定式呢。可以有"三大类九小类"方法。

一是改变万事顺着想的思路。①变顺着想为倒着想。比如方便面蔬菜包怎么烘干？顺着想是烘干蔬菜，倒着想是降压，降压沸点就会降低，瞬间降压瞬间蔬菜就干燥了。②从对立面想，锅炉怎么提高热效率？是烧煤、烧油，还是加保温材料？有个发明家就在锅炉上加水管子，加速冷却，从对立面提高锅炉的热效率。③思考者改变自己的位置，比如你看是9，别人从对面看就是6，就是变化自己的思考位置。

二是转换问题获得新的视角。①复杂的问题变成简单的问题。比如测算灯泡的体积，可以用微积分算，也可以沉入水里，计算溢出水的体积。②生疏的问题变成熟悉的问题。例如钢筋混凝土是谁发明的？其实是一个园丁发明的。他发现植物的根系非常稳固，于是参照植物的根茎系统，发明了钢筋做骨架，加上砂石、水泥，做成了钢筋混凝土。③不能办的事变成可以办的事情。明代冯梦龙《智囊全集》有个故事，一个人把另一个人卖的徽子碰到地上，碎了，县官怎么计算赔偿金额？徽子拼不起来，捡起来称重就可以了。

三是直接变间接。①先退后进。比如，法国有个明星家的花园总是被人踩。她张贴了一个告示：上写"私人花园，禁止入内"。但没有人理睬她。后来，她退了一步，又写了一个告示："园中毒蛇出没，最近医院离此地30英里"。然后就没有人踩踏花园了。②迂回前进。法国推广马铃薯，没有人接受。后来一个将军想了一个主意，派重兵把守马铃薯，于是民众很好奇。再开放市场，大家就接受了马铃薯。现在卖小米手机、iPhone都喜欢搞这种"饥饿营销"（真实原因可能是产能测算没有做好）。③先做铺垫，创造条件。比如一个老汉要把17只牛分给3个儿子。大儿子分二分之一、二儿子分三分之一、三儿子分九分之一，不准伤害牛，怎么分？他找人借了一只牛，大儿子分9只、二儿子分6只、三儿子分2只。还剩一只牛，再还给别人。

为了避免"创新思维十大定式"，我们可以进行"九大突破训练"。

第一个叫方向性思维，很重要。比如说同样的指南针，中国人拿来看风水，西方人搞远洋航海，成就地理大发现。同样的鸦片，有人把它当药，有人把它当"福寿膏"。这就是思维的不同。

方向性思维，分成三对"六个思维"。

第一对叫发散思维与收敛思维。第二对叫正向思维与逆向思维。第三对叫横向思维与纵向思维。中国人比较缺少发散思维与收敛思维。发散思维是什么？你有一个思维的起点，然后向四面八方去发展。一个玻璃杯，除了喝水还能干什么？可以做手环、做透镜、车珠子。三个砖头能干什么？我们可以造狗窝、造灶台、盖房子，但这还停留在建造建筑物方面。能不能变换种类，比如在马路边上给汽车挡轮胎，拿来下象棋。但这还是造，能不能突破它的建造功能？拿来当尺子、当锤子、当画笔，都可以，这就是创新思维数量的重要性，数量够，种类多，独特性强,创新思维的流畅性就越来越强。

光有发散,不去收敛也不行。怎么聚焦到具体的问题,形成一个解决方案?收敛思维的核心是很多的思维思路围绕着一个中心点,也就是你要围绕解决的问题去想。

第二对叫正向思维与逆向思维。正向思维就是我们平时第一眼就能想到的答案。跟初级棋手下棋,如果他每下一步你都知道他下一步要怎么走,这就是正向思维。比如愚公移山,正向思维就是山挡着我家了,我要把山给移走。但是这是低效率的,你移不走山,却可以搬家,为什么非要跟山过不去?不搬山去搬家,这就是逆向思维。司马光砸缸,他知道自己没能力去缸里面捞那个小孩,把缸给砸了,小孩就出来了。

怎么从正向思维突破至逆向思维?比如说我们去动物园看动物,正向思维是狮子在笼子里,人在笼子外看狮子。新西兰有个动物园,把人关在笼子里面,然后拉到野生动物园里面,让狮子在外面看笼子里的人,我觉得这比人看狮子好玩多了。又比如摄影师拍照,最常见的就是123以后,大家总有一个闭眼。逆向思维是,大家请闭眼,123一起睁眼,结果大家都睁眼了。

第三对叫横向思维与纵向思维。比如说柯达卖胶卷,胶卷不好卖,可能是有相机的人太少了。于是柯达公司发明了一个简易的照相机技术,并且还许可其他厂家生产。这种简易照相机全球热卖,柯达胶卷全球热销。胸部叩诊法检查积水的方法又是怎么发明的?有个医生的父亲以前是卖葡萄酒的,天天通过敲木桶判断酒的多少。医生后来受到启发,通过叩诊病人的胸腹腔而判断积水。横向移除不利的因素也很重要。巴斯德研究肉汤为什么会腐败,是不是因为微生物?他把肉汤加热,加完之后,把那个瓶口烧热,塞子一转,瓶口就基本密封了,然后肉汤就不腐败了。我们现在喝牛奶很多都是用这种巴氏灭菌法。后来有一个人,他把巴氏灭菌法用在了手术器械领域,挽救了千千万万病人。中世纪以前做手术很容易感染的,自从发明了这个手术器械灭菌法之后,人做手术就不容易被感染了。还有横向转换的思维,比如说航天飞机,因为返回地面的时候跟大气层摩擦产生高温,科学家一直想研究一种材料,耐高温而不至于被烧坏。这个材料太难找了,后来他们换了一种思路,使用了一种材料,只要在降落之前不至于消耗殆尽就行。所以实际使用的材料,降落时是很厚一层,到落地之后烧得还剩一点点,就没有必要找到一点都不被烧坏的材料。

纵向思维是人思维的线性和深度。丰田公司的副社长大野耐一有一个很有名的故事叫"五问为什么"。一天,他看到了一个生产线停机了,就问员工为什么停机了。员工答用电超负荷保险丝爆了。为什么超负荷呀?员工说因为轴承的润滑不够。为什么轴承润滑不够?因为吸不上润滑油。为什么吸不上润滑油?因为没有安装过滤器,平时生产过程中的铁屑把润滑油孔给堵住了。所以核心问题通过五问最终确定是铁屑过滤器的问题。这种通过一系列问题找到答案的思维,就是纵向思维。

其实,中国人的横向思维、纵向思维都不错,比较缺乏的是发散思维与收敛思维,也就是创意跟灵感,或者叫形象思维。

想象力非常重要，可惜我们的教育总是束缚我们的想象力。比如如何用简单的语言去跟人解释什么是相对论。我们可以说："你跟心爱的女子待一个小时，你可能觉得是一分钟。你做了一件自己不喜欢做的事情一分钟，你可能觉得这是一小时。"这就是想象力。越厉害的人，越会把复杂的问题用通俗易懂的语言来表达和解决。

形象思维在日常生活中很常见，比如说炼钢工人通过钢水的颜色判断钢的温度。有经验的中医通过一些表征以望闻问切的方式去判断人们的疾病。形象思维是从形象到抽象，再到形象的过程。

形象思维的第一点就是要对表象进行加工。比如我们需要想象力，但是很多考试又追求标准答案。其实很多问题是没有标准答案的，可以通过追求非标准答案，改变一些变量，引起结论的变化和创新。

比如说鲁迅，他写孔乙己的形象"回字有四种写法""店内外充满了快活的空气"，我们心中立马有了这个穿长衫的落魄秀才的形象，这就是想象力。

有个科学家发现所有得糖尿病的人胰腺都非常小。于是他就想象是不是胰腺分泌了某种物质，而现在分泌少了，导致了糖尿病。后来通过实验的方法，从胰腺中分离出了胰岛素，后来又有了人工合成牛胰岛素。

法国的儒勒·凡尔纳在19世纪末写了104部科幻小说，里面70%的东西如今都成为现实，像霓虹灯、直升机、导弹、电台、火箭现在都有了。他一定是掌握了很多自然界的规律。如果大家看达·芬奇的那些画作，解剖图、直升机、潜水艇的底稿，就不难认识到很多当时画的东西现在都成为现实。

没有什么完全不相及的事物，比如说第二次世界大战的时候，苏联军队发现德国阵地上有只波斯猫[①]，马上就想到了，这波斯猫不是一般人能养的，得是高级军官。后来一顿轰炸，果然把纳粹的军官给炸死了。比如说有一个人，他在野外走的时候，经常发现身上沾了很多植物的草籽，于是受到启发，就发明尼龙粘扣，至今也很实用。比如现代飞机的尾翼就跟老鹰尾巴很像，可以帮助飞机转向。比如说美国的响尾蛇导弹追踪很精准，其实这个红外追踪原理就是跟响尾蛇学的。响尾蛇的颊窝可以识别红外信号，捕捉猎物。怎么从木头联想到足球？木头砍伐完之后是平地，平地就可以平整成一个足球场，就可以有人去踢球，四步就想到了足球。微波炉怎么发明的？美国搞雷达工作的帕西·斯宾塞发现自己口袋里的巧克力糖总是会化，后来就想是不是这个雷达把巧克力糖给融化了。后来发现正是如此，这个电磁波有加热的效果，他把能量发射装置小型化之后就发明了微波炉，现在广泛用来加热食物。

所以联想思维的训练，包括类比、因果都非常重要。强制联想领域做得最好的是苏联。苏联当时冷战的时候跟美国可以争霸。虽然经济远不如美国，但是苏联厉害之处在于掌握了发现

---

① 《并非每场战争都有"波斯猫"》，解放军报，http://www.81.cn/jwgd/2013-11/05/content_5632241.htm.

知识的规律，苏联有发明学校[①]。蚕跟豆腐渣有什么关系？蚕不是吃桑叶的吗？浙江农科院的专家就培养出一种蚕，可以吃豆腐渣[②]。直觉思维也很重要，人与机器有所区别的地方在哪里？创意、直觉、道德都是区别，是人与机器的区别，也是智慧与智能的区别。

把我们通过想象力思维所做的各种假设，用科学的方式去归纳，去实证，逻辑推演，就形成了科学知识。比如华人诺贝尔奖获得者丁肇中。他说他凭直觉发现，没有理由认为重光子比质子轻，于是他凭直觉发现了重光子。直觉有些特点，你觉得它就是这样的，沿着这个思路去想，一念之间就有了灵感。我们有时候做梦能把问题想清楚，这就是人类思维中非理智的部分。比如阿尔弗雷德·魏格纳，有次生病不能下床。他盯着世界地图看，发现南美洲外轮廓跟非洲刚好对上，后来发现了"大陆漂移学说"[③]：原来地球上的大陆板块，一开始真的是相连的，只是后来因为地质原因和历史变迁，开始漂移，形成了现在的各大洲。

比如说进化论发现者达尔文。他研究向日葵总是向着太阳，这里面一定有某种物质，促进它向着太阳生长。他生前没有研究出来，但是他去世后，其学生就研究出来了，这种物质叫植物生长素。比如乔布斯发明苹果iPhone手机。他从来没有说要在前人的框架下去做事情。比如App Store，比如满汉全席式的应用布局，比如滑动解锁，很多特点跟之前的手机都大不一样。

灵感思维突如其来，比如阿基米德洗澡的时候发现了浮力的原理。但是灵感也不是突然出来的，需要有很强大的积累。你得不停地思考，迸发出灵感。如果你天天看那些过三天就失效的八卦杂志，是迸发不出来科学灵感的。十月怀胎，一朝分娩。比如苏轼写诗"作诗火急追亡逋，情景一失后难摹"，就是说你想到一定要记下来，不然过了就过了。史蒂芬·霍金也说推动科学前进的是个人的灵感。

灵感的思维是怎么获得的呢？安藤百福看人排队买面条太辛苦，于是发明了速食面，就是现在的方便面。ATM机的发明者约翰·谢泼德·巴伦，当时他企业都快经营不下去了，后来联想到那个卖巧克力糖的自动售卖机，就想取钱能不能也像这个自动卖巧克力糖的机器一样，随时随地可以取，于是发明了ATM机。伦敦的巴克莱银行就率先采购了第一批ATM机。

T形的剃须刀是怎么发明的？坎普·吉列观看农民用耙子耙谷子，耙得又平又好，于是联想刮胡子也是同样道理，设计了一个类似耙子的刀架，刀片免费给大家用。然后越卖越好，随着两次世界大战的爆发，美国大兵把吉列剃须刀引入全球，风靡世界。这都是通过观察事物联想出来的，但前提得有很好的积累。

[①]《辽宁溯源30年前创新中国的探路者》，参考网，https://www.fx361.com/page/2017/0906/2225398.shtml。"1970年在阿塞拜疆的巴库市设立了青年发明家学校，该学校在1971年改成了阿塞拜疆发明创新社会学院，是世界上的第一个TRIZ学习中心。之后在很多的城市设立了发明创新学校、科技创新社会学院，这样的学校在80年代的时候超过了500所。"

[②]《养蚕可用豆腐渣代替桑叶》，《华夏星火》1999年第8期。

[③]《大陆漂移学说谁提出来的：魏格纳（1915年正式提出）》，探秘志，https://www.tanmizhi.com/html/28265.html。

九、头脑风暴法

科学创新的方法最少有400种，很难一一列举，但道理是相通的。就跟磁吸数据线一样，很可能一个小的改变，就能带来丰厚的利润。萧伯纳说："如果你有一个苹果，我有一个苹果，我们交换完之后各自还是一个苹果，但是你有个思想，我有个思想，我们互相交换之后，我们就都有两个思想。"头脑风暴法就是大家一起激荡思想，然后快速形成很多很好的见解。

头脑风暴法要遵循一定的程序，没有程序是做不好的。头脑风暴法第一个准则是自由思考，需要大家自由想象。第二个准则是要延迟评判，不要着急评判人家对错。第三个准则是以量求质。第四个准则是结合改善、互相启发。比如美国的电信公司，冬天下雪时他们的电缆经常被压断。没办法，就把员工都招到一块想主意，有人说可以用刀刮、用扫帚扫、用锹铲、用木头撞……短短90分钟之内，想了90多条主意，包括用电热融化冰雪、用冰雪清扫机清扫、用振荡技术清扫。后来有种技术被采纳：用直升机吹。美国经济发达，下雪的时候乘坐直升机飞过电缆，电缆上的积雪就被吹下来了。

使用头脑风暴法需要注意两个基本原则：第一，要延迟判断，提出阶段只专心提出设想而不进行评价。第二，数量产生质量，数量越多越好，重数量而不重质量。遵循四个基本规则：不做任何缺点的评价、欢迎离奇的设想、追求设想的数量、鼓励巧妙地利用并改善他人的设想。比如如何改良烤面包机，厂家搞头脑风暴的时候，就找了一个他们的清洁工参加。清洁工说你这个烤面包机下面有个捕鼠机就好了。因为烤面包机下面有很多面包屑，老鼠总是跑来跑去。后来一种带有捕鼠功能的烤面包装置就被申请了发明专利。

头脑风暴会议的重要性对中国人尤为重要。因为它克服了中国传统会议的一些缺点。第一个是从众障碍。大家都喜欢从众，尤其中国人不愿意发表意见，屈服于多数人意见或者一致性压力。第二个是权威障碍。领导和专家都说话了，我就不敢说了。第三个是惯性障碍，随意评判。第四个是惰性障碍。大家都比较消极沉默，不够积极，反正领导定就行了，我就不发表意见了。你要搞一个创新型的团队，那么大家都得有足够的知识储备和认知方法，所以遵循刚才我们说的两个原则、四个规则的话，我们就可以实行头脑风暴。

那么怎样执行头脑风暴呢？分五步。第一步，确定课题。要单一、明确、清晰。如果这个课题比较复杂，那么就要分解，不能搞复杂的课题。第二步，会前准备。要准备好一个善于启发和鼓励的主持人。主持人起到的作用是，引出下一步讨论的问题，鼓励奇思妙想。参与人不一定全是专家，例如之前我们说的邀请清洁工，就会给出很多独特的想法。课题任务应提前告知大家，告诉会议的目的，防止先入为主。第三步，热身。让大家处于一个轻松愉快的环境，思维先激荡起来，不要一开始都绷着脸。第四步，小型会议。人多口杂，参会人不宜太多，秉持"双比萨团队"理念。两个比萨饼足够应对午餐的人数，也就是6~8人，在一个小型会议室，半个小时到一个小时的时长。第五步，加工处理。需要有记录人员完整记录，加工处理信息，比较利弊，寻找有用的方法，整合合理的方案，提出解决方案。

比如说我们出一个课题：如何把核桃壳又快又好地砸破？

主持人要跟大家明确主题：又快又好地砸核桃。参与人就开始头脑风暴了：用手机砸、榔头砸、脑袋砸、钳子砸。接下来主持人就要启发了，除了常规那些方法，我们到底是用什么力砸开核桃的？大家就头脑风暴了：挤压力、重力、冲击力。有些人就进一步联想到了：我们可以拿气枪来打、坐飞机从天上扔下去。主持人又启发了：我们能否以逆向思维考虑，不从外面用力，从里面用力呢？有人说，我们可以给空气室打高压空气，瞬间降压、内爆，核桃就开了。于是内爆方案获得专利。

这就是一个典型的产品创新的头脑风暴会议。怎么提问题非常重要，需要用设问法。爱因斯坦说，发现一个问题比解决一个问题更重要。不怕解决不了问题，就怕没有问题。有时候问题提好了，答案就已经出来了。

那么怎样提问题呢？

要学会提问。比如银行家拉尔夫·夏德尔付款时忘了带钱包，他想能不能签个字就代表付款，于是发明了信用卡。用户跟店家签字，店家跟银行结算。比如安德文·兰德的女儿问爸爸，为什么拍照要等那么长时间才能看到照片？于是1948年11月26日拍立得相机上市，60秒之内就能看到照片，大卖特卖。如果再有人问能不能几毫秒就看到照片，于是CMOS成像技术出现了。卡尔逊在纽约专利办公室天天重复打印材料，于是他发明了静电复印机。

找问题或者问问题有什么原则呢？

第一，不要提笨问题。所谓笨问题就是一个问题只有一个答案，或者小手一挥，百度上就能查到的。比如有些傻记者经常问"今天两个球都是你打进的吧？""进了两个球，高不高兴？""中了头奖，高不高兴？""怎样制造永动机？"都是笨问题，或者叫圈套。它暗含的前提是"永动机能造出来，再讨论怎么造"。康德在《纯粹理性批判》之《超越的逻辑》中就指出："确知应该理性地去追问哪些问题，本身就已经是深具智慧和动见的伟大且必需的证明。因为如果一个问题本身荒谬绝伦，还要去寻求这个荒谬问题的答案，而它本来就不可能有任何答案。那么如此一来，就不仅仅会让提出问题的人蒙羞，而且会误导那些不谨慎的听者，去追逐荒谬的答案。这正是古人所嘲笑的荒谬场景：一个人给公羊挤奶，另一个人竟然还在下面支着一把筛子。"

另外还要注意幸存者偏差。第二次世界大战时期，美英联军的空军轰炸纳粹德国，但是联军飞机战损率很高，纳粹的防空很好，军方找汤姆逊[1]看回来的飞机怎么改良。第一次他们发现回来的飞机机翼都是好的，机腹很多弹坑。于是军方拼命加强机腹，但战损率还是很高，后来才了解到幸存者偏差的问题。为什么？因为机翼被打坏的飞机都回不来了，大家看到的飞机都是机翼完好的飞机，而机腹弹痕累累。在了解到幸存者偏差的问题后，汤姆逊加固了机翼，于是大大降低了飞机战损率。

---

[1]《改进轰炸机的学问》，百度学术，https://xueshu.baidu.com/usercenter/paper/show?paperid=1y5e0j30wp4v0ee0aa1t0tg0hc263676.

敢于怀疑，大胆直言的批判性思维对于创新非常重要。以色列很小，但以色列800万人口近20年有10位诺贝尔奖获得者。以色列教育部长夏依·皮隆，就曾经在接受中国记者采访时说："我们犹太人喜欢对话和争辩，讨厌没有思考的一团和气，两个人讨论可能会产生4个或更多的意见。"以色列学校鼓励学生提问，不提问不给睡觉。所以就如我们之前讨论过的，辩证法（dialectics）真实的翻译应当是"辩论法"，因为dialect是说话的意思，辩论和提问是创新之母。

十、奥斯本检核表法

奥斯本检核表法是美国发明家亚历克斯·奥斯本1941年发明的，出版后卖了4亿多册。在这本书里有什么创新想法？按照这九项思考就好：有无其他用途、能否借用、能否改变、能否扩大、能否缩小、能否代用、能否调整、能否颠倒、能否组合。

一是有无其他用途。比如，苏格兰兽医约翰·邓禄普心疼他儿子骑自行车很颠簸，就把橡胶水管拿去做了个轮胎，给他儿子的自行车用上，于是就这样发明了世界上第一条充气轮胎。

二是能否借用。比如，探矿的经常用的带照明的小车，现在就借用到医疗领域的内窥镜上。

三是能否改变。以前的轴承是滚珠的，后来有了滚柱的轴承。西瓜能不能是方的？一把伞能不能同时给两个人打？能否背包式打伞？伞上能否开一个透明口方便观察前面？

四是能否扩大。寿命、功能等扩大。比如以前的汽车机油国内推荐5000千米一换，美孚的EP机油可以扩展到20 000英里[①]一换，美孚的AP机油可以保证一年不限里程。

五是能否简化。比如电风扇过去是带扇叶的，能不能发明出来一个无扇叶电风扇？

六是能否替代。比如古代行马车的马路上人行道是几块大石头，简化到现代公路上人行道是斑马线。

七是能否变化。例如钟表都是12小时刻度的，能不能发明一个24小时刻度的钟表，还能看上午和下午？

八是能否颠倒。比如汽车的通风座椅，可以吸气，也可以吹气，效果各不相同。

九是能否组合。比如用剪刀剪纸不容易剪成一条直线，可否给剪刀加一个激光标尺？锻炼是否可以和洗衣机一起结合，做一个洗衣跑步机或自行车跑步机？这样既洗了衣服，又锻炼了身体。

比如一个保温杯，借用奥斯本检核表法，我们就可以想象：①有无其他用途，做理疗保温杯，利用保温杯的热气给人体理疗，预防感冒、止痛、蒸汽养颜等。②能否借用，做一个自加热保温杯，利用稀释生石灰做一个自加热的保温杯。③能否改变，比如球形的。④能否扩大，做一个保温桶，可以保温午饭。⑤能否缩小，缩小体积，做迷你版。⑥能否代用，比如做一个不锈钢保温杯。⑦能否调整，比如改变瓶口、手提、改变比例尺寸、改装为冰盒。⑧能否颠倒，瓶口只会朝上吗？能不能朝下？网上就有口朝下的分层式茶杯，过滤茶叶，很畅销。⑨能否组

[①]1英里=1.609344千米。

合，将保温杯装上芯片，可以智能控制水流大小。

十一、TRIZ 创新理论

TRIZ 理论，又叫萃智理论，来自俄语"发明问题解决理论"的首字母组合，由苏联科学家阿奇舒勒提出。他以前是专利局的专利审查员，也是一个少年天才，15 岁就有了自己的发明专利。他在审查了上百万份专利之后，给斯大林写了一封信，说通过对众多专利从具体到抽象的总结，他发现技术的发明是有规律的；通过运用这个规律就可以产生大量的创新成果。但是斯大林没有采纳他的意见，说他有可能破坏社会主义制度，就把他流放了。斯大林去世之后，阿奇舒勒重获自由。阿奇舒勒流放的机会很好，就跟杨小凯一样。因为管吃管喝管住，有很多时间思考，那时候能流放的都是专家、科学家、律师等。他在与那些人学习交流过程中形成了很多有意思的想法，就进一步完善了 TRIZ 理论。TRIZ 理论要比奥斯本检核表法更加细致，是一套很成熟的理论。这以前是苏联的国家机密，成为苏联在冷战中跟欧美集团进行竞争的一个独家秘诀。TRIZ 理论数十年的发展形成了一个包含 39 个通用技术参数、40 个发明创新原理、76 个标准解和效应知识库等的庞大创新规律体系。通过查表的方式，找到可能的创新解决方案。它的基本思想是大量发明所包含的基本问题和矛盾是相同的。它的优势是避免传统创新使用的试错法的盲目性和局限性。它的核心理论是技术系统进化理论，解决技术矛盾和冲突是系统进化的推动力，类似于"矛盾论"。

为什么说大量发明所包含的基本问题和矛盾是相同的呢？举例而言，古埃及修金字塔怎么保持每块巨石都水平呢？在家里墙面上贴瓷砖怎么保证每一块瓷砖都水平呢？如何将玉米变成爆米花，将干果去皮呢？据说古埃及人是在金字塔周围修一条水渠，如果巨石跟水渠平行，巨石就是水平的。在家里墙上贴瓷砖可以用 U 形管装水取代古埃及的水渠判断是否水平。玉米加工爆米花与干果迅速减压去皮技术也是类似的，就是瞬间减压，使得玉米或者干果内部压力膨胀，爆炸成爆米花或者把干果皮顶开。这就是 TRIZ 理论的基本原理：不同领域解决问题的原理是相似的，抽取解决原理，查表就能得出答案。

所以不同领域的问题其解决问题的原理是相似的，我们只要把这些原理综合起来，然后查表，把解决方案给查出来，就是阿奇舒勒 TRIZ 理论的核心点。我们使用 TRIZ 理论的矛盾矩阵表，也就是通过纵坐标横坐标 39 个通用工程参数。通过总结改善的参数和降低的参数的矛盾矩阵，用于找到 40 个发明原理，从而解决问题的思路（见图 5-2）。通过使用 TRIZ 理论，可以避免过去那种试错式方法盲目地浪费时间精力去寻求方案。爱迪生试了 1 600 种材料才找到了白炽灯的灯丝的材料，但当你把具体的问题抽象成一般性的问题，再在表上找问题的答案，就可以从一般到特殊去思考发明原理中的提示，找到方案。

我们的目标是做数字贸易，做知识产权的贸易，做一个小小发明家。那么怎样用 TRIZ 理论做发明专利的创新呢？

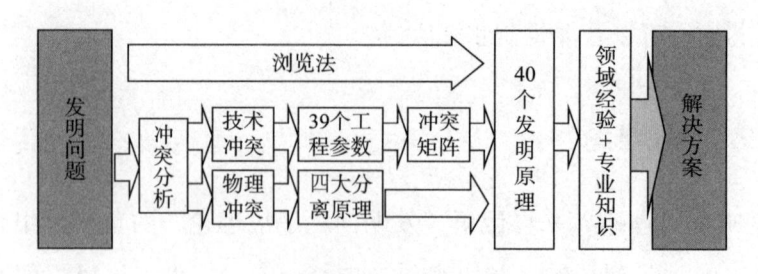

图 5-2　TRIZ 物理矛盾与技术矛盾解决思路

我们把发明创新的矛盾分为两类，一类是物理矛盾，另一类是技术矛盾。如果是技术矛盾，或者叫技术冲突，就从 39 个工程参数中找到相应的冲突矩阵，通过 40 个发明原理去解决。如果是物理冲突，就用四大分离原理解决。那什么叫物理矛盾呢？比如说同一参数的相互对立，像冷与热、软与硬、长与短。什么是技术矛盾呢？就是一个技术系统一个参数变好，另一个参数就会变坏。比如说一个物品，有用功能增加，有害功能增加；有害功能增加，有用功能减少；一个有用功能增加，导致另一个有用功能削弱，这都是物理矛盾（见表 5-1）。

表 5-1　TRIZ 物理矛盾分类

类别	物理矛盾			
几何类	长与短 圆与非圆	对称与非对称 锋利与钝	平行与交叉 宽与窄	厚与薄 水平与垂直
材料类	多与少	密度大与小	导热率高与低	温度高与低
能量类	时间长与短	黏度高与低	功率大与小	摩擦系数大与小
功能类	喷射与阻塞 运动与静止	推与拉 强与弱	冷与热 软与硬	快与慢 成本高与低

比如，我们要让飞机飞得更快，就需要机翼更大，但机翼更大会浪费更多的航空煤油。比如说手机，手机我们用的时候希望大屏幕，装兜里的时候就喜欢它小，这是不是物理上的矛盾？我们有四大分离原理，第一个叫空间分离原理，第二个叫时间分离原理，第三个叫条件分离原理，第四个叫整体与局部分离原理。比如我们要设计一个城市快速道路的过马路方案，直接设置斑马线，可能就会干扰交通，所以我们要空间分离，在路上架设一个人行天桥，这样就不会妨碍交通了。所以这些物理矛盾，通过空间分离、时间分离、条件分离、整体与部分分离，就可以找到解决方案。

这里有个故事：土地爷管下雨。有一天土地爷要出远门，跟他儿子说我要出差，你帮我代班，多留意大家的祷告。土地爷儿子值了一天班，发现当土地爷太难了，大家的祷告各不相同。因为船夫祈祷的时候说你快点刮风嘛，我要乘风远航；果农就祈祷别刮风，说不然就把我成熟的果子刮下来了；种地的农民祈祷要下雨，方便作物生长；商人祈祷千万别下雨，他好拖着他的货物远行出去卖。这是四难的命题，土地爷儿子犯难了。等土地爷回来了，土地爷就跟儿子讲了，其实难也不难：刮风莫到果树园，刮风河边好行船；白天天晴好走路，夜晚下雨润良田。前面两个就是空间分离原则，后面两个就是时间分离原则。

分离原则是很常见的，比如说我们吃火锅的时候，有人喜欢吃辣的，有人喜欢吃清淡的，所以有人发明了鸳鸯火锅。种蔬菜，要么种白菜，要么种萝卜，能不能萝卜、白菜一起种啊？科学家就发明出来了，上面长白菜，下面长萝卜。这就是一个空间分离的选择。

技术的矛盾怎么解决？TRIZ通过7大类39个通用工程参数来表达（见表5-2、图5-3）。

表5-2　7类通用工程参数

几何参数（4）	长度、面积、体积、形状
一般物理参数（6）	重量、速度、力、应力 / 压强、温度、光照度
系统参数（2）	作用于物体的有害因素、物体产生的有害因素
功率参数（2）	物体的能量消耗、功率
技术参数（9）	操作时间、可靠性、强度、适用性与通用性、可制造性 / 可操作性 / 可维护性、制造进度、设计复杂性、自动化程度、生产率、对象的稳定性
与测量有关的参数（2）	测量的必要性、测量精度
损失参数（4）	能力损失、物质损失、信息损失、时间损失

1. 运动物体的重量	14. 强度	27. 可靠性
2. 静止物体的重量	15. 运动物体作用时间	28. 测试精度
3. 运动物体的长度	16. 静止物体作用时间	29. 制造精度
4. 静止物体的长度	17. 温度	30. 物体外部有害因素作用的敏感性
5. 运动物体的面积	18. 光照度	31. 物体产生的有害因素
6. 静止物体的面积	19. 运动物体的能耗	32. 可制造性
7. 运动物体的体积	20. 静止物体的能耗	33. 可操作性
8. 静止物体的体积	21. 功率	34. 可维修性
9. 速度	22. 能量损失	35. 适应性及多用性
10. 力	23. 物质损失	36. 装置的复杂性
11. 应力或压力	24. 信息损失	37. 监控与测试的困难程度
12. 形状	25. 时间损失	38. 自动化程度
13. 结构稳定性	26. 物质或事物的数量	39. 生产率

图5-3　39个通用工程参数

改善的通用工程参数	恶化的通用工程参数	1 运动物体的重量	2 静止物体的重量	3 运动物体的长度	4 静止物体的长度	5 运动物体的面积	6 静止物体的面积	7 运动物体的体积	8 静止物体的体积	9 速度	10 力	11 应力，压强	12 形状	13 稳定性	14 强度	15 运动物体的作用时间	16 静止物体的作用时间	17 温度	18 照度	19 运动物体的能量消耗	20 静止物体的能量消耗	21 功率	22 能量损失	23 物质损失
1	运动物体的重量	+	-	15, 8, 29,34	-	29,17, 38, 34	-	29, 2, 40, 28	-	2, 8, 15, 38	8, 10, 18, 37	10, 36, 37, 40	10, 14, 35, 40	1, 35, 19, 39	28, 27, 18, 40	5, 34, 31, 35	-	6, 29, 4, 38	19, 1, 32	35, 12, 34, 31	-	12, 36, 18, 31	6, 2, 34, 19	5, 35, 3, 31
2	静止物体的重量	-	+	-	10, 1, 29, 35	-	35, 30, 13, 2	-	5, 35, 14, 2	-	8, 10, 19, 35	13, 29, 10, 18	13, 10, 29, 14	26, 39, 1, 40	28, 2, 10, 27	-	2, 27, 19, 6	28, 19, 32, 22	35, 19, 32	-	18, 19, 28, 1	15, 19, 18, 22	18, 19, 28, 15	5, 8, 13, 30
3	运动物体的长度	8, 15, 29, 34	-	+	-	15, 17, 4	-	7, 17, 4, 35	-	13, 4, 8	17, 10, 4	1, 8, 35	1, 8, 10, 29	1, 8, 15, 34	8, 35, 29, 34	19	-	10, 15, 19	32	8, 35, 24	-	1, 35	7, 2, 35, 39	4, 29, 23, 10
4	静止物体的长度	-	35, 28, 40, 29	-	+	-	17, 7, 10, 40	-	35, 8, 2,14	-	28, 10	1, 14, 35	13, 14, 15, 7	39, 37, 35	15, 14, 28, 26	-	1, 40, 35	3, 35, 38, 18	3, 25	-	-	12, 8	6, 28	10, 28, 24, 35
5	运动物体的面积	2, 17, 29, 4	-	14, 15, 18, 4	-	+	-	7, 14, 17, 4	-	29, 30, 4, 34	19, 30, 35, 2	10, 15, 36, 28	5, 34, 29, 4	11, 2, 13, 39	3, 15, 40, 14	6, 3	-	2, 15, 16	15, 32, 19, 13	19, 32	-	19, 10, 32, 18	15, 17, 30, 26	10, 35, 2, 39
6	静止物体的面积	-	30, 2, 14, 18	-	26, 7, 9, 39	-	+	-	-	-	1, 18, 35, 36	10, 15, 36, 37	-	2, 38	40	-	2, 10, 19, 30	35, 39, 38		-	-	17, 32	17, 7, 30	10, 14, 18, 39
7	运动物体的体积	2, 26, 29, 40	-	1, 7, 35, 4	-	1, 7, 4, 17	-	+	-	29, 4, 38, 34	15, 35, 36, 37	6, 35, 36, 37	1, 15, 29, 4	28, 10, 1, 39	9, 14, 15, 7	6, 35, 4	-	34, 39, 10, 18	10, 13, 2	35	-	35, 6, 13, 18	7, 15, 13, 16	36, 39, 34, 10
8	静止物体的体积		35, 10,	19, 14	35, 8,				+		2, 18,	24, 35	7, 2,	34, 28,	9, 14,		35, 34,	35, 6,				30, 6		10, 39,

矛盾矩阵

图5-4　TRIZ矛盾矩阵表局部

通过TRIZ矛盾矩阵表来检索40个技术问题发明创新原理解决方案（见表5-3）。

表5-3　40个解决技术问题发明创新原理

序号	原理名称	序号	原理名称	序号	原理名称	序号	原理名称
1	分割	11	预先应急措施	21	紧急行动	31	多孔材料
2	抽取	12	等势性	22	变害为利	32	改变颜色
3	局部质量	13	逆向思维	23	反馈	33	同质性
4	非对称	14	曲面化	24	中介物	34	抛弃与修复
5	合并	15	动态化	25	自服务	35	参数变化
6	多用性	16	不足或超额行动	26	复制	36	箱变
7	套装	17	维数变化	27	廉价替代品	37	热膨胀
8	重量补偿	18	振动	28	机械系统的替代	38	加速强氧化
9	增加反作用	19	周期性动作	29	气动与液压结构	39	惰性环境
10	预操作	20	有效运动连续性	30	柔性壳体或薄膜	40	复合材料

技术矛盾的解决通过三步（见图5-5）：

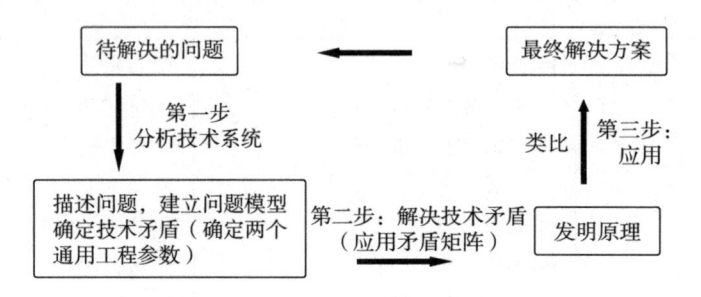

图5-5　解决技术矛盾的三个步骤

第一步描述待解决问题，提取出问题模型。把问题模型总结出两个相互对立的技术矛盾，一个是改善的技术，一个是损害的技术。工程通用参数矩阵表（见图5-6），纵轴找改善的技术参数，横轴找恶化的技术参数，相交的点就是解决方案。

- 1.运动物体的重量
- 2.静止物体的重量
- 3.运动物体的长度
- 4.静止物体的长度
- 5.运动物体的面积
- 6.静止物体的面积
- 7.运动物体的体积
- 8.静止物体的体积
- 9.速度
- 10.力
- 11.应力或压力
- 12.形状
- 13.结构稳定性
- 14.强度
- 15.运动物体作用时间
- 16.静止物体作用时间
- 17.温度
- 18.光照度
- 19.运动物体的能耗
- 20.静止物体的能耗
- 21.功率
- 22.能量损失
- 23.物质损失
- 24.信息损失
- 25.时间损失
- 26.物质或事物的数量
- 27.可靠性
- 28.测试精度
- 29.制造精度
- 30.物体外部有害因素作用的敏感性
- 31.物体产生的有害因素
- 32.可制造性
- 33.可操作性
- 34.可维修性
- 35.适应性及多用性
- 36.装置的复杂性
- 37.监控与测试的困难程度
- 38.自动化程度
- 39.生产率

图5-6　39个通网工程参数

比如科学家要收集陨石，在西伯利亚平原上去找陨石犹如大海捞针。改善的通用工程参数是"提高监控效果"，属于37项。恶化的工程参数是"时间损失"，属于25项。这样我们在通用功能参数表就找纵坐标37项与横坐标25项相交的点，就找到18、28、32、9发明原理解决方案（见图5-7）。

改善的通用工程参数 \ 恶化的通用工程参数	22 能量损失	23 物质损失	24 信息损失	25 时间损失	26 物质的量
37 控制和测量的复杂性	35, 3, 15, 19	1, 18, 10, 24	35, 33, 27, 22	18, 28, 32, 9	3, 27, 29, 18
38 自动化程度	23, 28	35, 10, 18, 5	35, 33	24, 28, 35, 30	35, 13
39 生产率	28, 10, 29, 35	28, 10, 35, 23	13, 15, 23	-	35, 38

图5-7 TRIZ矛盾矩阵表局部

又如我们吃Pizza想吃热的要用个盒子。包装比萨的盒子怎么改良？那么问题就是：盒子包装比萨时间一长，热量散失、温度下降、比萨返潮口感变差。解决方案是：提高盒子密封性，减少热量损失，避免温度降低。问题：水蒸气无法排出，比萨变软、变黏。这样我们就寻找到了技术矛盾对。改善的工程功能参数，减少温度降低，属于17类"温度"（见图5-8）。

恶化的工程功能参数：水蒸气无法排出，Pizza变软变黏，属于31类"物体产生的有害因素"。在通用工程参数矛盾矩阵表中，纵坐标17与横坐标31相交处，有22、35、2、24四个发明解决原理。

22（A）利用有害因素，获得有益结果。35（A）改变物体的物理状态。02（A）将物体"负面"部分或属性抽取出来。24（B）临时将原物体和一个容易去除的物体结合在一起。这些查表获得的发明原理，不一定每一条都有用。第2项跟第24项关联度大一些。比如把水蒸气吸出来，可以放吸水纸或者CaO_2干燥剂，既能够保温又能够防止返潮。

改善的通用工程参数 \ 恶化的通用工程参数	26 物质的量	27 可靠性	28 测量精度	29 制造精度	30 作用于物体的有害因素	31 物体产生的有害因素	32 可制造性
16 静止物体的作用时间	3, 35, 31	34, 27, 6, 40	10, 26, 24	-	17, 1, 40, 33	22	35, 10
17 温度	3, 17, 30, 39	19, 35, 3, 10	32, 19, 24	24	22, 33, 35, 2	22, 35, 2, 24	26, 27
18 照度	1, 19	-	11, 15, 32	3, 32	15, 19	35, 19, 32, 39	19, 35, 28, 26

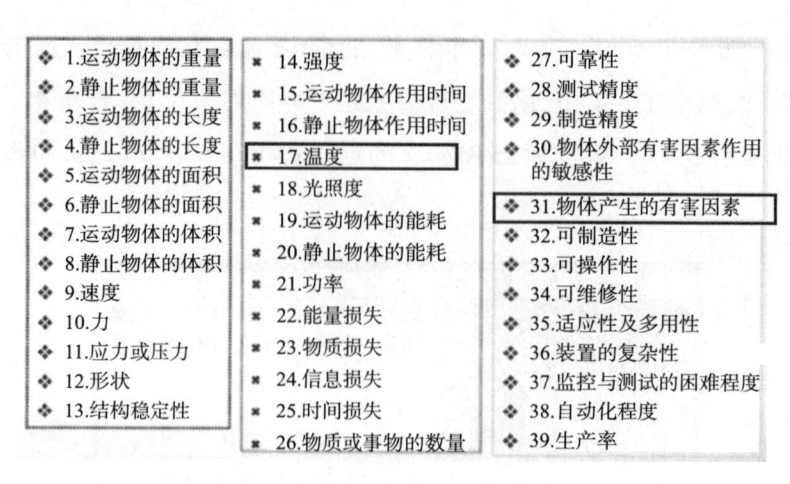

◆ 1.运动物体的重量 ◆ 2.静止物体的重量 ◆ 3.运动物体的长度 ◆ 4.静止物体的长度 ◆ 5.运动物体的面积 ◆ 6.静止物体的面积 ◆ 7.运动物体的体积 ◆ 8.静止物体的体积 ◆ 9.速度 ◆ 10.力 ◆ 11.应力或压力 ◆ 12.形状 ◆ 13.结构稳定性	✱ 14.强度 ✱ 15.运动物体作用时间 ✱ 16.静止物体作用时间 ✱ 17.温度 ✱ 18.光照度 ✱ 19.运动物体的能耗 ✱ 20.静止物体的能耗 ✱ 21.功率 ✱ 22.能量损失 ✱ 23.物质损失 ✱ 24.信息损失 ✱ 25.时间损失 ✱ 26.物质或事物的数量	◆ 27.可靠性 ◆ 28.测试精度 ◆ 29.制造精度 ◆ 30.物体外部有害因素作用的敏感性 ◆ 31.物体产生的有害因素 ◆ 32.可制造性 ◆ 33.可操作性 ◆ 34.可维修性 ◆ 35.适应性及多用性 ◆ 36.装置的复杂性 ◆ 37.监控与测试的困难程度 ◆ 38.自动化程度 ◆ 39.生产率

图5-8　TRIZ矛盾矩阵表局部

再举一个例子，太空中使用锤子。当时美国人上太空，因为太空中难免维修一些东西。在地球上，因为锤子有重力，当敲击完物体之后，那锤子会自然往下落；但是在太空中抡大锤，因为失重，反作用力反而伤人。第一步，描述问题：维修需要冲击力，但是使用锤子，锤子会反弹伤人。第二步，现有解决方案：地面带普通锤子上太空。第三步，现有方案的问题：锤子没有重力，反弹伤人。第四步，提炼通用工程参数矛盾。改善的参数：锤子冲击力，纵坐标第10项"力"；恶化的参数：反弹伤人，对使用人危险，横坐标第31项"物体产生的有害因素"。

通过查表，我们得出发明原理解决方案如图5-9所示：

恶化的通用工程参数	27 可靠性	28 测量精度	29 制造精度	30 作用于物体的有害因素	31 物体产生的有害因素	32 可制造性	33 操作流程的方便性
改善的通用工程参数							
9 速度	11, 35, 27, 28	28, 32, 1, 24	10, 28, 32, 25	1, 28, 35, 23	2, 24, 35, 21	35, 13, 8, 1	32, 28, 13, 12
10 力	3, 35, 13, 21	35, 10, 23, 24	28, 29, 37, 36	1, 35, 40, 18	13, 3, 36, 24	15, 37, 18, 1	1, 28, 3, 25
11 应力，压强	10, 13, 19, 35	6, 28, 25	3, 35	22, 2, 37	2, 33, 27, 18	1, 35, 16	11
12 形状	10, 40, 16	28, 32, 1	32, 30, 40	22, 1, 2, 35	35, 1	1, 32, 17, 28	32, 15, 26

图5-9　TRIZ矛盾矩阵表局部

如表5-4所示，13是逆向思维，3是局部质量，36是相变，24是中介物。那么有关的发明原理是：03（A）将物体、环境或外部作用的均匀结构改为不均匀的。24（A）使用中介物实现所需功能。13（A）用与原来相反的动作达到相同的目的。

表5-4 40个解决技术问题发明创新原理

序号	原理名称	序号	原理名称	序号	原理名称	序号	原理名称
No.1	分割	No.11	预先应急措施	No.21	紧急行动	No.31	多孔材料
No.2	抽取	No.12	等势性	No.22	变害为利	No.32	改变颜色
No.3	局部质量	No.13	逆向思维	No.23	反馈	No.33	同质性
No.4	非对称	No.14	曲面化	No.24	中介物	No.34	抛弃与修复
No.5	合并	No.15	动态化	No.25	自服务	No.35	参数变化
No.6	多用性	No.16	不足或超额行动	No.26	复制	No.36	相变
No.7	套装	No.17	维数变化	No.27	廉价替代品	No.37	热膨胀
No.8	重量补偿	No.18	振动	No.28	机械系统的替代	No.38	加速强氧化
No.9	增加反作用	No.19	周期性动作	No.29	气动与液压结构	No.39	惰性环境
No.10	预操作	No.20	有效运动的连续性	No.30	柔性壳体或薄膜	No.40	复合材料

什么是不均匀的？以前锤子是钢的，我们能不能变成一部分钢、一部分铝，或是一部分钢、一部分橡皮？使用中介物，能不能用一些别的东西垫一下？原来相反的动作，不一定都能用得上。最终的解决方案跟第3和24项有关。结构改为不均匀：锤子下半部分是实心的，上半部分是空心的。使用中介物，锤子敲钉子根据动量守恒，还需要有质量。用一个有质量的液体放在中空。后来放了水银，锤的时候，水银可以抵消反弹力。

再比如防弹衣，防弹效果越好越笨重。描述问题：足够的厚度会导致灵活性操作性降低。于是提取技术矛盾，改善的参数：增加运动物体的尺寸，第3项运动物体的尺寸。恶化的参数：降低物品的操作性，第33项操作性。矩阵交汇点是35增强动态性、29气压或液压结构替代、35改变物体的物理状态原理、04非对称性。最终采用的方案是非对称性。变一层一层叠加的织物为非对称叠加的织物。防弹性能最好的"龙鳞甲"防弹衣就是借鉴了鱼鳞的非对称叠加结构。

又比如常见的扳手。要么跟六角螺母棱边严丝合缝，要么精度不够，螺母拧几下，就会棱边磨损，变成圆形，再也拧不开螺丝了。那么此时描述问题：扳手压坏棱边。提取技术矛盾参数，改善的参数：扳手不会压坏螺丝棱边，31项物体有害因素变小。恶化的参数：要求扳手加工精度足够高与螺母没有间隙、严丝合缝，32项可制造性变差。查出来第4项非对称、第17项维数变换、第34项抛弃与修复、第26项复制四项发明原理。最终解决方案是：把扳手开口的设计进行改良，由上下口光滑对称结构改为不对称结构，上面长点、下面短点。扳手内侧卡口处由平面改为凹凸不平的曲面。这样扳手拧螺母，就不会伤害螺母棱边了。

TRIZ理论对于专利创新是极具意义的。随着苏联解体，TRIZ理论为欧美所知，近年传到了中国。中国有4亿产业工人，如果每个人都掌握了发明创造的方法，那么由数量求质量，又何愁没有创新没有创意，没有差异化的比较优势呢。一个小小的创新就能带来巨大的商机。马斯克曾经就说巴菲特的工作很无聊，研究了一辈子报表只为了搞清楚百事可乐和可口可乐哪个更值钱。有太多的聪明人在搞金融和法律，应该鼓励更多的人去从事制造业和技术的创新，一是真的很有意思，二是真的能发财。当然这只是一个角度，资本家从另一个方面还有一种长期社会融资的作用，解决了短期资本不足的创业困境，实现了代际效应的加速，这也是巴菲特式资本家的价值。

专题六
数字友好经济学

本专题讲数字贸易、新电商、新基建的经济学基础。通过本专题，我们将了解新古典经济学的困境、经济学的公理系统、经济学的历史、经济学的定律、经济的概念。通过本专题，我们期望能够实现两个目标：第一个目标，学会从数字友好经济学的视角去分析数字贸易中的问题。第二个目标，学会排除成功中的偶然因素，掌握商业规律中的必然因素。

一、当代经济学的问题

逻辑学中，原命题与逆否命题同真假。如果"贫穷限制了我们的想象力"为真，那其逆否命题"充满想象力就会找到通往财富自由之路"是不是同样为真？我们说的技术创新是想象力，艺术创作是想象力，商业模式也是想象力。想象力与挣钱的关系，跟上一专题我们讨论的技术重组带来技术进步、苏联发明学校强制联想课程的设置，逻辑上是相同的。有了创新，我们就找到了财富的木之根本和水之源泉；懂了经济规律，我们就知道如何放大木的价值和水的价值。技术与经济，是水与河道的关系，技术开始影响了经济，经济反过来又影响技术。了解经济规律，对于我们开展数字贸易至关重要。

当今主流经济学就是新古典经济学。新古典经济学之所以新，在于建立了一个区别于古典经济学、政治经济学的完全不同的公理体系，那就是借鉴物理学研究方法以人性自私和理性经济人的假设，去构建约束或局限条件下的效用或者利润最大化。一言以蔽之，就是一条纵坐标为价格，横坐标为数量，自左上至右下斜率为负的需求曲线，又叫需求定律。

需求定律为真，经济是满足需求的安排和活动。根据马斯洛经典的需求层次理论，人的需求分成五个层次，从低到高，第一层次是生理，第二层次是安全，第三层是爱与归属，第四层次是他人尊重，第五层次是自我实现。那么什么是生理需求？比如说呼吸、睡眠、住房、衣物，都是生理需求。有了生理需求之后，会寻找安全的需求，如人身安全、财产安全、工作安全。人有了安全需求之后，会寻求爱与归属，比如说我们希望被人爱，希望爱别人，我们希望归属于某个团体，就像许三多期望加入老A特种部队一样。然后是他人尊重的需求，在有了爱与归属之后，我们就期望能获得他人的尊重，比如说我们事业有成，受人尊敬，都是他人尊重的需求。当我们实现了他人尊重之后，就会追求人生的终极意义，即需求自我实现，去追寻价值观、责任感、创造力、模范带头作用和引领性。

如果说生理和安全是处于温饱阶段的需求，那么爱与归属，以及他人尊重就是一个小康阶段的需求，而自我实现就是一个富裕阶段结束的需求。这也是为什么《管子·牧民》说："仓廪实而知礼节，衣食足而知荣辱。"没有经济基础和满足前一个层次的需求，大量精力都放在了与自然界斗争、谋生方面，很难有精力去思考更多的问题。如果一个国家大量的外汇都用来购买初级农产品或者初级工业品，那么这个国家是没有资金去进行研发投入和产业升级的，这也是为什么华为创始人任正非一再强调要给科学家良好的物质保障。跟"世界工厂"中国关系好的国家，基本都在走向富裕之路。因为中国的农产品和工业品便宜，切切实实帮助到了这些国家节省了外汇，方便它们产业升级。

穷人或者穷国家为什么无法富裕？一般人认为是懒惰；自由主义经济学家认为给穷人自由市场就可以致富。但是根据2019年诺尔贝经济学奖得主班纳吉等人的随机控制实验，穷人继续贫穷的主要原因是没有代际积累，无法获得边际改善，使得穷者更穷。这在当今中国叫作"三和大神"。教育资源的双轨制使得贫穷者越来越难以通过教育改变阶层，于是为政者应当尽可能地设立机制，改善代际积累。从经济角度看，一般的投资或者私募是期望三五年内有回报或者退出的，因为商业周期决定了中国99%的企业会在3年内消失，但是对于教育的投资却是长期的逆周期的，因为我们不能说孩子学3年就要成大才，为家里挣钱；很多年轻人25岁也才刚刚研究生毕业。正因为教育投资的长期性，没有富裕的家庭、政府的帮助，难以使得每个人都有公平的机会通过教育改变自己的命运。

刚才我们提到的每一个需求层次，它的背后有子项目需求。你满足某一种子项目需求，就能创造相应的一个商业机会。新古典经济学的分析逻辑就是需求曲线。有需求才有供给，营销培训指望把梳子30秒卖给和尚，只是一种训练营销思路的方法，却不是门好生意。

经济学有人说是研究做选择的，有人说是研究约束条件下的最大化问题。还有人说经济学还有微观、宏观之分，微观是研究人的问题，宏观是抚平经济波动，促进经济增长。我认为那是人臆想的概念，天地不仁，以万物为刍狗。蚂蚁跟人在天地眼中没有什么区别，微观和宏观，信息经济学与经济信息化都是人强加的概念，或者学者为了自己的地盘划分出的概念。概而言之，微观是研究人的经济行为，那么把所有的人作为一个整体来研究就成了宏观，因此，宏观其实就是把人的经济行为作为一个整体来研究，外加一个政府调控的财政政策和货币政策。财政政策和货币政策又受制于利率和汇率。宏观经济学常见的一些货币手段，就包括存款准备金、再贴现政策以及公开市场业务等"工具包"。所以古典经济学、政治经济学、宏观经济学研究的都是相同的问题——财富是怎么产生的？如何可持续产生财富？除了一些计量经济学家数学技巧高超，真正有原创性洞彻时间真谛的有五大理论：市场理论、制度理论、公司理论、增长理论和博弈论。简单的结论是人口的增长并不一定会带来经济的繁荣，穷国如果提倡消费主义，反而会害了这个国家，因为无法积攒资本实现产业升级。现代经济的核心增长点已经从技术外生增长，演变为技术内生增长。通过政府的调控，初级阶段通过人口红利获得资本积累，高级阶段通过教育、交流和知识产权保护，促进技术内生增长，是实现国家从中高收入国家迈进高收入国家的不二法门。货币主义管用不管用？美林周期如同电风扇一样快，货币主义对于科技创新能力强的国家管用，对于科技创新能力不强的国家，超发货币只会带来经济滞胀或者债务崩溃；如果再准许资本外流，一国财富很可能就被国际资本洗劫一空，几十年积累毁于一旦。从这个角度看，中国政府一直在很好地保护着自己的国民，虽然资本市场偶尔被人割，但是财富总量终归还是留在中国。

我们研究数字贸易、新电商、新基建怎么赚钱，从经营者和消费者的角度在微观经济学层面去研究，但如果涉及经济周期、财富增长、贸易政策、市场秩序对整个经济格局的影响，就属于宏观经济学问题。我们要研究趋势，了解宏观经济也是非常必要的。经济学是不是一门科学呢？以前不是的，亚当·斯密的经济学最早没有任何数学跟模型在里面，凭借他超人的洞察，完全用文字语言去论述经济；而19世纪末以阿尔弗雷德·马歇尔为代表的经济学家，开始从物理学中去找寻相应的概念，如均衡，同时也开始引入很多的数学模型去分析经济学，从此经济学就开始走向了科学。概而言之，经济学走向准科学的地位，其实经历了三次飞跃。第一次飞跃是效用概念的发明和边际效用革命的开启，为数学全面引入经济学开辟了康庄大道，边沁的效用之树也越长越高。第二次飞跃是数学方法全面引入经济学，数学模型成为经济学研究方法的绝对主流。第三次飞跃是所谓实证经济学方法论的兴起，将古典经济学原本坚守的价值判断或所谓规范经济学问题完全"扫地出门"。

科学的本质是一门前提的学科，是以演绎推理来得出结论，并进行实证的一个思考体系。现代的经济学其实就是在经济学的公理体系下，通过各种各样的局限条件去做出相应的社会情况的假定，而这些局限条件的设置，是最考验一个经济学家功力的。运用模型化的分析，进行实证化的基础性验证，得出相应的结论，例如新冠疫情来临，很多经济学家很兴奋，他们兜里的那些极限情况的模型假设，终于有了更大规模的实证场景了。所以现代的经济学已经很接近科学了。

经济学作为科学，它的公理系统是什么呢？所谓公理系统就是不容置疑的前提，第一个是**稀缺性（scarcity）**。稀缺性是什么意思？就是我们想得到任何事物都是需要付出代价的，这个代价不仅是金钱，也可能是你的容貌、你的时间、你的感情。什么叫不具备稀缺性？比如说，"江上之清风与山间之明月"，你有我有大家都有，并且我有了不会损害你有，每个人都可以去获得，不需要特别的代价。稀缺性的准确定义是什么呢？也可以这么理解，"多胜于少，有胜于无"。第二个公理就是理性人（rational people）的假设。我们之前讲到了所谓的理性人。理性是指人有条理的语言表达，有条理的意思是什么？就是有逻辑的。所以理性人，建立在哲学上可知论的基础上说，这个人的行为是可以通过逻辑来推测、预知的。理性人跟自私人和自利人是一个意思，是3个概念。其实来自边沁的功利主义（Utilitarianism），准确的翻译应该叫功用主义，即人的所有需求，其实就是快乐和痛苦的需求。快乐和痛苦是可以量化的，每个人都在追寻快乐的最大化和痛苦的最小化。所以我们要纠正一个观点，功利主义不是指毫不利人专门利己的自私鬼，而是指他会做一个成本与收益的衡量，收益大于成本他就去做。这样去假设人性，不是因为真实的人性就是这样，而是因为研究问题必须控制变量，理性人是一种研究清楚问题所需要的视角。仅此而已。

但是我们需要认识到的是新古典主义经济学亟须被重构。因为经济学对于人的认识很肤浅，就好比计算机永远只能模拟人逻辑思考的那部分，但是对于人类非逻辑性的认知和思考能力的模拟是不足的。现代经济学的公理前提是自私人或者理性人、经济人的假设。在此假设基础上，对于企业而言是利润最大化；对于消费者而言是效用最大化。这基本就是古典经济学研究的方向。但是人类的经济问题，真的就是最大化问题吗？理性人推导出完全竞争市场最优，但是在完全竞争市场，每个市场参与者都是价格接受者，没有价格决定者。这与人类行为完全矛盾。在市场里哪怕是一个小贩，都希望垄断，搞金融、搞法律，各种各样的职业资格逢进必考，需要牌照也是垄断。因为垄断才有高利润，或者在自然垄断领域维持长期平均成本低于边际成本承担巨额亏损的制度性补偿。垄断就没有代价吗？寻租和送礼是不是代价？所以完全竞争市场在现实世界根本不存在，不存在的问题你一直研究它做什么呢？马云的成功告诉我们，资本追逐的可能并不是你的智慧，而是成功者的故事，所谓报喜得喜、报忧得忧，讲着讲着就成真的了。阿里巴巴看似东插一脚西插一脚，实则形散而神不散，将众多的传统行业纳入它的无形之网中。小一点的例子，例如币圈的二宝、山东烟台的海参哥，都是对于部分发财的本质和人性有着深刻洞察的人。你可以通过曝光和培训吸引流量，只要你的粉丝和受众够多，所谓流量够大，找点占股的机会或者抽水，钱自然而然就来了。至于二宝站台的那些币到底有没有真的价值，海参哥所谓十四家天猫店、一大票视频直播号的老板的成功学到底是不是真的，就没那么重要了。凯文·凯利说，你有1 000名铁杆粉就能过上优渥的生活。

在实证主义经济学者如米尔顿·弗里德曼等人看来，所有的科学都要有假定公理前提。假定不等于现实，只要推论与现实符合，就没有问题了，经济学也是如此。但这里争议也相当大，像科斯、弗兰克·奈特就持批判观点，现实中没有的东西你研究它做什么。

现代经济学从19世纪末马歇尔开始引入了很多物理和数学的概念，意图向科学靠拢。但是经济学终究是研究人的学问，人的世界终究是物质是第一本原吗？人类的思想和创造力恰恰是精神力量所带来的，因此把人用一个简单的最大效用去研究经济学，或者用GDP去核算财富，本身就是狭隘的。举例而言，我花30元买了一张电影票，与用u3m8下载器免费下载了一部电影，看到的内容与知识是高度近似的。是前者统计了GDP，而后者未统计GDP，但是面向智慧和创造的无限性却是共同的。至于数字技术对于社会福利的贡献，如布林霍夫森（Erik Brynjolfsson）等就通过大规模在线选择实验，测算出各种在线服务所产生的消费者剩余——电子邮件、搜索引擎、地图、电子商务、视频、音乐、社交媒体和即时消息。

如前所述，西方资产阶级在宗教改革之后，提出了人人生而自由，享有平等追求幸福生活的权利。但是为什么人类的军队、现代社会所独有的公司制度，却没有自由、平等呢？如果人类社会存在之前的自然法是时间的准则，我们可以看到连猴子都是有猴王的，哪个员工敢说他跟总监、跟CEO、跟老板是平等的？要解释公司内部为什么是不平等的，就要回到第一性法则，回到人的本质。一个效用最大化的人，为什么选择进入了公司去接受别人的领导？恐怕主流经济学者对于人的理性、自私、效用最大化的认识，尚显肤浅。

新古典经济学面向的是资源的有限性，短期边际效应递减或长期规模报酬不变。人类的精神和智慧却在前人的基础上，利用网络不断碰撞、推陈出新而呈现出规模效应递增的状态。如果要对古典经济学理论形成突破，就必须重构经济学的公理体系。完全竞争市场中的价格机制，每个人都是适应性的。被动适应价格只是人的一部分行为，只要动脑筋，他就会破坏性创新，经济从来没有达到所谓的均衡，而破坏性创新却是动态、持续、非均衡的。这也是人的创造性的根本规律。从这个角度看人的创造性是第一位的，适应性是第二位的。最典型的例子就是摩尔定律、库兹韦尔定律。人类社会积累了几千年，300年前出现了工业革命，100年前出现了第二次工业革命，50年前出现了第三次工业革命，现在又出现了人工智能革命，伴随着能源技术、计算技术的突破，人类社会目前的成就就是规模效应递增的结果。

从生产角度看，支配人的经济行为包括四个规律，即规模收益不变、规模收益递减、规模收益递增、收益指数级增长。人类在原始社会，没有细化的分工，没有农耕和畜牧，只能靠打猎采摘，此时规模效应不变。进入农业时代，依靠土地和劳动力的投入，而土地和劳动力是有限的，因此规模收益先增后减，又叫规模收益递减规律。在工业时代，社会化生产，全球统一标准，配置要素，形成了规模效应递增。在数字信息时代，边际成本和可变成本无限趋近于零，收益呈指数级增长，要么垄断要么死亡。规模收益递减规律能够较好地解释主要依靠自然资源投入来创造产出的农耕时代的经济现象，却很难解释主要依靠技术进步或技术创新的工业时代的经济现象，更完全不能解释主要依靠智力、知识、信息和数据的信息时代的经济现象。

在新古典经济学的公理前提中，研究问题的核心是市场理论，即核心是价格决定机制，价格由供求决定。这种理解并不符合现实，因为价格是由企业家的创造性决定的，供求围绕着价格进行调整。例如大哥大最开始制造出来的时候，价格几万元一部，这并不是供求决定的。iPhone的换机周期大概在4年，哪怕是上市末期，也便宜不到哪里去；4年后的二手机还能卖好几百元。但是很多安卓手机，4年之后可能只能卖一两百元。

市场的本质是一个发挥创造性的复杂系统，价格是一个配置要素信号，但是信号同样有很多种。同样一句话，马云说出来的叫"鸡汤"，打着马云旗号的盗版书都能卖好几十元。但是我们说出来的话，可能就是"萝卜白菜汤"，请人家听可能还得再贴个红包。这说明在顶端资源配置上，成功者的故事要远比价格信号更可靠。你再有钱也进不了泰山会。原因很简单，你只是有钱，而有钱不代表一定就是成功。我们并不是否定市场的价格信号机制，只是凡事都有最初的价格。在最初价格确定之后，价格信号不再起作用，还有很多隐性的、高级的资源是无法用价格信号进行配置的。这也是为什么"造不如买，买不如租"的观点越到后期越错误，核心科技、核心数据、核心算法，没有人会卖给你。另外在价格信号失灵的地方，传统的供需曲线是一个价格与产量向右下方倾斜的曲线,也就是价格越高需求越少。但是这并不是"普世"的真理。随便举几个例子吧,例如奔驰G63汽车加价100万元、茅台酒卖3 500元一瓶、特斯拉股票市盈率1 000倍,照样有的是人追捧。这背后的原因就复杂了,例如面子问题、可替代性、对于成长性的迷信、心理学的从众效应等。有学者说需求曲线向右上方倾斜没有必要讨论。例如某一段时间瑞典的牛肉就是价格越高需求越旺。但这种现象却是天天正在发生的,你不能忽视。又如做贸易的学者总是会讨论比较优势的好处,但是你进一步问:如果国与国的贸易使得技术竞争力拉平,超额收益拉平,一国优势不再那怎么办?他往往会闪烁其词,"也许这就是人生吧"或者"我不卖别的发达国家也会卖",但这的确是现在国与国竞争中面临的困境。所以很多学者就认为李嘉图没有那么伟大。

以马歇尔为代表的新古典经济学家最大的问题是将技术当作外生变量,认为技术是进步造成的,至于怎么造成的在所不论。但是技术进步是人的活动,并不是外部因素,熊彼特就把具有破坏性创新的企业家,视作社会前进和突破经济滞胀的动力,生产饱和和消费未必要等到企业家创造新的需求才能够破解。明斯基认为,金融循环中富人超额投资维持收益只能靠"庞氏骗局",多余的货币推高资产价格,经济却没有增长,中产阶级在出清中必然会大量失业。试想我们现在日常生活用的每一种商品、每一种商业模式,哪个不是企业家发明的?但是现有经济学的教科书还在教供求关系、市场均衡,讲垄断、帕累托最优,其实这大多数都是现实中不会有的现象。有人去讲企业家吗?有人讲园区吗?有人讲自贸区吗?有人讲城市吗?所以马云说听经济学家的企业家就不用干了,为什么?因为世间千变万化,而经济学家的创意是不够的。当然这里的企业家是广义的,指的是具有破坏性创新精神的人,至少包括思想家、科学家、艺术家和实业家。创新的本质就是与众不同,西方叫作think different,指敢于冒险、打破常规。乔布斯心中最伟大最具有创造力的代表人物不是企业家,而是艺术家,很多伟大的科学家同时也是哲学家与艺术家。

新制度经济学从成本收益的角度去理解制度,还是基于边际分析,在古典经济学的框架之内。但是这并不能解释人类制度为什么变革。就古代中国而言,光成文法典,就有《法经》《泰始律》《唐律疏议》《宋刑统》《明大诰》《大清律例》,但是制度规定了这么多,就是萌发不出来近代科学和数学。这说明从收益成本的角度去理解制度,对于人类创新型研究并无根本益处。核心问题是中国人缺乏对于本体论的研究,讲究对"统"的理解,而缺乏对"分"的研究。如果制度不能激发创意、保护创意、促进创意重组、促进创意流转,那么这个制度即便再符合制度理论,也是徒劳无益的。

要研究科学,必须获得精神的自由,不断发现,不断重组。在西方,最重要的历史事件就是宗教改革。你很难说宗教改革是怎么进行收益成本比较的,但这就是规模效应递增的起点。人类抗争了千百年,到那个点人类就突然觉醒了,与其自己信神,不如自己当神。中国文化中其实有这样好的种子。儒家重入世,讲究内圣外王;道家其实也是入世的,但其平时自我修炼,待天下大乱再入世济民;佛家讲究渡人,"众生永远不得渡,则己终身不作佛"。总之,以儒、释、道为代表的中华传统文化，都是讲究人可以通过自我的努力加上历史的进程，去实现人的终极解放。

成本收益的比较有什么必然性呢？只有人类追逐自身终极意义与自由才具有必然性。从长期看，任何制度终将朝着这个方向演化。鼓励基因重组、迭代，面向未来，就是生命的本质。只有认识到人的本质是什么，才能在数字友好、数字经济贸易中去建设新的公理前提，而后去测算。爱因斯坦在广义相对论完成之后，就提出"纯粹思维可以把握世界"，物理学不需要实验，最终是人的纯粹思维。

终极理论是不是实证，只是归纳性的总结，不存在证伪不证伪的问题，这也是为什么爱因斯坦讲纯粹思维可以把握实在。

然而，当今的经济学还是给定要素禀赋的最优配置。基于经济体系能够自动迈向充分就业均衡的供给，基于所谓的完全市场竞争的帕累托最优，基于没有任何主角的企业结构、市场结构和生产函数，何其悲哀。人类的经济并没有像新古典经济学的假设那样，如同机械体自动迈向均衡，人类也并不是总追求快乐最大化或者效用最大化，而是如陶行知所言面向未来"处处是创造之地，天天是创造之时，人人是创造之人"。熊彼特将人类的经济行为区分为创造性经济行为和适应性经济行为。经济学的全部问题并不是生产什么、如何生产、为谁生产。价格机制又分为两个问题，如何决定价格和价格决定什么。第一个问题考供求分析，第二个问题讲约束条件下的行为转变。但是经济体系如果作为以数据重组为代表的生命演化体系，最关键的问题并不是价格如何决定或者价格决定什么，也不是价格理论，而是人如何赋予万物以价值。这就印证了经济学在解释真实市场行为中的不足，亨利·福特说，如果我最初问消费者他们想要什么，他们会告诉我要一匹更快的马；那人类永远不会有汽车了。

我们试图改变新古典经济学的三个基本公理，以生命体系图像代替机械体系图像，以面向未来的无限创造性代替新古典经济学理性人或者效用最大的假设，以新资源、新信息、新秩序的创造性代替新古典经济学的资源要素禀赋给定下最大化配置的问题，并在此基础之上去构建数字友好社会契约和经济体系。这背后是对人性的洞察。1930年泰戈尔曾说，物质由质子和电子组成，中间没有任何物质，但是物质也有可能是连续的，质子和电子之间并无空隙。人类虽然由个人组成，但是人与人之间却存在着联系，这使得人类社会像一个有机生命体一样。细胞是宇宙，人也即宇宙。

我们之所以开头将新古典经济学进行一下批判，也是为后续的论述做引子。但是并不是说新古典经济学是错的，在它的公理体系下，理论还是非常丰满的。为了进一步论述数字贸易经济学的架构，我们还是要对经济学的学科进行本源性探讨，知道旧有的学科怎么建立，我们才知道不破不立，否则永远只能修修补补、难逃窠臼。所谓像我者死，学我者生，邯郸学步一些前人的老古董，并没有什么意思，重要的是思考问题的方式。

二、学科的本质

科学学科的本质就是一个逻辑自洽的公理系统。公理是一种前提，前提有很多种，比较容易混淆的前提是公理、定理、定律。如果分层级，以上3种前提的可信度逐一降低。

公理（axiom）：就是公认的道理。它是学科的起点和大前提，是不能用其他的公理推出来的。理解公理，要理解公理是一个系统，系统的相容性不能自证，也就是说公理系统没办法在内部说明各条公理是没矛盾的，不需要被证伪。比如1+1=2就是公理、几何有欧几里得公理、自然数有皮亚诺公理、现代数学有策梅洛·弗兰克公理。

定理（theorem）：这个命题是从其他已知为真的命题推理出来的，用的是演绎法。定理由公理推出，无须实验证明。例如勾股定理、哥德尔不完备性定理。

定律（law）：这个命题是通过实验观测确认的，用的是归纳法。如开普勒第三定律、万有引力定律、需求定律、摩尔定律、梅特卡夫定律、库兹韦尔定律。

公理与定理的差别仅仅是前提条件与结论的不同，公理本身没有前提条件。在系统内，公理是一切定理的前提条件。同一个命题，可以在一个公理系统中是公理，而在另一个公理系统中是定理。

我们建立公理的体系，并不是因为公理是天然对的，而是因为我们需要用公理去研究描述某些东西。我们研究自然数，觉得自然数应该具有某些性质，将这些性质以逻辑化的语言化为一个个命题，从中抽象出最本质共性的命题，就是公理。本质共性差一点儿的叫定理，再差一点儿的叫定律。

因此，先要有我们研究的东西，再有公理，而不是先有公理再去研究东西。只是因为我们读的书很多前人已经总结好了，所以给我们一个假象，先有公理之根，再有各种研究成果之枝叶。没有绝对正确的公理，只有适合研究特定问题的公理。例如，研究数学是研究抽象结构之间的关系。这些抽象结构从生活而来，公理只是描述这个结构的手段，作为某种共识前提，我们定义1+1=2作为公理。如果反过来认为公理必然对，那就因果倒置，被单一公理系统遮蔽了双眼。

了解了公理系统的概念，你要明白在学科中，公理只是描述学科的方法；脱离这个公理系统，你看到的世界会更宽广。不同的公理系统可以存在，只是研究出的东西不同。同一个东西也可由不同公理来研究。如果你想成为某个新学科的开山鼻祖，只需要放松公理体系或者另辟公理体系即可。公理体系并不是不可动摇的基础，只是一个提纲，可以掺沙子，或者弃而用其他。这种公理系统的思维方式，前面所阐述的"元认知"能力是共通的，在后续很多问题的论述上，都会涉及。

把学科的本质公理加推演说明清楚，那么接下来我们对于数字贸易经济学的创新点就可以取得共识。

三、经济学的公理

同样，经济学作为一门科学化的学科，也有它的公理前提：一个是稀缺性（scarcity），另一个是理性人（rational people）。

经济学者研究了很多需求和安排的社会现象，他们发现如果资源是不稀缺的，人不会发生交换行为，很少有人去买卖"江上之清风，山间之明月"。如果资源稀缺，但是人又是非理性的，那就跟天马行空一般不可预测，无从以科学的方法设置前提进行假设和实证。于是稀缺性和理性人成了经济学的公理、大前提。

稀缺性不是指资源本身是不是人所必需的，而是指有代价（cost）的才是稀缺的。这个代价可以是劳动、感情、精力、走后门、寻租、金钱。用直观的感受来表达：有胜于无、多胜于少的资源，就是稀缺的。买卖过股票的很容易理解，有价有量的肯定是稀缺的；有价无量，现实中很难见到，一般只要价格够低，量也会上来；价低量低的物品叫吉芬商品（Giffen good），现实中基本没有。所以价格是市场经济中最明显的稀缺性信号。在非市场环境中，你的权利、你的能力、你的贡献、你的股权，都会产生稀缺性的信号，影响资源的分配也衍生出了各种内部或者外部的解决稀缺性问题的制度安排和资源分配方式，包括公司这类生产合作组织，数字贸易的商业模式，区块链的各种计算"挖矿"、交易"挖矿"、流动性"挖矿"机制等，本质都是因资源稀缺性所做的安排。

理性人，这个概念我们在前面第一节讲科学的视角中分析逻辑的本质时提到过。理性智能、说话是指具有推演逻辑的人类思考问题的方式。如果经济学要成为科学，那整体的研究方法，包括其中的研究资料都要遵循科学的方式去构建，可推演、可预测、可证伪。如果这个人是非理性的，"横看成岭侧成峰，远近高低各不同"，你是不知道他下一秒会不会"飞流直下三千尺，疑是银河落九天"，这就成了不可知论了，而科学的起点一定要是可知论。因此经济学构建了一个可预测人性的大前提：理性人是指这个人一定是用推演的方式，以自己最小的代价换得最大的利益的人。也有人称之为经济人、自私人、自利人。但是研究学问，不建议用一些包含价值评价的词语，价值是很主观的判断，容易引起争议，不利于学科的推广。诺贝尔物理学奖得主史蒂文·温伯格认为科学不能解释偶然事件、道德和终极理论。既然很多经济学者认为经济学属于科学，那么经济学也不应当去解释一些价值性或者道德性问题。

我们要认识到，理性人只是方便研究经济的逻辑起点，而不是去评价一个人好或者坏。人很多时候是非理性的，实践证明，通过人类某些先天的基因密码，或者后天的教育，就会有很多人舍己为人。中国自西周时就有"以德配天，德主刑辅"的治理思想。现在欧美有人就研究生物经济学，研究的结论是生物学的进化和基因的密码，甚至可以通过数学模型推演出来，这叫进化稳定策略（evolutionarily stable strategy，ESS）。让人不得不感慨"吾生也有涯，而知也无涯"。但是通过教育培养人舍己为人，就像通过研究经济行为去实现"我为人人，人人为我"，从结果上看并没有本质区别，相反，通过经济的方法，还有可能节省成本，增加福利。

四、清教徒对资本主义的影响

社会的发展离不开思想的变化，人类伟大变革往往起源于人心对于创造性的觉醒。对于是先有新教还是先有资本主义，众说纷纭。马克思的历史唯物主义认为，先有经济基础后有上层建筑，先有资本主义经济形态，再有宗教改革运动，随后产生新教精神和伦理。马克斯·韦伯则反其道而行之，认为宗教改革、新教伦理首先兴起，再在市场中演变成了资本主义经济制度。

资本主义制度的产生是多因一果的，比如黑死病造成人均财富提高、文艺复兴解放了人类思想、14世纪地中海国家出台了各种经济金融政策和海运政策、哥伦布发现新大陆开启海外财富掠夺、美洲白银外流欧洲导致通货膨胀、马基雅维利等思想家激发了现代政治制度改革和民族国家兴起。但是从结果上看，商业领袖、金融大佬、高级专业人员中，清教徒占大多数，这也是特朗普和班农所说的"犹太—基督价值观"。韦伯100多年前观察到这个现象：许多最著名的和最狂热的虔信派教徒均来自商业领域。一些伟大的企业家往往是虔诚的清教徒。歌赛因认为加尔文派清教徒流浪者是资本主义的温床。

清教徒有许多派别，主要派别是路德派和加尔文派。韦伯观察到加尔文派最能体现资本主义精神。孟德斯鸠观察到英国人在三个方面走到了所有人的前列：信仰的虔诚、商业的发达和政治的自由。资本主义精神无法从逻辑推演，只能从现象归纳，资本主义有一些描述例如"时间就是金钱""信用就是金钱""奢侈无度和无所事事是金钱的最大敌人"。资本主义精神并非单纯是拼命赚钱的动机和技巧，而是一种基本伦理和生活方式。这种生活方式是：不遗余力地赚越来越多的钱，同时严格约束或禁止世俗或当下的生活享受。也就是赚钱是人生的目的而不是手段。从个人幸福角度或人生哲学角度来看，将赚钱当作"人生的纯粹和终极目的"不是非常荒谬或极端非理性的吗？然而，韦伯肯定地说："将人们惯常以为自然的因果关系完全颠倒过来，从一个天真的视角看，确实是如此非理性，然而，这恰恰就是资本主义精神的首要原则，对于所有在非资本主义文化精神影响下生活的人，这种伦理精神真是格格不入。"

在古典经济学确定理性人、自私人的公理前提之前，我们发现大多数文明并不以牟利为荣。中国文化中士农工商，商是排在末流的。在传统金钱伦理中，人们可能更加赞成"人性并不注定人必然希望尽量赚更多的钱或越来越多的钱，他只想过那种他早已习惯的生活，他只希望赚取足以保证他正常生活的工资"。资本主义经济方式正是要完全颠覆这种传统理念，它必须通过增加劳动者的工作强度来提升生产率，以实现利润最大化。要提高利润，就有可能降低工资，马克思就指出这种资本家的矛盾必须通过降低工资压榨剩余价值来解决，结果造成需求不足而供给过剩，资本主义经济危机不可避免。

但是做过企业的人会明白，降低工资并不等同于获得了廉价劳动力。如果工资低于劳动者心理水平，劳动效率就会随着工资降低而降低，长此以往，适得其反，造成劣币驱逐良币，生产效率进一步降低。这在那些需要技术工种、需要昂贵机器的工种、需要劳动者注意力高度集中或需要劳动者发挥创造性的产业或工厂里，表现得尤其明显。韦伯认为资本主义生产方式是以追求利润最大化为目的，资本家会尽可能精准计算降低成本，例如降低工资、提高劳动生产率，而传统劳动者只关注基本生活需求，其工作量或工作强度并不随着工资降低或增加而改变。资本主义生产方式要成为可能，首先要改变劳动者思想。正是新教伦理，改变了人们的工作态度，使资本主义生产方式大行其道。当劳动者过去一天工作5个小时、日出而作日落而息，产出看年景，维持基本生活就好的舒适、惬意的生产方式，被精于计算的资本主义生产方式所破坏，新的雇用方式、身份工厂管理方式、营销方式、盈利计算方式就开始诞生，企业经营的目的也随之变化。"理性"的经营模式开始成为所有企业经营的主导模式，墨守成规的企业家开始退出商业战场。是资本主义精神开辟了资本主义道路。

不仅如此，这种追求金钱、节制消费的伦理精神还被提升到宗教"天职或召唤"的角度，正如富兰克林所完美体现的一样："赚钱本身成为一种美德，成为完美响应神圣召唤的具体体现，只要赚钱合法。"韦伯认为，"将赚钱上升到一个人应尽义务或天职的高度，这种奇特的思想正是资本主义文化精神和社会伦理最典型的特征，是资本主义文化精神和社会伦理的基石"。所以美元上印的那句"我们信仰上帝"（In God We Trust）不知道是真的信仰上帝，还是信仰资本主义精神的上帝——赚钱。

五、政治经济学

经济学有一个历史脉络，还有很多让人费解的名词。比如说政治经济学、重农学派、重商主义、古典经济学、新古典经济学、福利经济学、制度经济学、计量经济学、信息经济学以及生物经济学这种跨学科的研究。

熊彼特《经济分析史》区分了"政治经济学体系""经济思想史"和"经济分析史"。政治经济学体系就是根据某种统一或规范的原理（譬如经济自由主义、社会主义）所阐述或倡导的一整套经济政策。亚当·斯密的《国富论》就是一套政治经济学体系。所谓经济思想史，就是特定时间和特定地区里，有关一切经济事务的一切观点、观念或愿望（尤其是有关公共政策的观点或观念）的总和。可见众说纷纭，实际上要完整记录或描述某个时代或某个国家的全部经济思想与观点，是一件不可能的事情。熊彼特认为，经济分析是力求解决具体真实经济问题的方法。他举了一个例子：分析竞争性价格如何形成，希克斯或萨缪尔森所用的方法自然不同于穆勒所用的方法。熊彼特所说的经济分析史，其实就是经济理论发展史。

政治经济学之父、重农学派的开山大师是英国的威廉·配第（1623—1687）。他生活的年代大致相当于中国的明朝崇祯年间至清朝康熙初年，年纪跟孝庄皇太后差不多。与其同时代的威廉·配第已经在研究经济，从研究流通转向研究生产，提出了著名的劳动价值论。威廉·配第提出了"劳动是财富之父，土地是财富之母"的观点。他发表《赋税论》，认为关税具有保险的性质，应该变成保险费。人头税不公平，家庭人口多压力大，反而赋税重，有爵位应多收税，没爵位应少收税。我们现在采用综合所得税制，如果你家庭负担比较重，比如说养育子女比较多，是可以抵扣税基的。消费税，符合自然正义。把税收包含在商品之中，跟实际消费有关，你能力大就多消费多缴税，能力小就少消费少缴税。什一税有问题，中世纪的英国，每个老百姓要把收入的十分之一拿来交什一税，供养的神职人员过多，应当减轻。现代的很多非正规宗教组织也会通过这种强制什一税的方式，让信徒去供养，这是需要注意的。劳动价值论是200年后马克思在《政治经济学的批判》中所要批判和重构的对象。

六、重农主义

重农主义（physiocracy）的代表人物是法国的魁奈（1694—1774）。魁奈生活于中国清朝的康熙、雍正和乾隆年间。为什么重农主义出现在法国而不是英国呢？因为法国跟英国大航海贸易不一样，法国是一个以封建领主制为代表的国家，有很多农耕种植经济。魁奈认为，自然是真正的政府，土地上的农业生产是唯一的财富来源。货币财富并不是真正意义上的财富，只是贸易的价值尺度。只有通过生产创造出来的价值，才是真正的财富。这些观点都有道理，暗含着某些自然法的智慧，而不能因为旧就一定要批判一番。

重农学派把土地生产物看作各国收入及财富的唯一来源或主要来源，主张人类要根据自然秩序建立人类秩序。认为财富就是物质产品，财富的来源不是流通而是生产。只有农业才是真正的生产，工业不创造物质只是改变了物质的组合；商业也不创造财富，只是变更了市场的时间和地点。农业资本通过"年预付"和"原预付"的方式，用于购买原材料和人工预付资本，每年农业生产全部被耗费掉，价值转移到农产品中。原预付用来作为大额花费，难以一年收回成本，每年收回一部分。产出与投入的差值构成了"纯产品"。重农学派以农业资本概括一般资本，将在土地上劳动的雇用工人的劳动产出视作剩余价值。地租是其表现形式。他们认为纯产品就是地租，因此只能对地租收税，作为税收的唯一来源。我认为重农学派的可取之处在于，法国当年就是农业经济为主，重视"自然秩序"与中国道家"天人合一"思想有契合；年预付和原预付的概念后来发展成为了固定资本和流动资本，方便分析生产要素投入；于是开始重视剩余价值的问题。国内如温铁军教授等学者一直主张不应过分推进城市化，进而保留中国庞大的农村经济，这对于应对资本主义经济危机有着良好的韧性和缓冲作用。

七、重商主义

在重农主义的同时期，还出现了重商主义（mercantilism）。重商主义的背景是15世纪末地理大发现，航海业和国际市场开始形成，农产品和手工业产品大量进入国际贸易中。重商学派认为贸易可以带来财富，政府可以通过贸易收税，改善生活，促进分工、促进科技和艺术的发展。他们认为贸易是零和博弈，不可能所有国家都是出超的，于是西欧各国都在大力发展贸易，在国内聚集黄金和白银，严防黄金白银外流，鼓励出口、限制进口，就造就了大航海时代。比如荷兰、西班牙、英国为代表的，拼命扩大海外殖民地的贸易和掠夺行为，包括英国对中国发动的鸦片战争。

重商主义的好处在于，发现了交换的价值，促进了商业的发展，促进了资本的原始积累，为日后的科学技术大发展奠定了基础。马歇尔把这种交换价值叫作生产者剩余和消费者剩余，剩余就是交换创造的福利。这种资本和外汇的原始累积也是一国产业升级必要的条件，这在后来的亚洲"四小龙"、东南亚各国的经济发展中体现得非常明显。通过简单加工外贸，积累外汇，提高技术，不断进行产业升级，突破中等收入陷阱。

重商主义不好的地方在哪儿呢？一是虽然通过贸易获得了大量财富，但是如果限制财富流出一国境内的话，就会造成一国的货币供给过高，造成一国的货币通胀。这在东亚国家表现得很明显，通过外贸和科技升级，居民所赚取的大量财富无处安放，进而进入了房地产市场，使得房地产成了一种居民财富存储的蓄水池。可以预见在资源稀缺的一线房地产市场，房价继续稳中有进，而在没有找到更好的财富储蓄池（也许慢牛的A股，或者加密货币能够成为这个蓄水池）之前，房地产依旧会成为很多人的投资标的。想破解高房价需要明确几个思路：①核心城市带，具有高附加价值的房产依旧是继续看涨，这取决于市场资金的存量和供需。②通过降杠杆等货币政策工具，扩大内需，以减少出超的方式降低市场存量资金。③改变房地产的投资属性，具体而言，可以在产权、收益权、转让权等方面掺沙子，这样房地产失去了投资属性，非刚需资金就不会流入房地产市场。④扩大住房供给，例如建设公租房。⑤租金管制条款建议慎行，从长期看租金管制条款反而不利于房产维护。二是重商主义把贸易视作一种零和博弈，随着后来消费者剩余、生产者剩余的概念被发现之后，采用零和博弈观点的人越来越少。三是把货币累积视作唯一的财富标准，也不适当。高额的货币累积，需要给货币（资本）找出路，否则会损害一国的经济。

事实上，一般研究认为，只有温和的通货膨胀才有利于一国经济，而通货紧缩和通货膨胀都会损害一国经济。如果各国都秉持重商主义的态度去加强自己的贸易壁垒、扩大出口、限制货币外流，会引起货币贬值、贸易不畅，最终引发战争。重商主义也是第一次世界大战爆发的原因之一。在同时期，英国的边沁提出了功利主义原则。功利主义就是最大幸福，又叫快乐最大化痛苦最小化原则。最大幸福是政府的施政依据。所谓自利，就是幸福加减原则。幸福指数不需要有任何单位。幸福的原则就是获得的快乐最多，获得的痛苦最少，这就是自利人。

八、国民财富与道德情操

作为"古典经济学之父"也是"现代经济学之父"的英国的亚当·斯密，生活于乾隆年间，有两本很著名的著作。第一本叫《国民财富的性质和原因的研究》最早翻译为《原富》，现在又称《国富论》，看名字就知道是研究人为什么发财、国家为什么发财的。《国富论》最突出的贡献，就是论述了"看不见的手"和有限条件下的分工理论。看不见的手指的是非善意的目的却带来了善意的结果。比如过去把一个低价进的东西囤积卖到高价叫投机倒把。但是这种非善意的目的却最终平抑了价格。比如安徽的蚕茧、丝绸便宜，湖北的蚕茧、丝绸贵，你把安徽的蚕茧、丝绸卖到了湖北是为了赚高价，但是大家觉得有利可图都去卖，就会平抑湖北蚕茧、丝绸的高价，最终给消费者带来好处。那过去政府是怎么做的呢？安徽产的蚕茧和丝绸只能在指定地点，按照固定价格（低价）统购统销；至于这个低价统购之后，剩下的差价谁挣走了，谁也不知道。在今天，按照反垄断法这叫行政垄断。这种自利目的带来了利他效果的商业行为，就叫"看不见的手"。再举一个例子，比如说一个很富有的人，通过见不得人的手段，累积了很多财富，然后尽情挥霍，聘请了很多人服侍他。这似乎有点中国传统"为富不仁"的感觉，因为按照过去观点，雇工超过8人就是剥削人的资本家了。但是究其实质，我们看这位富人虽然花钱大手大脚，加价100万元买奔驰G63，买爱马仕铂金（Birkin）包，雇很多保镖，但他并没有把财富一把大火给烧了，也没有像《铁齿铜牙纪晓岚》里的和珅一样，把一对一万两白银购买的一只品相好的三足汝窑笔洗摔了，另一只有瑕疵的则成了孤品，然后进献给了乾隆。富人挥霍财富，但是财富通过这些购买和劳务行为又返回到了社会，形成了循环。如果不消费放进了银行和股市，可以通过直接或者间接融资作用于生产，或者哪怕是损毁了，降低了市场供应，反而会导致市场供应更加稀缺、价格更加昂贵。消费、政府采购、转移支付，都具有这种典型的乘数效应，因此要对消费有一个客观的认识。

所以从某种意义上看，国家并不禁止我们去获取财富，而是禁止你在获取财富之后毁坏财富，或者转移财富至海外。只要你能消费掉，这些财富最终还是回归社会了的。另外国家还会禁止在你拥有了财富之后，运用你的财富去做权力的寻租与联姻，运用支配地位去垄断财富，永远做人上人，限制社会阶层的流动。在市场秩序良好运行的情况下，看不见的手会起到主导作用，就是大家奔着人人自利的目的，反而会造成一个整个社会福利增加的效果。

亚当·斯密的第二个理论，是在有限市场范围内的分工理论。他举了一个扣针厂的例子。我们普通人如果想做一根针的话，需要去找一根小铁棍，然后把它逐渐打磨，一天可能能做20根；但如果各自分工，你专门准备铁棍，我专门打磨，十几道程序，各自都按照最优的方式进行生产制造，那么一家针厂10个工人，每天能造48 000根针。这比一个人完成所有的程序更加有效率。他认为，如果每个人都发挥自己最具优势的能力，那么这个市场的总福利、总效用就会增加。这就是绝对优势理论。在针的市场，绝对优势就是每家针厂如何协调每一个人的分工和协作制针的流程。在国际市场中，就是每个国家如何发挥自己具有绝对优势的这个产业去提高整个世界整体的效用。绝对优势理论就是，生产任何产品，只挑你自己最擅长、成本最小、收益最大的来生产。

亚当·斯密另外一本有名的著作叫《道德情操论》。《国富论》讲的是人怎么跟他人相处，获取财富。《道德情操论》主要是讲人怎么跟自己的内心相处。亚当·斯密认为，人有天生的同理心、羞耻心，有值得爱、有爱人的需求。《道德情操论》解决了在自利的市场中，在有可能违反道德的情况下，人应该怎么样去自处。斯密认为，如果一个人比如说他通过作弊获得了一个不恰当的声望，那么这个时候他会获得他人的拥戴。但事实上，他人所拥戴的这个人是这个作弊的人所表演出来的；而这个作弊的人，自己就会觉得自己很羞耻，就会想方设法去提高自己的道德感，去完善自己的道德情操。这也是斯密为什么说同理心、羞耻心、值得爱是人在道德情操中自我相处的一套逻辑。就是有个公正的第三人，类似于中国天命的概念，或者西方上帝的概念，去评价这个人。儒家讲内圣外王，在斯密这儿叫道德情操、公正第三人。

那么如何去理解这个《国富论》跟《道德情操论》呢？我们可以结合着理解，接下来我们会讲这个博弈论（game theory）。就是你跟他人如何去进行给定策略的一个博弈问题。《国富论》是研究人怎么获取财富，通过自利去达到利他的效果。《道德情操论》则讲人如何自处，如何与自身与自己的内心相处。那么人与人的博弈呢，就通过约翰·纳什为代表的博弈论来处理。通过这三个理论，就可以找到人与财富、人与自身、人与人的策略问题。

九、比较优势理论

刚才我们说到了斯密认为每个国家都发挥自己的绝对优势去生产产品，就可以造成社会总的效用增加。但是出现了一个问题，就是有的国家什么都具有优势，有的国家什么都是劣势，比如说美国可能跟某一个很小的国家相比，可能美国1 000种产品生产制造都具有绝对优势，那另外一个国家，它没有任何一件产品具有绝对优势，那小国家就不发展、不贸易了吗？斯密的绝对优势理论了，看似就有些说不通了。

大卫·李嘉图是优秀的古典经济学家，一是发表了赋税论，二是发明了比较优势理论，三是发表了货币中性理论。比较优势理论被誉为现代国际贸易的基础理论。就是即便一个国家或者一个人在所有的项目中，都落后于另外一个国家、另外一个人的生产效率，也一样可以发展机会成本上具有比较优势的项目，通过贸易增进社会效用。那么比较优势是跟谁比较呢？拿什么比较呢？是自己的机会成本跟竞争者的机会成本去比较。

比如两个国家都可以生产a和b，不再是单独比较a和b的生产效率，而是比较一国生产a的机会成本和另一国生产a的机会成本高低。比如A国生产一件衣服的成本是10只袜子，而B国生产一件衣服的成本是12只袜子，A国生产衣服就比B国生产衣服的机会成本低，有比较优势。即便有可能A国不论是生产衣服还是生产袜子都比B国生产成本高，但是从机会成本比较优势看，A国还是应该多生产衣服，B国应该多生产袜子。

李嘉图发现绝对优势只能去比较两个国家生产成本谁优谁劣，但是无法解释有的国家在各种产品上都有优势，如何促成了分工和贸易。于是李嘉图引入了机会成本的概念，指出一个生产者如果低于另一个生产者的机会成本，这个生产者就具有比较优势。如果一个国家在本国生产一种产品的机会成本（用其他机会产品来衡量的最大价值）低于在其他国家生产该产品的机会成本，则这个国家在生产该种产品上就拥有比较优势。也可以说，当某一个生产者以比另一个生产者更低的机会成本来生产产品时，我们称这个生产者在这种产品和服务上具有比较优势。比较优势就类似于中国老话"天生我材必有用"，因为再厉害的人什么都自己做，带来总的财富是不如做自己多个技能中比较优势成本最低的。

但是比较优势也有他的前提（局限），比如静态市场、劳动价值同质化、运输费用、不存在技术进步等。这在真实世界中不能完全达到。另外，比较优势难以解决的是随着贸易的开展，一国的竞争优势如技术、管理、超额利润等，很有可能会随着贸易的深入而被抹平。所以，在多边贸易市场中，对于知识产权和商业秘密的保护尤为重要。

事实上如果比较优势理论可以大行其道的话，当今的国际贸易也不会变得如此风云变幻。为什么？因为根据比较优势理论，美国永远在输出技术和资本，生产飞机，做人上人，中国生产衬衣、袜子、打火机，巴西生产香蕉。但事实我们之前已经讨论过，经济发展的高级阶段不是来自人口的红利，而是来自技术的内生增长。内生增长必须要以强大的创新型社会和对知识产权的保护乃至国家级的科技计划来引领，而且技术和商业模式的重组又来自多元化的融合和创新，所以这个世界并没有走到分工越来越细化的亚当·斯密和李嘉图的国际贸易模型中，而是呈现出突出的跨界融合的技术内生增长趋势，并且技术和管理优势会随着贸易的深入逐渐变得不那么明显。比较优势理论在新冠疫情背景下，也受到了前所未有的挑战。其中重要原因是，过分发展比较优势产业会得上"荷兰病"，也就是会造成本国其他产业空心化。如果优势产业是初级产品产业，则会剧烈受制于国际气候变化、自然灾害、大宗商品价格、疫情等突发因素，使得国内经济极为脆弱，一个风吹草动，辛苦积攒的外汇损失殆尽。很多国家纷纷追求横向的多样化也就是提高产品门类，追求纵向多样化，也就是向商品价值链的上游布局发展。例如生产可可容易受到气候变化影响，但是生产巧克力则不易受到气候变化影响。多样化产业将带来更多的就业机会和更高的收入。最佳的多元化战略是横向和纵向多元化结合，并且对弱势群体如妇女、儿童、老人和贫穷国家的人有更好的帮助作用。

李嘉图的货币中性或者货币的长期中性理论也是一个值得反思的观点。货币只是一层面纱，货币供应量只决定物价水平，对真实经济（总产出或就业）没有任何影响。这就是经典货币数量论的重要结论。弗里德曼就说："通货膨胀何时何地都是，且只是一种货币现象。"凯恩斯完全否定了货币中性，认为货币对人类经济活动具有深刻影响。货币不仅是连接现在和未来的主要变量，而且决定总产出或就业，尤其是短期总产出或就业。将货币纳入产出决定方程式，是凯恩斯经济学革命的主要成果。

十、要素禀赋理论

后来还有赫克歇尔（Eli F Heckscher）和俄林（Bertil Ohlin）的要素禀赋理论（H-O理论），又叫要素比例理论，只是把生产成本或者要素的概念更多元化了，跟比较优势说的是一个意思。各国应尽可能利用供给丰富、价格便宜的生产要素，生产廉价产品输出，以交换别国价廉物美的商品。

根据H-O理论，美国这个拥有全世界最昂贵劳动力和最密集资本的国家，应主要出口资本密集型产品，进口劳动密集型产品。但是根据华西里·列昂惕夫（Wassily Leontiof，1906—1999）的研究，事实恰好相反，美国出口量最大的却是农产品等劳动密集型产品，进口量最大的却是汽车、钢铁等资本密集型产品。特朗普每年最担心的就是美国农场主的农产品出口不畅。这被称为"列昂惕夫之谜"。直到雷蒙德·弗农1966年提出"产品周期理论"，才解开了"列昂惕夫之谜"。在弗农看来，科技创新在对外贸易中具有相当重要的作用，即创新产品初始垄断优势以及其后技术转移与扩散形成的垄断优势的丧失，决定着国际贸易的格局变化，从而推动一国产业结构的演进。

2020年3月30日，中共中央、国务院将数据确定为继土地、劳动力、资本、技术之后第五大生产要素。生产要素跟生产资料是一个意思。为什么要界定生产要素？20世纪之前，生产要素就土地、劳动力和资本三个。1929年之后罗斯福新政，出现了凯恩斯主义，美国发现了科技可以帮助资本主义国家摆脱周期性经济危机，于是技术成为了第四大生产要素。1993年之后美国推出了信息高速公路计划，经过近30年的发展，大家发现数据可以成为生产要素，数据本身有可能成为产品或服务，也可以降费增效。例如腾讯通过小说平台形成了很多知识产权IP，把这些IP做成影视作品，再做成游戏和周边产品。数据除了信息网络还可以作为价值网络，中国央行在推DECP，美国有Libra2.0，民间还有BTC。数据可以降低管理协调成本和交易费用，现在有各种管理系统、电商直播、在线广告。那么问题来了，到底存不存在独立的要素市场，数据成为生产要素的难点在哪里？

回到一个根本的问题，为什么要有要素市场或者叫生产资料市场？其实不存在一个所谓独立于产品、服务市场的要素市场。生产要素的界定是古典经济学方便研究，用来判断两个问题所做的人为区分：第一，到底哪些投入能够获得财富的增值？投入土地、劳动力、资本，有人干活、播种、施肥、光照，生产出了马铃薯可以卖出去，就实现了财富的增值。第二，既然有投入，有财富增值，我们依据什么来分配收益？你的土地、劳动力、资本、技术、数据分别占什么样的贡献比例，大家怎么分钱？当前的国际贸易，大量的都是中间产品，也就是并不是面向消费端的。另外，所谓终端消费品，从创新的角度看每一个产品都可以构成新技术重组的元组技术，汽车4S店换的配件总成，华强北卖的各种主板、元器件，在"技术小白"眼里就是配件，但是在"DIY发烧友"看来都是终端消费品，充满魔性魅力和无限可能。所以生产要素是一个虚拟的概念，只要你的产品和原材料能够定价，就跟产品市场是一个市场。

所以不论是数据还是其他生产要素，我们认为如果构成市场，需要满足四个条件：第一要有用。所谓有用，就是直观上有某种需求，要么降费，要么增效，要么让人精神愉悦。第二要可以确定产权。如果这个要素或者数据没法界定是你的、我的、大家的还是无主的，那么就会出现财产不独立、行为不独立、责任不独立，会造成租值耗散。第三要可以定价。在没有市场竞争、没有需求的情况下，是没法定价的。定价的基本规律是先根据研发或者生产投入、稀缺性等有个基本的价格，然后再根据市场竞争动态调整。第四要缴税。公共产品支持市场，市场反过来要"哺育"公共产品。现行的知识产权例如商标、专利、著作权、商业秘密等，跟数据生产要素的内涵是有大面积重合的，大多数数据要素可以通过现行的知识产权制度涵盖。我们所说的五大生产要素市场，其实是一个大的分类，如果再细分的话，例如能源等，会有十几个小的生产要素市场，每个生产要素市场降费增效10年之内分别能够带来约1万亿的GDP增值，因此研究要素市场是大有裨益的。

所以把技术和数据作为生产要素是历史的必然，人类的历史就是面向未来、自我发现的历史。人与猴子的区别在于人会使用复杂技术。人发明技术的过程就是从自然界不断发现数据抽象总结出一般规律的过程。人类发展到当今，更加侧重于对自身终极价值的思考和追寻。当然，数据也可以作为公共品，由政府向社会开放，也无形地提高了产品服务的国际竞争力，只不过政府以另外的方式例如收税获得收益罢了。这跟减税最终导致税收的增加，逻辑是一样的。确定产权既需要有数据标注，还需要有技术和法律支持，而创造、发现和匹配需求难直接导致了定价更难。定价的真谛是要素必须是稀缺的，即数据有价值、有用。从这个意义上看，大多数的数据是冗余而无用的。只有脱离样本化意义的大规模数据，和通过恰当的算法计算出来的优秀计算结果数据，才真正具有迎合市场需求、取得市场定价的可能性。这就是吉姆·格雷（Jim Gray）科学研究的第四范式，大规模数据的关联性。垃圾数据即便配合优秀算法会造成木桶效应，算出来的还是垃圾。这也是为什么数字友好、数字贸易共识最大的本质是对于智慧的机会均等分享。只有优质的数据才能产生智慧，而劣质的数据只是垃圾。

从目前视野看，市场依旧是生产要素配置起主要作用的机制。只有这样才能够实现帕累托效率。而以人工智能、大数据技术为代表的新一代智能化"计划经济"，目前还暂时只能够作为一种补充。因为优秀计算结果取决于优秀的数据和优秀的算法，目前的大数据和人工智能，受制于大量的人工标注和训练，大多数时候还是人工的，也没有那么智能。

学习生产要素，要树立资产和利息的观点，明白所有生产要素、生产资料、资源、资产都是一个意思。所有的能够产生收入的就是资产，包括你的精力、容貌、能力、知识，资产按照一定的利率折现到今天就是资本。资本是资产的现价，而你每个月能拿多少工资，房屋能租多少钱，本质上都是资产的利息。为什么演员的租金高，而教授的租金较低，因为演员是吃青春饭的，他预期给公司带来的收益折现到最黄金的10年，因而每年收入高。而教授和医生越老越吃香，所以他们的租金收益就更为平缓。

今天主导和引领人类经济的关键力量是指数式增长的技术创新。技术决定了经济体系中的产业结构、产业链、价值链、贸易结构、贸易形态、财富和收入分配，国家兴衰的关键力量是知识、科技、信息和数据的创造。决定人类经济或每一个国家经济命运的核心因素已不是所谓的资源禀赋，也不是所谓的投资和储蓄的均衡和转化，而是知识和技术的创造和累积。即知识和技术如何转化为新的产业、高质量的企业家数量，以及他们的创造和创新精神。由高质量的企业家所主导和引领的经济体系是面向未来的创造性的生命演化体系，也就是熊彼特式的创造和创新的毁灭体系。

十一、人口论

比较优势和要素禀赋理论都是现代贸易的基础理论。到了马尔萨斯（Thomas Robert Malthus，1766—1834）的经典著作《人口论》，认为商品的生产跟人口的增长是没法同步协调的，商品的生产是算术化增长，而人口的出生是几何式增长，商品终究无法满足人口的爆发式增长。这会导致周期性的战争和饥荒来削减人口。但是马尔萨斯资源跟不上人口增长的观点，根据现代实证和历史数据看，已经暂时被否定掉了。现代的物质生产更加丰富了，暂时还没有出现物质资源跟不上人口的增长的情况，这是为什么呢？因为马尔萨斯人口论的前提是，人口是几何式增长，资源是算术式增长，但事实上资源随着技术的发展，也是几何式增长。主要看你怎么看待这个资源。如果这个资源只是简单地加减乘除的话，那么这个资源的确是算术式增长；那如果这个资源，像人口的基因重组或者技术重组，技术演进规律中，存在一个排列组合在里面的话，那么资源的增长其实也是一个指数型的增长。这就是梅特卡夫定律。它有一个上限值，那么这个上限值是多少呢？比如说钱学森曾经说过，小麦亩产万斤是有科学理论依据的，就是这个太阳光照的最大能量及光合作用的最大利用率。按照这个计算，亩产万斤还是少的。只要你提出一种符合逻辑的科学性的假设，至于怎么去提高这个光合作用的实际转化率，就是后续的科学家的任务。

十二、剪刀均衡与利息理论

到了19世纪末期，阿尔弗雷德·马歇尔（Alfred Marshall，1842—1924）开始引入数学来分析经济，并且引入了一些物理的概念，例如均衡、消费者剩余等概念。马歇尔提出的供需剪刀曲线，是现代西方经济学的基础，从而引入价格、价格需求弹性、边际成本、消费者剩余。消费者剩余是什么意思，你心里预期这个商品值5元，但它的市价只有3元；当你购买之后，这个2元心理差价就是你的消费者剩余。费雪也很有名，是货币大师。他有一个MV=PQ的货币供应模型，是货币理论的一个基础。以米尔顿·弗里德曼为代表的货币主义经济学家认为，通货膨胀在任何时候都是货币现象。因此财政政策和货币政策是现代宏观经济学最具有威力的手段，被称为"工具篮子"。货币理论是宏观经济学的基础。费雪有一个突出的贡献在于对利息的泛化。他说，利息跟资产是一个意思。这个总结是非常具有前瞻性意义的。比如，他说过利息是收入的全部，而不是收入的一部分。意思是说，我们今天所做的任何投资花费的任何代价本质上都是有机会成本的。这些机会成本有一个未来收益。你的工资、你的房租，本质上都是你机会成本的利息。费雪还说，凡是可以导致收入的都是资产。例如人的美貌、人的时间都是资产，资产收入的折现就是资本，也就是资产的市价。理解了这一点，你就会理解为什么一个老板愿意去给员工开工资，为什么这个房子能卖这么多钱，或者这个房租能值这么多钱。人家买的是员工的未来和房子的未来，这是资产。折算到现在就有个现价，这个现价就是利息，体现为房租或者工资。

十三、资本主义经济危机

在美国,尤其是第一次世界大战之前,一直信奉一种自由贸易、小政府的政策。但这造成了周期性的以生产过剩为代表的经济危机。也就是商人为了获取超额利润,会不断扩大生产,然后压低工人的工资。压低工人的工资,会造成购买力和需求不足,而扩大生产会造成供给过剩、周期性的需求不足和供给过剩,造成了1929年资本主义经济大萧条。富兰克林·罗斯福总统认为过度放任的自由经济不可取,会造成市场失灵,也会造成政府失灵。罗斯福新政开始提出由政府去投资兴建大工程,带动用工需求和提高工人工资,然后同时保障最低工资标准。目的是扩大需求,增加供给。再通过一些货币政策的调控,然后就把这个资本主义的周期性经济危机给控制住了。同时还开始了大规模的像"曼哈顿计划"为代表的大型国家级科技计划,极大地提高了劳动生产率,在很大程度上避免了资本主义传统的以生产过剩为代表的经济危机。时间上罗斯福新政比凯恩斯的学术观点发表要靠前,但是后世把这种以国家主导的经济刺激计划和货币调控政策,叫作凯恩斯主义。

凯恩斯主义将货币视为一个"工具篮子",又叫货币政策工具,去调控经济。货币政策就像一个气泡一样,忽大忽小。凯恩斯主义在今天依旧比较强势,因为各国在一个大政府的趋势下,需要由政府去做产业引导和财富二次分配。

十四、商业周期理论

还有值得一提的就是创新理论的经济学家,叫熊彼特。熊彼特提出了一个商业周期理论。除了我们刚才说的生产制造领域的生产过剩和需求不足导致的传统的资本主义经济危机,商业周期理论认为经济危机跟创新有着密切的逻辑关系。比如说iPhone突然比别的手机更好了,就可以获取超额利润,然后引发了其他企业效仿。iPhone发明了那种多功能的应用布局和滑动解锁屏功能,而不是像Windows那样一层一层往下点,后来所有的安卓机都效仿这种布局。这就引领了一波创新的浪潮,然后会增强产品的需求,增强银行的信贷,引导经济逐步步入繁荣。创新的本质是一种技术要素的组合,各种技术要素不断地去组合,就出现了新技术。这个我们在创新原理中谈到过。当银行的信贷加强,然后开始供需都很繁荣;之后供给就会增多,超额利润消退。超额利润消退后,市场对银行的产品和对资本的需求就会降低;之后,这个市场的资金就会减少,经济就开始通缩,繁荣开始步入衰退。这是这就是熊彼特的创新理论。

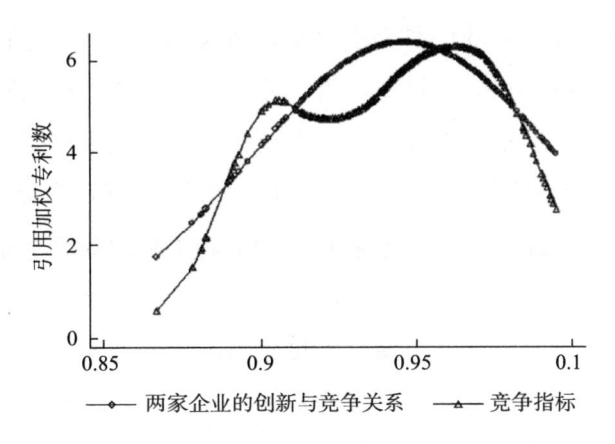

图6-1 经济的研发速率与进展强度

一个创新周期三五年我们可能无法看清，如果放到30年周期来看就清楚得多。比如说现在很热的人工智能，至少就经历了3个周期。20世纪50年代，"下跳棋"、达特茅斯会议；80年代、90年代分别热潮又低谷。到了2020年，人工智能又开始作为新基建的重点项目，弱人工智能比如自动驾驶，强人工智能像终结者一样成为智慧人思考决策。这就是一个技术到经济再到技术的一个循环过程。其实每一次的经济的萧条都包含了一次技术革新的可能性，这个是有规律可循的。那么企业家在做什么？企业家其实一直在做这种破坏性的创造。熊比特认为，企业家的创新，对经济的繁荣而言，比资本家更有价值。因为资本家是在配置资源，企业家是在生产价值。并且企业家的创新并不是一成不变，根据法国经济学家菲利普·阿吉翁（Philippe Aghion）的研究，整体经济的研发速率与进展强度会呈现一个倒U形的关系（见图6-1）。

在前期市场还没有大局笃定的情况下，加大研发力度是一个很强的竞争策略。但是当竞争优势逐步明显的时候，另外一方就会选择一种跟随的策略，也就是不那么积极投入研发成本。当等到这项技术逐渐成熟，开始走下坡路的时候，跟随企业就会进一步地扩大这个研发投入，然后去获取竞争上的优势，而不是一直都处于很强烈的研发进展状态。著名企业家、投资人段永平就有名言：本分，敢为天下后。

十五、科斯定理

很多人不了解经济学家罗纳德·科斯（Konald. H. Coase，1910—2013）。其实在芝加哥大学，他既不是商学院，也不是经济系，而是法学院的教授。科斯的研究方法讲究实证。他研究案例，通过实际调查把问题搞清楚。科斯的思想具有冲击力，但是他的研究成果很难通过一个模型告诉大家，因为既没有一个抽象的框架，也没有数学的成分在里面，跟亚当·斯密写《国富论》有点像。科斯自己主编了一本杂志叫《法和经济学杂志》（*Journal of law and Economics*），开创用经济学去分析法律的视角。美国有个很有名的大法官波斯纳（Richard A. Posner）也是芝加哥大学法学院的教授。他发展了科斯的思想，推动了用经济学分析法学的流派。

1937年科斯发过一篇论文《企业的性质》(the Nature of the Firm)回答了两个问题：企业为什么存在？企业的规模的边界在哪？科斯认为企业有两大成本：市场成本和组织成本。如果价格机制可以解决生产和管理问题，为什么还要有组织，并且组织内是严格的等级而不是讲究等价有偿？所以市场和价格不是万能的，企业是市场和价格机制的替代物。科斯分析为什么会出现企业，是有的企业家天生喜欢指挥，还是有的购买者本身更偏爱企业生产的商品？科斯对二者均持否定态度。他认为市场是有成本的，市场本质是一个契约，企业也是一个契约。如果企业内部生产要素分配的契约的成本低于通过市场来分配生产要素，那么此时企业的合约就替代了市场的合约。那企业扩张的边界在哪里呢？科斯认为企业扩大生产时，因为企业内部没有价格信号，企业家将生产要素匹配到什么地方就没有合适的指引，因此企业生产的边际成本开始会下降，以后会不断升高，误判就会更多。如果要素投入的边际成本等于市场获取生产要素，那么此时就是企业的边界。

1960年科斯又发表了一篇论文《社会成本问题》(The Problem of Social Cost)，作为法律概念的产权也是从这里面出来的。该文重新研究了交易费用为零时合约行为的特征，一旦假定交易费用为零，而且对产权（指财产使用权，即运行和操作中的财产权利）界定是清晰的，那么法律规范并不影响合约行为的结果，即最优化结果保持不变。换言之，只要交易费用为零，那么无论产权归谁，都可以通过市场自由交易达到资源的最佳配置。

科斯定理（Coase theorem）用理论解释了产权和交易费用的关系，即任何交易都是存在交易费用的。当产权不明晰的时候，交易费用会变得无限大，从而使交易无法达成；当产权清晰之后，市场上的交易主体会按照谈判的方式采取最小的交易费用达成交易，从而使事情出现帕累托最优状态。而事实上，如果交易费用可以为零，有没有企业跟有没有市场没有区别，但这在世界上尚没有发生。

科斯对企业的研究非常深入。他研究了企业的性质，比如想造一辆车，需要采购轮子、轮胎、各种汽车零配件，那么这会导致这个生产组装过程效率低。于是企业家把一部分工作让企业去内化，比如说组装工作、器件集成工作，因为由企业来做更加有效率。于是就出现了企业的边界和市场的边界问题。科斯把企业协调资源配置的成本叫作管理协调成本，然后把通过市场去进行资源配置的成本，叫作交易费用或者交易成本。那么如果管理协调成本低于市场交易费用，企业就会进一步扩张；如果管理协调成本大于市场成本，比如在企业内部推行一个政策，需要找三个人花一万块钱，替代方案在市场里面找两个人花五千块钱就能做完，那市场就比企业效率要高，这时候企业就会收缩。这就是企业的边界跟市场的边界问题，也是为什么企业不会无限制扩大。正是因为管理协调成本和交易费用的存在，企业跟组织的扩大会有一个边界。这个边界就是管理协调成本跟市场的交易成本相同的时候。这也会造成一个问题，如果市场的交易费用为零，企业是不是就没有必要存在呢？从假设上来看，科斯认为的确是这样。如果市场交易费用为零，那么企业会以别的形态出现。

这也是为什么现在互联网这么发达，人的自组织性更加强烈。除了在非生产制造领域，人与人或者人与商业活动的连接不一定非要以企业这种形态去连接起来。科斯还提到一个很重要的理论就是产权理论。这是制度经济学的根基。他认为这个交易费用一定会耗散。耗散就是指行为造成了一些伤害，而这些伤害没有人来承担外部性。没有人来承担负外部性怎么办？科斯举的一个例子就是，一列火车开过了稻草的麦田，火车轮轨的火星把稻草给点燃了。如果这个麦田有人管理的话，那点燃的这个事就有人负责；如果这个麦田没人管理，火车的火星属于火车的负外部性。把这个稻草给点着了，把那个村庄给烧了，没有人负责，那就造成了一个户外危险。这个损失没有人承担，叫负外部性。所以科斯认为第一要降低市场的交易费用。科斯认为所有的财产都要有产权。这个产权在现在来看的话，主要是可以从所有权跟使用权来进行分离，但是真正的意思就是，所有的财产都要有人负责。这也是为什么中国的企业改革一直说政企分离，然后确定这个国资的产权或有人鼓吹叫私有化或者MBO（管理者收购），但是这个私有化的"私有"的意思并不是说私人所有，真正的含义的最关键点在于有人负责，不一定非要是私人负责。有人负责的意思就是说这个边界要很清晰，你不能说它有可能是你的，有可能是他的。当交易费用不停地降低，然后解决产权明晰的问题，在经济上就可以达到一个帕累托效率。当然你可以辅助一些别的政策，比如说公司有限责任、MBO，这些制度如何发挥人的积极性，让有钱的人出钱，有力的人出力。但从经济生产的效率跟交换的效率来说，只要你把交易费用降低，产权清晰，就可以实现帕累托效率。

科斯的制度理论在国际上造成的问题之一就是，无限地将产权边界化，造成规则事无巨细，人人都成了官，人人都有权利寻租的可能性。这是施政者要特别注意的地方。加强事前的负面清单制度，加大事中的随机抽查制度，加强事后的惩罚救济制度，才是抑制腐败和寻租的恰当思路。

十六、博弈论

电影《美丽心灵》就是说经济学家约翰·纳什（John Nash，1928—2015）的故事的。博弈论又叫game theory，不仅是生产经营活动，只要涉及理性人去做决策、斗争、博弈、玩游戏、竞赛，都会用到博弈论。它是研究人与人或者竞争者与竞争者之间的博弈的。最近二三十年很多的诺贝尔经济学奖获得者也都是因为在博弈论中研究做出了自己的贡献而获奖，博弈论作为获诺贝尔奖的一个重要领域就是因为它是贴合实际情况的。

博弈论研究的是什么呢？它研究的是策略形势（strategic situation）。什么叫策略形势？我们先讲什么叫非策略形势。比如经济学研究的完全竞争市场，就是每个人既不用考虑产品的差别、差异性，也不用考虑价格的差异。同样一个鼠标卖你的价格与卖我的价格是一样的，你只需要作为一个价格的接受者。这是一个极端的情况，大多数市场都不是完全竞争状态，只有一些供给需求很充分、等值的产品会出现完全竞争市场。比如我们之前举做衣服、做袜子的例子，事实上，美国做的衣服跟法国做的衣服，可能品质就是不一样。法国做的高档衣服溢价更高，所以它不是同质化的、真正无差异的。

第二个极端情况就属于垄断企业，什么意思呢？就是没有竞争者，在这个市场上90%的产品都是你的。没有竞争者，干吗要考虑竞争？所以不会涉及经营者之间的问题，就不会涉及博弈的问题。垄断企业本身也有别的博弈，比如说它的垄断是许可证式的，会涉及与它竞争许可证的企业抢夺许可证。但是单从市场生产产品来说，是不需要去考虑这个博弈的。

所以把非策略形势给排除之后，我们就会明白，策略形势是研究完全竞争与垄断之间的市场状态，大多数的市场行为，其实都是完全竞争与垄断之间的状态，不论是市场还是我们的人生都是这样子。那么博弈论，它是讲什么的呢？首先，它有两方主体或者多方的主体，就是说咱们要实现一个行为的结果，这个结果不像我们考试一样，答对了题就拿到100分，不取决于我们个人的努力，还取决于他人的行为。博弈论最经典的一个例子就是囚徒困境。比如说警察发现大街上有两个鬼鬼祟祟的人，嫌疑人A和嫌疑人B。有人报案说财物失窃了1万元，按照刑法是要判3年以上有期徒刑的。那么这时候两个人都在审讯室了，分别隔在两间审讯室，让他们互相检举人。

如果两个人都坦白，根据坦白从宽，两个人本来都判3年，现在都坦白了判1年，我们用（-1，-1）表示（见图6-2）。如果A指证B，B不指证A，那么所有事情B都扛了，A立功（1，-3）。如果B指证A，A不指证B，那么所有事情都是A扛了，B立功（-3，1）。如果A和B都拒不坦白，警察没法破案了，拘留完释放。A、B依旧都是良民，没有收益没有损失，（0，0）。

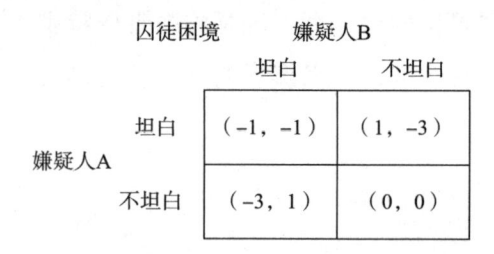

囚徒困境	嫌疑人B 坦白	不坦白
嫌疑人A 坦白	（-1，-1）	（1，-3）
不坦白	（-3，1）	（0，0）

图6-2　嫌疑人坦白与否的收益矩阵

我们来对比一下。看A的收益时候，需要纵向看。在B选择坦白的策略情况下，A选择坦白的收益是-1，A选择不坦白的收益是-3，-1>-3，因此，在B选择坦白策略时，A选择坦白策略的收益是优于不坦白策略的收益的。在B选择不坦白策略时候，A选择坦白策略的收益是1，A选择不坦白策略的收益是0，此时A选择坦白策略的收益也是优于不坦白策略的。

同样看B的收益，需要横向看。在A选择坦白策略时，B选择坦白策略的收益是-1，不坦白策略收益是-3，-1>-3，因此选择坦白的收益高于不坦白的收益。在A选择不坦白的时候，B选择坦白的收益是1，不坦白的收益是0，B坦白的收益依旧高于不坦白的收益。因此无论对方选择坦白还是不坦白，A和B选择坦白的收益，就是A和B的严格优势策略。

这就回到了纳什均衡（Nash equilibrium）的定义，在一个博弈过程中，无论对方的策略选择如何，当事人一方都会选择某个确定的策略。该策略被称作严格优势策略（strictly dominant strategy）。严格优势策略是纳什均衡的本质特征，指的是不论对方采取什么策略，采取的这个策略总比采取其他任何策略都好。如果两个博弈的当事人的策略组合分别构成了各自的严格优势策略，那么这个组合就被定义为纳什均衡。当然不是任何博弈都会达到纳什均衡。

所以从理性人的角度看，A、B双方并没有选择对彼此收益最大的策略，也就是彼此都不坦白的策略，而选择了彼此都坦白指证对方。这就是经济学假设理性人的困境。在博弈中，理性人的决策会导致次优的结果，而不是最优的结果。这就是囚徒"困境"所在。这个例子证明了：非零和博弈中，帕累托最优和纳什均衡是相冲突的。

通过对纳什均衡囚徒困境的分析，我们可以得出几个结论：①不选择严格劣势策略，原因是每次博弈都会得到更好的收益，因为会存在帕累托改进的空间。②理性的选择导致了次优的结果，结果大家都坐牢。有个好玩的测试是，男女配对找对象，博弈的结果并不是最优秀男子跟最优秀的女子在一起。③汝欲得之，必先知之，你想得到东西，需要知道对方的给定策略。这也是商业竞争中为什么很多人都要去刺探商业情报，或者像诸葛亮唱空城计一样，把策略先告诉别人引起别人误判。④人都是自私的。⑤我们需要站在别人的立场上分析他人会怎么做。不论是跟经营者、跟同伙还是跟消费者，都存在博弈有时候是严格优势策略，有时候不是严格优势策略。

其实我们生活中很多直观的印象往往都是错觉。例如重量不同的两个铁球，同时从高处落下，哪个先着地？直观感觉是重的铁球先着地，但其实是同时着地，因为重力加速度都是g。又如中国古语说"乱世用重典"，但是奇怪的是严刑峻法的朝代往往短命，真相是犯罪分子并不畏惧重典，而是畏惧"被抓"。

下面我们用博弈论来分析一个更复杂的例子，也就是重刑能不能改变犯罪率，或者更直观一点，判刑能不能降低酒驾的比例。

传统的犯罪预防理论是费尔巴哈提出的"心理强制说"。意思是运用人对刑罚的恐惧心理来压抑、控制个体的犯罪欲望。其实就是边沁的功利主义原则，将犯罪的快乐与刑罚受到的痛苦进行比量，快乐大于痛苦就会犯罪，快乐小于痛苦就不会犯罪。但是现代犯罪心理学的研究发现重罚以及死刑都不能减少犯罪。因为罪犯不害怕惩罚，害怕的是被抓。另外，很多犯罪发生在酒后，这个时候人是不理性的，不会害怕后果，会觉得自己很厉害，不会被抓。被权力和成功灌醉的人也是觉得这种事情不会落到自己身上。所以，降低犯罪率靠死刑和重罚没用。要提高罪犯落网的概率，并且让想犯罪的人意识到被抓的概率很高。

那么怎么用博弈论的方式来证明犯罪概率问题？这要用到混合策略博弈。混合策略博弈是相对于纯策略博弈的概念。纯策略博弈没有概率在里面，而混合策略博弈有概率因素在里面。

犯罪混合策略博弈可用图6-3表示。左边数字代表警察收益，右边数字代表公民收益。

公民

		良民	犯罪	侦查率
警察	侦查	2, 0	4, -10	P
	不侦查	3, 0	0, 4	$(1-P)$
	犯罪率	(Q)	$(1-Q)$	

图6-3 犯罪混合策略博弈

假设：

（1）警察侦查了一个良民，此时收益可表示为（2，0）；侦查抓了一个罪犯，此时收益可表示为（4，-10）。

（2）警察不侦查良民，此时收益可表示为（3，0）；不侦查抓不到这个罪犯，此时收益可表示为（0，4）。

你会发现此时不存在纯策略纳什均衡。

那么，如果引入犯罪概率和侦查概率，进入混合策略均衡中，就需要找出混合策略纳什均衡时的犯罪率，也就是引入概率。

所谓犯罪率问题，引入良民率Q，则犯罪率为$1-Q$。

（1）在犯罪率混合策略纳什均衡中，警察的收益：

警察侦查收益：$2Q+4(1-Q)$；

警察不侦查收益：$4Q+0(1-Q)$。

混合策略纳什均衡，警察侦查和不侦查的收益必须相等，即：

$2Q+4(1-Q)=4Q+0(1-Q)$，解得：$Q=2/3$。

如果想让警察在侦查与不侦查之间采取中立，公民中必须要2/3选择做良民，1/3犯罪。

（2）在侦查率混合策略纳什均衡中，公民的收益：

公民做良民的收益：$0P+0(1-P)=0$；

公民犯罪的收益：$-10P+4(1-P)$。

混合策略纳什均衡，公民做良民与公民犯罪的收益必须相等，即

$-10P+4(1-P)=0$，解得：$P=2/7$。

也就是，如果想让公民在犯罪与不犯罪之间采取中立，警察需要有2/7概率去侦查。

从警察角度看：（2/7，5/7），侦查与不侦查。从公民角度（2/3，1/3），做良民与犯罪。

那么问题来了，重刑是否可以降低犯罪率，也就是是否能够降低$(1-Q)$？

假设我们把犯罪被侦查出的收益改为-20，且理解为被判20年（见图6-4）。

公民

		良民	犯罪	侦查率
警察	侦查	2, 0	4, −20	P
	不侦查	3, 0	0, 4	$(1-P)$
	犯罪率	(Q)	$(1-Q)$	

图6-4 提高刑罚至−20

警察侦查收益：$2Q+4(1-Q)$；

警察不侦查收益：$4Q+0(1-Q)$。

混合策略纳什均衡，警察侦查和不侦查的收益必须相等，即

$2Q+4(1-Q)=4Q+0(1-Q)$，解得：$Q=2/3$。可以发现把判刑10年改为判刑20年，对犯罪率没有任何变化。

由于警察的收益没有任何改变，刑罚高低，对于他是否有动力侦查，没有任何改变。警察对于侦查还是不侦查仍然中立。即新的纳什均衡中，犯罪率依旧没有改变。

到底什么决定了公民犯罪的混合策略？是警察的收益。

如果不改变警察的收益，就没法改变公民犯罪的均衡混合策略。我们改变了公民犯罪的收益，但是公民犯罪混合均衡策略是由警察收益决定的，而警察收益没有变，当然就不能改变公民犯罪率。

新的均衡带来了什么？

它会改变P，也就是警察侦查的概率。

计算公民做良民与犯罪新的均衡需要用警察侦查的收益，即

公民做良民的收益：$0P+0(1-P)=0$；

公民犯罪的收益：$-20P+4(1-P)$。

混合策略纳什均衡，公民做良民与公民犯罪的收益必须相等，即

$-20P+4(1-P)=0$，解得：$P=1/6$。

侦查率就从2/7降低到了1/6。这也有好处，降低了警察的行政成本。但是并没有降低公民犯罪率$(1-Q)$。

这只是一个简单的模型。我们改变了刑罚的轻重，但是却没有达到预想的降低犯罪率的结果。

在现实中，犯罪分子还会有杀人放火逍遥法外的侥幸心理，在模型中就是提高犯罪后逃避侦查的收益（见图6-5）。

公民

		良民	犯罪	侦查率
警察	侦查	2, 0	4, -20	P
	不侦查	3, 0	0, 8	$(1-P)$
犯罪率		(Q)	$(1-Q)$	

图6-5 提高犯罪收益至8

这同样不会改变均衡中公民的犯罪比例，但是会提高警察的侦查率P。所以你不能说犯罪收益大，就越愿意犯罪。只能说明这种人更容易被警察盯上。警察的日常排查中，也是会更多地审查那些没有身份证的人。这并不是说没有身份证就是罪犯，有身份证的人都很诚信，只是说明如果没有身份证，犯罪了获利更大一些，因为需要更多的追踪调查才能达到均衡。

假如我们真的想降低犯罪率，该如何立法？

从模型得出我们可以提高警察的收益：要么降低侦查的成本把剩下来的经费发奖金，要么每抓一个人成功起诉了给予奖励。或者干脆别管均衡，直接强制设定一个固定的或者谁也猜不到的侦查比例，例如现在公安局的不定期跨区巡查机制，让你找人说情、提前打招呼都没有机会。但是又会出现一个新的问题，谁来监督执法者呢。现实纪检监察不打招呼"回头看"，也是用这套逻辑来监督干部的。

十七、内生增长理论

古典增长理论中，学者认识到技术是经济的增量，但是一直将技术视作当然因素，作为外生变量，也就是常数不予考虑。著名的索洛经济增长模型认为，经济增长的至少80%来自于技术。但是索洛模型无法解释技术进步的原因。索洛之后的历代增长模型试图将技术作为内生变量，去用数学模型来模拟和解释人力资本和一般性技术进步的内在机制。这就是今天大行其道的内生增长理论，卢卡斯（Robert E. Lucas, Jr.）和保罗·罗默是其代表人物。

2018年诺贝尔经济学奖授予了保罗·罗默。

保罗·罗默（Paul M. Romer）1990年的著名文章《内生技术变化》提出，技术作为经济增长的一个投入要素，其基本特征在于，它不是一般物品，也不是公共物品；它是具有某种非竞争性、部分排他性的物品。正是因为非竞争性物品所有的非凸性性质（nonconvexity），所谓受价竞争模型（price-taking competition）就不适用了。所谓受价竞争是新古典一般均衡模型的标准假设。竞争性物品、非竞争性物品、补偿性物品是经济学的概念，反垄断法中也会用到。

1988年罗伯特·卢卡斯的著名文章《论经济发展的机制》试图将人类资本积累纳入索罗-丹尼森经济增长模型，以模拟现实经济发展，解释各国经济增长率和收入水平的巨大差距。论文极具启发性。然而笔者并不认为卢卡斯的人力资本模型很好地模拟和阐释了人类经济增长的历史过程和现实多样性。卢卡斯亦承认他的模型无法阐释现代经济增长的一个最显著特征，那就是城市对于经济增长的极端重要性。他以很大篇幅讨论1969年简·雅各布斯（Jane Jacobs）的著作《城市经济》（*the Economy of Cities*）。

卢卡斯写道："正如Jacobs以数百个具体生动的实例所展示和强调的那样，绝大多数经济生活都是一种创造性活动，其创造性与艺术和科学的创造性并无二致。纽约市的服装区、金融区、钻石区、广告区，以及许许多多其他商业和产业区域，都是像哥伦比亚大学和纽约大学一样的知识创造中心。当然，商业区和产业区所创造和相互交流的思想和知识与纯学术中心所创造和交流的思想与知识不同。然而，它们创造知识的过程却是完全一样的。对于一个外来旁观者来说，它们看起来就是一模一样：一群人集中到一起从事类似的事情，每个人都不断强化和提升各自的原创性和独特性。"

思想和创造的无限性才是人类现实的经济增长过程。

然而，卢卡斯话锋一转，就简单地将丰富多彩的人类相互创造过程描述为所谓的人力资本外部效应。他说："上述生动案例将说服经济学者承认人力资本外部溢出效应确实存在，甚至承认这是知识增长的一个重要因素。但是，我们却很难从数量上来描述和模拟人力资本的外部性。简·雅各布斯的著作极富启发性。她着重强调城市的崛起对经济增长的重要性，正是基于一个基本的事实：那就是从经济意义上来考察城市，城市就像是原子核。如果我们的经济增长模型只是假设那些老生常谈的增长要素，城市就肯定会被置之度外。现代生产理论从来没有将城市作为一个整体来考察。"但是整个城市或者自贸区确实就是一个大公司。张五常在《中国的经济制度》中认为，中国改革开放经济发展的独特增长动力不在于省域竞争、市域竞争，而在于独特的县域竞争。因为县域人权、事权、财权独立，土地财政直接改变了县域所必需的代际积累；通过基础设施和公共产品建设，使得穷人能够获得边际改善，从而极大地促进了GDP。这不是省一级或者市一级驱动的。

这正是科斯对新古典经济学的深刻批判：没有人性的消费者，没有组织的企业，没有市场的交换（we have consumers without humanity, firms without organization, and even exchange without markets）。再加一句：没有企业家的经济增长，没有城市的经济发展。

显然，即使是致力以新古典增长模型来模拟和阐释人类经济增长的大师级人物卢卡斯，也承认新古典增长模型无法阐释和模拟经济增长和发展过程里最重要的特征事实——城市和增长中心的崛起。为什么中国16个沿海对外开放城市，最终崛起为世界级城市的是深圳？这不得不言超级城市的魅力。

事实上，基于某种类似物理学"原子式假设"的新古典经济学试图解释人类经济增长，就好像以基本粒子物理学来解释生命的起源和演化一样，根本是文不对题。根据新古典经济学的基本假设，消费者就是所谓的效用偏好和效用最大化，企业就是所谓的生产函数和利润最大化，经济增长过程或任何经济行为就是所谓的技术局限条件下的效用最大化和利润最大化。这就好比我们试图用基本粒子的相互作用来解释生命的起源和演化一样，注定是走错了道路，是不可能成功的。

演化生物学家、混沌现象研究者斯图尔特·考夫曼（Stuart A. Kauffman）撰写著作《重新发现神圣》（*Reinventing the Sacred*），目的就是希望改变源自物理学的"约化论世界观"。所谓约化论世界观，就是将宇宙万物和人间社会的一切现象都简化为基本粒子物理学。正如物理学家、诺贝尔物理学奖得主斯蒂芬·温伯格所说："解释的箭头永远朝下，即最终永远指向基本的物理学定律。"约化论或简化论世界观不仅认为所有自然物理现象都最终受基本粒子物理学的基本定律所支配，而且认为生命的起源、生命的演化、物种的变迁也必然受物理学基本定律的支配，甚至认为人类的情感、心理、宗教、道德、价值等一切，也必然要约化或简化为物理学基本定律。譬如，有一个观点至今依然很流行，那就是将人的一切行为都归结为基因及其变化，基因及其变化当然最终必然归结为物理学的基本定律。

考夫曼以大量丰富的案例和精彩的分析证明，约化论世界观和方法论根本无法解释无限丰富的生命现象。为了理解生命现象、生物演化、人类文明、价值、文化、道德、宗教等，我们必须从根本上抛弃约化论或简化论世界观（reductionism）。

考夫曼说："宇宙的进化、生物圈的进化、人类经济体系的进化、人类文化的进化，以及人类行为的进化，从最深刻的意义上说，皆是永不停息的创造性活动。"创造性活动的基本特征是涌现、突变、惊奇、不确定和不可知，创造性活动或创造性行为根本就不能简化为物理学定律，尽管它并不违背物理学定律。创造性活动或创造性行为自有其内在的规律，这些规律并不能简化为或归结为物理学定律。

本质上说，新古典经济学就是约化论思维在经济学领域的运用。新古典经济学试图将一切复杂、动态、持续演化的人类经济现象约化为"原子式"的行为：消费者就是一个效用函数或效用偏好；生产者就是一个生产函数或利润最大化函数；市场就是一条供给曲线和一条需求曲线；技术进步或人力资本积累就是一个基于效用最大化的选择函数；经济增长就是给定技术约束条件下的效用最大化的结果；经济增长的过程就是所谓的均衡增长路径或最优增长路径；如此等等。新古典经济学的那些基本理念，诸如供求均衡、效用最大化、利润最大化、最优路径或均衡路径、凸性、完全竞争或受价竞争、规模收益递减等，根本就不能描述和分析现实经济增长的特征事实。现实经济增长的特征事实与新古典经济学的所有假设恰恰完全相反：非均衡、动态、演化、路径依赖或锁定、规模收益递增或指数式增长、垄断或独占、特异性或独创性、增长极或增长中心，等等。难怪卢卡斯也不得不承认，新古典增长模型根本无法描述和分析像城市经济或商业及产业中心这样的现象，而这些现象恰恰是经济增长最重要的特征事实，正如物理学基本定律无法描述生命的起源和演化那些极其丰富的特征事实一样。

其实我们根本无须依赖新古典经济学的假设和模型来描述和分析经济增长，正如我们无须依赖物理学基本定律来描述生命的起源和演化一样。生命的起源和演化自有其本身的内在规律，同样，人类经济体系的动态演化自有其自身的规律，但这些规律并非新古典经济学所假设的那些规律。

事实上，新古典增长理论的各位大师已经清楚地认识到，如果不突破新古典经济学的一些最基本假设，理论模型就无法描述和分析真实的经济增长现象，哪怕只是试图模拟某些现象都不可能。保罗·罗默（Paul M.Romer）的模型就是一个突出的例子。笔者认为新古典增长理论文献里，保罗·罗默1990年的文章《内生技术变化》最有启发性。罗默模型基于三个基础性假设：

其一，技术变化是经济增长的核心；

其二，技术进步主要源自人们有意识的研发活动；

其三，技术是与其他经济物品具有内在差别的一种特殊物品。

根据罗默的分类，技术最基本的特征是其使用上的"非竞争性"（non-rivalry），亦即创造一项新技术可能成本高昂。然而新技术一旦被创造出来，却能够被反复或无限利用，反复运用的边际成本极低或为零。

罗默的贡献是将三个基本假设完整地内生到增长模型里。与此相对照，其他新古典增长模型只能三者取其一或取其二。譬如，索洛模型将非竞争性技术当作公共物品或投入；谢尔（Karl Shell）模型进一步将非竞争性技术看作是政府供应的物品；阿罗著名的"干中学"（learning by doing）模型也将非竞争性技术当作公共物品，只不过认为该公共物品是私人活动的外生效应；卢卡斯1988年的著名模型同样将非竞争性技术处理为人力资本积累的外部效应，不是人们有意识投资的结果；还有许多模型不承认技术的"非竞争性"特征，也否定此类技术是推动经济增长的核心力量。主要麻烦就在于新古典经济学的一个基础假设：凸性假设或一阶齐次性假设。易言之，新古典经济学理论模型的一个基础假设是不能有规模收益递增，不能有垄断或独占、不能有技术的溢出效应，亦即不能有所谓非凸性。帕萨·达斯古普塔（Dasgupta）和约瑟夫·斯蒂格利茨（Stiglitz）的数学模型证明：一旦引入非竞争性技术和技术的排他性使用（excludable），亦即一旦引入非凸性，所谓去中心化的均衡（decentralized equilibrium）就不稳定。也就是说，一旦引入非竞争性和排他性技术，新古典经济学所钟爱的完全竞争均衡就不存在。正是从这个意义上来说，罗默的模型是一个具有里程碑意义的成果，突破了新古典经济学的基础假设。这也从另外一个侧面说明，新古典经济学的基础假设不适合描述和分析人类经济增长。为了描述和分析人类经济增长，我们就不得不放弃新古典经济学的基础假设。

罗默模型还敏锐地抓住了人类技术变迁的另外几个重要特征：技术变迁（研发投资的结果）具有不确定性；新科研成果的增长速度取决于人力资本的投入总量和现有科技成果总量。易言之，投入研发的人力资本总量越大，科研成果产出率就越高；现有科研成果总量越大，科研人员的生产率就越高，技术进步速度就越快。假若今天一个科学博士的人力资本与百年前一个科学博士的人力资本相同，但由于一百年来人类科技成果总量或存量增长迅猛，今天一个科学博士的科研生产率肯定高于一百年前。这与库茨韦尔所说的技术进步"指数增长定律"异曲同工。库茨韦尔从人类技术发展的历史经验归纳出技术进步的指数增长规律，也是基于科技成果不断累积所导致的规模收益递增：随着科技成果总量的不断积累，同样的人力资本和要素投入将产生加倍的或加速度的新技术发现或发明。

罗默模型还有一些重要含义，有助于我们理解经济增长的历史过程。理解各个国家和地区千差万别的经济增长速度。譬如，罗默模型证明：如果科技存量低于某个临界值，经济增长根本就不可能出现。这个含义能够帮助我们解释这个基本事实：即人类在漫长的历史时期里，没有出现过经济增长，持续的经济增长是工业革命之后才开始出现的。罗默模型还说明：人口规模并非经济增长的必要条件，更不是充分条件，因为人力资本和科技存量与人口规模没有直接关系，甚至没有任何关系。像中国和印度这样的人口大国，就没有发生工业革命。该含义还说明了为什么与科技发达国家进行贸易和投资往来是促进经济增长的重要条件。

十八、反垄断反思

反垄断法起源于美国。美国之所以创新发达，笔者认为最核心的原因在于，对产权的保护以及对竞争秩序的严格推崇，也就是反垄断。不同的国家垄断呈现出不同的状态，要不要反垄断，在当今充满争议，但是总体而言，反垄断保护的是市场竞争秩序和消费者权益。市场是什么？市场是一个满足需求创造供给的场所，但是由于需求和供给的边界越来越模糊，加之竞争越来越激烈越来越迅速，使得反垄断的前提变得模糊不清，反与不反，主观性太强且时效过慢。比如星巴克的相关市场是一个咖啡市场吗？不一定，要看星巴克卖的是什么。如果星巴克卖的是休闲服务、办公服务、会议服务、社交场所、有空调的Wi-Fi，那么星巴克的相关市场其实不是咖啡。相关市场对于我们的重要性在于，我们卖的东西满足什么需求？竞争品、互补品是什么？卖得出去卖不出去？指的是你销售的产品或者服务的产品范围和地域范围，有时候也包括时间范围，例如鲜活产品。互联网经济鼓吹免费思维，"羊毛出在猪身上，狗买单"，但是它的商品范围、地域范围、时间范围究竟在哪里？世界怎么会有免费的午餐呢？分析相关市场，常用三个方法：一个是需求替代，例如买了Windows电脑，是不是也可以用苹果Mac电脑，能替代就属于一个相关市场，不能替代就不是一个相关市场，这是产品范围；如果我买大葱不去安徽买而去山东买，但不可能去美国买，这就是地域范围。需求替代是从消费者的角度看。第二个是供给替代。供给替代是从生产者角度看。如果需求替代解释不清楚相关市场，我们就用供给替代，从生产者角度，例如饮料厂商，生产果汁，能不能马上转产碳酸饮料？市场判断相关市场一般看需求替代，然后看供给替代，看生产者转产的成本；如果转产成本低，那么看似不是一个市场，实则是一个市场。第三个就是看需求的价格交叉弹性（cross-price elasticity）。也就是提一提价，看看消费者会不会改变购买意图。比如iPhone有一段时间顶配机型直接从8 000多元涨价至10 000多元。但是消费者该买iPhone还是买iPhone，这说明iPhone的需求交叉价格弹性不足。弹性不足就可以抬价。如果涨价立马就买了华为手机，那么代表价格弹性比较好，价格弹性好就要把两种手机纳入一个相关市场；如果弹性不足，就难以纳入一个相关市场，说明大家看重的是产品的特性，而不是价格敏感。通过这种价格交叉弹性测试，你就会发现虽然都是手机，但是还是有很多不一样的地方。分析垄断相关市场的时候，有一个假定垄断者测试（SNNIP）方法，就是你通过抬高一个小价格，看销量变化的比例；拿这个比例相除，看比例的浮动，以确定是不是一个垄断者。相关市场的范围界定是有一个逻辑和顺序的，前面步骤分析不出来才逐步用后面的步骤，分析需求替代、分析供给替代、分析价格交叉弹性、假定垄断者测试、HHI指数等。这些概念不一定要研究这么细致，但是销售产品和服务时，一定要搞清楚竞争品、互补品是谁，因为别人的决策会影响你的决策，一个事情都扎堆做，利基也就丧失了。

相关市场（relevant market）是界定垄断竞争范围时的一个概念。但是笔者认为在创业时做市场调研至关重要。相关市场名为界定垄断，实际运用到了一系列方法把商品和服务的产品范围、地域范围、时间范围、竞争品、互补品都给界定清楚了。这些问题都界定清楚了，那么谁是我们的竞争者，谁是我们的朋友，到底能不能赚钱，能赚多少钱，自然也就清楚了。

哈佛学派认为垄断是垄断结构，意思是只要你具备了垄断结构的外在特征，就推定你是垄断的。例如某些超大型企业，在一个市场范围内的份额超过50%。美国当年为什么反托拉斯？因为洛克菲勒把旗下40多家石油公司股权结构统一到了一个信托（trust）里，成立了标准石油公司。所以谢尔曼法最早是反信托，拆分标准石油，拆分AT&T、柯达、IBM、微软。举一个不典型的例子，如果你家门口只有一家包子铺，这个包子铺在方圆1千米以内肉包子、菜包子市场份额超过90%，你能不能说这家包子铺在1千米内的包子市场是垄断的呢？常识告诉我们不能，所以市场份额跟垄断往往没有绝对关系。百年祖传包子的秘方，只是垄断的可能性，但不代表你就一定会构成垄断，侵害消费者或者破坏市场竞争秩序。为什么？因为只要利益足够大，立马会有更强的竞争者出现，不是所有的巨头都愿意与小商户争利，这在古代可是罪状。

所以能人辈出的芝加哥学派认为垄断是垄断行为，也就是你具有了垄断的结构也不一定是不好的，还是要具体问题具体分析，看你有没有利用垄断的行为去破坏市场竞争秩序。

到了新奥地利学派，他们认为垄断什么都不是，而是需要具体问题具体分析，利大于弊就是好的垄断，弊大于利就是坏的垄断，于是搞出了一个"结构—行为—绩效"的垄断分析，并采用SNNIP（假定垄断者测试）进行确认。事实上这个逻辑是错的。垄断并不是没有竞争、没有代价，排队、走后门都是代价。在相关市场中竞争者参与竞争，有人胜出，有人倒下。不是垄断的结构改变了竞争的行为，而是竞争的行为导致了垄断的结构。市场有具有垄断条件的经营者，也有不具有垄断条件的经营者，他们一起参与竞争，市场结构就形成了。他们的行为全部都是竞争性行为。例如一个不具备垄断结构的经营者，花了一些钱，把巨头给举报了，或者地产商给议员行贿，被FBI给抓了，都是竞争性行为。因此竞争并不是说在买卖商品市场中的定价问题，而是搭售、限制价格转售、划分市场、并购、寻租、举报，凡此种种，需要花费代价的，都是竞争。巨头们从反垄断部门高薪聘请了离任官员，为的是什么？就是要在垄断政策的制定和执行中，就这些假定垄断者所面临的竞争，进行合理的说明。但是你如果真的想在准公共产品层面与政府竞争，那就要承担起政府的责任来，而不能闷声大发财，利益让少数人拿。

诺尔贝尔经济学奖的研究成果还有一个美国的柠檬市场，也就是次品市场问题。美国二手车市场，如果大家都没法界定市场价格，大家倾向于把不确定的信息隐藏起来，好的二手车跟坏的二手车，看起来没有区别，没法通过公开信息查询到车况，大家对所有车都持怀疑态度，好的二手车一样卖不上好价格。所以二手车商收购车况好的车跟车况差的车价格差别并不大，都是车况差的价格。

市场里的产品还分为替代品与互补品是什么意思？替代品的意思是一个产品的需求增加，会导致另一个产品的需求减少。例如iPhone需求的增加会导致安卓手机需求减少。互补品是什么意思？一个产品需求减少会导致另一个产品的需求也减少。例如可口可乐需求减少可能会导致百事可乐需求增加，可口可乐跟百事可乐就是替代品。但是如果可口可乐的需求减少会导致市场聚乙烯塑料瓶的需求减少，那么聚乙烯塑料瓶与可口可乐就是一个互补品。所以我们做生意不一定非要做替代品、竞争品，也可以做互补品的生意。就跟淘金市场给人供水一样。一些新的经济现象到成熟阶段红海市场竞争惨烈，但是那些"端茶倒水"的中介机构挣了大钱。

双边市场（Two-sided Networks）也是市场的重要概念。一个市场有多个提供收益的经营者和客户。你要么吸引住供给者，要么吸引住需求者。这也是数字经济、网络平台经济极具想象力的地方。例如在很多商超，会由女性顾客、男性顾客、孩子构成双边或者多边市场，经营好的店面，会以美甲、好玩的玩具来吸引女性顾客和孩子，然后由丈夫、父亲来买单，这就是双边市场在现实生活中的一个典型例子。广告学里也有BBBF理论，通过Beauty（美女）、Baby（婴儿）、Beast（动物）、Food（食物）来吸引用户，然后由客户买单。所谓"羊毛出在狗身上，由猪买单"。

在当今数字时代，相关市场的界定呈现出越来越复杂的局面。首先，平台型经济双边或者多边市场的存在，使得竞争的范围难以确定，于是竞争者和竞争者的垄断行为，以及受益损害的分析因为欠缺边界，则更加难以界定和分析。其次，由于互联网公司产品和服务的边际成本趋近于零，网络规模效应递增的情形出现，使得经营者只有两个选项，要么垄断，要么死亡，赢家通吃（winner takes all），并且网络放大了这种获得市场支配地位的能力。再次，数字经济具有高投入、快速迭代的特点，使得市场竞争的机会和策略转瞬即逝，很有可能上一秒钟认定了垄断行为，下一秒钟就因为某个敏感事件、技术迭代、商业模式的迭代而变得优势全无。例如，巅峰时期诺基亚曾经在全球手机市场具有70%的份额，而且它每一步走得都很稳健，但却败得异常迅速。电子商务领域之前淘宝和京东就占据了支配地位，而拼多多仅仅用5年就做到了1000亿美元的市值。这并不是淘宝和京东做得不够好，而是商业竞争瞬息万变。打败彼此的往往不是虎视眈眈、名声显赫的某人，而往往是名不见经传的某个小李。

在互联网时代的反垄断法又有着特殊的情况，因为除去双边市场结构，互联网公司实际在提供一种准公共产品的地位。这实际是在某种层面与政府进行竞争。如果收取了超额利润而公共产品的质量或者应尽义务没有达到,就会被执法机构盯上。

笔者认为,除去抱有某种特别的目的,应当慎用反垄断法。因为在当前数字经济时代,整个经济学体系正在被重构,相应的传统垄断理论也变得不合时宜。由于垄断界定的不确定性,大多数情形下通过现有的市场监督管理机制,就可以予以解决。

十九、需求定律

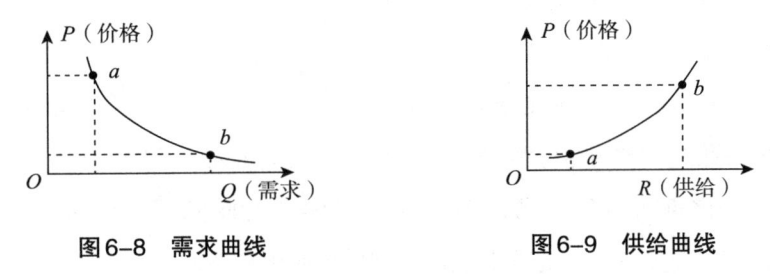

图6-8 需求曲线

图6-9 供给曲线

需求曲线(见图6-8)是新古典经济学中最重要的一个概念,市场机制价格机制全部通过需求定律实现。供给曲线(见图6-9)反而是其次,对着镜子看需求曲线,就是供给曲线。在需求曲线中,价格为纵坐标,产量为横坐标,在第一象限,自左上向右下倾斜,表示每一个价格下所需的商品数量。显示的是价格与需求量的关系。

需求曲线是有约束条件的,它的准确含义是,在短期内,其他要素不变的情况下,价格的降低会导致需求的增加。比如说手提包10 000元一个,有1 000人买;1 000元一个可能有10万人买。供给曲线则不需要其他要素不变。问长期这个曲线会怎样变?短期与长期区分的目的在于,短期生产至少有一种生产要素投入是固定不变的,比如机器、设备、厂房,可变要素是可以变化的如劳动力、原材料、燃料。长期很多要素都变了,控制不住变量,曲线就会整体变化。

大多数商品都遵循这个从左上到右下,斜率为负的需求曲线,有时候为了简洁地表达,会画成一条直线,但道理是一样的。那么把这个需求曲线对着镜子看,它就是一个供给曲线了。供给曲线是说价格越高,生产的人就越多。比如说疫情期间,口罩机、熔喷布的价格因为需求先提了上来,等到产量上来,价格又降了下去。把需求曲线与供给曲线画在一起,就是马歇尔的供需剪刀曲线。

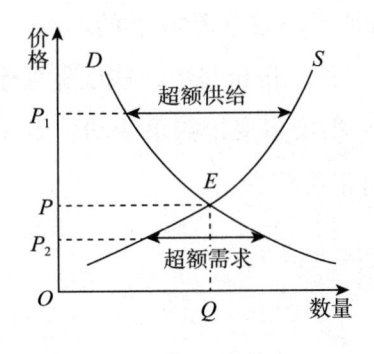

图6-10 均衡价格的形成

供给曲线与需求曲线的交点，就是均衡产量和均衡价格（见图6-10）。代表在这个点上，商品的供需是平衡的，价格是稳定的。在这个交点之上的价格，代表供给过剩而需求不足；这个交点之下的价格，代表供给不足而需求过剩。均衡价格在一定程度上反映了市场经济活动的内在联系，特别是均衡价格理论中关于供给的价格弹性和需求的价格弹性的分析，对企业的生产经营决策有重要实用价值。均衡价格就是消费者为购买一定商品量所愿意支付的价格与生产者为提供一定商品量所愿意接受的供给价格一致的价格。

所以所谓商业模式，就是对供需曲线的研究，确定产权、账期、分成机制、交易费用、价格弹性、边际成本、均衡、垄断、博弈。

需求曲线有很多种方法可以推出来。一是生活常识，价格上涨需求数量减少。二是边际效用递减的规律，购买数量增多，消费者效用减少，愿意为商品支付的钱减少。举例而言，1 000块钱买一个金戒指，你觉得有新鲜劲；但是如果给你全身戴满了金戒指，可能人家给你1 000元，你都不愿意戴了，太重了。三是可以用价格消费理论推导。

下面要讲的是需求量变动与需求变动的关系。需求量的变动是指在其他条件不变时，由某商品的价格变动所引起的该商品的需求数量的变动。在几何图形中，需求量的变动表现为商品的价格——需求数量组合点沿着一条既定的需求曲线的运动。而需求的变动是指在某商品价格不变的条件下，由于其他因素变动所引起的该商品的需求数量的变动。在几何图形中，需求的变动表现为需求曲线的位置发生移动。由此我们发现了控制变量是多么重要。

在分析需求变动的时候，简化用直线表达需求曲线。

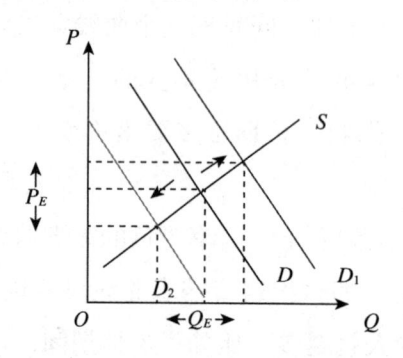

图6-11 供给不变，需求变动

比如2020年6月1日，公安部交管局强制要求骑电瓶车佩戴头盔。那么在价格不变的情况下，市场对头盔的需求突然增加了。这就是需求的增加，这时需求曲线会向右移动（见图6-11），与供给曲线相交于新的较高的均衡价格上，这也是为什么6月份头盔涨价非常厉害。

这种需求的变化可以总结为：供给不变，需求变动。需求增加，均衡数量和均衡价格都增加；需求减少，均衡数量和均衡价格都减少。

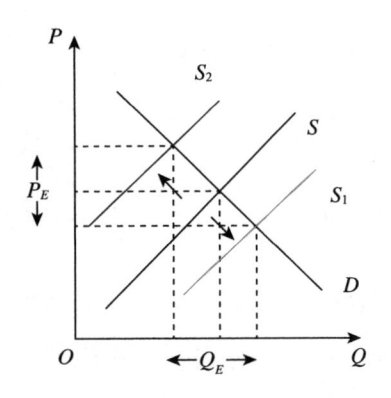

图6-12 需求不变，供给变动

如果市场对头盔的需求不变，而头盔的产量增多了，头盔的价格会下降，供给曲线就会向右移动（见图6-12）。

这种供给的变化可以总结为：需求不变，供给变动。供给增加，均衡数量增加，均衡价格下降；供给减少，均衡数量减少，均衡价格上升。

再举一个例子，此背景下某高档白酒的价格均衡点会从 E 移动到 E'（见图6-13）。

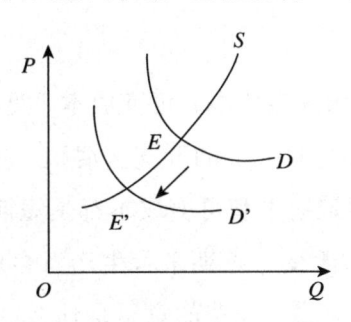

图6-13 供给不变，需求降低

因为市场需求迅速降低，需求曲线就会往左下方移动，那么均衡价格和均衡产量就是 E' 点（见图6-14），此时企业最好的做法就是减产和降低价格。

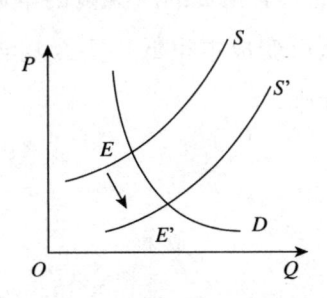

图6-14 需求不变，供给增加

假设企业的劳动生产率提高了，这时候均衡曲线怎么变化？

劳动生产率提高，说明单位时间生产的产品增加，供给量增大，供给曲线会向右下角移动。新的均衡点是一个更高的产量和更低的价格。

再分析一个复杂的问题。例如中东战争与汽油价格和美国二手车价格的关系。

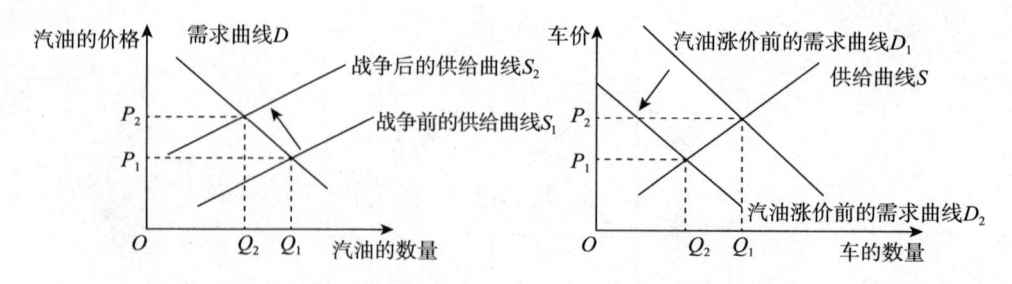

图6-15 中东战争前后的汽油供应图　　图6-16 汽油涨价所引起的二手凯迪拉车的供求变动

如果中东爆发战争，伊拉克油田被美国炸毁，市场汽油的供给减少。供给减少，汽油的供给曲线就会往左上角移动（见图6-15）。均衡产量更小，而均衡价格更大。

那么汽油如何影响二手车的价格呢？如果汽油产量减少，价格增高，汽油变贵了，很多人开不起车了，对汽车的需求就会减少。汽车的需求减少，汽车的需求曲线就会向左下移动（见图6-16）。需求曲线就会跟二手车供给曲线都趋向于左下角较低的均衡数量与较低的均衡价格。

所以中东战争爆发，会导致美国二手车销量减少、价格降低。

二十、成本曲线

成本有很多划分方式，如可分为固定成本、可变成本（见图6-17）。固定成本你投了，不会因生产制造行为而额外增加，比如行政人员的开支、房租。生产一台iPhone，屏幕、水电、销售人员的工资等，是可变成本。固定成本和可变成本都是短期的概念，生产者来不及调整生产要素的全部，至少有一种生产要素不变。长期来看生产者会调整生产要素的全部。只有短期，边际成本才会先减后增，形成U形曲线。免费的意思是什么？必须要可变成本为0才能够免费。一架飞机的机票上座率超过60%，本趟飞机的成本就收回了。线上培训因为它的可变成本约等于0，所以可以无限复制，提供价廉物美的在线课堂。相对而言，奔驰汽车、协和医院的医疗服务、八达岭长城外的快餐，都是做不了免费的。免费的本质是可变成本为0。否则卖一个亏一个。一般有免费策略的企业，要么可变成本很低，要么复购率很高，要么存在双边市场或者多边市场，可以从别的地方把钱挣回来。

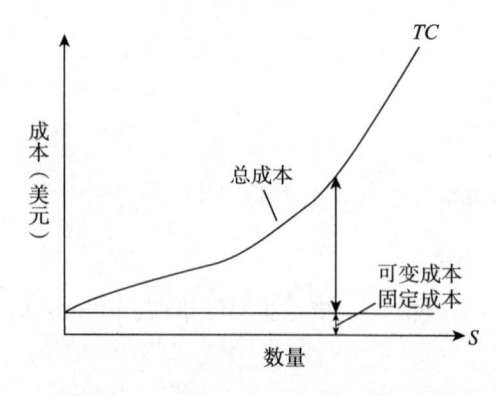

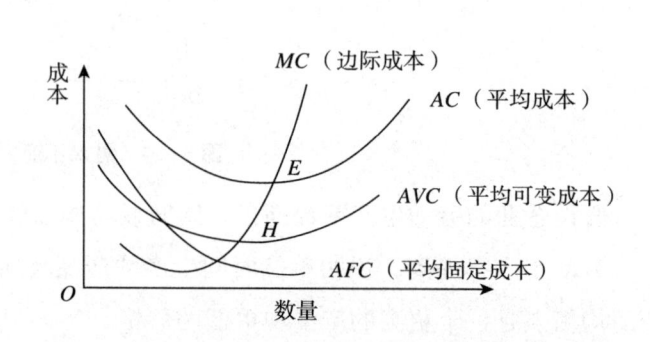

图6-17 总成本、固定成本和可变成本　　图6-18 平均成本、平均可变成本、平均固定成本、边际成本

图6-18就把企业的短期生产行为成本曲线标在一起了。AFC平均固定成本是下降的，因为固定成本是不变的，因此产量越大平均固定成本越低。而AVC平均可变成本是U形的，因为在其他要素不变的情况下，边际成本先减后增，因此平均可变成本也是先减后增。AC平均成本是把平均可变成本与平均固定成本相加。MC边际成本，意思就是你每多生产一部iPhone花费多少可变成本。边际成本曲线是先降后增的U形曲线，为什么？例如你生产iPhone，在劳动力数目不变的情况下，8小时工作制内，每多生产一台iPhone，边际成本是降低的。但是超过8小时，想多生产更多的iPhone，就需要给工人支付1.5倍加班工资；而且超过8小时，工人脑力、体力都会下降，次品率升高，这样就会使得iPhone边际成本升高。一架飞机满座率达到60%时，就可以达到盈亏平衡。但是超过一架飞机的载客量售票，又需要重新准备一架飞机，边际成本将会再次升高。这告诉我们一个道理，不要盲目扩大生产。生产100台能赚钱，不代表生产1 000台也能赚钱。投40万能挣100万，不代表投400万能挣1 000万。很多人把自己凭借经济周期波动挣来的钱，再次投入其他领域，凭运气挣的钱最终凭本事亏了，就是这个道理。成熟的市场应该有做空机制来对冲风险。

边际成本曲线还有个难点，教科书上没说。供应曲线其实是边际成本曲线的一部分，为什么呢？因为在完全竞争市场，企业的利润最大的点，是边际成本等于边际收入的点。而边际收入的价格就是供应曲线的价格，因此边际成本曲线就等同于供应曲线。

那么问题来了，既然供应曲线是边际成本曲线的一部分，那么应该从何处开始呢？一般而言要从平均可变成本AVC曲线的碗底开始（见图6-19）。因为一旦市价等于边际成本低于平均可变成本，就代表你生产一个亏一个，本都没法赚回来，这时候应该关门大吉。

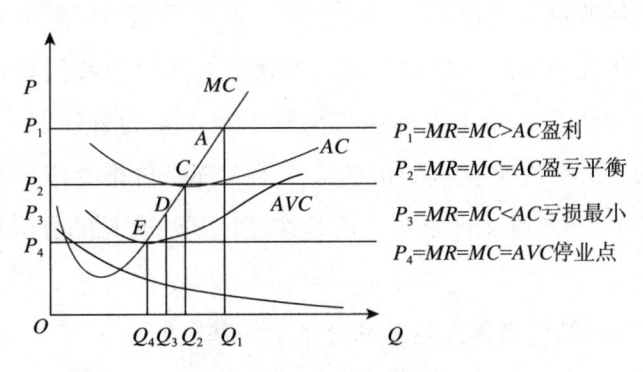

$P_1 = MR = MC > AC$ 盈利
$P_2 = MR = MC = AC$ 盈亏平衡
$P_3 = MR = MC < AC$ 亏损最小
$P_4 = MR = MC = AVC$ 停业点

图6-19　危机中的停业点

理论上看，如果当边际成本大于平均成本，就在盈利；当边际成本等于平均成本就是盈亏平衡；边际成本小于平均成本但是大于平均可变成本，这时候还可以继续营业，就是尽量保证亏损最小。如果边际成本低于平均可变成本，代表生产一台亏一台，开一天亏一天，那就应该关门大吉。餐饮业因为有大量的固定成本投入，一次装修动辄百万，那么在新冠疫情期间，餐饮业的停业点又与理论模型有些差异，主要取决于三方面考虑：①老板会猜测市场的预期会不会改变。②看看直接成本是不是高于市价，这里涉及对于直接成本和上头成本的划分，有的老板喜欢把更多的钱，例如打点各种关系的钱都算进了上头成本中，那么这时候他的可变成本就更低，能扛久一点儿。③固定成本投入的租值何时下降为0。所谓下降为0，就是投入的那些固定成本，每天不动它就能产生的收益何时降为0。这就是实际情况跟理论模型不同的地方。

二十一、帕累托最优

帕累托最优（Pareto optimality）是以意大利经济学家帕累托（Vilfredo Pareto）命名的，说的是：资源的使用及物品的交易可以达到有人得益，而他人必将受损，这时就形成了帕累托最优，也就是有效率（economically efficient）。如果反过来说，要是资源使用的改变可以使得有人得益，而他人不受损，那么这个资源使用可以使得社会总体得益，帕累托最优就没有达到，仍有改进空间，此时的状态就叫作帕累托改进（Pareto improvement），也就是我们说的无效率（inefficient）。简而言之，你在局限条件下争取到最大的利益，而他人不必受损，这就是帕累托最优，是有效率；你本可以在不损害他人的情况下争取到最大利益，但是你不争取，这是就存在帕累托改进的空间，是无效率，这跟耗散、浪费都是一个意思。所以经济学中说的有效率不是快的意思，而是帕累托效率。

但是理性人假设告诉我们每个人都在争取有效率，怎么会出现无效率呢？可能的情况是局限变得更多，但是这出现了循环论证。因为局限变得更多，只要他是理性人，还是会争取更大的利益。所以无效率是一个具有时间变量的过程，而不是一个时间点。因为在理性人假说的前提下，所有最终的市场交易都会达到均衡（equilibrium），也就是有效率，而在达到均衡的过程中就是无效率。不要说无效率不好，事实上无效率所带来的就是利基，整个全球市场都是无效率的，都在持续帕累托改进。发现了某个无效率，不论是充当信息中介利用信息不对称，还是发明技术改善了过去的无效率，就找到了赚钱的机会。所以当我们看到某个现象，分析它暂时是无效率的，但就会有无数双看不见的手将无效率趋向变为有效率。市场的价格机制就是按照帕累托最优设计的。一个充分竞争的市场，每个人都是价格受体，价格等于边际成本，即 $P=MC$，这个市价就是利己而不损人的价格，就是按照比如说常见的合同签约，是一种有效率的状态。

帕累托最优和马歇尔的消费者剩余是福利经济学的基本概念。

二十二、产权理论

从科斯定理，我们推出了清晰的产权是实现帕累托最优的关键。那么产权究竟是什么呢？经济学中产权与法学中的产权定义有所不同。但是笔者期望细致分析，能告诉大家产权到底是什么，借以探明未来数字贸易中的产权之路。

产权（property）在字面上与资产、房产、物权、知识产权有直接的关联，英文中还有一个属性的意思。为了简化，我们暂且以常见的动产或者不动产为例进行论述。在法律中，物权指的是所有权人对动产或者不动产占有、使用、收益、处分的权利。我们要理解，任何的权利其实都是虚构的。不论是在沙滩捡到一个贝壳还是拥有了一栋豪华的宫殿，这些占有、使用、收益、处分的权利，仅仅是停留在人主观意识里的概念，而并不是客观的存在。

为什么会有法律上的产权呢？假设回到了原始社会，在沙滩上捡到了一粒漂亮的珍珠，我想拿珍珠去跟人换两块肉。有人同意就换给我了；有人不同意说，"你的珍珠有可能是你从酋长夫人那儿偷的，我要是收了你的珍珠，酋长发现会打断我的腿"，所以有人敢收，有人不敢收。珍珠可以移动，法律上叫动产。过几天，我又想要一辆马车。于是我找了一个人说，"我把我的豪华茅草房跟你换马车"。有人愿意，因为我的茅草房比豪华马车贵多了；有人不愿意，说，"你是酋长家亲戚，在这只是临时住两天。我要是拿马车跟我换了茅草房，酋长发现了会让我坐牢"。这就衍生出一个问题：别人凭什么相信我是物，也就是珍珠或者茅草房的主人？在长时间的交易过程中，人们形成了一种约定俗成的维护交易安全的规则、这个规则既考虑到了让了解所有权人权属状态的过程中所花费的交易费用处于一个合理状态，同时也方便他人直观判断。

物权的得失和变更，要以外界人知晓的方式进行，用以维护跟你交易的人的信赖利益，这叫物权的公示公信原则。在今天，动产的所有权人默认是占有动产的人，不动产因为占有难以从外观判断，所以以登记为原则。

所以如果你持续占有物权，其实你让不让人知道意义不大，除非你要炫富，弄成天下人皆知的秘密，自己用得好才是最好的。只有在交易那一刻，物权的归属变成了一个很严重的安全问题。我凭什么信任你，与你交易，而事后不会被追究？因此产权的本质是一个买卖游戏的规则，是一个买定离手不受追究的规则，是一个等价有偿价高者得的规则，是一个物品稀缺的规则。

因此，从这个意义上看，产权与竞争（competition）、稀缺性（scarcity）是一个意思。产权与合约是替代性的关系，市场经济中对于资源的分配安排，要么通过产权，要么通过合约。权力、声望、伦理、成功者的故事、学习的痛苦也具有资源分配的可能性，但并不通过市场来完成。

二十三、价格的本质

价格是一个自然而又复杂的问题，市场理论的核心就是价格理论。价格到底是什么？我认为价格的本质就是一个信息，跟你在微信给我发一句"在吗"是一样的。用复杂的方法去分析复杂的问题，我们永远只能得到复杂的答案。这也是为什么我不推荐人工智能中的很多解决方案，因为人工智能难以解决的是问题的可解释性，因为他们建立了一个"以繁治繁"复杂的几百上千层的神经网络去分析复杂的问题，而解决过程却是不可知的。人用常识判断都是用最简单的语言去解释复杂的问题，以繁治繁只会更繁。我先提几个问题，钱是什么？为什么贝壳、马铃薯不是钱？成本是什么？决定价格的是成本吗？在没有钱的时代，人们怎么进行交易？

马克思主义政治经济学对价格的界定在于围绕着价值上下波动，而价值的本质是劳动。但是西方经济学中的价格更加主观，取决于供需。经济学是约束条件下做选择的理论，选择什么，选择谁拥有某些资源。如果决定这个资源的是价格，就成了市场中的贸易；如果决定资源分配的是权力，就成了单位内部的等级划分。大家通过常识都知道，在单位里面是很少有"等价有偿"的说法的，领导永远比小兵拥有更多的资源；如果决定资源分配的是伦理，那就是旧时候的大家族，族长、父母、嫡子拥有最多的资源；如果决定资源分配的是声望，山东及时雨、郓城呼保义、孝义黑三郎宋押司宋江拥有更多的资源，一出江湖就呼风唤雨。所以从这个意义上说，价格理论（price theory）其实就是市场中的选择理论（choice theory），是一个看不见但是一直在决定胜负的游戏裁判，裁判的规则叫作"等价有偿""价高者得""价低者得"。

回到原始社会状态，没有价格的时候怎么办？怎么进行交易？没有价格也要有代价（sacrifice，或者cost）。走后门、寻租、和亲，这都是代价。代价就是成本，成本就是代价。价格不只是形成了一个代价的标准尺度。为什么贝壳、马铃薯不能作价格尺度？一是非标准，二是容易坏，三是习惯。马铃薯明代才传入中国，中国的货币比马铃薯早多了。为什么比特币难以作价格尺度？为什么股票难以作价格尺度？因为波动大的财物通常被当做资产，而不是货币，因为货币最基本的要求是要有流动性和贮藏性，但是如果资产价格看涨，人们拿着就不愿意出售，如果资产价格看跌，市场都是卖的，资产又没人要，这都与货币的流动性要求相违背，所以资产很难成为货币。股票为什么不能作为货币，股市其实有股票作为支付的情形，那就是上市公司并购时候的换股方案。比如A公司要吸收合并B公司，A公司股票换B公司股票的换股价格为2.5:1。这是怎么算出来的，在A股市场，其实是以两家公司停牌前20个交易日的均价为基准，考虑到各种权益的折现和溢价，综合评定出换股比例。虽然是以股换股，但是中间少不了以货币的价格进行计算。只要社会的生产要素还是以货币定价，那么只要换算成货币具有套利空间，就少不了有人运用看不见的手抹平利差，使得生产要素价格重新达到均衡价格。为什么马铃薯不能作为货币？因为它过几天就发芽或坏了，不具备稳定的贮藏性，屯马铃薯还要耗费仓储成本。

通过对货币的分析，我们发现如果一个资产看涨，人们就喜欢留在手里，不会跟人交换，谁都希望自己东西越来越值钱，除非他急等着用钱；如果一个资产看跌，买家都在等着捡豆子，除非真正构建了"婴儿底"，傻瓜才去"接刀子"收这些资产。因此价格波动属性大的资产是无法成为货币的，因为它失去货币的本质功能——流通手段和贮藏手段。流通手段和贮藏手段的重要性之前论述过，农业生产、工业生产、贸易是增加国民财富的重要手段，单纯地存储金钱并不能让一个国家富裕，这也是为什么马铃薯不能当货币，因为过几天它就发芽或坏了。

所以价格的本质是一个竞争的游戏规则，普通交易就是"等价有偿"，正向拍卖就是"价高者得"，反向拍卖就是"价低者得"。这就是让·雅克·卢梭《社会契约论》里"从身份到契约"的基础。因为身份讲究的是力气大、权力大、身份尊贵等，而契约指的是等价有偿，不问出身。

不过《社会契约论》毕竟是18世纪法国大革命时代的产物。人类社会只能说从身份到契约有时候走远点，有时候走近点，而永远无法走向完全的契约，成大事"道、天、地、将、法"

缺一而不可，学会了开车，你就装上了马腿；学会了计算机，你就装上了千里眼、顺风耳。不擅长使用工具的人就被困在了"数字鸿沟"之中。

所以价格是对稀缺物品在市场中的竞争规则，竞争成功之后价高者得，你就获得了经济上的产权；为了防止别人把你的东西拿走，就需获得法律上的产权，保护你的权利。先有竞争，再有文明决定胜负的规则，再有价格。阿尔钦（Armen Albert Alchian）说，"价格决定什么比价格是怎样决定的更重要"，记住这句话，对于我们后续深入理解数字贸易，大有裨益。

把价格分析到现在，我们发现价格跟我们所说的代价、成本、投入，似乎在逻辑上并没有任何关系。那成本究竟是什么？

二十四、成本的本质

经济学中的成本就是机会成本。没有别的成本，成本就是最高的代价，是你放弃的最高价值的机会，有选择才有了价格比较的高低。没有选择就没有成本。在充分竞争的市场中，所有成本都包括进来，价格就等于机会成本。例如我有一斤面粉要出售给拉面店，三家拉面店分别报价2.1元、2.2元、2.3元，我选择了报价最高的2.3元的拉面店成交。那么我卖这一斤面粉的机会成本就是其他机会的最高价格，也就是2.2元。刚不是说机会成本等于价格吗？2.2不等于2.3呀，不要忘记有一个前提，就是充分竞争的市场，例如北京朝阳区有100家拉面店给我报价，那么最终接近的报价就会无限接近于2.28、2.29，乃至于有很多2.3元的报价，这时候机会成本就是等于价格的。交易量大的股票市场就更直观，买二的价格无限接近于买一的价格。

遗憾的是，中国人在理解成本的时候，往往容易跟历史发生关联，其实在经济学中成本是没有历史的概念的，或者说没有意义。这也是为什么每写一个名词，如果可能有歧义，笔者会把对应的英文标注在后面。例如：英国的法律叫common law，国内翻译成普通法。这个法其实一点不普通，这个common是共用的意思，common law是相对于英国的衡平法（equity）的概念。普通法是来自于12世纪以前英国的社会风俗，后来英国王室法院把这些风俗以判例的形式，在联合王国（United Kindom）普遍使用，成了普通法，即全体联合王国国民共用的法律，开始是国王当法官，后来事儿太多，国王忙不过来就授权了很多职业法官。衡平法的出现是因为英国的政府行为越来越多，有些皇家特许权的争议，用过去的风俗无法来裁判，于是参考了罗马法的关于正义的理念，形成了衡平法。

成本的定义有很多种，现代用得比较多的有固定成本、可变成本。

固定成本（fixed cost），同义词有沉没成本、固定开销，是指在一定时期，一定业务量的范围内是固定的，成本总额不随业务量改变，而表现为一个固定的金额。记住，固定成本一定是短期成本，只有短期才不会变，长期什么都会变。随着业务量的增加，单位业务量负担的固定成本会减少。比如生产汽车就需要很多的固定成本，厂房的租金、设备款、贷款的利息、长期员工如行政管理人员的工资、职工教育培训费等。例如一家律师事务所租了一个三年期的办公室，那么即便裁员或者增员，而事务所依旧需要支付租金，而不会变化。但是增到一定限度突破了办公室的承载能力，又要新增固定成本，所以固定成本只是在一定范围内固定不变。

可变成本（variable cost），是随着产出的变化而变化的成本。例如生产汽车所需要的钢材、生产线的工人、电力、销售人员等。

边际成本（marginal cost），指的是边际可变成本，多生产1个单位产出而增加的成本。例如生产100部手机的总成本是10 000元，而生产101部手机的总成本是10 800元，那么生产第101部手机的边际成本就是800元。

固定成本与可变成本的划分有其局限性。因为这种划分方式是会计上的术语，用以评估生产制造企业最典型，本质是对象的归属性。但是现实要复杂许多，一是因为现在产业的形态，生产要素投入越来越多元化；二是因为会计可能有着某种核算、记录审计的需求。比如说你公司盈利变好了，你不大可能不给行政管理人员涨工资，那行政管理人员的工资算是固定成本还是可变成本呢？会计中还有收付实现制和权责发生制。政府一直采用的是收付实现制，但是这个弊端较大，各国目前都在改革。我们还会说到会计式思考问题的弊端。

个人认为这种划分没有什么意义。产量跟成本并不是线性关系（一次方函数）的加减乘除，真实的商业决策甚至不能仅仅考虑自身产量的变化，还需要考虑对手的产量和成本的变化，双寡头市场里有古诺均衡的概念。概而言之，就是你提高产量，并不意味着对手就会跟进提高产量。对手核算完之后发现市场空间有限，就会缩减产量，这是博弈论里的概念了。

刚才我们说的是从历史角度去思考成本的弊端。所以要学会基于非历史的视角去判断成本问题。

我们讲一讲双寡头的古诺均衡。双寡头指市场上只有两个竞争者，他们的决策互相取决于对方的决策。A厂和B厂商的最优均衡产量在二者产量曲线的焦点上（见图6-20）。市场并不是一个单线思维，今年投入40万挣100万，明年是不是投入400万挣1 000万？不是这样的，因为一旦投入40万挣100万，就会有人觉得有利可图，会有更多的经营者进来，导致供大于求，也许挣不到钱。我想说会计式思维、经济学思维与博弈思维的区别会导致很大的区别，应避免会计式思维。

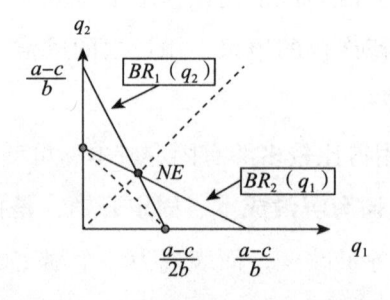

图6-20　双寡头市均均衡价格

假设A和B两家厂商最优点都是年产100万吨化肥，每生产1吨化肥成本1元。A需要拿一个决策，租用一个设备，每年70万租金，成本会降为0.5元/吨，A是否应该租用这个设备？如果用会计的分析怎么计算？新设备每年降低50万元可变成本，花70万元该不该租用？用会计的视角看，每年还多花了20万，肯定不该租用。在南方有的省份鼓励投入高科技设备，后来发现投入大于节省的钱。会计分析问题在于，他忽视了成本降低，会导致边际收入曲线均衡点下移。因为你成本降低了，产品更有竞争力，边际收入曲线向内侧移动，均衡点向内侧移动（见图6-21）。

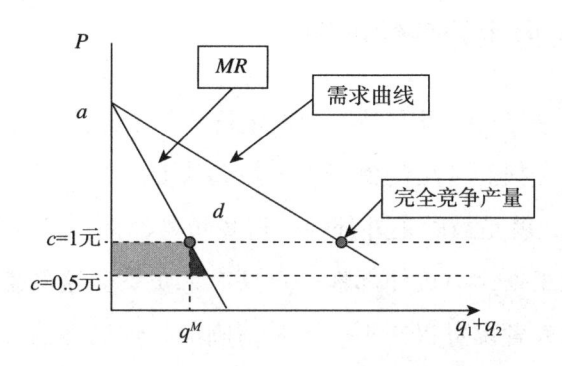

图6-21 成本降低导致边际收入曲线均衡点下移

如果用经济学的视角来分析，$\frac{3}{16}=0.19$，50+19=69<70。按照经济学的视角来分析，收入依旧小于开支。

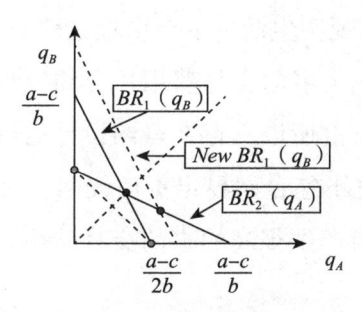

图6-22 A生产率增加导致古诺均衡点外移

如果用博弈的思维来看，A的成本降低，A的产量增加，劳动生产率增加。A公司的最佳策略在古诺均衡中会向外移动，新的均衡点会处于相对比较靠下的位置（见图6-22）。A公司价格降低，有竞争优势，B是会减产的。B减产之后，A可以卖的销量就增加了。还有个小三角形的收益没有计算，真正新增受益是31+68>70。虽然从会计看收益和成本不成正比，但是关键点在于，新设备的投入会导致劳动生产率提高，产量增加，产量增加会导致对方产量减少，对方产量减少会导致边际收入的均衡点下移，新增收入的量会扩大，会导致新增小的量，这个小的量会带来超额的收益。所以依据博弈做出决策最大的教训是，在市场有限的情况下，不要简单地做加减乘除，因为你的决策会导致他人改变策略，另一家公司减产，我们就会有利可图。在国际贸易中就表现为有人倾销打价格战，迫使对方减产，他才有利可图。任正非就曾经很鲜明地指出，不要期望把所有竞争对手都打倒，要学会与他们和谐相处，给予合适的利润。政治上也不允许世界只有一家公司提供某种产品。

这在实践中也有一些应用。例如你去收税，会计一算，提高税率就能征收更高的税。但事实上一旦税收制度变更，被征税人就会做出策略应对，使得实际征到的税低于预期。公司老板设立了一个新的制度，员工会怎么做？但是事实上员工是博弈的参与者。你改变规则，员工就会改变，这使得新制度的效果大打折扣。因此博弈的思维告诉我们需要考虑对手的策略。记住，策略的效应会改变行为人的利益，不要像会计一样思考问题。

二十五、外部性与内生外部性问题

外部性（externality）是指行为没有被准确地定价，一个经济行为出现了好的或者坏的影响，没有人定价受益或者定价受损。常见的例子：环境污染是负外部性，慈善捐款是正外部性，等等。总之经济运行的原则，就是鼓励正外部性，避免负外部性，正外部性不一定要有清晰界定，不过在判断激励时有一定用处，但负外部性一定要有人负责。这就是产权的安排，但是现实生活中尤其是中国人，产权或者说责权并不一定是清晰的，这又是为什么呢？是不是一切事务都要井水不犯河水，丁是丁卯是卯呢？

制度经济学家如科斯、张五常认为企业的边界、产权和外部性只是一种契约安排。但是为什么不把空气划分到人头上？你呼吸了我的区域的空气，就要向我付款？因为这样做会导致事前界定产权的交易费用很高，所以现实生活中不会出现这种安排。

杨小凯指出，事前界定产权产生事前交易费用，合约执行过程中会发生事后交易费用，有效的合约设计要权衡这个两难冲突。所以，存在合约设计的最优模糊程度问题，就是内生外部性问题。比如，企业管理员工完全不签合同界定责任权利，大家就会乱来（事后交易费用高）；但是如果事无巨细地进行说明，会产生很高的事前交易费用。所以，劳动合同往往只写明大的框架，具体细节通常由企业裁决。

有人从科斯定理出发，认为污染环境无关大局。这是对科斯思想的曲解。科斯确实指出，不让污染环境的工厂进行生产，会影响其收益。自由市场讨价还价，会使企业选择最优的环境污染程度。而我国现在的症结恰恰在于缺乏有效产权，各利益相关方不能平等博弈，缺乏自由讨价还价的市场。目前日见成效的改革方向是，企业不符合环保政策，则经济行为令行禁止。同时扩大了检察院、有关部门在环保公益诉讼中的职责和联动效应，提高了环境污染诉讼的被告举证责任。在国际上，联合国目前也正在准备设立气候赔偿基金，以弥补应气候变化引发的自然灾害所导致的损失和损害。[①]

科斯就是用经济学的思维逻辑强调资源最优配置，将这个思想运用到法律上，特别是运用到法权上面，就是权力怎么分配和界定会让结果更有效率。

内生增长理论是保罗·罗默的发明。所谓内生，是指该现象由模型本身推演而来，外生是指作为模型的前提条件所决定。罗默认为，古典经济学中关于生产和交换对于经济的价值有局限，内生的技术可以促进经济的增长，并提出了四要素增长理论，即在新古典经济学中的资本

---

① COP27 落幕：协议设立气候赔偿基金，联合国，https://mp.weixin.qq.com/s/YJjbkmAX8RJCdzGDt8qv5w。

和劳动（非技术劳动）外，又加上了人力资本（以受教育的年限衡量）和新思想（用专利来衡量，强调创新），罗默也因此获得了2018年的诺贝尔经济学奖。这其实跟现在讨论的"内卷化"（involution）是一个意思，你无法占领新的领地，那只能不停自己压榨自己获得竞争优势。

二十六、搭售问题

有人把搭售算作反垄断法应当规制的行为，认为其滥用市场支配地位。但是真相可能并非如此简单。例如爱马仕的加盟商采购铂金包会强制要求搭配一定比例的丝巾、腰带和各种配饰，卖劳力士的迪通拿和"绿水鬼"总是缺货。主要原因是市场获取信息费用时，考核不出来销售商，就选择搭售，把好卖的与不好卖的放在一起搭配卖。通过不好卖的配比，代替了考核机制，让销售商自己选择自己利润最大化的均衡点。如果把好卖的都给了销售商，反而会导致考核销售商的业绩是非真实的，导致市场好卖的产品泛滥，损害了生产商的利益。这跟超市配置收银员总是不足的道理是一样的——通过让收银员忙碌，收银员自我监督卖力工作早下班，省去了第三方考核的额外获取信息费用成本。

二十七、自然垄断的争议

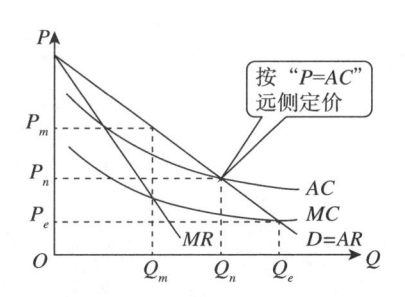

图6-23 价格管制：厂商平均成本递减

自然垄断行业跟互联网或者数字经济行业有着很大的共同之处。初期投入沉没成本非常高。例如电信行业移动运营商投入100亿建设5G网络。建成之后，边际成本低，你多增加一个用户，边际可变成本接近于0。所以他的边际成本是向下的。但是他的平均成本因为初期沉没成本高，除以用户量平均成本一直在边际成本之上。如图6-23所示，AC长期高于MC。但是根据市场均衡的假设，如果企业利润最大化，市价一定在边际成本点。这使得收入长期达不到平均总成本，企业长期处于亏损状态。如果价格等于平均成本，也就是$P=AC$，那么边际收益就不会等于边际成本，就不会处于帕累托最优，存在帕累托改进的空间。如果价格$P=MC$，则企业无法弥补平均成本，企业长期亏损。所以政府给予自然垄断行业如电信、高速公路、石油、电力等以补贴。美国的研究认为大多数行业并不是真正的自然垄断行业，可以引入市场竞争，这就是双边市场在起作用。但是最近这些理论又开始回潮。例如美国的5G频谱资源，市场拍卖厘米波被军方拍走，使得美国就没法发展厘米波的5G，而毫米波绕障碍物能力弱，所以这给美国5G发展带来了困境。例如法国将大量的公共卫生事业都外包出去，使得这一轮新冠疫情应对不力，法国又在重新考虑将公共卫生事业收归国有。整个西方都在反思哪些属于该垄断和政府管制、补贴的，哪些可以交由市场来做。补贴的是什么？补贴的就是AC与MC的差值。比如高速公路，我修了一条高速公路，是公共品，大家都免费，节假日都去开，于是高速变低速。所以高速公路必须设置一个价格，让一部分人愿意上高速，一部分人不愿意上高速，达成分离均衡，还能照顾到企业的沉没成本。在西方还有BOT制度，让特许经营费承建工程获得经营权多少年，多少年之后移交政府。对于价格的管制并不是好的事情，中国香港的公租房就很便宜，导致的问题就是没有人维护公租房，致使公租房居住条件差。很多人对公租房持有批判性。大多数公共事业都存在边际成本低于平均成本的情况，政府要给予补贴。

这个在互联网行业非常明显，跟公共事业非常近似，互联网是一种准公共产品。比如说微软投入100亿美元开发了Windows操作系统，每卖出一份只需要给你一个秘钥，边际成本很低。所以它能够把价格定得很低。把Windows光盘1元卖给你还有得赚。但是你如果投入100亿美元，你只能卖1万份，你的平均成本就比微软高得多。这也是为什么法国经济学家菲利普·阿吉翁（Philip Augil）认为竞争后发的，往往是后发优势，跟随策略。因为帕累托最优的存在，Windows的边际成本是0，所以他可以免费，占领市场。你如果跟Windows在一个需求曲线下竞争，你是竞争不过他的。强者恒强，规模效应递增，要么垄断，要么死亡。你只有换一个需求曲线，才能差异化竞争。

专题七
数字友好计算机基础

人与动物的关键区别在于，人会使用工具。但是黑猩猩也会用树枝套取蚂蚁，因此人与黑猩猩在使用工具方面更大的区别在于，人使用的工具更加智能、更加精细；深层次的原因在于人类会用语言，知识经验可以在前人基础之上累积。荀子说"假舆马者，非利足也，而致千里；假舟楫者，非能水也，而绝江河。君子生非异也，善假于物也"。计算机就是人类智能工具中的集大成者。数字友好的复合型人才对于基本的计算机技术知识必不可少。有了计算机，我们就近乎"终结者"，了解计算机的能与不能，顺便学习别人挣大钱的秘诀。

一、计算机的逻辑和基础

计算机是一种可以存储程序并且通过执行程序指令，对数字信息进行处理，输出运算结果的智能电子设备。由于透明性（比如C语言编程的人就不需要了解计算机的计算原理）或者技术黑盒（一个概念或者系统集成了全部的功能，而无须探究本质）的存在。如果不研究计算机，你只会看到相应的接口（各种HDMI、DP、USB、串口、并口、API、SDK等），无法看清计算机的内部结合和运算逻辑。从方便应用的角度看，透明性和黑盒无可厚非，但是在判断前瞻性问题时，或者出现争议时，计算机能做什么，不能做什么？对世间各种新奇的经济现象，我们怎么去证伪？这时，就需要了解计算机的原理。

计算机的语言基础是二进制语言，源自布尔代数。乔治·布尔（George Boole）在19世纪中叶也就是中国清朝道光年间发明了布尔逻辑（Boolean Logic），可以通过0和1的组合表达一切非、与、或、异或的逻辑，奠定了现代计算机采用二进制逻辑的数学基础。无限的0和1组合出无限种可能，好比"道生一，一生二，二生三，三生万物"。

计算机最核心的部件是CPU。CPU是一种超大规模集成电路，在法律上叫作集成电路布图设计，我国有专门的《集成电路布图设计保护条例》。CPU的主要部件是晶体管（transistor）。晶体管并不是一种管子，而是因为它是由硅晶体制作的，能够实现某种技术上的特性，因而叫晶体管。晶体管有很多类型，其中的一大类叫二极管，二极管的特点是单向导电性。二极管阳极和阴极加上正向电压时，二极管导通。当给阳极和阴极加上反向电压时，二极管截止。因此，二极管的导通和截止，相当于开关的接通与断开。它只会记录两种状态。这两种状态可以用来代表假（false）、真（true），或者0、1。这就在物理和电路上给了布尔逻辑实现的可能。例如在计算机中5可以表示为0101，-5可以表示为1101；A可以表示为01000001，B可以表示为01000010；启动可以表示为00，停止可以表示为01，正在工作可以表示为10，工作结束可以表示为11；电平信号中高电平、低电平、高电平可以表示为101；脉冲信号中有脉冲、无脉冲、有脉冲可以表示为101。这种数字化的标识具有物理上诸多优点：容易表示与存储、抗干扰能力强可靠性高、数值的表示范围大精度高、表示的类型范围广、能用数字逻辑技术进行处理。

在民事诉讼法中，我们有电子数据和视听资料的证据分类，电子数据就是指采用数字信号存储的数据类证据，而视听资料主要只是过去那种磁带、录像带，以模拟信号存储数据的证据种类。

因此这些前人在数学、逻辑和电磁学上面所做的积累，奠定了电子计算机采用二进制算法的技术基础。

根据国际上通行的ASCII码，可以直观看出来如何通过0和1就表示出各种字符信号及与十进制的对换关系。

当前的CPU制作工艺已经可以达到5nm以下，据说在更低纳米工艺下会发生量子隧穿的效应，使得CPU丧失物理性能，所以CPU的制作工艺也不是无限精细化的。

计算机的发明者是冯·诺依曼（John von Neumann），也是博弈论的发明者。冯·诺依曼认为计算机的核心功能是存储程序和程序控制。存储程序指的是将程序存放在计算机的存储器中，而程序控制是指按照指令地址访问存储器并取出指令，经译码依次产生指令，执行所需的控制信号，实现对计算机的控制，完成指令功能。

最早的计算机使用纸带进行编程。

纸带怎么编程呢？一条很长的纸带上面有很多孔（见图7-1）。计算机通过一组弹簧固定的探针，首先把所有探针拉起，纸带移动，然后探针松开落下。如果纸带无孔那么探针就会被挡住，对应的电路断开；否则探针可以穿过孔落下，电路导通。每个探针对应一个电位计，通路为1，断路为0。读取后，所有探针拉起，纸带前移，然后探针松开，实现了一个程序的循环。

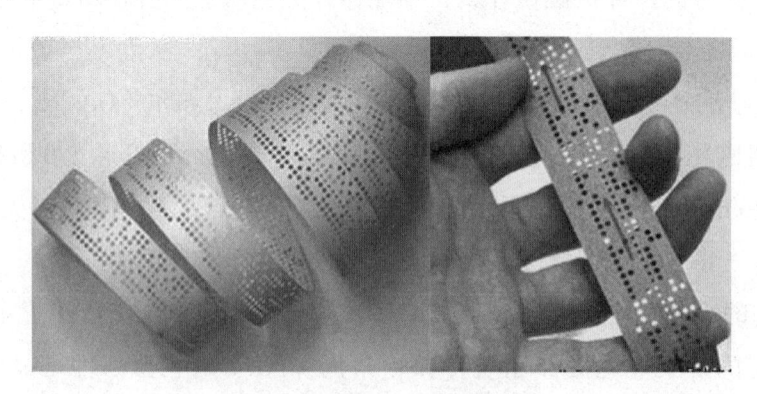

图7-1 计算机早期编程纸带

相应的机器码，就通过指令集mov、add、and、or、xor、sub、shift、load、store、halt，对应到机器可以执行的二进制码0000到1001（见图7-2）。

```
#0 mov r0 0x1a                                    #0 0001 0000 0001 1010 - mov r0 0x1a
#1 load r1 [r0]        mov: 0001 xxxx yyyy yyyy   #1 1000 0001 0000 0000 - load r1 [r0]     ○○○●○○○○  00010000
#2 mov r0 0x2c         load: 1000 xxxx yyyy 0000  #2 0001 0000 0010 1100 - mov r0 0x2c
#3 load r2 [r0]        add: 0010 xxxx yyyy zzzz   #3 1000 0010 0000 0000 - load r2 [r0]     ○○○●●○●○  00011010
#4 add r3 r1 r2        store: 1001 xxxx yyyy yyyy #4 0010 0011 0001 0010 - add r3 r1 r2     ●○○○○○○●  10000001
#5 mov r0 0x3e         halt: 0000 0000 0000 0000  #5 0001 0000 0011 1110 - mov r0 0x3e
#6 store r3 [r0]                                  #6 1001 0011 0000 0000 - store r3 [r0]    ○○○○○○○○
#7 halt                                           #7 0000 0000 0000 0000 - halt
```

图 7-2 纸带编程的编译示意

二、计算机硬件

为了实现存储程序和程序控制这两大目的，冯·诺依曼设计了5个计算机的逻辑硬件，分别是输入设备、存储器、运算器、控制器、输出设备（见图7-3）。这五部分逻辑硬件，通过总线（BUS）进行连接。总线就是一组组并行的导体，可以让计算机中的各设备互相连接，携带数据和控制信号来回传递。

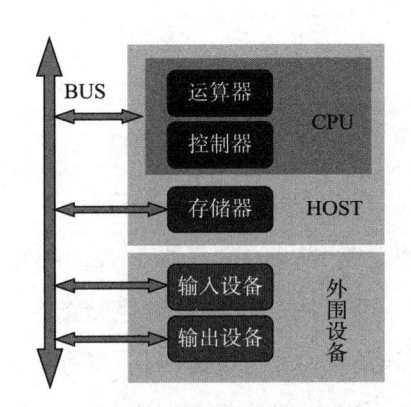

图 7-3 冯·诺依曼计算机逻辑结构

现在我们使用的计算设备，这5块逻辑硬件在空间上经常混在一起。例如华为Mate40 Pro有数十个传感器，如CPU、GPU、RAM、ROM，而比亚迪唐新能源汽车有数万个传感器。但不妨碍我们条分缕析，深入思考各设备间的内在逻辑。

以常见的电脑主机的机箱为例，里面包括CPU（运算器+控制器）、内存（约等于主存）、主板、硬盘（外存）、声卡、网卡。外设中会包括输入设备，包括鼠标、键盘、麦克风、摄像头、扫描仪，以及各种传感器；输出设备，包括显示器、声卡、音响、打印机甚至汽车、飞机，等等。

有了这5块逻辑硬件，计算机的计算过程就可以理解为数据通过各种传感器输入设备，二进制数字化之后存放在计算机程序运行场地主存之中，然后供CPU进行程序控制、逻辑运算，进而再将运算结果通过主存输出到输出设备之中。

这里面的主存是一个逻辑上的概念，能够和CPU直接交换信息的叫主存（通常是内存），不能够直接交换信息的叫辅存（通常是外存）。因为要与CPU直接交换信息，因此主存要求与CPU的地址总线、数据总线和控制总线相连接，方便CPU直接寻址，是负责运行程序的存储器。逻辑上看，寄存器、缓存（cache）、内存和外存中的虚拟内存都可以叫作主存。因为主存的大小、速度及带宽决定了CPU的工作效率，因此现代的CPU已经可以将1级2级3级缓存直接集成在CPU之中，然后通过高速内存，以及硬盘空间中的虚拟内存，依次给CPU提供速度从快到慢，空间由小到大的主存区域。逻辑上我们可以认为缓存越大、内存越大，则对CPU的支持越好。

可以说计算机运算最核心的部件是CPU和主存。那么问题来了，CPU和主存在逻辑上最重要的三个功能——运算器、控制器、存储器——是如何分工工作的呢？

运算器是要完成各种运算的器件，要实现算术运算（加减乘数），以及逻辑运算（与、或、非、移位）等运算。为了实现算术运算和逻辑运算功能，运算器包含了3个基本结构（见图7-4）。

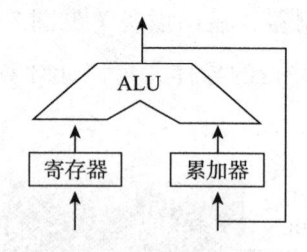

图7-4 运算器逻辑

第一个是ALU（arithmetic logical unit，算术逻辑单元）。

第二个是参加运算数据和保存运算结果的寄存器（register）和累加器（accumulator）。

寄存器是一个时序逻辑电路，可以用来高速暂时存储指令、数据，而不需要通过I/O系统，而节省读取操作数所需占用总线和访问存储器的时间。寄存器也有很多类型。现代的CPU都有很多个寄存器，EAX、EBX、ECX、EDX都是通用寄存器，主流CPU已经做到32个zmm向量寄存器了，而物理寄存器则更多。

累加器专门存放算术或逻辑运算的一个操作数和运算结果的寄存器，能进行加、减、读出、移位、循环移位和求补等操作。

如上这个结构只是简单的模型，实际的运算器需要结合具体的功能，也就是实际支持的算术运算和逻辑运算的指令、功能，得到运算器结构是有差异的。运算器与指令系统、数据类型和运算性能相关联。

控制器要产生指令在执行过程中的控制信号。控制信号的表现一般有两类：电平信号和脉冲信号。信号产生的来源之一是指令寄存器的指令。除此之外，还要监测指令在运行过程当中，寄存器的状态。比如条件转移指令，要监测条件寄存器的相关状态是否满足，还要对控制信号进行时间控制，如电平信号、脉冲型号、控制时间。

存储器基于地址访问的存储器结构，包括地址总线、数据总线以及存储体。存储器是存储源程序、元数据、运算的中间结果。存储程序主体在存储器中完成。工作方式一类是读，另一类是写。给出一个地址，由地址译码给出相关单元，从而读或者写相关数据。访问存储空间所需的地址线数跟2的次方数有关系，访问1 kB存储空间要10根地址线，访问1 MB存储空间要20

根地址线，访问1 GB存储空间空间要30根地址线，访问2 GB空间要31根地址线，访问256 GB要38根地址线。

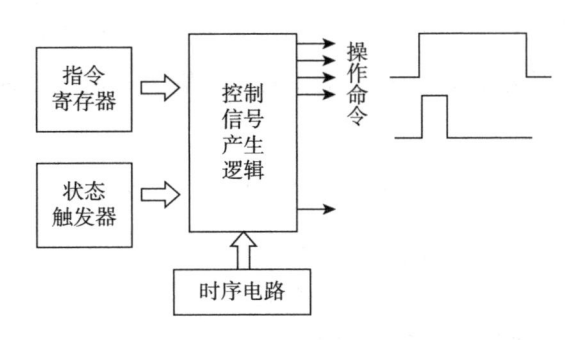

图7-5　控制器逻辑

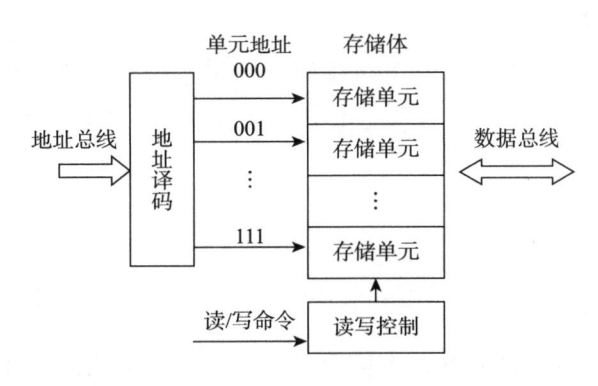

图7-6　存储器逻辑

计算机程序用内存地址来运行机器码，存储及截取数据。大多数的应用程序无法得知实际的物理地址，而是使用电脑的内存管理单元及操作系统的内存映射的逻辑地址或虚拟地址。

用反编译工具可以看到正在内存中运行的某个软件对应的语句、数据在内存和寄存器中的位置。我们日常如果软件被侵权了，要司法鉴定，可以看到恶意软件是不是把我们的用户数据直接拿走，进而维护法律权利。

CPU一般会有一些指标，比如位数、主频、核心、线程、缓存、工艺、功耗，以及ARM架构、X86架构等架构之分。

主频是CPU内核工作的时钟频率。主频并不一定等于运行速度，而是指CPU内一个时钟周期内，数字脉冲信号的震荡速度。CPU里有数不清的计算电路，要计算的时候，脉冲器就给计算单元发信号。早期CPU就走了单项增强主频的路径，但是后来发现主频只能决定CPU的部分性能。只有在高主频同时各个系统数据传输速度都提高后，计算机整体运算速度才能提高，那么这些其他影响运算速度指标的性能就包括缓存、指令集、位数、核心、线程、倍频、外频、前端总线，等等。外频是CPU与主板之间同步运行的速度，CPU的外频直接与内存相连通，实现两者间的同步运行状态；倍频即主频与外频之比的倍数。总之在功耗一定的情况下，这些数据的指标越高越好。

以7nm FinFET工艺，X86架构，8核心、16线程的移动平台处理器 AMD Ryzen 9 5900H CPU

为例，采用 Zen3 架构，拥有 35W 的功率，基础频率 3.3GHz，而加速频率为 4.65GHz，三级缓存 16 MB。

苹果公司先进的 5nm 的 ARM 架构 A15 处理器集成了超过 150 亿个晶体管，主频将达到 3.23GHz。目前 ARM 架构的移动处理器有苹果 A 系列、华为麒麟、高通骁龙、联发科 Helio、三星 Exynos 等品牌。

目前生产 CPU 最重要的设备是光刻机，以荷兰 ASML 公司光刻机为优。如上所言最新的 CPU 制作工艺可以达到 7nm。可不可以更小？据说到一定程度会发生量子隧穿效应，就是宏观物理学的属性；小到一定程度，就会与经典物理的结论不一致。CPU 大规模集成电路工艺能不能做到更低，例如 3nm？我们只能说肯定不是能够无限缩小的。英特尔公司也因持续在 10nm 工艺上徘徊，被人揶揄为"牙膏厂"。

CPU 或者说芯片制造，本质其实是增材制造，一层一层长上去。流片（tapeout）是设计验证的重要过程。动辄数年时间，耗费数亿元而失败率颇高，人力成本和专利授权费用也是天价，非大厂不能承担。

三、计算机软件

计算机是怎样听懂人的语言的呢？本质上是一层一层逻辑化的翻译。学过外语的都知道，如果想给别人做翻译，要先输入一种语言形成意思理解，然后再输出另一种语言。这其实就是约翰·希尔勒（John Searle）中文屋的基本模型（见图 7-7），但中文屋是用来否定强人工智能的。意思是说有一个人躲在屋子里，只会根据输入的英文通过查字典的方式输出中文，但其实他可以是一台机器或者一只会查表的狗，在外界人看来他就是一个精通中英文的人类翻译，但远远达不到真正的人类智慧。套用美国的俗语，如果你走起来像只鸭子，叫起来像只鸭子，你就是只鸭子。但事实是机器可以模仿鸭子，但它毕竟不是鸭子。计算机就是基于这种模仿游戏的思路进行设计的。有一部很有意思的电影叫作《模仿游戏》（*The Imitation Game*），说的就是人工智能之父阿兰·图灵的故事。

图 7-7 中文屋模型

计算机是智能的，因为在逻辑运算中能够很快存储和判断。但计算机并不聪明，可能学习一千万张图片，都不一定能够把狗和自行车区分开来，但 3 岁小孩一眼就能看出狗和自行车的区别。所以人类的理解方式跟计算机二进制区别很大。

软件是对可运行的事项和内容的一层一层数字化直到计算机可以理解。事项是算法、规律和方法。内容是输入系统或者传感器等搜集来的各种图形、图像、数据、声音、文字等被处理的对象。软件的表现形式是程序和数据，以二进制表示。软件的核心是算法。

计算机的七层结构（见图7-8）从上到下包括应用程序、高级语言、汇编语言、操作系统、指令集架构层、微代码层、硬件逻辑层，层层翻译，越往上人越容易理解，越往下机器越容易理解，所以高级语言人容易理解，而低级语言机器容易理解。

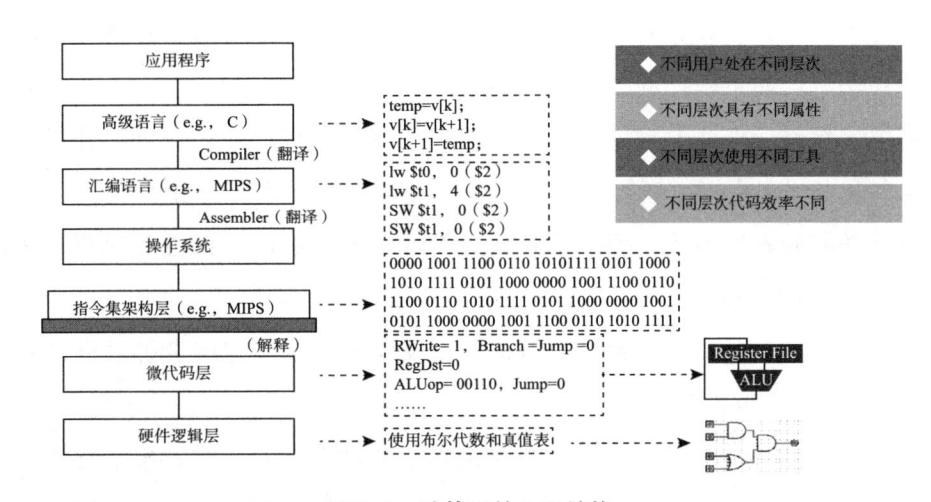

图7-8 计算机的七层结构

不同的用户处于不同的层次，一般人使用应用软件在应用程序层次。现在的编程者编程多使用高级语言（high-level programming language），如COBOL、BASIC、JAVA、C、C++、Python、PHP，表达方式跟英语很像，处于高级语言层次；早期的应用程序多采用汇编语言开发，现在从事平台代码生成的人，需要熟练掌握汇编语言。研究CPU就处在指令集架构层、微代码层，越往下层越难学。硬件的变化会影响软件的变化，软件变化也可以影响硬件。例如X86架构的程序就较难在ARM架构的CPU上运行。合适的程序跟合适的硬件相结合才能高效运行。软硬件的分界线在指令集架构上。分界线是软硬件的接口。分界线上面是软件，分界线下面是硬件。软件指令可以通过接口操作硬件，指令的格式和指令的硬件非常重要。指令的格式与指令的设计要与硬件一致，取得硬件的支持。通过这七层次计算机结构，计算机的工作流程可精简为六步：编写程序、输入程序、存储程序、转换为指令序列、执行指令和输出结果。

在法律的概念中，我国《计算机软件保护条例》认为软件是计算机程序及其有关文档。计算机程序，指为得到某种结果而可以由计算机等具有信息处理能力的装置执行的代码化指令序列，或者可以被自动转换成代码化指令序列的符号化指令序列或者符号化语句序列。同一计算机程序的源程序和目标程序为同一作品。

程序是代码化的指令序列，人用C和JAVA写出来的软件叫作源程序，通过编译之后形成机器能够执行的程序叫作目标程序。但是这个把源程序与目标程序视作"同一作品"的定义争议很大。因为有的语言是需要经过编译的，如C语言；但是有的语言如BASIC语言，它的源代码由解析器代为执行。HTML语言是由浏览器代为执行。JAVA语言的源代码经过编译后产生的目标代码不经由CPU而是由JAVA虚拟机执行。高级语言因为贴近于人类语言，可以表达程序员的思想，具有独创性。而机器语言0101这类，一般人无法从外观上感知其思想的表达，其实不符合著作权法原创性思想表达的价值。目标代码的唯一目的在于机器的执行，程序员不会以目标代码作为沟通媒介，目标代码只是对源代码的演绎而非作品本身。对于计算机程序的定义，TRIPs（1994年）第十条规定计算机程序，无论源代码还是目标代码，都作为《伯尔尼公约》下的文字作品受保护。美国版权法（1980年）第一百零一条规定计算机程序是指一序列语句或指令，直接或间接被用于计算机以产生一定结果。TRIPs协议和美国都没有将计算机源程序和目标程序视作同一作品。如果视作同一作品，也会造成一个逻辑上的问题，计算机软件著作权如果添加技术要求，是可以申请专利的。如果源代码程序与目标程序视作同一作品，那么公开了目标程序，再申请专利则会丧失新颖性。因此目标代码作为人类思想表达经过机器编译的结果，具有机器间可以理解的表达方式，但是不具备人类社会所理解的原创性和思想，宜作为独立的作品类型或者作品的演绎加以保护。

计算机软件著作权侵权目前也数见不鲜，通过反向编译，抓包或者抄袭开源软件，疑似侵权的软件，要做司法鉴定同一性比对。

我们还要明白一个问题，很多计算机的源代码是来自第三方库或者模块化的，所以有可能外观和功能看着一样但程序源代码不同，也有可能外观和功能看着不一样的程序，通过源代码比对，出现大面积雷同。所以不能仅仅依据源代码的雷同率去判断著作权侵权问题。因为著作权保护的是作者的独创性思想表达，只有独创性代码或者汇编成果才受著作权保护，因此关键是要审查独创性代码和汇编作品的重合程度。有很多人编程有些特定的习惯，例如给软件加电子签名、写注释、加时间戳、加埋点和特定的字符串，如果这些被人不经意大面积复制，则较容易鉴定出软件著作权的侵权。

四、操作系统

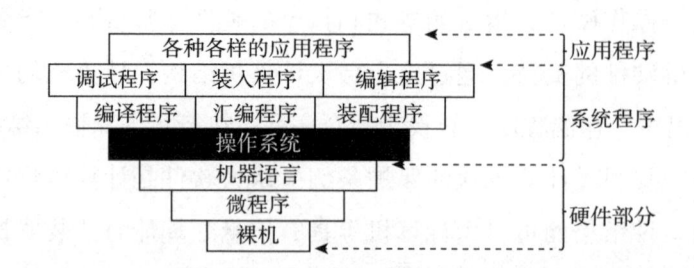

图7-9 操作系统在计算机系统中的地位

操作系统（operating system，简称OS）是管理计算机硬件与软件资源的计算机程序。操作系统好比毛坯房中的管线铺设，是未来的家用电器运行基础（见图7-9），起到了承上启下计算机软硬件的作用。覆盖在硬件上面，为上层应用程序屏蔽了硬件的细节。应用程序使用硬件资源，必须要通过操作系统代劳，调用硬件资源就跟调用代码一样简单。

操作系统区别于一般软件的核心功能，是管理进程和管理内存，剩下来的还有一些一般性的特点，例如控制输入输出设备、文件管理、操作网络、给用户提供一个交互界面等。有些嵌入式操作系统就不具备，而Windows和Linux则具备。所以，操作系统的一般功能是随着70多年软硬件的协同发展、完善逐步添加上的，最核心的功能还是管理进程与管理内存。直白点来说，就是操作系统要决定程序在什么场所跑（内存），在哪条道上跑（进程）。

操作系统主要用途是决定谁来使用CPU。系统按照程序进程的优先级，分配时间片，每个任务轮流使用CPU，形成多任务机制。当程序开始运行时，如果内存空间足够大，操作系统会按分页机制，将程序调入内存中。否则，操作系统会分批将程序的部分内容调入内存。由于程序运行的内存需求是动态的，操作系统会有相应的机制将当前不使用或不急需的页面放弃，或者调入新的程序页面。多任务之间的内存页面也会进行相应的调度。这里面有很复杂的内存管理的分配映射机制。

目前，我们日常使用量大的通用操作系统包括UNIX、Linux、Windows、Mac OS等。移动端操作系统有Android、iOS，以及下一代物联网操作系统像Google开发的Fuchsia和华为的鸿蒙Harmony OS，还有一些集成在家电、相机等设备里的软硬件一体嵌入式操作系统、分布式操作系统，等等。

操作系统的历史可以分为手工操作（无操作系统）、单道批处理系统、多道批处理系统、分时操作系统。

手工操作系统对应电子管计算机时代，程序的启动结束都需要管理员手动操作接线柱。

单道批处理系统，管理员将多个作业输入到磁盘完成作业队列。装入运行撤出，自动完成，效率高。每次处理一个作业队列，识别、装入、撤出，所有作业依次串行。缺点是外设与CPU交替空闲，CPU和外设的利用效率低。

多道批操作系统内存中有多道程序。某道程序不能继续运行，CPU调度另外一个程序运行，使得CPU利用率提高，多道程序互相穿插。内存里多道程序并行，微观上是串行的，CPU只有一个程序占用。优点是输入输出频繁、快速响应。但是依旧有系统复杂、交互能力差、程序运行过程不确定的问题。

1957年苏联发射了第一颗人造卫星，进而准备发射宇宙飞船；而美国宇航局事业连连受挫，美国总统艾森豪威尔下决心将大型计算机建设成为一种公共设施，为公众提供计算机服务。1960年代硬件出现了中断技术和通道技术，就是CPU收到中断信号，停止当前工作，去处理外部事件，处理完毕后回到断点继续工作。通道技术使得外设与内存可以直接交换数据。这使得计算机可以更灵活处理任务和数据传输。由于事务性工作增多，用户需要大量的交互，所以要新的操作系统多用户、多任务、多终端输入和输出来使用。终端用串口线连接起来，多个终端共享主机的计算资源，主机采用分时技术轮流给每个终端服务，终端以为自己独占主机。主机以很短的时间片把CPU轮流分给每个终端使用，再给下一个终端，再循环。于是出现了分时操作系统的需求和技术基础。

1962年美国国防部高级研究计划署ARPA（Advanced Research Project Agency）支持了Multics项目，由贝尔实验室、麻省理工学院及美国通用电气公司研发。它是一个公用计算服务系统，支持波士顿地区分时应用。Multics是Multiplexed Information and Computing System的缩写，意思是多任务信息计算系统。从词缀看Multi就有多重的意思，例如multiple是"多样的"意思。Multics意在让一台计算机可以同时为几十上百个用户服务，从名字你就能看出来是个庞大的系统。后来贝尔实验室曾经参与Multics研发的工程师Kenneth Thompson和Dennis Ritchie编写了一个叫作"太空穿梭"（space travel）的小游戏，但是在Multics上无法运行。为了让自己编写的程序能够运行起来，两人在一台DEC小型计算机PDP-7上编写了一个精简版的Multics，取名Uniplexed Information and Computing System，简写为UNICS。UNICS后来取谐音简称Unix。从Uni这个词缀就可以看出来它有单一化、集中化的意思，例如unit意思是"单元"，unite是"统一"的意思。

Unix是第一个实用化的分时操作系统，目前主要运用于服务器领域。

1985年的Windows1.0主要基于MS-DOS，在启动Windows之前要启动MS-DOS。MAC OS操作系统基于Unix内核。Linux是开源的，标志是一只企鹅。Unix和Linux以及DOS都是命令式操作。后来Mac OS和Winodws开发了视窗式的操作系统。手机端的Android内核是Linux，iOS也是基于Unix开发的。

五、进程与线程

并发程序和顺序程序有本质差别，为了更好描述和管理程序运行，出现了进程概念。进程（process）是程序在数据集合上的一次运行活动，是系统进行资源分配和调度的最小单位，是操作系统结构的基础。程序运行一次就是一个进程，运行两次就是两个进程，数据集合就是软/硬件环境。进程是系统分配资源和调度的基本单位。进程动态产生动态消亡，并发、异步，按照自己的速度分享占用CPU。在Windows系统中，可以通过"Alt+Ctrl+Delete"快捷键查看计算机的进程，并能够看到不同进程的CPU、内存、磁盘、网络等多种资源的动态分配。抽象来看，进程一般由程序、数据集合和进程控制块三部分组成。程序用于描述进程要完成的功能，是控制进程执行的指令集；数据集合是程序在执行时所需要的数据和工作区；程序控制块包含进程的描述信息和控制信息，是进程存在的唯一标志。

线程（thread）比进程更微观。在早期的操作系统中并没有线程的概念。进程是拥有资源和独立运行的最小单位，也是程序执行的最小单位。任务调度采用的是时间片轮转的抢占式调度方式。进程是任务调度的最小单位。每个进程有各自独立的一块内存，使得各个进程之间内存地址相互隔离。后来，随着计算机的发展，对CPU的要求越来越高，进程之间的切换开销较大，已经无法满足越来越复杂的程序的要求了。于是就发明了线程。线程是程序执行中一个单一的顺序控制流程，是程序执行流的最小单元，是处理器调度和分派的基本单位。一个进程可以有一个或多个线程，各个线程之间共享程序的内存空间（也就是所在进程的内存空间）。一个标准的线程由线程ID、当前指令指针PC、寄存器和堆栈组成。进程由内存空间（代码、数据、进程空间、打开的文件）和一个或多个线程组成。当操作系统支持线程后，线程变成CPU调度单位和运行实体。

一个进程内部可以创建多个线程。多个线程共享CPU可以实现并发。线程并发力度比进程更细。在多线程的场景下，比如你在线看电影视频解码、音频解码、网络接收需要同时进行，可以为每个功能创造一个线程，从而实现多个功能的并发。缺省Windows程序是单线程程序，后台计算、前台窗口响应、用户交互操作都是串行执行的。由于后台正在运算，如果后台运算进入死循环，如while或者for循环，Windows程序就没有办法及时响应前台交互操作。怎么改进？后台计算改为线程实现，前台响应交给缺省的主线程，前台主线程和后台线程就可以并发。优化程序的结构改为多线程，那么程序的响应速度就会并行不悖。

总结一下，进程与线程具有以下区别：

（1）线程是程序执行的最小单位，而进程是操作系统分配资源的最小单位；

（2）一个进程由一个或多个线程组成，线程是一个进程中代码的不同执行路线；

（3）进程之间相互独立，但同一进程下的各个线程之间共享程序的内存空间（括代码段、数据集、堆等）及一些进程级的资源（如打开文件和信号等），某进程内的线程在其他进程不可见；

（4）线程上下文切换比进程上下文切换要快得多。

以AMD R9 5900H CPU为例，已经可以达到8核16线程的高级性能。

除了进程与线程管理，操作系统还要进行内存管理。Windows操作系统中的可执行程序一般是.exe，操作系统首先要给.exe文件分配一个硬盘的存储空间。在用户点击.exe运行时，操作系统负责把.exe文件装入内存。操作系统还要给程序分配内存。操作系统不会让一个死循环程序独占CPU，还会收回内存。内存太小导致程序运行失败，例如C语言中Malloc函数可以分配内存，内存不够就会失败。

六、移动操作系统

在移动操作系统中例如Android，有四层结构，最上层的是一些应用：短信、联系人、日历等。下一层是给开发人员用的API和SDK，如GPS模块、手机的录音录像。再往下一层是系统库，各种软件使用的时候，会调用系统库的参数。底层是Linux内核，内核就要做好硬件接口化交互以及管理内存。Android里的最高权限叫作Root，这个Root就是来自Linux的最高权限Root，文件叫作"su文件"。手机厂商定制自己的Android系统，首先就要把su文件都删除了。技术人员伪造一个su文件放回系统就可以骗得最高权限，就是所谓把安卓手机Root了；Root之后，就完全控制了这台手机，相应地这台手机也就不具备了安全性，可以为所欲为。因此在Root之后的安卓手机如果出现在法庭上，不要认可其数据的真实性。类似的最高权限获取，在iOS设备中叫作越狱。

安卓是开源的，市场上有很多手机厂商都有自己的安卓深度定制版操作系统，例如华为EMUI、魅族Flyme、小米MIUI。之前Google拒绝华为继续使用安卓操作系统的核心功能。谷歌为什么能够拒绝华为使用安卓核心功能？其实安卓并不是全部开源（open source）的，最底层的Linux核Kernel，Google是不开源的。这一部分如果Google禁止手机厂商使用，就会使得安卓原生服务如Google Play等无法正常使用。这对于华为的海外市场就十分不利。像华为推出了鸿蒙Harmony OS，有人说是停留在PPT上的高大全系统。事实上，开发操作系统的确是非常大的工程，但是鸿蒙开始只有个英文名Harmoney，主要是应对华为下一代物联网万物互联方案所做的技术储备，从设计标准看，是高于目前的手机操作系统的，如果对标，并不直接对标Android或者iOS，应该对标Google的Fuchsia。

七、开源的真相

最后谈一谈操作系统或者软件的开源问题。开源事实上是密码朋克（cypherpunk）运动的文化，意思是回归到知识的本源哲学问题，到底知识是本身就存在还是因为人的发现或创造而存在？如果是自然界就存在的，那叫消极的共有，每个人都可以使用知识而无须征得他人的同意；如果是因为人的创造而存在的，那叫积极的共有，使用知识需要征得他人的同意。在中国古代，孔子有三千弟子，是没有所谓你找孔子学还要征得孔子同意的说法的，没有看《论语》还要给孔子付版税的问题。中国古代没有知识产权的说法，孔子的思想就是开源的，李时珍的《本草纲目》也是开源的，只有一些独门秘籍有点类似于今天的商业秘密，所谓"传男不传女，传内不传外"，但其实都面临接班断档、文化遗产失传的困境。

排除这些本源的哲学问题，软件的开源思想来自于美国。1968年Internet的先驱阿帕网（ARPAnet）设计的初衷，就是让研究人员在合作一个项目时可以共享代码和信息。1969年肯尼斯·蓝·汤普逊（Kenneth Lane Thompson）写Unix的时候，AT&T还受制于1958年跟美国司法部签订的关于在反垄断领域的和解协议。因在长途电话业务领域具有垄断地位，不得进入计算机行业。所以初期Unix就是开源的，在很多高校都流行，直到1979年V7版本才改变声明，要求版权权利。1984年AT&T反垄断的禁令被解除，一些黑客觉得AT&T商业化Unix会带来危机，于是理查德·马修·斯托曼（Richard Matthew Stallman，RMS）发起了GNU项目，目标是创建一个完全自由且向下兼容Unix的操作系统。RMS在1985年曾说过，"GNU是一个我正在编写的完全兼容Unix的项目，所以我可以让每一个使用它的人都能自由地使用"。GNU项目刚启动时，自由软件这一现代概念也才刚刚诞生，即便是RMS也没能充分表达其中"自由"的含义。早期GNU项目的追随者轻易地认为RMS只是旨在开发不收任何费用的软件。然而，在接下来的几年里，由于开发者和公司越来越少地在发布程序的同时提供源代码。此时，对于程序员和用户而言，GNU的真正含义开始变得清晰。GNU的重要性体现在，项目承诺所有的源代码都能自由使用。随着RMS推动自由软件愿景越来越强烈，认识到需要资金来支持该计划，于是他1985年发起成立了美国民间非营利组织自由软件基金会（Free Software Foundation，FSF）来推动自由软件计划。这类非营利组织基金会，在现在的区块链领域非常常见，可以说初代鼻祖就是RMS。但是GNU的内核Hurd一直开发得不顺利。1991年林纳斯·本纳第克特·托瓦兹（Linus Benedict Torvalds）在上大学时，开发了一个叫Linux的项目，并把代码公布了出来。之后作为内核跟GNU相结合，形成了一套GNU/Linux的操作系统。这个操作系统完全免费，但是采用了GNU的许可证GPL（GNU General Public License）。到了20世纪90年代，如Apache等自由软件项目越来越普及，以及网景公司Netscape将其Navigator浏览器源代码公布在Internet上。1998年2月3日，资深黑客齐聚一堂，开始明确自由软件的本质，除了free包含免费和自由的含义，以及公众普遍误解的宗教化和喜欢对抗的影响。黑客们开始从实际出发，致力于自由软件能够真实解决企业的实际问题。于是1998年黑客们决定以开源软件（open source software）来代替自由软件（free software），以让大众认清开源与自由的区别，方便软件传递。后来Linux又出现了众多的版本，例如1999年红帽（Red Hat）版本，以及2004年Ubuntu版本。Ubentu版本具有非常好的社区支持，是目前最广泛的GUN/Linux发行版。到了2007年，Google以Apache开源许可证的方式发布了Android源代码。2008年，GitHub提供使用Git进行版本控制的软件源代码托管服务，方便所有人把自己的Git版本库格式代码进行托管开源。2008年，一名化名中本聪的极客，发表《比特币：一种点对点式的电子现金系统》（*Bitcoin: A Peer-to-Peer Electronic Cash System*）的论文，并将其比特币源代码托管在GitHub上，成为区块链技术的鼻祖。目前整个数字加密货币市值高达数千亿美元。很多人认为比特币的发行者自称叫中本聪，所以他一定跟日本人有关。笔者认为之所以取了个日本人的名字，可能还是源自纪念一个叫谷山丰的人。在数学界有一个赫赫有名的谷山—志村猜想。这两位日本数学家曾经提出费马方程（椭圆曲线），也就是整数$n>2$时，关于x，y，z的方程$x^n+y^n=z^n$没有正整数解。谷山—志村为这个猜想建立了椭圆曲线模型和函数关系，但是他们始终无法证明猜想的正确性。后来，英国数学家安德鲁·怀尔斯和理查·泰勒终于证明了谷山—志村猜想的一部分，继而证明了费马大定理，比特币就是基于费马大定理架构，求解的算法使得大家可以像走迷宫一样寻找出口，也就是根据算法来求解费马方程。

了解开源的本末，我们就知道了开源并不等于免费、自由使用、随便抄袭。使用开源软件需要遵循相应的开源许可证。

图7-10所示是原著：乌克兰程序员（Paul Bagwell）做的6种开源许可证的要求。

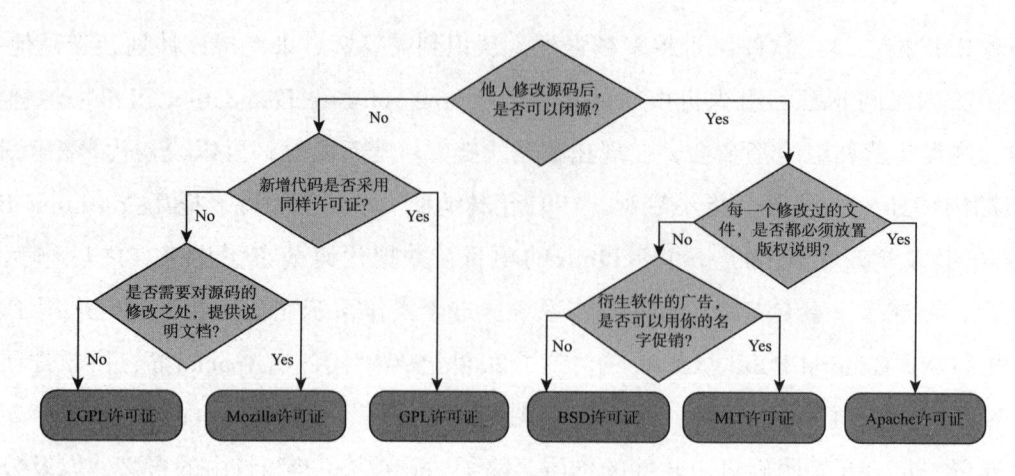

图7-10　六种开源许可证的要求

注：译者，阮一峰

我们以安卓系统为例，比如你去看华为Mate 30 pro，看设置里面法律信息，就可以看到相应的开源许可证。遵循GNU General Public License（GPL）3.0版本。GPL许可证在行业里有代表性。你如果使用了GPL的开源代码开发，就不可以闭源，并且新增的代码也需要使用GPL许可证，这就是开源的"传染性"。

这种开源许可协议的法律效力也有司法案例的支持，例如2017年2月，美国联邦法院在Artifex Software，Inc. 诉Hancom，Inc. 案（2017 WL 1477373）中做出了一项裁决，认为Artifex在其开源PDF解释器Ghostscript采用了GNU GPL许可证，但是韩国Hancom Office就没有遵循，有可能构成合同违约。后来该案和解。司法的争议主要是认为GPL是版权许可还是合同。但这仅仅是请求权基础的不同，只要有违反的情况、有损害的发生，不论怎么定性，肯定出现赔偿责任。这也是国内使用开源软件开发者需要注意的风险。

八、数据、数据库与数据结构

人们常说互联网时代的竞争力考验人的跨界能力。但是一旦跨界跨多了，做不到纲举目张，做不到追本溯源，众多近似的体系和概念就会在脑海里打转，成了一团糨糊，所谓懂得了很多道理，却依旧过不好这一生。计算机之所以计算能力强大，重要原因在于对于数据的处理能力强大。数据处理能力强大其实除了数据处理者的智商高，同样重要的在于处理者对各类数据的管理能力强。这种管理不是简单地将数据摆放在那里，而是要解决要用的时候怎么查找和删除，摆放是次要的，找和用才重要。

所有人都可以，也应该学习数据和数据库。因为现在是大数据时代，一切以数据说话。

数据不是文件，计算机文件是由数据组成的。数据是指所有能输入到计算机并被计算机程序处理的符号。数据的基本单元叫作数据元素（data element），可以理解为表（table）中的最基本单元格。这个表的整体叫作数据对象。描述数据元素叫作元数据（metadata），词缀meta是什么么之上的意思。元数据就是描述数据的数据，指示存储位置、历史数据、资源查找、文件记录等功能（见图7-11）。元认知是什么？描述认知的认知，概念是无比地共通，只不过一个是机器，一个是人。

图7-11　数据与数据对象、数据元素、数据项辨析

假设有两张表（见表7-1、表7-2）。

表7-1　人员表

姓名	性别	身高	课程代号
小明	男	180	A
小红	女	180	A
小红		180	B

表7-2　课程表

课程代号	课程名
A	语文
B	数字

这两张表就是数据。单独的一张表就称为数据对象，即人员表是一个数据对象，课程表也是一个数据对象。每张表中的每一行就称为数据元素。姓名、性别、身高、课程代号，课程名就称为数据项。

有了数据的基本概念，就明白了我们刚才说到的数据的重要性不在于摆放，而在于查找和使用。如果有一个书架，还有很多本书，该怎么把书放进书架里呢？

这个问题其实难以回答，为什么？因为没有告诉你是一个什么样的书架，究竟有多少本书需要摆放（见图7-12、图7-13）。

图7-12　小书架　　　　　　　　图7-13　大型图书馆

把书摆放进书架，就跟我们学知识一样。这里涉及3个问题，摆放书、查找书、取出书。从

摆放及查找方便的角度看，如果是几本书，乱摆就行；如果几十本，可以按照字母ABCD顺序摆放；如果是成千上万本，图书馆里就会分门别类。

数据也同样需要管理。简单说，相互有关联关系的数据的结合就是数据库。但数据库并不是一开始就有的概念，计算机最早并没有数据库，是读取纸带打孔的二进制程序，边读边运行输出一个结果。

50多年来，与数据库革命有关的最重要的4位图灵奖获得者是：

（1）查尔斯·巴赫曼（Charles W. Bachman）：1960年代，提出数据库独立性、数据库三级模式结构，被誉为"数据库之父"。

（2）埃德加·科德（Edgar F. Codd）：1970年代，基于对表（table）的理解，提出关系数据模型，被誉为"关系数据库之父"。

（3）詹姆斯·格雷（James N. Gray）：1980年代，提出事务处理理论（ACID），即人类科学研究的四范式：实验归纳、模型推演、仿真模拟、数据密集型科学发现。

（4）迈克尔·斯通布雷克（Michael R. Stonebraker）：21世纪，认为针对不同应用开发不同数据库体系架构，提出新型数据库：流数据库（Auraro）、列数据仓库（C-Store）、高性能OLTP系统（H-Store）、科学数据库（SciDB）等。大数据体系架构设计及现代主流数据库架构奠基人，被誉为"大数据之父"。

4种数据库代表了4个阶段的数据库发展历史。

九、数据库的历史演进

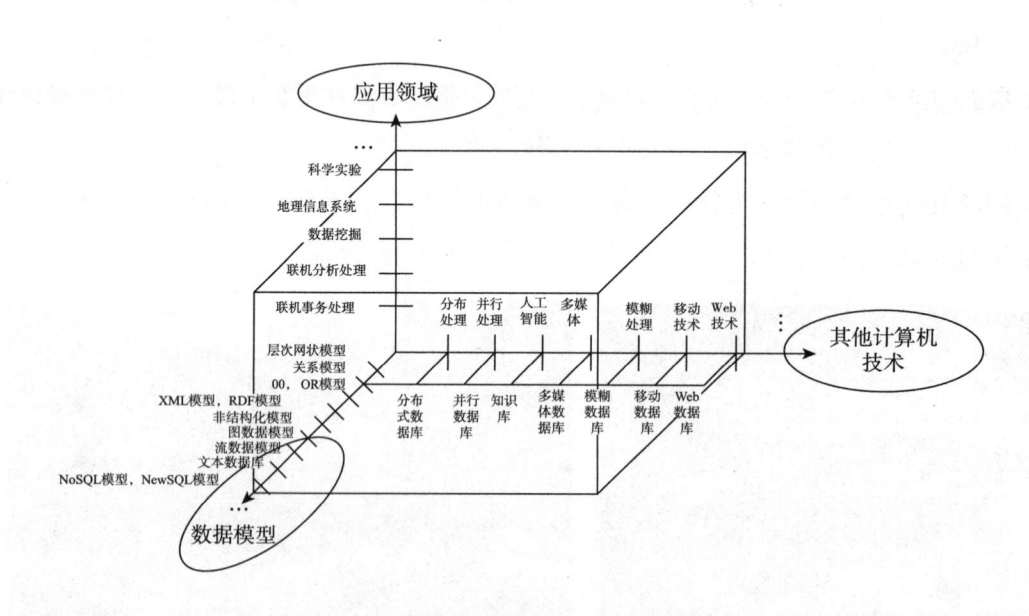

图7-14　计算机数据库历史演进三维度

图7-14清晰地展示了数据库沿着3条主轴分别在数据模型维度、相关计算机技术结合维度及应用领域维度进行演进的历史脉络。

从数据模型这条主线看：

第一代数据库系统叫层次网状数据库系统。巴赫曼（Bachman）在1963年为通用电气公司开发了一个IDS（集成数据存储，integrated data store），数据独立存在，为多个COBOL应用共享数据库。COBOL直到今日也是商业银行大型机运行程序的编程语言。巴赫曼（Bachman）对于数据库的贡献在于"数据独立性"思想，把数据和应用程序分离，数据不仅在逻辑上独立，在物理上也独立。数据一旦开始独立，就需要对数据进行管理，于是就出现了数据库管理系统（database management system，DBMS）。DBMS的职责是要求数据库适应性更好，应用系统稳定性更好。1969年，IBM研制IMS（information management system）层次模型的数据库管理系统。巴赫曼（Bachman）促成1971年以后美国数据库系统语言协会下属的数据库任务组（Data Base Task Group，DBTG），对网络数据库方法进行研究，发布了系列DBTG报告，确立了许多数据库系统的概念、方法和技术。

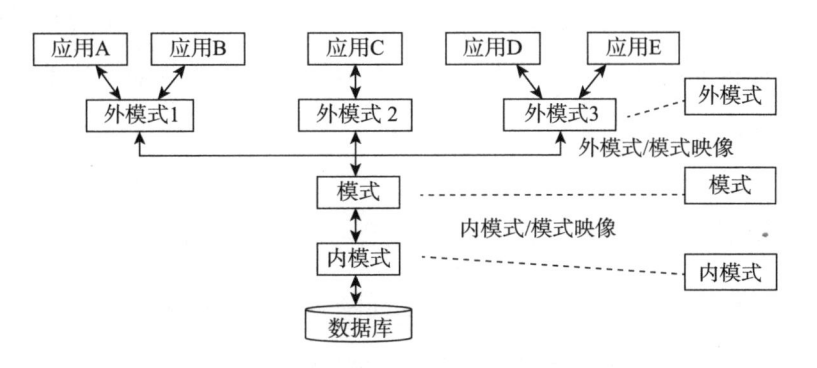

图7-15　数据库的三级模式结构

DBTG报告所提出的三级抽象模式结构（见图7-15），即对应用程序所需的那部分数据结构描述的外模式，对整个客体系统数据结构描述的概念模式，对数据存储结构描述的内模式。用户按照外模式操纵数据库，解决了数据独立性的问题，标志着数据库在理论上的成熟。"模式"在三级模式结构中，扮演了重要角色，是应用系统和数据库系统交流的桥梁，是数据库系统的中心。50多年来数据库应用系统不管多复杂，都保持了数据库三级模式基本结构：外模式（external schema）、模式（schema）、内模式（internal schema）。

第二代数据库叫关系数据库系统。1970年"关系数据库之父"E. F. Codd发表的《大型共享数据库的关系模型》，为关系数据库奠定了理论基础。典型代表如IBM San Jose研究室开发的System R，以及U.C. Berkeley大学研制的INGRES。E.F. Codd代表性成就就是关系数据模型的提出、关系理论和关系数据库语言、系统的研制，以及产品化和应用。其显著特点是：数学模型简单，语言非过程化，查询优化技术提高了系统，提出了事务管理技术。非过程化语言为提高应用系统开发的生产力提供了很大空间。20世纪80年代表性数据库成果是ACID（事务处理理论），原子性（atomicity）、一致性（consistency）、隔离性（isolation，又称独立性）、耐久性（durability），使得关系数据库系统走向极致。原子性指的是什么意思？数据库的处理必须要么是要么非，不能处于一种似是而非的状态。一块钱从一个账户转到另一个账户，要么转账成功，要么转账失败，不能转出去了，对方没收到，处于一种悬而未决的状态。詹姆斯·格雷（James

Gray）因为对于事务处理理论研究的突出贡献，获得了1998年图灵奖。关系型数据库现在有Oracle、IBM DB2、SQLServer等，非关系型数据库现在流行的是Mongo DB等。

第三代数据库叫面向对象的数据库系统。后来的数据库把面向对象的程序设计方法和语义结合起来，产生了面向对象的数据模型和对象关系数据模型。互联网时代，我们发展了XML数据模型、RDF半结构化、非结构化数据模型。大数据时代后，又发展了图数据模型、流数据模型、文本数据模型、NoSQL模型、NewSQL模型。数据模型的丰富说明我们要管理的数据类型越来越丰富。

从与其他计算机技术相结合维度看，数据库系统跟分布处理结合，产生了分布式数据库、并行数据库系统、知识库、多媒体数据库、移动数据库、模糊数据库、Web数据库等。

从应用领域看，数据库系统早期设计是进行事务处理，在"one size does not fit all"理念下，联机事务处理OLTP（Oracle）、联系分析处理OLAP（TeraData）、Search（Hadoop）、数据挖掘应用到了其他行业，如地理信息系统、科学数据库、大数据应用等。传统的数据库核心技术依旧是大数据管理和处理技术的基础。大数据不等于也不能取代传统数据库技术。大数据和其他技术处理结合，满足不同的应用需求。

十、数据库系统逻辑

典型数据库是结构化的表的管理和分析，表的集合成为数据库。管理数据库的软件系统叫作数据库管理系统。管理系统谁来使用？是数据库管理员（DBA）。数据库管理员怎么使用？需要有数据库语言。数据库管理员要掌握数据库语言才能操作数据库。对于最终用户，不掌握数据库语言怎么办？可以编制一些数据库的应用程序，不同的用户通过应用程序，通过数据库管理系统使用数据库。

对于具体的数据库系统，如何设计数据库，涉及现实世界到信息世界的抽象、信息世界到计算机世界的设计。设计出来之后，通过数据库语言定义一些表存储在计算机之中。现实世界到计算机世界要进行数据建模、数据模型，从信息世界到计算机世界，要进行数据库设计。数据库管理员要知道怎么去维护、控制数据库。这个过程中，怎么保证数据库一致性、可靠性、安全性？就涉及数据库的事务处理。

以上是关系型数据库的基本逻辑，目前还有面向对象数据库、XML数据库、NoSQL数据库、其他数据库。

对于数据库，既可以把它当作一种计算机技术来理解，更可以把它当作一种人类可以参考的学习方法来掌握。数据库既是一种技术，又是一种思维。一方面我们要学习掌握将各种数据聚集起来形成数据库，形成积累。另一方面，我们要运用数据库，实现积累的效应。飞机的机票提前多久买最便宜？不是越早买越便宜，可以通过数据的分析，尤其是购票时机与购票价格的关系，来预测什么时候买机票更便宜。这个例子告诉我们，要只求关系，不求因果。不要相信经验，一切以数据说话。数据自有黄金屋。数据积累成了数据库；数据库积攒到一定规模，对数据进行挖掘分析就会发现数据的价值。

十一、数据库系统

数据库系统由5个要素组成：数据库、数据库管理系统、数据库应用（database application，DBAP）、数据库管理员（database administrator，DBA）和计算机基本系统。

数据库是相互有关系的数据的集合。数据库管理系统是管理数据库的一种软件。数据库应用是为某个用户使用数据库开发的应用程序，通过数据库管理系统使用数据库。数据库管理员是了解数据库管理系统，创建数据库的人。数据库系统运行起来，需要计算机基本系统、网络、必要的输入输出设备。数据库系统指的是这个整体的数据库运行环境。

例如一家大型图书馆有很多图书管理的表，如出版社、图书目录、采购记录、读者借阅登记、工作人员等。这些表的集合构成了一个图书馆里的数据库。这时候需要一个管理数据库系统的软件，如Oracle、Sybase。普通用户不知道怎么用Oracle，就需要针对不同用户开发一个管理程序，如采购、编目、借阅，不同的用户通过应用程序，可以网上买或者使用开源的管理程序软件，通过DBMS访问数据库。图书管理数据库系统，谁来使用DBMS，谁就是数据库的管理员。

图7-16　MySQL数据库管理界面

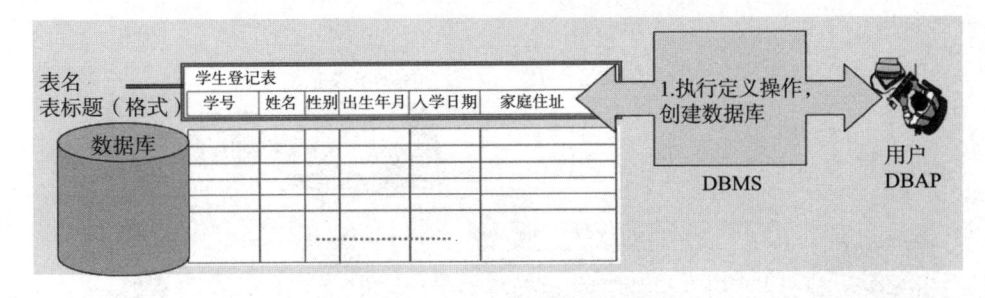

图7-17　DB2数据库管理界面

如上就是常见的MySQL（见图7-16）和DB2数据库管理界面（见图7-17），就是给用户一个良好的界面使用数据库管理系统。

DBMS主要提供一套数据库管理语言，供用户管理数据库。

图7-18 数据库的定义

建立数据库系统需要哪些表，DBMS是不知道的。用户要告诉DBMS创建哪些表，DBMS要提供一套数据定义语言（data definition language，DDL）。用户使用DDL在计算机创建表，这就是数据库定义功能（见图7-18）。这里面有很多概念容易混淆：要对表中的数据做到理解→区分→命名→表达。对每个要素有个恰当的命名，人们看到名字想到要素，就代表区分开了。表有什么？有个表名，有一个表的标题（格式），表的内容（值）行称作为元组，表就是关系。

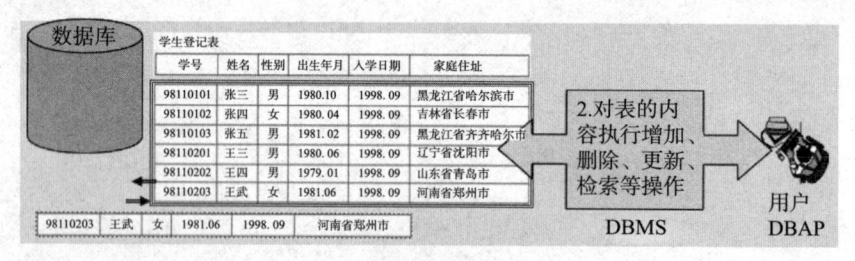

图7-19 数据库的操作

表的格式定义完，增删改数据，在DBMS里是另外一个操作，向表中增删改、查询、检索、统计，叫数据库的操作（见图7-19）。操作语言叫作DML（data manipulation language），DBMS解析DML，执行操作。

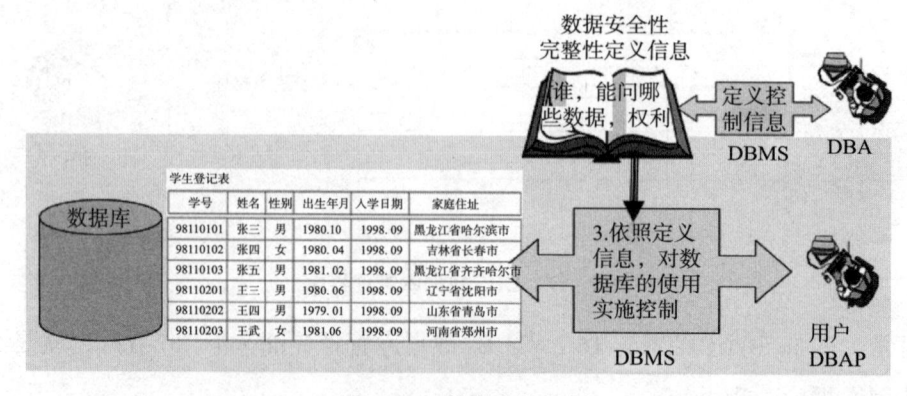

图7-20 数据库的控制

哪些用户对哪些数据有访问权限，这些叫数据库控制（见图7-20）。DBMS提供一套数据库控制语言（data control language，DCL），DBMS对用户身份进行检查，确定其能不能访问数据库。

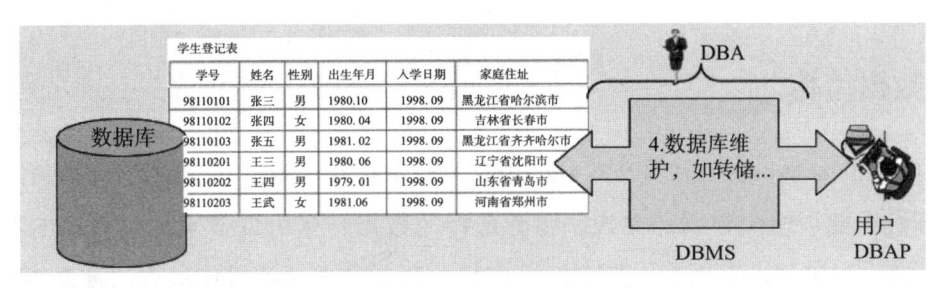

图7-21　数据库的维护

如果用户或者数据库管理员要转储、恢复、重组、性能检测、分析等，可以通过这些程序维护功能（见图7-21）。

图7-22　数据库语言

数据库管理系统最重要的就是给用户提供数据库管理系统。数据定义语言（DDL）定义表的格式，数据操控语言（DCL）操作数据，数据控制语言（DML）定义哪些用户可以访问哪些数据，哪些用户不能访问哪些数据。数据库的执行由DBMS执行。这些数据定义语言（DDL）、数据操纵语言（DML）、数据控制语言（DCL），联合起来就生成了结构化的数据库语言叫作结构化查询语言（structured query language，SQL）。

十二、非关系型数据库

关系型数据库因为其读写效率较低，表的结构固定，对于高并发的读写需求，对于关系型数据库，硬盘的I/O也是一个瓶颈。现在在很多商业领域都使用NoSQL非关系型数据库。其中使用量最大的就是Mongo DB。关系型数据库一般基于ACID模型，而非关系型数据库基于CAP模型。CAP模型是关于分布式系统的理论，在一个分布式系统中，一致性（consistency）、可用性（availability）、分区容错性（partition tolerance）只能三者得其二。非关系型数据库与关系型数据库使用场景区别较大，不存在孰强孰弱。目前非关系型数据库有新浪微博用的Redis，优酷用的Mongo DB等。非关系型数据库在数据存储结构上，不像关系型数据库需要DDL语句来修改固定的表结构。如果业务数据经常变动比较大，可以用非关系型数据库。关系型数据库横向扩展困难,不容易对数据进行分片,而关系型数据库横向扩展容易。非关系型数据库对数据一致性没有强烈的要求,中间态的数据也是允许的。如果对数据一致性要求高,就必须使用关系型数据库。

十三、数据结构

数据结构（data structure）和算法（algorithm）经常挨在一起,但是又没有统一的定义。数据结构是计算机存储、组织数据的方式。精心选择的数据结构可以带来最优效率的算法。数据对象不是孤立的,一定与一系列加在其上的操作相关联。实现这些操作的方法就是算法。

之前我们举过一堆书怎么放入书架的例子。但这个问题没有标准答案,因为不同规模的图书摆放的难度不一样。难不在于这个书怎么放,而在于放完了书,怎么找到想要的书。新书怎么插入?怎么找到指定书籍?如果一个大型图书城,我们挨着放书,那找的时候只能挨个找,很费工夫。或者我们可以按照拼音顺序来摆放,然后二分查找,就是在中间位置找,如果字母在要找的书字母左侧或者右侧,我们就向右侧或者左侧接着二分找,直到找到这本书。但此时我们如果要插入新书,又是老大难问题。真实的书店,往往会按照书的类别分类:社会科学、文学、艺术、工科,书架划分类,每个类按照拼音顺序找,这样要查找的图书数目就少了。但这还有两个问题:一是每一类的书架你给多大?给大了浪费,给小了新增书的类别还要加书架。二是类怎么分?分多少类?分两万类,对人找书而言依旧困难。解决问题的效率,跟数据的组织方式是相关的。这就是所谓精心的数据结构可以带来最有效率的算法的真实含义。

数据对象的组织方式,有两个重要概念:一是数据对象的逻辑结构,二是数据对象的物理结构。

（一）线性结构

如果一本书前面只有一本书,后面只有一本书,每本书都有唯一编号,这种一对一的逻辑结构叫作线性结构,例如12345。线性结构是数据结构中最基础、最简单的数据结构类型。最典型的叫线性表（linear list）(见图7-23)。你可以理解为把所有数据用一根线串起来,再存储到物理空间中。线性表常见的数据存储结构包括顺序表、链表、堆栈与队列。

图7-23 线性表

线性表的存储方式有顺序存储结构和链式存储结构。将数据依次存储在连续的整块物理空间中，这种存储结构叫作顺序存储结构，简称顺序表（见图7-24）。数据分散地存储在物理空间，通过一根线保存着它们之间的逻辑关系，这种存储结构叫作链式存储结构，简称链表（见图7-25）。

我们之前举例的书籍，在线性表里叫作数据元素，如这些12345，数据元素的相邻关系不叫前后左右，某一元素的左侧相邻元素称为"直接前驱"，位于此元素左侧的所有元素统称为"前驱元素"；某一元素的右侧相邻元素称为"直接后继"，位于此元素右侧的所有元素统称为"后继元素"。

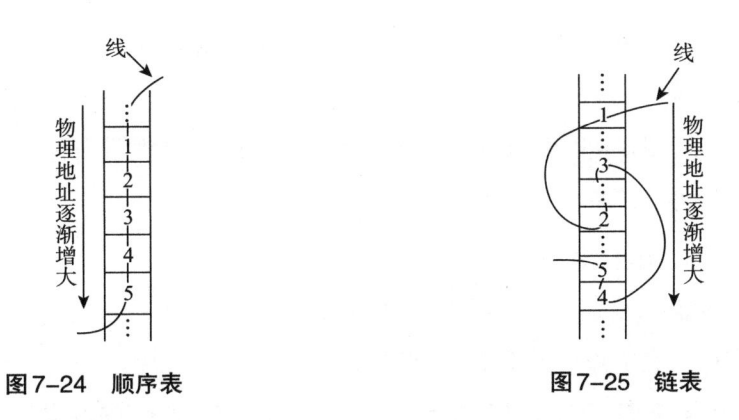

图7-24 顺序表

图7-25 链表

堆栈是一种受限制的线性表。函数调用、递归、表达式求值都要用堆栈（见图7-26）。堆栈的特点是"先进后出"，像弹夹的子弹。插入、删除只能在一端完成。

图7-26 栈存储结构

队列也是一种受限制的线性表。队列主要的操作是入队、出队、操作、删除，只能在一端插入，另一端删除（见图7-27）。特点是"先进先出"，像排队付账，队头叫front，队尾叫rear。

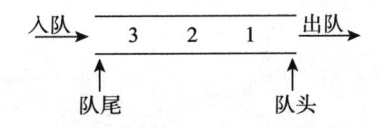

图7-27 队列存储结构

（二）树结构

如果对书先进行分类，一个类对应很多本书，这种一对多的逻辑结构叫作树结构（见图7-28）。树是重要数据结构，例如家谱关系、家谱树（family tree）。树结构中查找、删除效率比较高。树结构最常见的是二叉树。

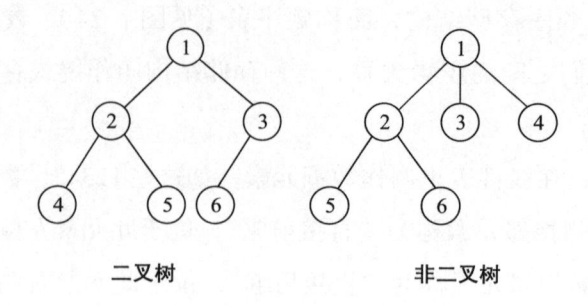

二叉树　　　　　　非二叉树

图7-28　树的结构

二叉树是一个有穷节点的结合。一个二叉树分为根节点和左子树、右子树。一个度为二的二叉树枝，必有左右之分。

计算机数据库中有个常用的概念叫作遍历。遍历的意思就是把所有的节点都走一遍，方便数据查找。按照遍历的方式不同，二叉树的遍历有：

先序遍历：根节点，左节点、右节点（124536）。

中序遍历：左节点、根节点、右节点（425163）。

后序遍历：左节点、右节点、根节点（452631）。

层次遍历：从上往下打印二叉树每个节点，同一层的结点按照从左到右的顺序打印（123456）。

（三）图结构

如果要分析这本书哪些人买过，买过这本书的人还买了其他哪些书，那么一本书对应很多人，一个人对应很多书，这就是多对多的关系，这种逻辑结构叫作图（graph）结构。图一定有顶点（vertex），一定有边（edge）。如果边没有方向就是无向边；如果有方向就是有向边。相应的无方向叫作无向图，有方向叫作有向图。每个边上给数字，叫作权重，带权重的图叫作网络（见图7-29）。区块链技术中有时会用到有向无环图（directed acyclic graph，DAG）技术，异步处理、容错性好，但是终局性差。

图可以解决最短路径问题。例如常用的地图导航中，两个节点的最短路径。

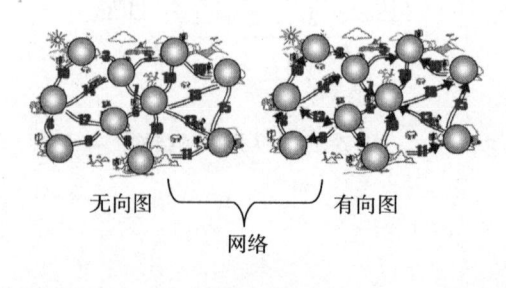

无向图　　　　有向图
网络

图7-29

十四、算法

日常生活中我们经常接触推荐算法。随便搜一个什么东西，购物平台就像知道我们心思一样，直接给我们推荐相关的商品，这就是算法在起作用。

算法是有限的指令集，一定是有限的，有时候接受输入，有时候不接受，一定会产生输出。计算是给定数据输入，计算满足某种性质的输出。算法的指令要求有三个条件：①每一条指令要有明确目标，不能有歧义；②计算机能处理的范围内；③描述手段抽象，不依赖任何一种计算机语言与实现手段。

算法有五个方面重要特征，包括：①有穷性（finiteness），算法必须在执行有限的计算步骤后终止。②确定性（definiteness），算法每一步骤必须没有歧义。③输入项（input），一个算法有0个或多个输入，以刻画运算对象的初始情况。所谓0个输入是指算法本身定出了初始条件。④输出项（output），一个算法有一个或多个输出，以反映对输入数据加工后的结果。没有输出的算法是毫无意义的。⑤可行性（effectiveness），算法中执行的任何计算步骤都是可以被分解为基本的可执行的操作步骤，即每个计算步骤都可以在有限时间内完成（也称为有效性）。其中有穷性、确定性和可行性是算法的基本性质。

算法最早是1936年艾伦·图灵在《论可计算数及其在判定性问题上的应用》提出的图灵机的数学模型，刻画计算机计算行为。图灵奖截止到2020年，总共有70余位得主，其中因为算法和计算复杂性领域而获得图灵奖的有十几位，足以证明算法对计算机科学的重要性。

想了解图灵可以看电影《模仿游戏》，主要说的是图灵怎样在第二次世界大战时帮助英军破解纳粹的密码。

图灵论文的核心观点，就是只要图灵机可以被实现，就可以用来解决任何计算问题。图灵机是什么意思？就是一条无限次的纸带，就可以用来解决任何计算问题。

那么什么是计算问题，就变得无比重要。是计算问题就一定能够被解决，这就是图灵机。

图灵机的一个数学算法，它的结构是什么呢？

（1）一条无限长的纸带（tape）如图7-30所示。被分成一个个相邻的格子（square），每个格子都可以写上至多一个字符（symbol）。

（2）一个字符表（alphabet），即字符的集合，包含纸带上可能出现的所有字符。其中包含一个特殊的空白字符（blank），意思是此格子没有任何字符。

（3）一个读写头（head）可理解为指向其中一个格子的指针。它可以读取/擦除/写入当前格子的内容。此外，也可以每次向左/右移动一个格子。

（4）一个状态寄存器（state register），追踪着每一步运算过程中整个机器所处的状态（运行/终止）。当这个状态从运行变为终止，则运算结束，机器停机并交回控制权。如果你了解有限状态机，它便对应着有限状态机里的状态。

（5）一个有限的指令集（instructions table），记录着读写头在特定情况下应该执行的行为。

可以想象读写头随身有一本操作指南，里面记录着很多条类似于"当你身处编号53的格子并看到其内容为0时，擦除，改写为1，并向右移一格。此外，令下一状态为运行"这样的命令。其实某种意义上，这个指令集就对应着程序员所写下的程序了。

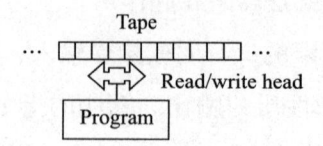

图7-30 数学算法的结构

所以，你只要对着指令集去操作，直到状态变为停止。完成了图灵机的可计算型。

图灵机在解决计算问题（computational problem）上是万能的。你可以想象一个数学计算对象，图灵机能够解决一系列问题，相当于给了你一个无限的工具包、海量的内存和各种控制方式。

什么是计算问题呢？举例而言：给定一个正整数n，判断它是否是质数；给定一个 01 序列，把它们按位取反；给定一个字符串，判断某个字符是否存在，及查找存在位置；给定一个逻辑蕴含的命题，求它的逆否命题。这都是计算问题。

那什么是非计算问题呢？例如开放性的问题：今天晚上吃什么？太阳为什么从东边升起？这就不是图灵机能够解决的计算问题。

所以可计算性（computability）指存在一个算法，能解决任何输入项下的计算问题。例如停机悖论（halting problem），就不是一个可计算的问题。

说到计算机程序和计算机语言的时候，我们常会说到图灵完备（turing completeness）。什么是图灵完备？它是一套数据规则，可以是编程语言，也可以是指令集。只要这套指令集能够实现图灵机的全部功能，我们就说它是图灵完备 。比如C、C++、JAVA、Python语言，只是在封装和优化方面各有不同，不同语言适合不同情况。但是回到最底层，实现的功能是一致的，就是一个图灵机。

为了理解图灵机，我们可以找一个更抽象的语言，例如1993年的Urban Muller 发明的Brainfuck 语言。

Urban Muller通过打出"++++++++++[>+++++++>++++++++++>+++>+<<<<-]>++.>+.+++++++..+++.>++.<<+++++++++++++++.>.+++.------.--------.>+.>."，就可以编译出"Hello World！"。

这里面的编译原理如图7-31所示。

```
++++++++++              initialize counter ( cell #0 ) to 10
[                       use loop to set the next four cells to 70/100/30/10
> +++++++               add 7 to cell #1
> ++++++++++            add 10 to cell #2
> +++                   add 3 to cell #3
> +                     add 1 to cell #4
<<<< -                  decrement counter ( cell #0 )

]
> ++ .                  print 'H'
> +.                    print 'e'
+++++++.                print 'l'
.                       print 'l'
+++ .                   print 'o'
> ++ .                  print ' '
<< +++++++++++++++.     print 'W'
>.                      print 'o'
+++ .                   print 'r'
------ .                print 'l'
------ --.              print 'd'
> +.                    print '!'
>.                      print '"\n'
```

图 7-31　Brainfuck 的编译原理

Brainfuck 就是通过有限的指令集把这些 +>. 编成了可以编译执行的代码。

十五、算法的好坏

如何表示一个算法呢？比如计算机可以进行插入排序、选择排序等，这种自然语言方法接近人类思维，但是啰唆。算法的思想比算法的语言更重要。如果对语言不熟悉，可以采用伪代码（pseudocode）方式编写算法，方便理解。

什么是好的算法？同一个问题，可以有不同的算法。衡量算法的指标可以是空间复杂度 S（n），即根据算法写成的程序在执行时占用存储单元的长度。这个长度往往与输入数据的规模有关。空间复杂度过高的算法可能导致使用的内存超限，造成程序非正常中断。也可以是时间复杂度 T（n），即根据算法写成的程序在执行时耗费时间的长度。这个长度往往与输入数据的规模有关。时间复杂度过高的算法可能导致由于耗费时间过长而等不到运行结果。

例如两个算法，一个算法自变量是 n^2 在起作用，一个算法是 n 在起作用，那么 n^2 的计算量更大，所以第一个算法比第二个算法慢。

有篇文章叫《统治世界的十大算法》就列举了 10 种重大的算法。人究竟是不是一种技术？基因是不是一种技术？如果你的答案是肯定的，你就会发现这个世界的本质就是算法。博弈论中有研究生物经济学的，如果把生物学很多进化行为建模分析的话，会发现这是一个数学问题。数学研究的就是世界高度抽象但精准的规律。

我们简单讲解一下这十大算法：

（1）归并排序、快速排序及堆积排序。主要使用于冯·诺依曼计算机。

（2）傅立叶变换与快速傅立叶变换。这是通信技术的基础。

（3）迪杰斯特拉（Dijkstra）算法。图结构中，寻找两点最短距离的算法。

（4）RSA算法。加密与信息安全重要的算法。

（5）安全哈希算法（SHA）。数据一致性校验。

（6）整数因子分解。大合数做因式分解，产生RSA的种子。量子计算可以破解这样的难题。

（7）链接分析。超链接多元分析，数据挖掘常用。

（8）比例积分微分算法。信号处理，自动化控制机器中常用。

（9）数据压缩算法。音乐、视频、文件、数据库中常用。

（10）随机数生成算法。这是一个防作弊的因子，例如比特币中就会通过很多种混合的随机数算法，来形成随机数作为"矿工"打包的附加物和公私钥及地址生成的原材料。

重点讲讲我们常见的哈希算法、RSA算法和随机数生成算法。

哈希算法又叫散列表，任意长度的输入（又叫作预映射pre-image）通过散列算法变换成固定长度的输出。该输出就是哈希值/散列值/摘要。这种转换是一种压缩映射，输入跟哈希值是单向不可逆的。就像你把人全部细节看清楚是可以看到指纹的，但你把指纹全部看清楚却无法看到人。因此哈希值又叫作数字指纹。目前哈希算法可以在下载、电子数据/证据的一致性比对上常见到。

RSA算法是一种非对称加密算法。国密中类似的算法叫作SM2。通过对一个极大的整数进行因数分解，然后生成孪生的两个数，一个叫作公钥，另一个叫作私钥。私钥加密则公钥解密，公钥加密则私钥解密。这对于传统的对称式加密一个秘钥负责加密解密，更有助于确认加解密者的身份和秘钥防泄露。但是因为加密效率低，一般只对文件的哈希值进行加密。目前常用于电子签名领域和服务器数字证书领域。

我们需要明确，运用算法向用户推荐商品，也需要遵循我国电子商务法第十八条，既推荐个性化推送，也推荐非个性化推送。单纯的算法不可以申请专利。但是，如果算法与硬件结合或者算法解决技术问题、产生技术效果，作为一个技术方案，则可以申请专利。

十六、计算机网络历史

计算机网络是通信技术与计算机技术紧密结合的产物，最初是用于军事通信的。

在20世纪60年代初期，因"古巴导弹危机"事件，美国和苏联两大阵营陷入了严重的核对峙，双方所拥有的核力量足以摧毁整个人类。由于双方都对对方保持着核威慑能力，所以谁也不敢先动用核武器。在这种战略平衡中，为了缓解国际社会的核恐慌，美国人开始寻找新的竞争优势，于是把目标聚集到了相对薄弱的应用联络与指挥的通信系统上。在互联网出现之前，军事指挥系统都是依托电话网络的。传统的电话网是一种等级辐射汇接制。这种结构非常像我们的行政体系，中央政府—省政府—地市政府—县政府，而且是自上而下的单线联系。美国军方认为，这样的结构是十分脆弱的，一旦来个"斩首"行动，打掉网络的枢纽部分，那么全网就会群龙无首而瘫痪。于是，五角大楼提出了这样的一种设想，就是构建一个新型的军事指挥网络。他们希望网络中的节点互不隶属，没有上下级关系，在逻辑上是全联通的，这样即使被对方摧毁了一些节点，剩余的节点还可以继续完成通信任务。当时他们把这种构想叫作不分等级的P2P架构。这显然是针对传统电话网等级架构的。计算机通信最初的形式叫作分组交换，什么是分组交换呢？举个例子，我们要盖一个大楼，然后要将堆得跟山一样的沙子运回工地，那么怎么运呢？一定不是一下子运来的，而是装在一辆一辆的标准化的搅拌车里，一车一车地运来的。我们把这个过程叫打包。在电话网到数据网的发展过程中听起来似乎是从铁路到公路模式的一种转换，而公路模式与铁路模式的最大不同在于，公路是大家共用的，而铁路是专用的，因此公路就会塞车。那么，理论上讲，一条路堵不堵车不仅取决于这条路的宽窄，还取决于有多少车同时在这条路上。堵车也好，拥塞也好，直接的客户体验就是时间的延迟，在计算机通信中，这叫作时延。所以我们又把互联网的信息迁移，称为尽力而为的模式，也就是走得通就走，不通就迂回；迂回不通就等待。

1969年，美国加州大学洛杉矶分校的莱纳德·克雷因罗克（Leonard Kleinrock）博士提出了一个降低网络时延的机制。这个机制后来被国际电信联盟叫作"X.25协议"。这是人类最早的计算机通信协议。在上述技术的支撑下，1969年，美国军方建立了一个基于分组交换的P2P架构的军事指挥网络，叫作ARPAnet，这就是我们常说的阿帕网。在那以后，阿帕网逐步地向民间普及，人类社会开始了自己的互联网时代；互联网向民间的普及，使得分组交换效率不高的特点暴露了出来。于是20世纪80年代初期，互联网的信息迁移协议又从分组交换，逐步过渡为TCP/IP协议。

作为一个通信系统，需要信源→发送设备→信道→接收设备→信宿。计算机网络的特征就是信源和信宿都是计算机。计算机网络是一个互连、自治的计算机集合。自治就是无主从关系，互连就是互联互通。主机通过通信链路连接到一起。如果主机非常多网络非常大，通过直接相连就不现实，于是出现了交换网络。交换网络的设备叫作交换节点，通常是程控交换机、路由器。有了交换网络就可以实现数据的中继，从源主机送到目的主机。

因特网是ISP（internet service provider，网络服务提供商）网络互连。成千上万的计算设备集合，就成了互联网络。这些计算设备叫作主机（hosts）或者端系统（end system），可以运行各种网络应用。计算设备通过通信链路，如光纤、卫星连接。大量端设备直接连接不显示，于是就出现了分组交换，转发分组数据包，也就是使用交换机或者路由器。

从服务角度看因特网是一个通信基础设施，给我们的应用提供了一个网络编程接口（API）使得我们的应用像Web、Email、网络游戏，送到目的地。

那么仅仅有硬件如主机、链路、路由器等，是否就能把数据交付呢？答案是不能。不同的主机通信方式不一样，如果要互相传输数据，还需要能够互相通信的语言和通信的地址。这里面通信的规则，就是网络协议（network protocol）。网络协议约定的什么规则呢，就是通信交换

151

信息是什么格式、什么含义、什么顺序、采取什么动作。不同的协议功能不一样。网络协议有三个基本要素：一是语法（syntax），也就是数据和控制信息的结构或格式、信号电平。二是语义（semantics），也就是需要发出何种控制信息、完成何种动作、做出何种响应、差错控制。三是时序（timing），也就是交换信息的时间顺序、速度匹配。网络创新重要的创新就是设计新的协议，如物联网、传感器里的协议。

要注意这里面的协议（protocol）不同于法律意义上的协议（agreement），没有以目的意思、效果意思和表意行为为核心的意思表示内涵，只是一种数据交换的格式。

在开放式互联网上的主机通信，遵从OSI模型（open system interconnection）：物理层、数据链路层、网络层、传输层、会话层、表示层和应用层，我们常见的协议在这7个层级中的表示如表7-2所示。

表7-2　OSI和TCP/IP 7层模型

OSI vs TCP/IP				
OSI七层网络模型	TCP/IP四层概念模型	对应网络协议	对应的典型设备	区域
应用（application）层	应用层	TFTP、NFS、WAIS	应用程序，如FTP、SMTP、HTTP	计算器
表示（presentation）层	应用层	Telnet、Rlogin、SHMP、Gopher	编码方式、图像编解码URL、字段传输编码	计算器
会话（session）层	应用层	SMTP、DNS	建立会话，SESSTON认证、断点续传	计算器
传输（transport）层	传输层	TCP、UDP	进程和端口	
网络（network）层	网际层	IP、ICMP、ARP、RARP、AKP、UUCP	路由器、防火墙、多层交换机	网络
数据链路（data link）层	网络接口	FDDI、Ethernet、Arpanet、PDN、SLIP、PPP	网卡、网桥、交换机	网络
物理（physical）层	网络接口	IEEE 802.1A、IEEE802.2到IEEE802.11	中继器、集线器、网线、HUB	网络

在OSI 7层模型中，从底层到高层我们可以看到：

（1）物理层，是完成相邻节点之间原始比特流的传输的物理接口和传输介质。例如，用光纤、网线还是Wi-Fi来传输数据。

（2）数据链路层，负责将上层数据封装成固定格式的帧，一帧一帧地提供截止访问和链路管理。

（3）网络层，是实现数据从源端到目的端的传输。传输和通信过程中，使用的是IP地址，有点像邮递地址。找IP地址就是通过路由器选择通信路径。

1到3层，又叫作点对点的协议。

（4）传输层的主要功能，是实现网络中不同主机上用户进程之间的数据通信。

（5）会话层，允许不同机器上的用户之间建立会话关系。

（6）表示层，表示层以下各层只关心从源端机到目标机可靠地传输比特，而表示层关心的是所传输的语法和语义，也就是怎么定义格式。用一种大家一致选定的标准方法对数据进行编码。同时，也能提供压缩解压、加密解密。

（7）应用层，应用层能与应用程序界面沟通，以达到展示给用户的目的。在此常见的协议有HTTP，HTTPS，FTP，TELNET，SSH，SMTP，POP3等。

4到7层，又叫作端对端的协议。

OSI通信协议是怎么用的呢？如图7-3所示，一次完整的互联网信息传输的信息封装都是应用层—表示层—会话层—传输层—网络层—链路层—物理层—链路层—网络层—传输层—会话层—表示层—应用层（见图7-33）。

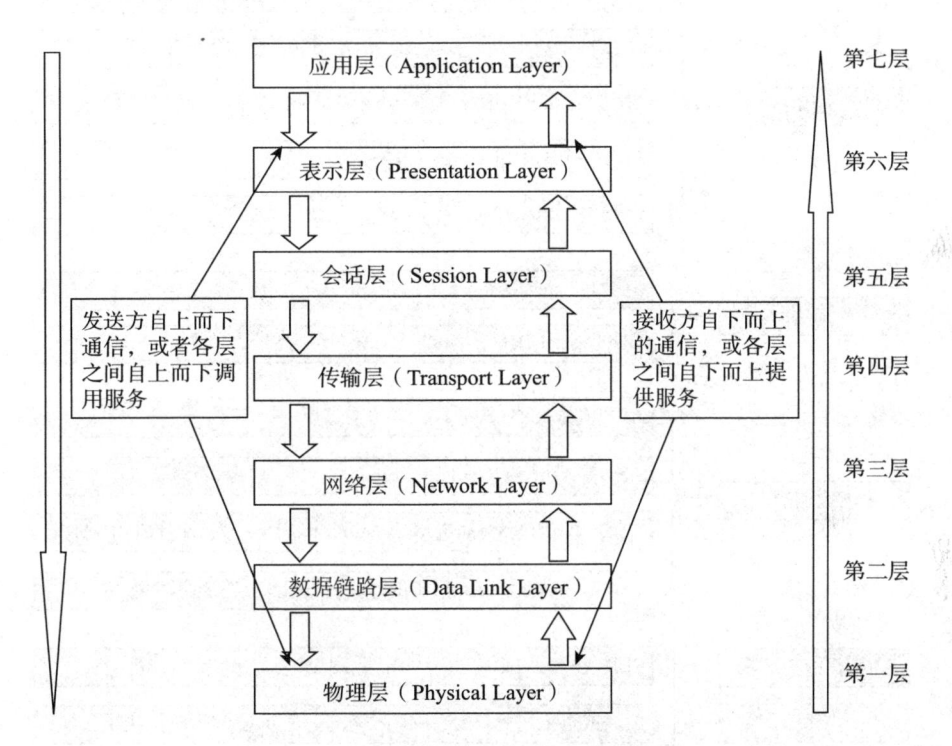

图7-32　完整的OSI互联网信息传输路径

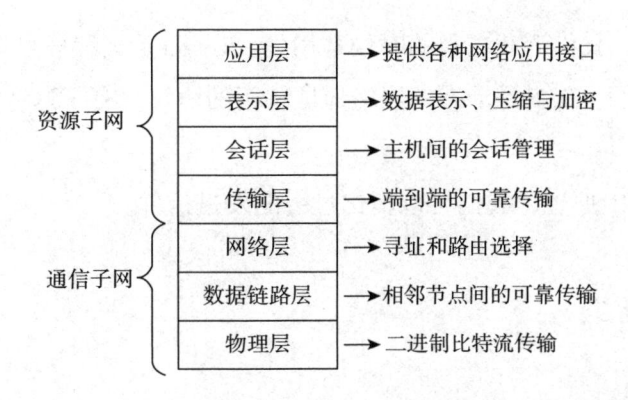

图7-33　OSI 7层的职责

在真实世界中，用的并不是OSI模型，而是TCP/IP（transmission control /Internet protocol）

（传输控制协议/网络互联协议）。TCP/IP是一组协议。真实的TCP/IP，早期是4层结构，现在是5层结构（见图7-33）。

（1）物理层和数据链路层（网络访问层）。

（2）网际网络层，定义了网络互联协议（internet protocol，IP）而IP由4个支撑协议组：ARP（地址解析协议）、RARP（逆地址解析协议）、ICMP（网际控制报文协议）、IGMP（网际组管协议）。

（3）传输层：TCP（传输控制协议）和UDP（用户数据报协议），TCP协议传输更加稳定可靠，UDP协议传输效率更高。

（4）应用层。

应用层
- FTP（File Transfer Protocol）：文件传输协议
- HTTP（Hyper Text Transfer Protocol）：超文本传输协议
- SMTP（Simple Mail Transter Protocol）：简单邮件传输协议
- POP3（Post Office Ptotocol）：邮局协议
- DNS（Domain Name System）：域名系统

传输层
- TCP（Transmission Control Potocol）：传输控制协议
- UDP（User Data Potocol）：用户数据协议

互联网层
- IP（Internet Protocol）：网络协议层
- ARP（Address Resolution Protocol）：地址解析协议
- ICMP（InternetControl Message Protocol）：因特网控制消息协议
- HDLC（High Data Link Control）：高级数据链路控制

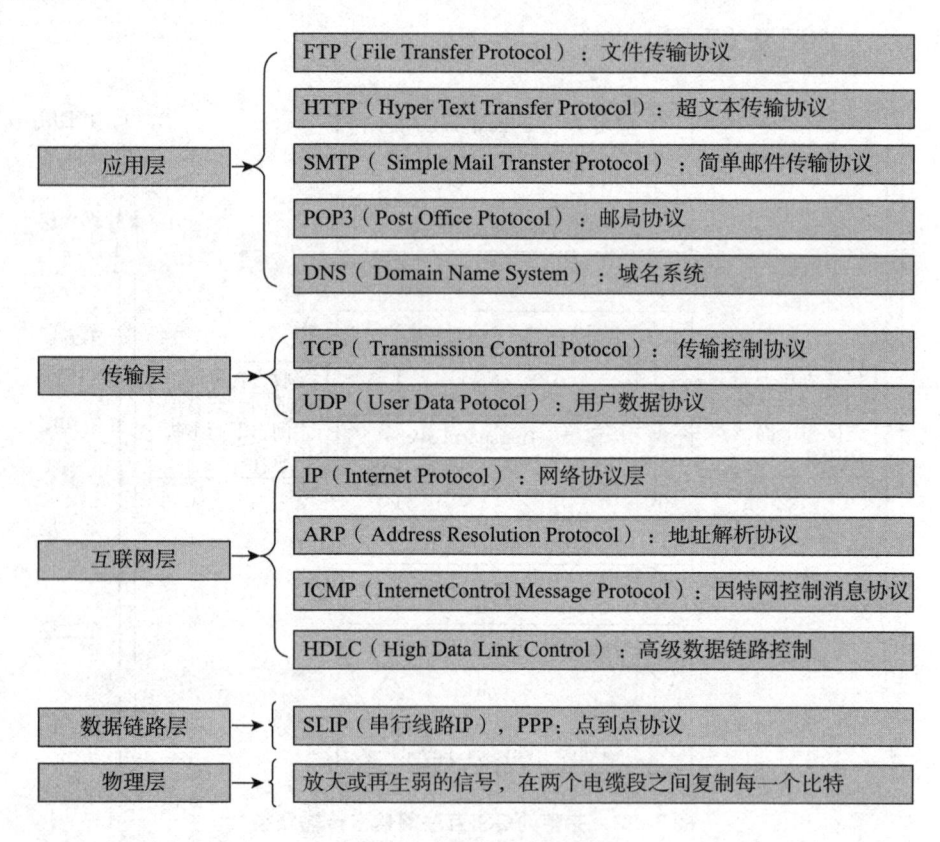

数据链路层
- SLIP（串行线路IP），PPP：点到点协议

物理层
- 放大或再生弱的信号，在两个电缆段之间复制每一个比特

图7-33 TCP/IP 5层结构

常见的如FTP协议，我们下载电影的时候常用到。Telnet是远程拨号上网通信。SMTP设置邮箱的协议，但是可以造假。DNS是动态的网络地址解析的协议。有了这些协议再有了IP地址，就可以通信了。

为了清晰讲解TCP/IP原理，我们可以类比过去的发送信件。

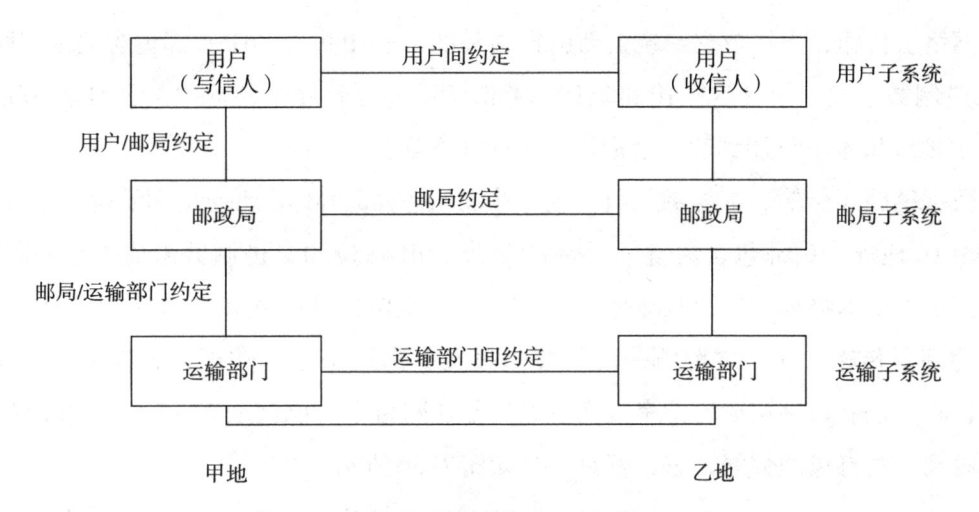

图 7-34　邮局系统分层模型

过去邮局寄邮件怎么寄？如图7-34所示寄件人跟收件人有一个规矩（协议protocol），也就是一定要有地址、姓名、电话。邮局跟邮局有它们的投递规矩（协议protocol），例如邮票、邮戳、邮区、投递时限。运输部门与运输部门也有它们的规矩（协议protocol），比如邮车或者委托第三方投递的运输和管理规矩。

那么在TCP/IP协议中，怎样通信呢？

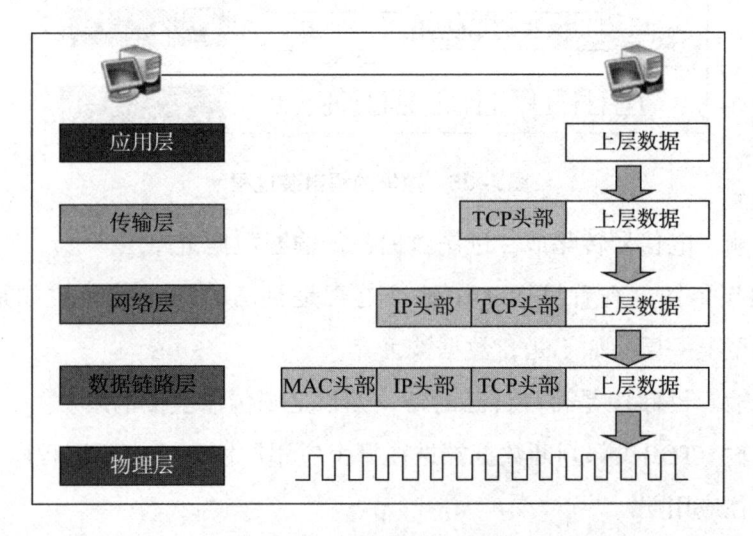

图 7-35　数据的封装过程

首先要进行数据的封装（见图7-35）。在五层的TCP/IP协议中端到端是怎么通信的？一个图片怎么从一台电脑发送到另一台电脑？本质就是你封装他解封，相当于你写信贴在信封里，他收到信打开信封读信。

（1）应用层传输，文字图片等，被编码过程编码为二进制数据（0和1）。

（2）传输层传输，上面数据被分割成小段，每个分段的数据封装TCP报文头部。好处是如果传输有错误有丢失，只要再次传输这个小段就行。这就是所谓断点续传，每一段怎么拼接，它都给你标示好了。TCP头部有一个关键字段：端口号，用于标示上层协议或应用程序，确保上层应用数据通信。如8080，就是网站常用的端口号。有好几百个端口号。

（3）网络层传输，上层数据封装上新的报文头部——IP头部。IP头部包含关键字段IP地址，由32位二进制数组成，包含目标IP和源IP，类似于我们写收件人和寄件人。如果中间路由设备发现目标IP地址根本不可能到达，会把消息传回发送端主机。

（4）数据链路层传输，上层数据再封装一个MAC头部。MAC地址是你的设备地址，我们电脑里都有MAC地址。头部包含关键字段MAC地址，由48位的二进制数组成。它是固化在硬件设备（如网卡）中的物理地址，全球唯一。MAC头部也包含目标MAC地址和源MAC地址。

（5）物理层传输，无论之前哪一层封装的报文头部还是上层数据信息都由二进制数组成，在物理层，将二进制数字组成比特率转换成电信号在网络中，也就是Wi-Fi、光纤中传输。

有人收到这些打包的数据，怎么解封呢？如图7-36所示。

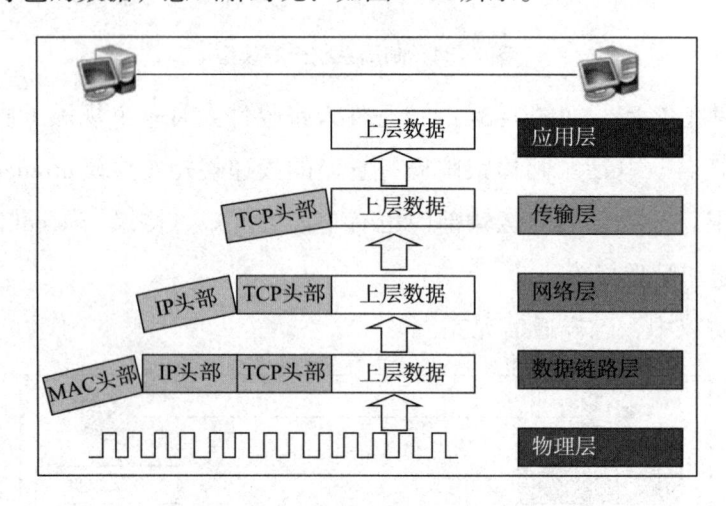

图7-36　数据的解封装过程

（1）物理层传输。电信号转化成二进制数据，传输至数据链路层。

（2）数据链路层传输。查看目标MAC地址是否是自己的MAC地址。如是，MAC头部被拆掉，剩余数据传送至上一层，如不是，数据被丢弃。

（3）网络层传输。目标IP是否是自己的IP，如果是则传输至传输层。

（4）传输层传输。TCP头部判断数据端送往哪个应用层协议或应用层程序，然后将之前分组数据段重组，再送往应用层。

（5）应用层。二进制数据解码，还原发送者传输的原始信息。

就比如在QQ上发了一个图片，别人打开一看，是这个图片，本质上就是这来回共10步的封装和解封过程。

但是刚才讲的是一台计算机与一台计算机的连接，如果是100台计算机，按照这种连发，最起码要100×99/2=4950根网线。这在真实世界中是不可能的。真实世界的计算机不会通过一根线或者正反两根线连接，就需要给计算机找一个中介，将所有计算机跟中介连接，就能够保证通信达到任意一台计算机。这就是交换机和路由器所建立的分组交换网络。

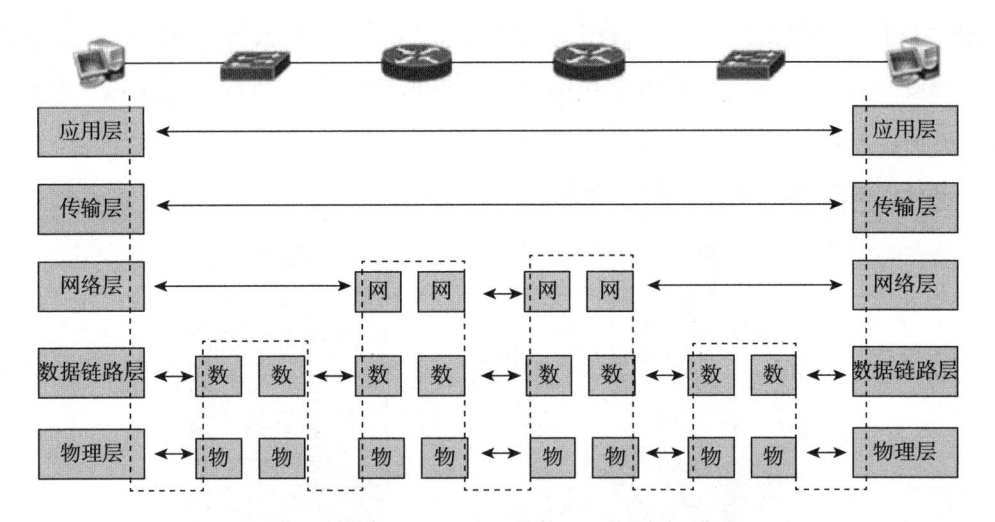

图 7-37　数据在因特网中传输

路由器和交换机是怎么起到网络中介作用的呢？如图 7-37 所示。

（1）数据封装。如图片封装成很多 IP 和 MAC 的头部，变成二进制变成电信号进了交换机。

（2）电信号到达交换机，交换机将电信号转换成二进制数据，发送至交换机链路层。查看数据帧头部，但是不会封装和解封。如果数据帧头部封装的 MAC 是不属于自己的 MAC 地址，不会像终端设备一样将数据丢弃，而是根据 MAC 地址将数据帧转发到路由设备，并且在转发前，重新将二进制数据转换成物理电信号。

（3）路由器收到电信号，转换成二进制数据，拆掉数据链路层 MAC 头部信息，将数据送至网络层。IP 头部被暴露在外，路由器将检测数据包头部的目标 IP 地址信息，根据信息进行路由过程，报文转发到下一跳路由器上，并且在转发前，重新封装新的 MAC 头部信息，数据转换成二进制。

这么做的好处是，以前可能要找 4950 根线去连接 100 台计算机，现在可能只需要 100 根线跟交换机和路由器连接在一起就行了。这就是现代因特网的基本逻辑，不需要自己单独拉线，存在一个中介帮你收发信息，像一个自动的话务员，帮你转接这个，转接那个。

图 7-38　协议层与关联设备

常见的设备在TCP/IP协议五层模型中（见图7-38），如网卡就处于物理层。交换机属于数据链路层，只在该层发挥作用。路由器在网络层，根据IP地址找传输到哪里去。传输层可以设置防火墙。应用层就是计算机程序。

理解TCP/IP协议，我们可以从两个原则理解。

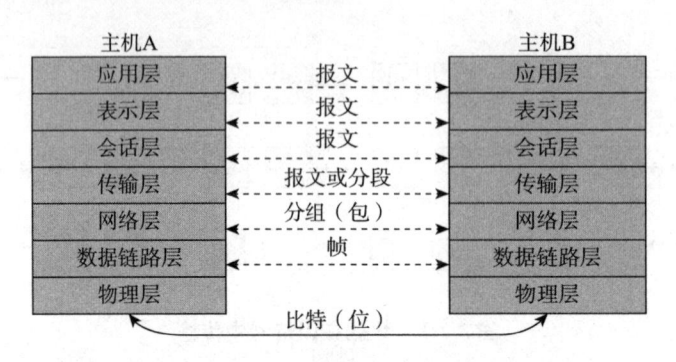

图7-39 网络对等层通信原理

第一个是网络中的对等层（peer layers）通信原理（见图7-39）。

（1）只有双方是对等层次的会话才可能使用相同的类型的协议，彼此才能听得懂，才能有共同语言。不是相同的协议，一层是看不懂另一层的。

（2）在网络体系中，每一层都是独立完成自己的工作，其他层是不干预的、不了解的。上层干预不了下层，看不懂要么丢弃要么转发。

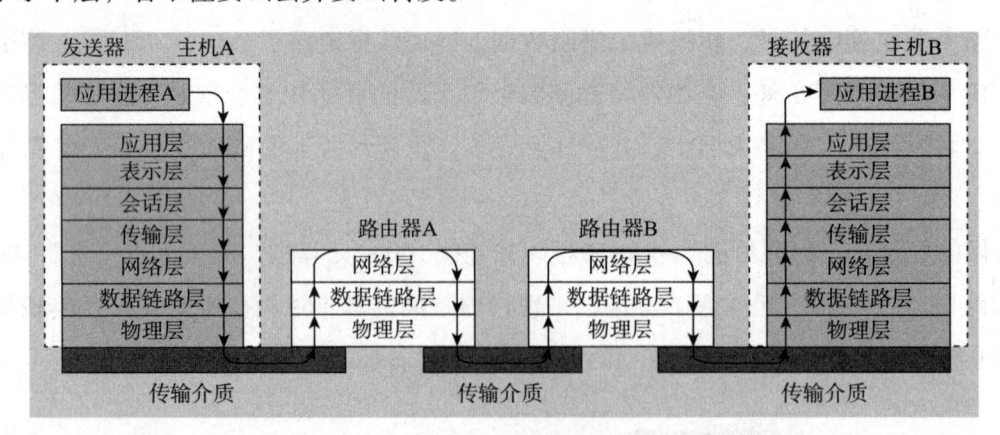

图7-40 网络数据通信原理

第二个是网络中的数据通信原理（见图7-40）。

在网络连接和数据传输流程方面，发送端是自上而下（从高到低），接收端是自下而上（从低到高）进行的，也就是数据通信原理相同。

通信会话方面，双方都必须是逻辑上的对等层次，也就是对等通信原理相同。发送是自上而下，接收一定就是自下而上，层次一定是一样的，不然是解封不了的。

所以OSI对各层划分所遵循的原则总结如下：

（1）同一层中的各个网络节点都有相同的层次结构，具有同样的功能。

（2）同一节点内相邻层之间通过接口（可以是逻辑接口）进行通信。

（3）7层结构中的每一层使用下一层提供的服务，并向其上层提供服务。

（4）不同节点的同等层按照协议实现对等通信。

（5）网络设备（不包括计算机主机）间自身通信仅需要低3层（网络层、数据链路层、物理层），用来构建数据通信的网络平台。网络平台构建好后，用户应用数据就可以利用这个平台进行各种网络应用通信，但所有的网络应用通信都需要经过网络体系结构中的所有层次。其中最上面4层用来为用户的网络应用通信提供各种服务支持，构建数据通信平台。

专题八
数字友好法学基础

本专题讲解法的由来，法的本质以及相应部门法的划分及相应的宪法、行政法、民法、商法、民事诉讼法、刑法、刑事诉讼法、经济法、个人信息保护法及网络安全法的热点问题。通过学习，希望大家能够初步掌握中国特色社会主义法律体系的框架，掌握科学立法、严格执法、公正司法、全民守法的必要性及法治价值，同时，知道在新的经济业态下，适用哪些法律维护自己的权利。

一、以德配天、明德慎罚、刑民一体的中华法系

大家看过周星驰的电影《九品芝麻官》。这是一部很好地反映了中国古代法治运行情况的电影。电影的主要情节，是当朝水师提督之子常威于富户戚家娶亲当夜，乘醉强奸了新娘子戚秦氏，并在丑行被发现后杀死了戚家全家十三口人。此案被起诉到县里九品候补知县包龙星处，包龙星虽秉公办案，但由于职微言轻，原告戚秦氏竟被打为凶手。后包龙星进京申冤，奇遇迭出，终成八府巡按重审此案，沉冤终得昭雪。这实际反映的就是传统中华法系中以"听狱"来处理刑事纠纷，以"断讼"来处理民事纠纷，自西周开始，中华法系就具有了"以德配天""明德慎罚"的特征。

在清代，一般小案件是县官审理，但是重大案件，像有名的杨乃武与小白菜案、电影《投名状》反映的两江总督马新贻被刺杀案，这种嫌疑人有可能被判处斩立决刑罚，要通过秋审、热审、朝审制度予以审理和复核。戏文里主持正义的八府巡按，代指有权力清正廉洁的大官，而在真实的清代司法制度中，并没有八府巡按，国家正式重大案件司法审查制度是"三司会审"或者"三堂会审"，也即在审理重大案件时，由刑部尚书、大理寺卿和都察院左都御史三个中央司法机关首长会同审理，最终由皇帝裁决，沉冤昭雪的制度。

在清代的司法审判使用的《大清律例》，是建立在农耕文明的经济基础之上，暗含着宗法、伦理和侦查智慧的社会治理规则。它虽然没有现代司法制度中常用到的程序法、"控辩审"分权制衡以及"无罪推定原则"，但却是历代封建法典之集大成者。

伦理治国有它的好处，那就是交易或治理费用比较低：包公审案不用双方聘请昂贵的专业律师，审期短暂，而判案的公允不一定比今天的结果差。但是伦理治国又有很大的缺点，是没

有弹性：风俗习惯不容易更改，不能像法治那样层级立法、刑民分立，"事因于世，而备适于事"。弹性不足的伦理，在墨守成规的农耕文明经济时代对于维护社会休养生息有帮助，但是，当时移势易，遇到以多元化重组与创新为特征的近现代社会生产力发展，就显得捉襟见肘。

伦理的本质是一种名分，一种次序。儒家把君臣、父子、兄弟、夫妇、朋友，叫"五伦"，规范五伦的道理、法则和仪式，就叫"伦理"。因为每个人出身各不相同，不同的天赋和机遇使得机会均等则结果必然不均等，而结果均等则机会必然不均等。运用经济学的视角，则是产权平等则人权不能平等，人权平等则产权不能平等。以法治对产权不平等予以矫正，则人权可以平等；以法治对人权不平等进行矫正，则产权可以平等。这就实现了西方法律体系中，如亚里士多德（Aristotle）所言，用"矫正的正义"去修正"分配的正义"。伦理治国中，皇帝与国家的财产是混同，家庭成员之间的财产也是混同的，没有明显的产权划分，使得交易费用过高，也没有人权的概念，君君父父臣子子，三纲五常，过于僵化，不适应现代市场经济标准化高速融通的特征。在市场经济中，新古典经济学理论是全球不存在不可替代的产品，都是时间与金钱的函数。人、公司、城市、自贸区，任何组织都是一个约束条件最大化的函数，做电子商务的SKU、PV、翻台率、复购率都是这个函数的自变量。

当今中国的法律体系对传统中华法系和西方法系均去粗取精。老百姓通过一个司法部方便的12348电话平台，就可以获得良好的法律咨询和援助服务；通过12368就可以获得法院在线立案、诉讼服务；法官服务基层在田间地头开庭，这是真正以人民为中心的法律体系，这在西方社会是难以想象的。

二、法是什么

中国古代有一种叫獬豸的神兽独角兽。这个独角兽在判决是非曲直时指向谁，就代表谁是正义的。所以很多法律类的书籍喜欢把獬豸作为一个标识。中国古代社会，主张以道德去教化百姓。老子在《道德经》中讲"人法地、地法天、天法道、道法自然"；《中庸》所言"万物并育而不相害，道并行而不相悖""溥博渊泉，而时出之"；《论语》中有"山梁雌雉，时哉时哉"。故宫交泰殿有康熙皇帝手书"无为"二字，体现的就是古代天命思想，无为而治，尽可能少地去干预老百姓生活的自然法理念。"无为"与市场经济"看不见的手"有共同之处。于公法理念，"法不明文授权不可为"；于私法理念，"法不禁止即自由"。在市场经济浪潮中，的确有这么一批敢想敢干的人，在改革开放的浪潮中成长为杰出企业家。

在1912年清朝宣统皇帝传国于中华民国时，退位诏书上也有一句话，"人心所向，天命可知，予亦何忍因一姓之尊荣，拂兆民之好恶？"这就深度体现了中华传统治理中的"天命"思想。天命就是德行是否能够匹配上天的期望，这跟西方以《社会契约论》为代表的理论、或者"无代表则无税"的博弈视角、民众让渡治权来解释政府的组成是很不一样的。但是却跟柏拉图（Plato）的《理想国》（The Republic）里最为推崇的"哲学王"（The Philosopher king）有共通之处。哲学王统治的合法性不在于人们的同意，而在于哲学家基于智慧统治的自然正当性，大家一起团结一致干成伟大的事业。

中国古代治理，是外儒内法。中国传统文化是儒释道，儒家比较占据主流，人与人的交往行儒家大义，包括国家治理、宗族和家庭关系。内部国家治理是行使封建王朝的法律体系，如唐朝的《唐律》，宋代的《宋刑统》，明代的《明大诰》，清代的《大清律例》。中国当代治理，是外马内法。中国当代文化吸收了马克思主义中国化的伟大成果，人与人交往遵循唯物论、辩证法和科学社会主义，内部治理行使人民当家作主的中国特色社会主义法律。

不了解如上的中国当代法系跟中国传统法系的区别与联系，不了解中国社会结果跟西方社会结构形成与管理的区别，是无法"讲好中国故事"的。

三、法治与法制

2017年党的十九大确立了依法治国，就是用法律的手段去治理国家，这种治理方式是最具有帕累托效率的。法治的核心是：规范公权、保障私权。依据宪法、依据行政法治理国家，民法典保障私权，同时也给公权实施提供了标准，行使公权，不能以损害公民私权为代价。其实法治的精髓并不在于判多判少，而是设立了一种公权与私权、私权与私权之间处理事务的规则，结果重要，程序也同样重要。

2018年中国宪法修正案，将"法制"改成了"法治"，立刀旁的"制"改为了三点水的"治"。法治与法制从1980年代开始争论，30年后终于落地写入宪法。"法治"有了宪法依据。同时变动的还有16字法律方针，从大家耳熟能详的"有法可依、有法必依、执法必严、违法必究"，到大家还不太熟悉的"科学立法、严格执法、公正司法、全民守法"。

如何理解自由是什么？自由一定有边界，"自由的边界是他人的权利"。生存权与安全感也是自由的一部分。例如人们可以在中国各个城市半夜三点逛大街而不用担心人身安全受到威胁。又例如，中国消除贫困的努力给很多人也带来了行动的自由，看到更广阔的世界。一个应对危机高效治理的政府，四项因素缺一不可：第一，政府有效的领导力与执行力；第二，高素质遵规守法的居民。遵规守法的居民或者公民是文明国家的重要构成要素。第三点、第四点是互相促进的，也是被严重低估，几乎无人谈及的。第三是中国的企业家，这些企业家既有爱国精神又有行动能力，新冠疫情2020年1-2月份靠着他们，买到了全球的防疫物资，这主要是迅速的市场反馈力量。而3-4月份中国疫情得到有效控制，我们看到周边各种寻找熔喷布、口罩机的努力，这些企业家可以生产出防疫物资并且卖到全球，一不小心口罩产量又做到了世界第一。最后第四点，就是政府的纠错能力及其与市场的互动能力。所以，任何一个成功的模式都不应该宗教化，这也是保罗·罗默（Paul Romer）2019年在中国说的，他说芝加哥学派最大的问题是把市场宗教化。

四、大陆法系与普通法系

古罗马有市民法（civil law）和万民法之分，你是罗马人就适用市民法，日本后来翻译为民法。后来古罗马法的精神被法国民法典、德国民法典、日本民法典所继承，直至清末修订民国继承的六法全书。

普通法系，又叫判例法（precedent）。这里面不得不说一个概念叫作法律渊源，就是法的表示形式。在大陆法系，法律渊源就是成文法，其法律以完善的体系和逻辑著称，就像自动售货机一样，你把案件和事实输入，输出一个结果，法官是难以造法的。而普通法系灵活性更强，除去成文法，判例也可以作为引用，故而在先法官的裁判可以被后来的法官所引用，因此法官某种程度上等于可以通过判例来造法。所以普通法又叫判例法和法官造法。两种法系各有优点，大陆法长于理论和逻辑，普通法长于灵活性。因此，当今中国其实吸收了两大法系各自的优点，一方面成文法有着完善的逻辑结果，另一方面最高人民法院、最高人民检察院又通过司法解释、公报案例的方式，对法律的适用提出指导性意见。在普通法系最出名的英国，英国法律渊源是由普通法和衡平法构成。英国的普通法是英伦三岛中世纪的社会习俗，王室法院予以总结形成了普通法（Common Law）。还有一类问题是新的问题，就是习俗无法解决的问题。英国从古罗马法律体系中吸取了成文法的条款和精神，如果普通法院解决不了争议，就交由衡平法院来审理。美国在18世纪建国之后，外在主要推崇民主、自由、权利的价值，但是内里主要也是一个市场经济的法律原则。

重点谈一下美国的法治。美国事实上是在基督教新教教义宗教文明上，形成的市场经济法治文明，在市场经济法治文明之上构建的代议制民主政治文明。美国虽然建国时间不长，但是确是几千年西方文明的延续和集合成果。

美国的建国基础有三个人的重要思想。分别是法国让·雅克·卢梭的《社会契约论》（1762），法国孟德斯鸠的《论法的精神》（1748），英国约翰·洛克的《政府论》（1689）。

《社会契约论》讲的是国家的权利在于人民通过契约让渡了一部分权利，组建了政府。《论法的精神》讲的是国家要按照立法、行政和司法三权分立的原则相互制衡实现正义。《政府论》，因为洛克是英国资产阶级的代表，所以他主要是为了资本主义发展，讲天赋人权，包括自由、平等、私有财产神圣不可侵犯、法治、分权、人民主权等思想。所以美国的建国之父们又叫联邦党人，他们就把这些思想付诸实践，建立了美国（见图8-1）。最早的那些权利都是给白人的，1960年后逐渐扩大到有色人种。

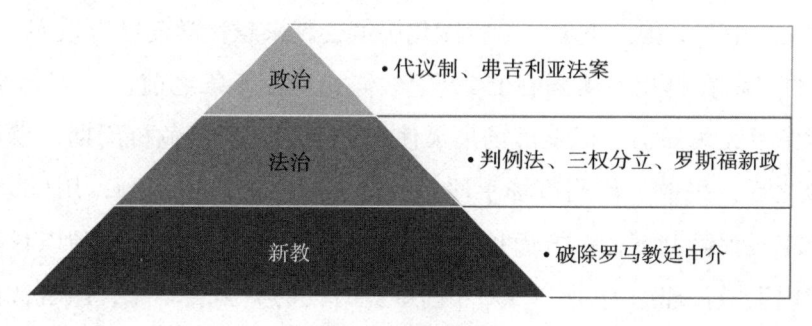

图8-1 美国的基础

- 政治：代议制、弗吉利亚法案
- 法治：判例法、三权分立、罗斯福新政
- 新教：破除罗马教廷中介

美国总统并不是直接选举，而是在各州进行直接选举之后，由选举人投票简介选举出来的。

所以美国2016年总统大选特朗普虽然总得票数没有希拉里多，但是因为选举人票数得的比希拉里多，赢得了总统大位。美国还有一个弗吉尼亚方案，是弗吉尼亚州在1787年立宪会议上的提案。大意是美国国会有参众两院，那么有的州人口少，有的州人口多，如果按照人口比例选议员则人口大州在议会更加优势。于是参议员每个州只有两名联邦参议员，跟州人口数无关。而众议院的议员数目跟该州的人口有关。这样既照顾到了人口大州又照顾到了人口小州，法案需要参众两院通过，才算正式通过。

美国第三任总统托马斯·杰斐逊的墓碑也很有意思。它竖立在美国著名的公立大学弗吉尼亚大学（UVa）校园内，也没说他是美国总统，就说了"独立宣言的起草者，弗吉尼亚大学之父托马斯·杰斐逊长眠于此。"

美国宪法有序言+7条+27条修正案。经常在媒体曝光的持枪自由，主要来自于第二修正案可以组织武装民兵的权利，以及黑人选举权，1964年才予以落实。

总体评价，美国的很多上层建筑，创建于18世纪，符合当时的经济基础，但是对现在后工业时代和信息文明时代的经济基础，是有些不合时宜了。比如社会契约论，是一种社会学的视角，比如政府是怎么形成的。社会学的特点在于他有很多视角，每一种视角在他的公理体系内，言之成理即可。但是社会契约论的基础必须要有一个庞大的资产阶级，这种论调在中国就没有明显的社会基础。

就《论法的精神》所涉及的三权分立思想，其实想让一个事务变得公平或者是正义，分三权还是分五权还是分二十权并不是关键点。比如中华民国的宪法中就有五权分立制度，还多了考试权和监察权。没有太大必要，理由很简单，朴素的自然公平观认为"发展是最大的政治"，首先把蛋糕做大，GDP中制造业产值是最实在的，其次怎么样把蛋糕分得公平？你只需要让切蛋糕的人后拿蛋糕即可，也就是把行为确定权和利益决定权分开。所以分几个权力，对于维护公平正义本身并不是决定因素，权力分多了还容易变成"三个和尚没水吃"的局面，谁都管，谁都管不了。关于分蛋糕的理论在现代非合作博弈论中已经有了很精准的数学论证和实证基础。当代中国就是"东西南北中，党政军民学"，党领导一切，加不定期的"回头看"纪检监察制度，这里面基于博弈论的合理性原则，我们在前述博弈论章节讲述查酒驾里已有论述。随着技术的演进，这种选贤任能、以党内民主带动人民民主、以创新型企业家带领人民共同富裕，深度契合中国传统文化中的家国天下理念，智能化决策会越来越科学而富有效率。

《政府论》的问题在哪里？美国在1929年资本主义大萧条之前，一直信奉的是小政府主义，类似于中国皇帝无为而治。但是市场失灵使得资本主义经济危机周期性爆发。所以富兰克林·罗斯福执政之后，采取了使用市场手段，通过大规模的政府干预，用国家级的科技计划、工程计划和最低工资保障制度，一方面扩大需求，一方面增加供给。这种以科技促经济的制度在现在被称为"内生增长理论"。所以350年前洛克时代的英国资本家，跟现代以科技创新为代表、熊彼特所主张的颠覆式创新企业家，对于生产要素、科技单元组成、知识产权保护制度的要求截然不同，这必须要建立在大规模的知识创新成果储备和丰富的资本之上。有很多大型项目，非政府力量难以承担，关键是怎么样让操作手法符合市场经济、法治经济的原则，不然很有可能变成无法流动的固定成本，表内负债。

关于法律的本质问题，有两种学派。一种学派认为是自然法，自然秩序。人类社会存在之前这个世界就存在的秩序。例如狮子吃斑马，狮子死后尸体又被草吃，草反而又被斑马吃掉了。例如在猴群里，最强壮、最美的那只往往是猴王。这种自然法则，不需要通过人类的制定，在人类社会存在之前就已经存在。

另外一种学派认为法律是实证主义的，法律实证主义认为规则需要通过人类权威的认定，才能够成为法律。但是纳粹和军国主义者也会按照某种评议机制外加国家强制力制定法律，那个是不是真正意义上的法律呢？实证主义者认为这也叫法律。于是自然法学派和法律实证主义对于法的分歧，出现了根本的"恶法是法，恶法非法"的争论。这本质上是对于正义看法的区别，也就是自然秩序是正义，还是人类规则是正义。

关于正义的定义众说纷纭。上天给了人不同的天赋，如果机会均等则结果不均等，如果结果均等则机会不均等。在一贯标榜自由平等、"上帝选民""山巅之城"（Chosen by God, City on a hill.）的美国，当有记者问及为什么美国的有钱人优先得到新冠感染核酸的检测时，特朗普说道："也许这就是人生，有时候是会发生这样的事。"因此对于社会规则的科普，相较于对科学的科普也同样重要。有时候会发生这样的事，其实这种事一直都在发生，人类社会存在之前就发生了。

什么是正义？饱学的亚里士多德认为正义分两种，一种是多劳多得，即分配的正义，一种是做一个平衡，即矫正的正义。法律要兼顾两种秩序。在中世纪以后的法律理论中，社会契约论起到了重要的理论支撑，认为社会组织和法律是一种"公意"，但是无数人却假借人民的名义，行谋取私利之实。1971年，约翰·罗尔斯出版了《正义论》。他想构建一套能够取代社会契约论的正义观点。法律就是社会分配权利确定义务用的。那究竟依据什么样的正义标准去设定权利和义务呢？罗尔斯指出了一种新的契约理论，他认为在人类社会初始状态也就是"无知之幕"（veil of ignorance）中，每个人都不知道自己的能力、地位、善恶，在无知之后，每个人开始平等地缔结社会契约。为了保障人有缔结社会契约的能力，罗尔斯认为要保障人的自由、选举和被选举、言论、不受任意逮捕等权利。这种基本的权利，人与人应当是平等的，这就是罗尔斯正义论中的正义第一原则，平等自由原则。罗尔斯第二正义原则，就是差别对待原则。因为人与人的天赋和支配利益如权力、地位、财富注定不同，那么形式上的权利平等，依旧会导致结果是的不平等，因此他认为，社会的机会应当让所有人有平等的机会达到。自由市场不应当是放任的，必须以正义为目标用法律制度来调节市场秩序。对于每个人实际禀赋的差别，罗尔斯主张还是要差别对待，那些先天有利的人，只能从改善不利人的情况中获利，而不应当让不利人更不利，也就是不能"割韭菜"。

从这些理论的探讨，我们总结如下。法是一种包含正义价值、遵循科学规律、通过最广泛民主程序制定的、具有国家强制力、保障权利、矫正利益的规则。由如上的定义，我们就可以把法与团队的规则、公司的规则、政府的文件、组织的纪律、道德和风俗进行了区分。但这里面最根本的问题在于，即便有了一部设计得非常精妙的法律，执行的经济基础不到位，法依旧无法实施，也就是"徒法不足以自行"。除去保障公民基本权利的法律条款，法律的发展是在经济基础之后的，是因为有了新的技术，产生了新的经济，出现了新的法律，而不是倒过来的关系。因此任何法律的参议者、制定者和执行者，如果不熟悉这种唯物主义发展规律的话，那么会导致在制定规则的时候南辕北辙。不过现实社会中法律的运行又复杂得多。因为法律是神圣的，因此制定法律慎之又慎。在实际操作中又需要有一定的灵活性，那么这个灵活性的度和界限在哪里就非常重要。概而言之，在私法领域也就是平等民事主体之间的法律关系，要做到"法不禁止即自由"。而在行政、刑事等领域，这种涉及公权力与私权利相交的领域，从公权力实施的角度，要做到"法无授权不可为"，这就是给民众一个明确的预期，实现"把权力关进笼子里"的施政要求。

目前中国在法律上胜出美国的一个地方就在于，中国从一个技术创新到市场应用可能13个月就可以走完立法过程，而美国需要29个月。数字化时代，商业机遇转瞬即逝，所以法律的严肃性与灵活性是同时要考虑到的，毕竟，人类幸福自由而全面地发展才是根本目的。

五、程序员眼中的法律

我们辨析一下，在程序员圈子里常见的说法code is law（代码即法律），这可能吗？如果我们把开源社区叫作一个国家的话，接受开源许可证约束的，就相当于开源社区的选民。这个区块链的记账规则是大家根据工作量证明（Proof of Work）算力投票来的。于是我们会发现，第一，开源社区的代码和规则，对比现代法律，缺乏了一个最广泛民众的民主机制，它是社区的规则，只能是小规模民主。第二，开源社区有一种机会均等机制，任何人都可以下载核心代码，但是如果有人在这上面集中筹码，或者做坏事呢？你会发现缺乏一种矫正正义机制。第三，开源社区在现实中是没有国家强制力做后盾的。第四，分布式账本也谈不上有什么正义的价值在里面，就是记账的规则。所以code is law你可以翻译成程序即规则，但是还缺乏很多法律必要的价值和元素。另一个通讯圈子常用的概念叫作protocol协议。笔者也不知道原始翻译者为什么这么翻译，因为agreement协议和protocol协议本是两个不同的事物，但是用中文却都翻译成了协议，是不是因为中文是象形字，排列组合过少，能用的就那么多字母，不像英文可以词根词缀，变幻更多。法律中的协议（agreement）的本质是一种一致性的意思表述，核心是要有目的意思、效果意思和表意行为。protocol就是一个设备之间互相通信，按照相同的规则打包、解封数据的规则规范，没有人在里面，也没有意思表示在里面，就是包、传、收，解的过程。同样的道理也可以拿来讨论开源许可证到底是不是协议agreement，美国法院2017年有一个原告阿缇菲克斯（Artifex）诉韩国公司案例，法官认为是协议，原告可以要求违约或者侵权赔偿。protocol的好处在于不包含任何价值判断，你遵守就可以发包解包，这就是我们数字友好型社会的基础。多数区块链公链的项目包括去中心和钱包,也是认钱不认人,但是很多人不小心把私钥、助记词存储在网络空间或者通过IM软件传输,或者Dapps遭遇DNS劫持,就导致了个人资产的丢失,这就是code is law在面临人性恶的时候的不足一面了。国家既不是一个天天想着侵害老百姓权利的"利维坦",也不是一个从摇篮到坟墓都保佑大家的活神仙,而是一个人间的动态平衡机制。

六、经济学家眼中的法律

在经济学家眼中,法律是一种产权的规则,改变均衡的外力,决定游戏规则的胜负手。道理都是相同的,从产权规则看,为了避免负的外部性没有人承担,正的外部性无人享有,于是设定了一种产权规则:谁来做,谁来负责,谁来享有。让社会各司其职。

从均衡的角度看,法是一种改变均衡的外力。我们说到自由竞争的经济,没有外力输入,会达到均衡静止的状态,就相当一个自由落体的球直接落到地上,最终变成一种静止的状态。然而因为每个人天赋、机遇的不同,是有可能导致分配上的一个不公平、不正义。那法律可以直接起设定一种分配的规则,就强制要求你就应该这么分配,所以它是一种改变均衡的外力。

同时,笔者觉得最本质的一个特点,法是一个决定游戏胜负手的规则。你做出了这样的行为,你就承担这样的责任,你投入了多少成本,你就获取了多少收益,你付出了多少努力,就得到了多少收获。这个决定胜负手的规则在不同的环境是不一样的,在完全竞争市场经济里面就是等价有偿、价高者得或者价低者得。在限制性竞争领域,就是牌照制、许可制。在投资领域,可能成功者的故事也会起到作用。

从经济学家的视角分析法,就会过于朴素了,每个人都在追求最大化的快乐,政府就是一个熨平经济周期、促进经济增长的机器,缺乏人性。因此,经济学家眼中的法也欠缺一些正义的价值和民主机制在里面。所以我们同样要以扬弃的观点看待经济学家眼中的法。

七、民法典

民法是调整平等主体人身财产关系的法律规范的总称。当今的中国民法集大成者就是2020年1月1日生效的《中华人民共和国民法典》。民法典,典是典籍、模范,民是人民的意愿、需求、权益,因此民法典是我们市民社会和市场经济的百科全书。民法典充满了人性的思考和关怀,正如孟德斯鸠所言,理想的民法典慈母眼中,每个人都是一个国家。

到2021年,新中国成立72周年,改革开放43周年,人民经历了富起来、强起来,同时经历了现代家庭的重构、食品安全、环境保护等热点事件。人们开始重新思考如何看待人、看待家庭、看待社会、看待国家、看待人类、看待自然。人民对美好生活的向往,最核心的内容从吃饱穿暖,变为追逐自由、人格尊严的确立和保障。民有所呼,法有所应。民法典总则也是先编排人身权利和人格权利,之后才是财产权。

我们如何看待社会?我们究竟处于什么样的社会阶段?在工业文明向信息文明的转型期,

民法典开始保护数据和网络虚拟财产。我们如何看待国家？国家必须出场，国家也不得出位。人民政府、人民法院是来自人民、为了人民。例如民法典规定了国家可以指令监护人，高空坠物致人损害，公安机关依法履行职责找到加害人。民法典更加关注于人，不论中国人与外国人，不再使用公民的称呼，而使用自然人的称呼。为什么？公民是一国国籍的人，而自然人是生物学概念，代表了一视同仁。我们建设人类命运共同体，就是要与全世界人民一起不分种族肤色国籍信仰，休戚与共，山川异域，日月同天。如何看待自然，我们人类与自然是征服与被征服的关系吗？冯友兰说人生四重境界。第一个是自然境界。第二个是功利境界，满足自我需要。第三个是道德境界，脱离小我，关注大我。第四个是天地境界，人与自然相伴相生，互为伙伴。绿水青山就是金山银山，我们要节约自然资源，破坏了生态，就要把生态修复好，于是习主席在巴黎气候会议上，向世界庄严承诺：2030年碳达峰、2060年碳中和。

对于人类社会和中国面临的新型问题，民法典给予了相当的呼应。笔者期望从民法典的讲解中，窥之一二，建立一个数字友好的民法典精神。

民法典有六大基本原则：平等、意思自治、公平、诚实信用、禁止权利滥用、公序良俗。为什么讨论原则，原则是区别于此法与彼法的根本性特征。如果一个原则既可以用于这个法又可以用于那个法，就不能称之为基本原则，因为区分度不够。把握住了原则，你就知道这个法律接下来会怎么规定。这也就是黄金圈理论中的为什么、怎么做、是什么。

平等说的是大家不论在权利、行为、责任、金钱等方面，在法律上被一视同仁。但是自然界很多族群动物都是有等级的，为什么单单人类的民法上来就规定主体要平等呢？因为市场经济是有帕累托效率的经济，价格信号是市场经济中决定要素配置的尺度。价格也就是钱，钱是种类物，这笔钱那笔钱，你的钱我的钱一视同仁，衍生出来了大家具有平等地位，这是市场经济的要求。人因为有了平等的地位，有独立的财产、可以做出独立的行为，所以才能够承担独立的责任，"若财产不独立，则表达不自由"，一个平等的市民社会再衍生政治国家，于是平等成了市场经济、市民生活的百科全书民法典的第一原则。

意思自治，也就是自愿。我们基于自己自愿不受胁迫的状态下，去达成一个约定。这是民法典的帝王条款。合同就是当事人之间的法律。

公平。公平是一个比较抽象的概念，因为市场中的任何商品都有个价，既有一个市价，也有一个各自心里的心理价。马歇尔把这种市价与心理价的差值叫作生产者剩余和消费者剩余。公平是一种价值倡导，大体原则就是等价有偿，不要让真实价值与卖家出现过多偏离。例如在中国法院的司法解释中，如果违约金约定过高，可以请求法院酌情调整。市场遵循着一种野火烧不尽，春风吹又生的精神，因此有公司破产、个人破产等制度。

诚实信用。这也是民法里的重要原则。当年有人请教曾国藩办外交事务经验时，曾国藩首推诚字，曾国藩国学大儒悟得一字箴言，可见诚字威力。诚实信用其实是自愿的前提。因为但凡合作如果你有欺骗、隐瞒的地方，人家做出看似自愿的表示，其实是受到了虚假或者不全面信息的影响，相应地做出的决定就不那么"自愿"了。"季布一诺，千金不易"，这是中华传统美德的要求，也是民法律规定。

禁止权利滥用。指一切民事权利之行使，不得超过其正当界限，行使权力超过其正当界限，则构成权利滥用，应当承担侵权责任或其他法律后果。例如很多公司的股东利用法人独立地位和股东优先责任，侵害债权人利益，这就是典型的权利滥用，因而法律行为无效。

公序良俗。公序，指公共秩序，是指国家社会的存在及其发展所必需的一般秩序；良俗，指好的风俗，是指国家社会的存在及其发展所必需的一般道德。公序良俗指民事主体的行为应当遵守公共秩序，符合好的风俗，不得违反国家的公共秩序和社会的一般道德。这其实也是自西周开始"以德配天"中华法系传统在当代的体现。

绿色环保。这暗含着中华文明对于人类社会何去何从的大智慧，也就是"低碳""环保"是人类社会发展不可逆转的大趋势，"绿水青山，就是金山银山"。

既然民法典作出了这些原则化的倡导，那么如何执行呢？这就是民事审判制度的力量。"天下之事不难于立法，而难于法之必行。"了解法院审判规则，有两点最为重要，一个是请求权基础，一个是证明责任。

人民法院为了方便大家提起诉讼，在《民事案件案由规定》中专门列了473个案由，如果你要去法院起诉，就要根据你的请求权基础去填写准确的案由，方便最大程度维护自己合法利益的审理。因此请求权基础和举证责任分配构成了法院民事审判的核心。请求权基础指的是你所提出的诉讼主张，到底是依据什么法律关系提起来的，不同的法律关系就有不同的审理查明思路和证据要求的方向。案由规定就对11部分、54个二级案由，473个三级案由进行区分，这里面473个案由就是请求权基础。法院会根据请求权的不同，分配到不同业务审判庭审理，不同案由审理的思路、需要查证的事实也是各不相同的。这些案由中，比较常见的分类包括人格权、婚姻家庭继承、物权、合同、知识产权与竞争、劳动人事、公司证券保险、侵权、执行异议等特殊程序案由。

在一份判决书上，法院都会写明原告诉称、被告辩称，"本院查明，判决如下"。我们提起民事诉讼就是要给法官喂弹药，这个弹药就包括恰当的主张、合理的请求权基础（案由）、可以印证事实的证据和符合逻辑的推理。除去案由的选择需要功力，对于事实的证明，更见功夫。对于待证事实，以证据去支持，这就叫作分配举证责任。举证责任建立在哲学的不可知论基础上，因为我们回不到过去，注定有一些事情不可证明。举证责任的价值不在于谁主张谁举证，而在于事情真伪不明时，由谁承担真伪不明的后果。正义的法律会分配举证责任，保护弱势群体。而聪明的法官，总会在案件事实查明的关键节点，将举证责任分配进行分配和释明。这会直接决定案件的走向。一般而言举证责任是证有不证无，由主张义务已经完成的或者变更的一方承担证明责任，也就是如果待证事实真伪不明，承担举证责任一方要承担不利（败诉）的后果。

专题九
数字友好贸易商业模式

本专题我们讲商业模式的本质，以及数字贸易和新电商领域的最典型的商业模式特征，也就是双边市场的基本模型。同时我们要介绍数字贸易新电商领域的商业模式的类型，从B2B到B2C，了解如何去利用自己的优势选择相应的新电商领域风口，讲解互联网的九大思维、五大策略、十大法则、六大商业模式，以及常见的其他主要商业模式。

一、从《食神》看怎么做一家上市公司

我想先给大家讲周星驰的电影《食神》。1996年上映的《食神》我当年也租录像带看过，当时也就是呵呵一笑。但是其中很多的小细节，现在回想起来，如果能够得其一二而行之，也许我早就走向了财富自由之路。

比如25年前，有人问你撒尿虾跟牛丸如何结合在一起，如何做大？在这部电影里，莫文蔚演的"双刀火鸡"说："我要宣传牛丸的制作，好吃、打折促销、赚钱，赚完钱之后，要买一套最高级的卡拉OK，然后一家店守到老。"然后李兆基说："我赚到了钱那就要买楼收租，不干活了。"而之前已经成功过的周星驰，也就是食神，他是怎么说的呢？他说："我把名字都改了，爆浆撒尿牛丸，开间店铺先赚第一笔钱，开分店，一间变两间，两间变四间，四间变八间，八间以后就上市，上市以后再集资，接着就是炒股票，再炒地皮，再分拆上市，到时候收股息，就赚翻了。"

食神史蒂芬周指出了一条跟"双刀火鸡"、李兆基截然不同的路，这就是所谓要么价格战，要么差异化竞争。他对爆浆撒尿牛丸的定位是：谁说牛丸不可以打乒乓球，好吃、新奇又好玩。同是一个牛丸，满足了人的四个需求曲线：运动（打乒乓球）、好吃、新奇、好玩。他如何扩大经营呢，他不是开分店，而是开罐头厂。因为连锁店分店有固定成本，受制于相关市场的地域范围，发展缓慢。只有做成罐头，撒尿牛丸才能够脱离中国香港进军全世界。在把产品定型之后，食神接受采访，参加大赛，进行网红带货。为什么食神、"双刀火鸡"、李兆基是三种不同思考方式呢？一种是做一家精品小店，一种是买楼当包租公，一种是公司上市、分拆上市。这里面暗含了思考问题的方式。穷人的想法是赚钱买楼，富人是借钱、盖楼、卖楼，不用自己的钱。穷人想通过节省钱，买房子和卡拉OK。富人借钱，卖给穷人，吃穷人的利息。我们如果要

想做自己的事业，要热爱财富、分析财富、理解财富、控制财富。不然凭运气挣来的钱，最终会凭本事亏掉。当然不是鼓励大家都去做高风险的富人，很多创业者签了对赌协议和连带责任，公司输掉外加一身负债成了"老赖"，十年翻不了身，慎之又慎。

二、财富是什么

我们之前在逻辑章节中说过，原命题跟逆否命题同真假，那就跟一句老话说的一样，贫穷限制了我们的想象力，如果我们能够突破想象力的话，就意味着我们能够走向财富自由之路。

财富是什么？欧文·费雪说："利息不是收入的局部，而是收入的全部。"这句话什么意思呢？凡是可以导致收入的都是资产，收入折现后的现值就是资本，也就是资产的市价。把资产泛化、把利息泛化之后，就可以理解为我们的土地是资产，劳动力是资产，知识也是资产，医生律师的牌照也是资产，建造师的牌照也是资产，相貌是资产，家庭是资产，这些资产在远期都会带来收入。把这些收入扣除相应的利率折现，就是现实的资本。所以你所拥有的一切折现后加起来就是你此时此刻的财富、你的资本，你此刻当期的利息就是你的收入。

如果你的劳动力是财富，当期你的工资就是利息；你的房屋是财富，你的房租就是利息；你的果园是财富，当期的果园出租值也是利息。那明星为什么他的当期利息比较高？因为他的容貌很好，而容颜却又易逝，所以如果只是靠容貌的话，那可能他短时间内挣钱会很高，但是随着容貌的衰退，他远期的收入会降低，所以他要培养自己的综合性的技能，形成一种综合性的财富跟利息的收入。所以你看很多明星到最后都是投资于各种生意之中，有赚的有赔的。我们做生意，任何的成本分析本质上都是基于机会成本的利息分析，外加一个胜负手的概率分析，叫混合策略博弈。做很简单的一个数学运算，就会发现一个商业机会是值得做，还是不值得做。

三、商业模式的本质是什么

笔者给商业模式进行一句话的总结，叫利益相关者在供需曲线中的活动。美国也把中国定位为利益相关者，现在叫竞争者，因为中美之间的关系，利益交织、错综复杂。没有中国这种超大规模人力资本市场的改革开放和廉价商品出口平抑物价，美国至少在1980年代、2008年和2020年通货膨胀就"死"过三回了，任何一个小国都无法胜任这一角色。当然美国的外汇、管理和技术也成功帮助中国产业升级。首先，商业模式不仅是买和卖，本质上是很多利益相关者在不同的供需中结成的关系，供应商、分销商、中间商、支持服务者、股东、合伙人，包括市场的监督者、政策的制定者，都是利益相关者。那么在各种供需曲线中，他们就会有相应的活动，比如说买车、卖车，就是一个主要的供需曲线。但这个主要的供需曲线里面其实还存在不同用户对车的不同的指标的次供需曲线。看似是一辆车，其实最起码包含5到8个需求曲线：品牌、样式、动力、加速度、安全性、舒适性等。不同的需求曲线对于消费者而言有着不同的权重，综合下来，会导致用户在购买汽车选择上的差异。所以商业模式，如果按照利益相关者的各类供需曲线活动细致划分，大致有这四类：

第一个是产品模式。产品模式就是你给用户去创造什么样的价值，你提供的产品解决了什么问题。比如汽车，可以解决通行的问题，再如星巴克，从5到8种需求曲线来看，结合现在的新冠肺炎疫情背景，你会发现：安全性、移动办公空间、舒适性、看电影、听音乐、面子加成、推背感，都是给用户创造的价值。

第二个是用户模式。用户模式就是产品到底是服务于什么样的用户，精准地给用户进行"画像"。比如一辆成熟外观的C级车，如果卖给一个20岁的年轻人可能无法满足他的需求，所以设计产品之前要想清楚卖给什么样的客户。

第三个是推广模式。推广模式又叫营销或者促销（promotion或者marketing）。常见的推广模式是找一个总监，他可能就说你给我20万块钱，我给你实现一个什么样的效果。但是这种花钱的推广模式不是典型意义上的推广模式，因为它有可能让你形成真的用户增长，也可能形成"伪"的用户增长。所谓"伪"的用户增长就是贪便宜薅羊毛。你让我一折买咖啡，那我就来喝一杯呗。你让我注册一个加密货币交易所账号送我0.0001个BTC，我就找个手机号注册呗，反正不费工夫，花的都是小钱，但是这没法形成长期的用户留存。不过，这本质上也是一个概率问题，如果觉得1%的用户留存你可以，那就大胆去做。如何判断一个推广模式是不是有效呢？你可以试一试，把钱停了，看你的MAU（monthly active user，月活跃人数）会不会减少。如果会减少、下降的话，这个推广模式就是无效的。

第四个才是真正的赚钱模式，或者叫作盈利模式。盈利模式核心就是找谁收钱，比如在线教育找谁收钱？那肯定不是找孩子收钱，而是找家长收钱。这个时候用户是孩子，客户是家长。在一些很复杂的平台模型经济中，有很多方式都可以盈利，所以关于盈利模式需要思考清楚。还有一种叫作免费模式，免费模式并不是一个典型的商业模式，或者说是盈利模式的一个枝节。因为在这端免费，在那端是要挣回来的，否则就成了做公益了。

互联网人常说：开放、分享、免费。这句话一定正确吗？免费模式的本质特征是什么？是因为不要钱吗？什么情况下要钱？为什么有的人不要钱做起来了，而有的人不要钱却做亏了？这个反思很重要。他有可能先不要钱，后续提供增值服务。后续会分析免费模式的真谛到底是什么。我们在进行一些日常的创业行为时，可能未必这四个点都会去仔细思考，可能盈利模式是核心，但是如果按照这套逻辑好好思考的话，就能分析出一个创业行为是挣钱的还是不挣钱的，或者它的利基到底有多大，也就说算不算得一门生意。

如何看待对于不同的供需曲线呢？笔者又称之为满足需求，其实这个满足需求本质上有两点：第一，就是要开源给用户创造价值，增加价值。第二，在所有的经济行为中会形成一种无意识的价值耗散，能够帮用户节省成本和费用。那么常见的开源方式是什么呢？比如说，增加单价、客单价，过去他消费1块钱，现在消费10块钱。另外，在价格不变的时候提高产量，只要市场能够消化掉，那就是能开源卖更多的钱。做餐饮和做金融的最清楚，要提高翻台率和流转率，本质上就是提高服务的产量，这跟第二点的逻辑是共通的。

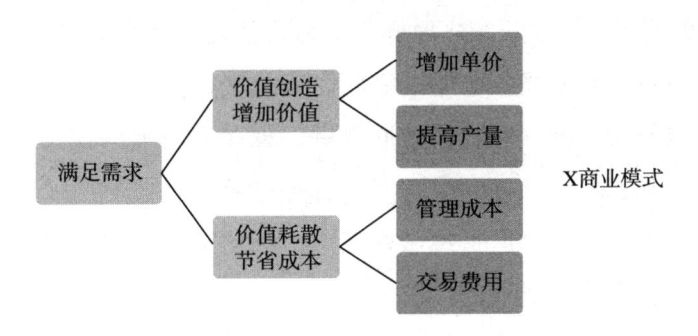

图9-1 如何评估一门生意

任何的组织都有管理成本和交易费用，管理成本是组织内部的管理协调成本，交易费用是获取交易信息到缔约、收钱到后续的这种客服支出。所有的费用都可以叫作交易费用。能把这两头减少为一头，帮客户省钱，也是一个好事，所以一个好的商业模式，要么能开源，要么能节流，这是一个基本的分析模型。

然而，如果一方面开源了，一方面却没有节流，增加了支出，那就得好好分析了。比如说前几年有人创业做线上美甲。虽然线上美甲看似开源了，但是美甲最大的成本是技师的时间，让技师穿梭于城市，即便在获客上开源了，服务这块却没有节流，反而增加了成本，孰大孰小就不好说了。线上美甲可能并不是一个好的商业模式。但是如果把美甲中某些艺术创造部分数字化，可以节省原创费用，提高增加值，提高客单价。又如国际知名的餐饮连锁店，专门做三明治的赛百味Subway，其CEO就曾抱怨说："因为要不断派人抽查，做类似于拿温度计插到三明治里的各种检测，我十几年筋疲力尽。"一个制度还要辅之以更多的人力去监督执行，显然是不经济的。

把开源和节流这两点把握住了，再结合一个好的商业模式去裂变，就可以实现"两条腿的鸡"进化成"两条腿的人"，否则，"鸡"是很难进化成"人"的。那么如何去创新呢？熊彼特说过，创新是生产函数的一个变动[①]。它包含五种情况：第一是提供新的产品跟质量，第二是新的生产方式，第三是开辟一个新的市场，第四是新的供给来源，第五是新的组织方式。其实，熊彼特所列举的五点涵盖了刚才笔者说的开源跟节流。

四、数字贸易商业模式根本特点：双边市场

在数字贸易、新电商、新基建里面最典型商业模式的经济学模型叫双边市场。了解了双边市场的理念，你就会发现阿里巴巴、拼多多玩的那些眼花缭乱的虚拟经济的手段万变不离其宗。那么双边市场是什么意思呢？它是指两组客户在同一个平台上互动，互相影响，通过平台交易，比自我交易节省更交易费用。

比如我们在淘宝上买东西，最起码是有三方，买方跟卖方再加一个淘宝的平台，买方跟卖

---

① 熊彼特：《经济发展理论》，1912。

方通过淘宝来进行互动，比过去买方直接找卖方要容易得多，过去可能找遍天下都找不到，但现在只要鼠标一点就找到了，节省了很多时间，所以这就是一个典型的C2C的双边市场。

还有一个双边市场是B2C模式。比如天猫向商家收钱，不同用户收钱。商家一年给天猫交纳保证金、设计费、装修费、推广费、技术服务费。现在也向用户收钱了，即会员费。这也是典型的双边市场。

现在人人都想做一个大平台，但是想做好双边市场的平台，首先要问自己：你的客户异质性强不强？客户异质性强的产业适合做平台。

所谓异质性强是什么意思？比如说你是买宝马的，我是买宝骏的，这两个消费定位就是不一样的，面向宝马用户的平台跟面向宝骏用户的平台异质性就非常强，那这时候宝马的平台跟宝骏的平台，其实就形不成竞争。买宝马去宝马平台，买宝骏去宝骏平台，此时平台间对于吸引用户的竞争弱，但是平台对于用户的价值强，客户愿意上平台。

如果客户的异质性弱，比如说平台上面客户都非常近似，都在平台上采购，客户多而商家少。客户之间竞争激烈，类似于拍卖，卖方市场，价高者得。那会加剧客户间的竞争，此时平台间对于吸引用户的竞争强，平台对于客户的价值就弱，客户不愿意上平台。

从客户异质性问题，就衍生出来影响双边市场的三个最重要的因素。

第一个因素要考虑哪一边的正外部性更强，那么对该边的竞争就越强。所谓正外部性是干了一个事情，会利好很多人，而这些人不用付费。比如说讲了一堂课，而这堂课没有收费，但是让千百人都听到了，这就是一个正外部性。因为正外部性对我们有好处，同时又不需要付费，就会形成很强的竞争，大家都想获取这个正外部性。举例而言，很多酒吧夜店对女嘉宾是不收费的。因此，对于竞争激烈的资源，可以采取免费的策略。比如我们要做一家平台化的律师事务所，客户的正外部性强还是律师的正外部性强？应该说前期是律师的正外部性强，否则连投标的资格都没有，所以就应该加强对律师的支持、培养、协同，帮助各个能力层级的律师和不同业务模式的律师，使他们都能够在你的平台或者生态立足，快速完成代际累积，持续成长。

这对我们政府和国家的启示也是一样的。假设中国是一个平台，美国是一个平台，中国要做的是什么？把国际上最具有价值的科学家、投资家、企业家吸引到中国，因为他们具有强烈正外部性，如果可以，免费、贴钱都要吸引过来。至于怎么吸引，凭借良好的基础设施、教育环境、安全环境、医疗环境、资本环境、法治环境、网络环境等。我们所提出的数字友好社会契约，就是这样一种数字文明时代的社会理想。

第二个因素要考虑平台是收取固定费用还是佣金抽成。固定费用是什么意思？如在某个平台上经营，一年收1 000元钱，剩下的归用户。这1 000元就是固定费用。佣金抽成是什么意思？比如说，用户每挣100元钱，要从用户那里收取1元钱，就是佣金抽成。佣金抽成的好处在于，前期不用投入，你赚多少钱按比例分成就行，常见于一些收益跟风险不明确的领域，但其缺点在于会造成多归属行为。因为前期不用投入，所以用户在这个平台佣金抽成，在那个平台上佣金抽成，哪个平台给用户利益大，用户就在哪个平台；或者用户每个平台都布一点，就跟机会主义者一样,所以此时用户黏性差。而固定费用呢?比如一旦在淘宝上付一个固定的费用,用户就可以开一个店,剩下多赚的钱全部都是自己的,那用户就有动力在这个平台上越做越大,因为剩下的钱全部都是自己纯得的。所以在不同的商业模式中,是选择固定费用,还是选择佣金抽成,要具体情况具体分析。一般很多单体服务能力强的职业,都是佣金抽成制的。这种制度下的老板前期的固定投资成本低,抵御风险能力强。如果你开很多店,你的人员还可以内循环流动,面临新冠肺炎疫情,也能够做到收放自如,持续经营。这时候老板就要考虑到要把骨干人员留住,通过缴纳社保、给予股权激励、给予荣誉,等等。这就是培养老板的思维或者叫作孵化模式。通过孵化模式,成长起来的就是熊彼特所言真正的企业家。温室里的花朵(例如过去很多高福利外企的员工),在危机中遇到市场竞争,就会死得很惨,这是历史已经证明了的。

第三个因素要考虑单归属性和多归属性。单归属性是什么意思?一个用户只归属于一个平台。多归属性呢?就是一个用户可以归属于很多个平台。比如滴滴打车,其实一个司机既可以注册滴滴打车,也可以注册哈罗打车,也可以自己开出租车,现在一个高德地图可以同时叫十几个在线打车平台的车。套用司机的一句话:我守着一家平台还不得饿死。作为一个用户既可以用滴滴又可以用哈罗,当有很多个打车平台时,平台对用户、对司机、对乘客的黏性都是不强的,平台间就会形成竞争。当双方都是多边,双方都是多归属用户的时候,竞争之后的一个均衡结果是合并成一个平台,如滴滴和快滴合并。但是现实中不论是出于经济利益还是出于政治利益的考量,打车平台会有很多,所以在线打车市场依旧是缺乏效率的。如果一边是多归属性,另一边是单归属性,那么这两个平台就在单归属性竞争激烈。比如假设海尔洗衣机质量非常好,如果它的销量非常大,京东、天猫或者拼多多都期望卖家只在自家渠道独家销售,从而在这个多归属平台上获利,因为卖海尔洗衣机只此一家。如果海尔洗衣机在天猫独家销售,就让多归属的用户去京东、拼多多买不着,那么相应的平台就肯定要在多归属用户这一块儿去获取收益。如果两边都是单归属呢?很多垂直化的社区就是如此。例如奔驰的4S店,其销售商、奔驰车、用户都是单一平台归属的。很多小的垂直的平台,就会形成多个平台共存的特点。

双边市场最核心的策略,第一个是定价问题。单边市场定价要考虑成本和价格弹性。最大的生产收益销售收益来自售价等于边际成本,这时候产量最大、收益最大。而在双边市场,价格弹性高的可以降价,一旦降价,就更能吸引另一边的消费者。如果一边的消费者用一个平台,另一边的消费者用多个平台呢?那就会围绕一个平台的消费者产生竞争。从国家的反垄断执法看,是禁止在平台间二选一的,加大了平台间的竞争,最终让消费者获利。但是不妨碍我们从模型中去了解平台的心思、商家的心思。

刚才我们也举了这个例子,二选一或者用一种动态的价格先吸引消费者,然后再动态地购买增值服务,比如卖指南针炒股软件得先用一块钱的价格吸引你来,让你尝点好处,再让你开启增值服务。或者像微软早期,虽然它期望去打击盗版,但现在随着互联网经济的出现,你很难说它真的那么期望打击盗版。为什么?因为它的边际成本是很低的,如果大家都用微软的系统、软件，会造成它在这个市场上形成一种路径依赖、规模效应和支配地位。那事实上会有助于微软整个生态的培育，这也是为什么谷歌的安卓操作系统就是开源的，大家都可以免费使用。

第二个是开放策略。开放策略的意思是说你的市场，究竟是想让它变成单边的还是多边的，你要不要与其他的平台兼容？这里面有两个原则，第一，如果企业的差异化能力很强，就可以兼容。比如说苹果，它有个 App Store，它允许开发者进驻，过去是苹果自己开发 App，现在它允许开发者进驻生态。开发者从中间获益的时候，苹果的 App Store 就成了双边市场，既有苹果跟开发者的关系，又有苹果跟客户的关系，开发者跟客户通过苹果的 App Store 进行撮合交易，那就是从单边变成多边。苹果为什么有这个自信，因为它自信自己的差异化能力强。苹果的系统是很独特，包括苹果电脑与 Windows 系统兼容问题，一开始是不兼容的，现在都兼容，可以装双系统。比如说微软的 Word 跟金山的 WPS 现在也是兼容的。那么选择不兼容呢？也是一种竞争的策略，比如说微信，就不兼容阿里巴巴的阿里旺旺。但是我们用中国电信、中国移动手机互相发信息，就没有两家运营商信息不互通的；网易的电子邮箱没有跟新浪的电子邮箱不互通。这是协议（protocol）的力量。二是涉及公民基本的通信自由权。这些 IM 软件，它为什么不互通呢？因为它刻意选择一种不兼容的竞争策略，是为了独占资源服务于自己的生态；但这些资源是有着巨大沉没成本投入的竞争壁垒，在商而言商。这种不兼容的 IM 软件在国家基本经济研究给出结论进而反垄断规制后，才逐步放开彼此的兼容，只要市场经济帕累托最优还是大家所追求的，企业利益就要对公共利益做出适当让步。

同时，平台为了独占另外一种资源，又会付钱给销售者、补贴销售者，以换取独占权。比如海尔洗衣机，专门在某个平台做 618 的活动，承诺给消费者每单省多少钱、补贴多少钱。那么如果企业差异化能力弱的话，它就会刻意选择不兼容，避免被放在同一个平台上比较，从而维持自己的垄断利润。比如我们口袋里装了各种各样的证件，其实一个身份证就可以解决这个问题，但是没有人解决。既有技术的问题，也有别的问题。另外，比如高考出题也是最常见的不兼容领域，为什么全国不能用一张卷子呢？有人说，大城市的孩子素质高，这只说了一方面；另外一方面是为了维持一种差异化的比较，不愿意在一个平台上比较，从而维持自己的垄断利益。

还有些其他的策略，比如创新。平台的多边化会增强行业的微创新能力。大大小小平台都出来了，红黄蓝绿，各种单车都出来了。但是多边化平台会削弱系统化的创新能力，因为现在真正有竞争力和有壁垒的创新是高技术密集型、高资金投入型、高资源匹配型的创新。并且根据梅特卡夫定律，网络的价值和节点数的二次方成正比。那么这个时候如果平台规模过小的话，是没法形成规模效应的。这也是为什么很多平台化的形成，到最后就是两家相竞争，像现在移动操作系统就是安卓跟 iOS，华为鸿蒙系统另辟蹊径，想从物联网系统的角度突破，肯定难度是非常大的。另外是广告和质量。广告也分说服性广告和告知类广告。告知类的广告对普通消费者意义更大，所以我们用拼多多、淘宝，经常收到消息的推送，说现在正在打折，请大家来买，就是属于一种告知类的广告。同时，平台还要提高广告质量。淘宝要关注到所有在淘宝平台上发布的信息的真实性，避免虚假宣传。互联网平台实际承担了一种准政府的职责，要维持它这个平台的良性竞争秩序。这在美国叫作柠檬市场理论，也就是"次品市场劣币驱逐良币理论"。如果你的二手车没法判断车况的话，那消费者默认二手车的质量都是烂的，形成"劣币驱除良币"。于是就需要二手车平台去帮用户鉴定和担保汽车的车况，避免出现这种情况，或者像美国一样，直接把卖调表车规定为欺诈类重罪（felony）。

双边市场平台出现的条件是什么？

第一，要维持住平台的垄断性，也就是平台两端的客户直接交易的交易费用会很高，比通过平台来交易的交易费用高，这让他们难以绕开这个平台，这时候平台就有价值。如果每次的交易，都有多对多的沟通、签订、支付、监督，总的交易费用就很高，这也就是平台需要解决的问题，也是平台的利基。例如，过去在网络购物中出现问题，退款协商费时费力，但是拼多多现在直接就是先退给买家，平台慢慢去跟卖家和物流核实相关情况，就省了用户的麻烦，辅之以社交式的传播，逐渐正规化之后就越做越大。解决好了这些用户烦心的问题，平台就有价值，就有黏性。

第二，从平台的策略来看，要么增加两端客户的直接交易成本，要么限制交易。比如信用卡发卡行。它要求用户使用信用卡才能享受折扣，而用户都直接付款了，肯定不会有折扣。这样它就直接限制用户的交易，提高用户黏性，或者至少向一端收取固定而与交易无关的费用。比如说这个卖家的资源是稀缺的，属于单一归属性、竞争性，这时候阿里巴巴就通过向卖家收取年费，提高它的服务。平台可以选择提供交易场所，或者直接买下这个商品或服务作转售，但前提是这个产品或者服务有正外部性，或者两边的客户都存在正外部性。转售的好处是什么？就是正外部性会内部化，成为客户的利润。为什么我们一直强调要清晰界定产权？就是因为无主的那部分正外部性。如果能把它内化进去，你的企业只要在扩张，这就是利润。有负外部性就外包给别人，因为负外部性核算完成本，没准对别人是正外部性。比如有些明星的商品，如果选择做转售的方式比较有利，那相对来说盈利空间就更大。再比如某个MCN平台，它能够把某个"网红"签下来，或者销售一些畅销的课程，它的边际成本是很低的，带货的潜力巨大，它选择转售的方式就能够挣到钱。但是如果商业模式中，有很多长尾的产品需要拿来做库存，这对于流动资金占用，对于仓储无疑是巨大的负外部性，这时候就应该把这个库存的负外部性转移出去。为什么亚马逊卖书卖得那么大，就是因为它网上每卖一本书的边际成本很低，没有什么库存成本，可变成本基本上是零。这也是为什么我们在闲鱼、在抖音上做无货源发货，每个月挣个几万块钱轻轻松松，就是解决了存货对资金占用和仓储的负外部性问题。

如果这个商品服务的质量依赖于人员的努力程度，而这个努力程度难以观测，选择做转售就很有可能影响服务的质量。比如滴滴的快车服务质量依赖于司机的努力，但是难以观测努力的程度。有利差才有套利，有欲望才有追求，有低谷才有奋进，如何领导和激励员工维持常备不懈的动力，永远是组织面临的难题。

还有一个策略是搜索的价值。我们刚才说对于用户而言，平台所具有的搜索价值很重要。

搜索会导致明星效应。如果你把明星产品集中起来，容易在平台上被搜到，那么就可以把明星产品跟平台的利益进行绑定，或者跟搜索的频次相关联，也可以多元化客户的需求。但是如何选品与绑定，则是平台持久的难题。

那么如何分析一门生意的商业价值呢？我们有四种判断方式。

第一种是商业价值，就是拿总收入减去总支出。拿一个简单的模型算它的客单价，将用户消费频次乘以毛利润，减去总支出，会有一个商业价值的判断。但这个判断还属于比较低的层次。

第二种方式，属于中阶的。拿产品的价值减去实现的成本。产品的价值是什么？就是产品的价格，加上用户的价值。为什么很多互联网平台亏钱也要跑用户数据，就是因为用户也是有价值的，剩下的难点是用户价值怎么测算的问题。用户肯定是有市价的。国家在"十四五"规划和2035年远景目标中六提数字化，重点和难点就是数字资产的定价与流转问题。这种方式最终实现的商业价值判断，就是产品价值加用户价值，减去可变成本，减去固定成本。

第三种也是中阶的。要思考任何新体验的改良，本质上都是要给用户提供一个换用的成本。你补贴用户花20块钱，他不喝星巴克而改喝瑞幸了，就是用户的换用成本。那就拿新体验减去旧体验，减去换用成本，再减去实现成本，也是一个商业价值。如果两杯咖啡的差别不是很大的话，可能这样减出来之后，你的价值就是零。

第四种就是高阶的商业价值判断思路，也就是很多人所说的富人思维、庄家思维、赢家思维（think like a winner）了。赋予事物以价值，例如钻石、NFT球星卡。我们从整个市场经济来看，管理成本跟交易费用的减少和增加有关。既开源了，又节流了。把这两者加在一起，再乘以一个未来可预期的年数，比如假设持续进行20年，这就是这20年之间可创造的总资产的价格。这个资产的价格有一个现值，就是利息。利息就是收益，把这个收益乘以PE的倍数就是公司的市值。这个利息如果高于国债或者货币基金理财，应该买哪个？当然还要乘以一个不确定性的权重，就是市场的溢价，因为没有任何公司是100%成功的，并且市场竞争策略并不是单线条会计式的思维，而要考虑到总市场容量和竞争时的博弈行为。例如双寡头市场中的"古诺均衡"。假设预测完的股价或者说利息再打个七折，现在市场价格已经到了，你敢不敢买？从这个角度看，就知道为什么有的股票是可以穿越牛熊周期长期盈利，而有的股票注定只是昙花一现。在熊市的时候，超跌的股票你敢不敢买？这时候就看你对于整个经济大势的把握和你的胆量了。虽然这套思路是运用于上市公司的，但是投资私人公司或者合伙做生意道理是一样的，只是你的股票流通性、融资工具和信息披露有差异罢了。所以任何东西都是资产，任何收入都是利息，这也是笔者开头分享的欧文·费雪的话，凡是收入皆利息。

下面谈一谈让人眼花缭乱的免费模式，它的本质到底是什么？

免费模式的本质就是通过补贴来让用户换用。这个补贴就是用户换用的成本。如果在t_1这个时间点去补贴用户的话，那我的目标是换取用户在t_2的时刻增加用户数，或者提高消费频次和单价。如果在t_1的时间点产品是免费的话，那么我一定要在t_2的时间点盈利，现在或者说在t_1时对这个用户免费，然后换来在另外一个双边平台中的资产，然后再用这个资产获取这个用户的利润。

就比如说银行跟保险的客户如果能共通的话，正确的做法应当是一边把你银行的客户换来，另外一边把这些业务推荐给保险公司。常见的例子就是汽车的4S店。很多人去买车，买车者紧接着变成保养的用户，又紧接着变成保险的用户。开4S店是很贵的，非数亿资金加关系不能实现；但汽车销售的利润并不高，那销售汽车的目的其实是未来的买车金融服务、保险、保养，外加厂家的达标返点。这时候仔细分析4S店，产品跟服务混同，服务消费利润很可能占大头。又如滴滴跟快滴早期花了几百亿来补贴用户，其实就是为了改变用户的习惯，让用户从招手拦出租车变成下一个手机App就可以在网上打车。所以免费模式的本质是它暂时不找用户收产品的钱，也就是放弃产品价值，而换取用户价值。在不同的市场上其实也不一样，所以不要被别人所迷惑了，"客户是上帝"或者"用户的价值是第一价值"，在不同的商业场景的商家心中的分量，其实大不一样。

在一个低频的市场，该不该用免费模式？低频市场的用户的价值是低的，因为这个用户这次来了，很可能下一次他又不来了。你10年之内装修房子不可能装修10次，我估计最多也就一两次。今年去了黄山风景区，不可能年年都去黄山。所以这个时候用户价值低，就更应该关注产品的价值。这就解释了为什么有的景区的餐饮很贵，而且质量也不好，就是因为它知道大家都不是回头客，得罪了也就得罪了，所以把东西搞得贵贵的，爱吃不吃。这种爱吃不吃的策略，还有一些别的降低管理成本的效果，比如像有的餐饮行业网红店，食客在那坐着吃，有一堆人在他们边上排队，那这个排队无形中就会产生一种压力，让食客很快就离开那个座位。这样每天的翻台率就很高，店家还节省了管理监督和把客户轰走得罪人的成本。这也解释了为什么有的饭馆包厢要收包厢费，因为吃包厢的等到店家打烊了，还意犹未尽不转场，导致商家翻台率低。这种例子在超市也是一样，为什么超市的收银员人手总是不足，大家都在那里排队结账呢？就是给收银员压力，省去超市额外派驻督工的成本。明白了这些规则，就明白了人性，这也是为什么会有一篇很有名的文章《活在系统里的外卖员》。洞悉人性，商家设计出了利益最大化的规则，法律不得不对分配的正义作出矫正。我们追逐自由而全面的发展，而不是像机器一样被压榨成一个生产函数，就是数字友好题中之义。

在高频市场，情况就截然不同了。因为用户的复购率很高，就可以考虑免费获取用户价值，再从另一端获取产品价值。像360公司就是做免费杀毒软件的，迅速占领中国人70%的电脑桌面杀毒软件。我不知道该公司是否开始就想到了这些，但是从一开始做3721治理流氓软件起，最起码一颗公心给其带来了意想不到的收获。360的免费获得了用户价值，进而获得了双边市场另一端政府和国企的认可，获得了大量的利润。至于其免费杀毒软件和浏览器不挣钱，开心用就好。还有类似例子，例如闲鱼二手交易平台，买货卖货也不收钱，它怎么赢利？肯定有一些法门。笔者能够想到的如：买卖之间确认收货之前的巨量资金池沉淀；搜集用户数据，丰富用户画像服务于信用体系，为阿里系的其他电商服务提供支持；为淘宝天猫导流；以某些垂直爱好为标签建立社群经济；像喜鹊搜集小石子一样，纯粹为了爱好，防御性布局二手用品市场；做替代性争议解决ADR仲裁试点。

所以在高频市场是可以用免费模式的，低频市场以免费模式去获取的用户价值，其实是得不偿失的。比如说人家装修，你去补贴人家装修，很明显就是个亏本的生意。线上美甲，节省的成本和增加的费用，确实不好说谁高谁低。比如说找店铺，供应端跟消费端都是低频的，谁没事天天去找店铺呢，租店铺与出租店铺都是低频的，用户没什么价值。但是，这里面的用户数据又有价值了，如果你能够像贝壳找房一样，把大家的租房、售房这些数据都获取到，你可以利用这些数据干别的。这里面存在一个个人信息使用的正当、合法、必要和明示同意的法律规则。

比如你有了找店铺的数据，人家找完店铺，下一步是不是要装修？平台上找店铺，大家都免费，但是装修的数据却非常有价值。你就把这个装修数据通过合法的手段，做"脱敏"去卖给装修队或者装修网，卖给可靠的装修公司或者贷款公司，从另一端收费，这就成了多边市场。但是在卖数据或者数据合作的时候，一定要注意合规性，里面有很多地下产业链，一旦爆发问题，容易触犯法律。所以笔者要说的是，说顾客是上帝的时候，心里要有数，不同的客户在不同的商家心中的地位各不相同。就连那些互联网公司后台数据也标示得清清楚楚，哪些是高频的，哪些是付费会员，哪些是免费会员，是有利益衡平机制的。同时在低频市场跟高频市场，做法不一样。你要么去获取产品价值，要么获取用户价值，要么两头价值都可以放弃一点，但是这个用户的数据本身得有价值，总得有一头有价值。因此，免费模式的本质真谛，是价格减去可变成本等于零，而不是价格本身为零。这时如果可变成本比较高，做免费模式就要慎之又慎，否则做一单亏一单，钱反而让雁过拔毛的平台赚取了，得不偿失。只有可变成本为零，才可以大胆地做免费模式。

为什么会拿操作系统、杀毒软件举例子？就是因为它的可变成本是很低的。从网盘上存储或者下载下来，花点时间电费就行，基本上就无限接近于零。但是要是卖一些实体的东西，跟人说我免费，比如像途虎经常搞一些车载用品一分钱卖，它的本质是什么？一分钱的商品是新用户才能买得到，本质上是让新用户注册一个途虎App。滴滴打车推广成本至少是20元钱。现在途虎卖了一个好玩的小玩意，工厂拿货价2块钱，快递费大客户协议价3块钱，总计才5块钱，那对它来说反而赚了15块钱。而且还有种传播的效果，一传十，十传百，大家都来注册途虎了，给投资人看用户增量也很好看。所以免费的本质是可变成本低的时候才可以用免费模式。这就跟飞机上的飞机餐一样，上座率超过60%，这趟飞机的可变成本就成为一盒盒饭钱。这也是为什么剩下的机舱的座位，可以做到很低的折扣，能够做到300块钱"香港三日游"。

但是有人说有例外，比如非软件产品打印机和耗材，以及咖啡机和咖啡胶囊的关系。买打印耗材送打印机，卖咖啡胶囊送咖啡机。这时候要把打印机和耗材、咖啡机和咖啡胶囊看作一个整体，这就是搭售。那么用户价值如何衡量？其实就是客单价乘以复购频次。高频的就用产品免费去吸引用户价值，否则吸引来的没有用。黄山景区每年多少亿的中外游客都成为它的用户了，但是那些用户不可能年年都去黄山，所以这个用户价值就有限。但它一样可以利用这些用户价值，比如说跟保险公司合作。所以必须要考虑用户价值和产品价值如何去取舍，肯定要舍一个；若两个都想获得的话，产品的差异性非常强，非常有优势；或者是两者都不要，要想想那些数据本身有没有价值。

通过对用户价值和产品价值的分析，就会发现所谓的免费模式的真谛是可变成本为零的时候才可以做免费模式。不赚钱的生意都是伪命题，因为大家的商业模式不同，不是所有行业都可以不赚钱的。那么双边平台呢？它有个很好的规模效应，这个规模效应是多层次的。就比如刚才说的放大效应。一端让利了，另外一端的价值反而会成倍数地放大。这个规模效应，既来源于商品数，也来源于商品的多样性。通过简单的搜索就可以找到这个多样性的产品，库存管理就非常重要，所有人都在高喊撮合转自营，但是要认识到从自营转撮合的魅力。因为在双边市场中，你一端开始产生规模效应之后，再推动另外一端去营销，就会有很高的净资产收益率，所以真正的平台模式做起来威力是非常大的，因为它可以放大。

五、先发优势与后发优势

下面谈谈先发优势和后发优势的问题，这个也源于林毅夫跟杨小凯之争。

杨小凯曾经说，后发的国家可能会有后发的劣势，为什么？就是虽然在技术上可以去模仿前人，模仿先发国家，但如果在制度上模仿的话，容易水土不服，陷入中等收入陷阱。

杨小凯认为，制度上要同时进行相应的革新。林毅夫则认为，后发优势为主，由技术来带动经济，再由经济去促进制度的改革。

后发优势使得后发国家可以学习先发国家的技术和发展路径。先发国家会早遇到传统制造业的边际要素收益递减，技术上无人可学，只能开拓新的空间。但是现在已经不是第二次世界大战前的那个殖民时代了，想开拓新的空间是难上加难，风险大收益低。

先发优势，之前我们在经济学原理上提到过。1980年代之后，以保罗·罗默为代表的内生增长理论，强调要素的边际收益，它是可以递增的，而不是递减的，递增源于各种正的外部性。比如规模大了效率会提高，规模大了市场大，企业估值高、市值高、激励强，人力资本可能与物质资本互补，物质资本累积高的国家人力资本边际收益高，能吸引到顶级人才。又比如说依据梅特卡夫定律和库兹韦尔定律，我们国家的科研能力非常强，网络节点数非常多，会存在边际效应递增，所以说现在各国越来越把科技、网络跟制度的发展作为自己核心的优势竞争力，达到这种边际效应递增的结果，也就是所谓的强者越强。根据OECD 2019年《数字时代的贸易》（*Trade in Digital Era*）对欧盟国家的研究报告，数字连接每增长10%，商品贸易增长2%，服务贸易增长3%，出口增加2.3%。

当然，后发劣势问题就在这儿。因为制度学不来，同时又很贫困，又有技术门槛，所以很可能陷入中等收入陷阱，没办法达到那种强者恒强的状态。因为强者恒强的特点就是边际成本要很低，但是后发优势国家在没有引进先进技术的时候，生产效率低下，没法做到边际成本很低，就错过了产业升级的机会。

所以对于市场细分领域的先发者，如果已经取得先发地位，就要更加看重对技术对知识产权的保护，同时要保持资本的优势，确保人才的培养。要注意关注规模效应的临界点，因为只要不是纯网络经济，规模效应肯定不是无限增长，而是先增后减的。确保拥有优越性的制度，将竞争壁垒设置在技术创新和商业模式上，抢在对手突破贫困陷阱之前打败竞争对手。

现实中，大家看美国对中国就是这么做的。但是研究中国不能参照新兴国家的指标来研究，因为中国真正内生科技因素的对标是全产业链，是发达国家。只是因为中国太大了，人又多，所以人均GDP和M2宏观杠杆率等指标通常被归入新兴市场国家统计。总之，美国遏制中国有点晚了，为什么？一是美国不跟中国做贸易，自然会有别的发达国家跟中国做贸易，输出技术、资金和管理。二是因为中国通过几代人"城乡剪刀差"、不计成本地努力，已经积累了大量的财富，大量工业品不是稀缺，而是过剩了。

此外，对于企业而言，是不是一定就要选择先发策略或者跟随策略呢？法国经济家菲利普·阿吉尔（Philippe Aghion）的研究表明，整体经济的研发速率与竞争强度会呈现一个倒U形的关系。

在前期市场还没有大局笃定的情况下，各个研发企业应有一个很强的竞争策略。但是当这个竞争优势逐步明显的时候，另外一方就会选择一种跟随的策略，也就是不那么多地投入研发成本。等到这项技术逐渐成熟，开始往下坡路走的时候，跟随企业就应进一步去扩大研发投入，然后去获取竞争上的优势。所以竞争大局已定，就要变换思路，不要不撞南墙不回头。

六、平台型经济

平台经济是一个小政府的概念，淘宝的客服事实上就承担了仲裁员或者法院的职责，是一种准公共产品。公共产品是什么？就是你用、我用、大家都可以用的产品。比如说无线电的频谱、医疗、交通服务。这类公共产品的特点是什么？它前期的投入非常高，研发一个通信基础设施、建一条高速公路前期投入非常高，但是一旦建成之后，边际成本是非常低的，比如说高速公路当然有容量的上限，但是多跑一辆车跟多跑两辆车，其实对边际成本提升并不明显。

平台型经济的突出特征是沉没成本高：动辄几十亿元的投入；高网络外部性：一旦做成了这个网络之后，会形成很多看不见的收益。这也是为什么很多人说GDP这个指标衡量居民财富不太好。因为人既有物质也有精神，以精神层面的获益而言，同样一部电影，买光盘看和去电影院看，以及在网上通过BitTorrent下载，在内容上观众的获益程度是差不多的，但是一个要花几十元，一个可能不用花钱。所以14亿网络节点创造的价值跟3.5亿节点创造的价值，不是一个简单的4倍的关系，而很可能是4的二次方倍的关系，这就是高网络外部性。

平台型经济还有一个特征就是零边际成本。增加一个节点，多卖一个会员服务，对网络公司来说，其实没什么成本，开个账号就行。这就有可能造成赢家"通吃"。你一旦在平台的竞争中取得优势地位，之后你的节点数越来越多，会像病毒一样传染起来，形成要么垄断要么死亡的零和博弈。当然所谓赢家"通吃"也是有前提条件的。它受制于前边我们说到的在双边市场，商家和客户是单归属性还是多归属性，只有双方都是多归属性的时候，平台经济最终的均衡效果会成为一个平台。当然这是在没有外力介入的情况下。现实中又会因为利益谈不拢或者法律干预，不会让一家平台过大。但是从理论上看，滴滴和快的合并，是符合帕累托最优的。

我们之前分析过政府公共产品在自然垄断领域的必然性。为什么？因为自然垄断类的公共产品前期投入很大，所以它的平均成本一直是在总成本线上方。

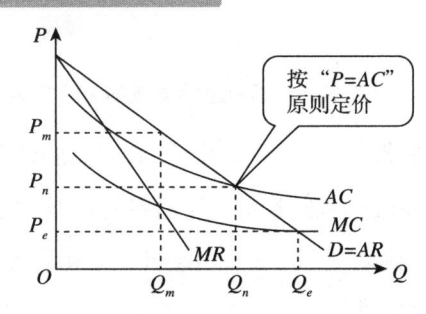

图9-2　价格管制：厂商平均成本递减

一旦公共产品做成，服务的边际成本就很低；如果是互联网经济，这个边际成本更低。战斗机也是这样的，前期研发投入很高，但是后来每生产一架成本逐渐降低，战斗机的长期的平均成本一直维持在边际成本之上。根据这个均衡的理论（见图9-2），企业想创造最大的收益，它的最大收益点在于边际成本等于市价，市价只会在 MC 均衡点上，市价则永远无法覆盖平均成本，也就导致这家公司的必然亏损。这个时候就不能够按照均衡价格也就是边际成本定价。取而代之的是由政府强制性地指定，比如说发改委定价水多少钱一吨，让它在平均成本之上定价或者给予行政许可牌照，限制竞争秩序，其他人不准进入，只准一定数量的从业者进来，或者再让他从别的方面赚点钱补贴公共事务。

这个就是政府或者平台运行的逻辑，道理是一样的。常见的是许可制和执照的例子，例如BOT建高速公路，就是建成再转移。如若政府没钱建高速公路，就可以先找几家民营企业把这个高速公路建成，授予它25年的收费权，25年之后所有权移交政府。我们国家很多港口也是这么建设的，前期带着贷款去建，建完多少年运营权和收益权给企业，到期之后再还给国家。又如中国从清朝开始，电信和邮政一直是分业经营。新中国成立后邮电合一，开始以电信补贴邮政，因为电信的边际成本低，而邮政的边际成本高。到了1997年才开始分业，几经合并，中国现有三大移动运营商，而中国邮政从信息产业部到工信部，又到交通运输部管理，主管全国快递业，外加邮政银行。

七、直播电商为什么会崛起

我们再分析一下直播带货为什么会兴起。还是套用刚才那个开源节流的模型。它降低了管理成本，降低了交易费用。

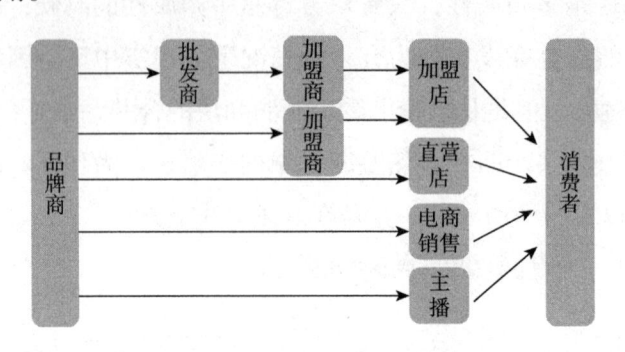

图9-3 不同经销体系的售货链条

过去的一个品牌商想把货卖出去，要找批发商，找加盟商，通过找加盟店才能到消费者。但是现在有了主播之后，直接通过主播就可以到消费者，比过去的途径要省了很多（见图9-3）。直营店还需要投入固定成本、找雇员，一个主播加一个摄像头、一个麦克风就可以做了。这种直播的方式降低了很大的边际成本。

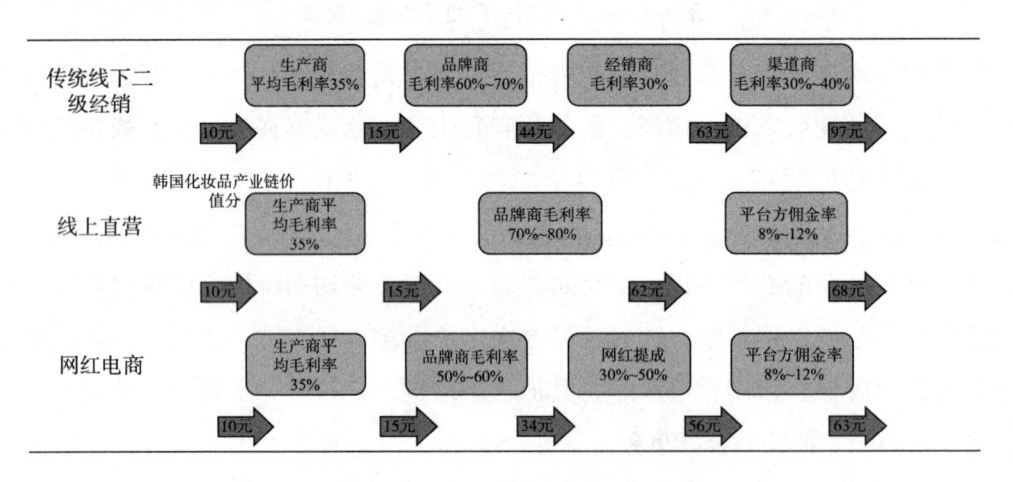

图9-4 网红参与产业链价值分配、重塑产业价值价格分布

资料来源：光大证券研究所

比如说，以中国化妆品的产业链来分析。传统的二级经销商机制，生产商毛利35%，品牌商毛利60%，经销商毛利30%，渠道商毛利30%，那么一个成本10元的口红到了消费者那里，变成97元。在传统的两级分销模式下，多层次销售导致产品价格提升在10倍以上。线上直营呢？比如开了一个天猫店，这时候销售链条就是三步，生产商、品牌商；然后到这个平台方，终端销售价比出厂价提升7倍。在网红电商模式，生产商、品牌商、网红提成，而平台方等拿佣金，终端销售价格比出厂价提高了6倍。

那么代理Proxy是否一定要精简呢？不一定。因为代理其实就是方便减少管理协调。过去需要跟一百个人去接触，现在通过一个代理去统一接触，省了许多事，给代理分成就行了。这就是代理的魅力。其实很多中介服务都是代理，律师也是代理，会计师也是代理，保险也是代理。道理就是我们之前说的道理，负外部性外包出去。

代理用得好，对我们快速高质量扩张业务也是大有裨益。以星巴克为例，大家知道它的装修非常典雅，给消费者提供一个除去家庭、单位之外的第三空间，可以喝杯咖啡、谈事情。星巴克为了保证品质，在国外长期采取建设直营店的模式。但是因为中国太大了，如果去建直营店，没有当地的资源，不一定能够成功。所以星巴克在中国就把过去的直营店改为加盟店。加盟店发展的优点在于扩张很快、风险低；缺点在于管控难、获利少。直营店的优点在于好管控、获利多；缺点是风险大。

星巴克在像中国这种新兴市场国家推广的时候，选择的策略就是加盟式的，但并不是永久加盟式的。当你加盟了星巴克之后，它给你设计一个业绩。只要达到一定的盈利指标，它就可以以相应的溢价去收你的股。比如说你投入了1 000万，今年的利润达到2 000万了，星巴克这时候以3倍的溢价，收你10%。每达到一个阶段性的目标，星巴克就以更高的溢价收你的点数，直到把你的加盟店变成全资控股的星巴克直营店。这样，星巴克就既利用了代理店的灵活性分散风险，同时又可以形成一家一家最终直营、保持品质和利润的店。

这种好处在于，前期加盟如果不控股的话，加盟店在上市公司财务报表中就不用合并报表。哪怕这家店做亏了，不影响上市公司的业绩。上市公司也不用换股去收购，能降低财务成本；同时代理的管理层级少，而且代理也有地方资源。还有一个重要因素是，星巴克的加盟商，并不是那种日本所谓的"工匠精神""米饭仙人"，一辈子就做米饭，经营一个祖上传来的百年老店。很多星巴克的代理商是纯财务投资者。如果你真能让他以多少倍的溢价退出的话，他很可能就去干别的生意去了，不会作为自己毕生的事业经营下去，不让参股的事很少发生。所以星巴克通过代理的方式去扩大自己的生产经营，最终变成很多直营连锁店，就是代理的妙用之一。所以代理不一定要精简，关键看你想做什么。

另外一点就是降低边际成本，一般意味着生产的自动化，但是生产是否一定要自动化呢？排除供给侧结构性改革的战略需求，单从经济核算来看，不一定。举例而言，在一个很大的准一线城市，政府鼓励企业去购买德国的生产线做表率，但是这个自动化生产线投入之后，虽然投入2 000万元生产效率提升了，但是成本反而比过去更高了。因为中国人力成本低，所以盲目上马自动化生产线，不一定在经济利益上是一个好选择，却是供给侧结构性改革的必经之路。

所以减少代理或者提高生产率都需要具体情况具体分析，自动化也不是必需的，能帮企业挣钱的自动化才是好自动化。是否采购自动化设备，也不能单纯用会计的观点去核算成本和收益，因为在后续会说到在双寡头的古诺均衡模型中，如果生产率提升，会使得竞争对手跟你的最优产量的均衡点往右移，也就是产量会下降，同时会进一步增加你的销量，对你的设备投入会有些额外的市场份额收益，而不是会计上的一个简单的加减，这是博弈论里的理论。所以说投2 000万赚多少钱、亏多少钱，不是一个简单的财务加减问题。这也是国家为什么高瞻远瞩提出了供给侧结构性改革，因为这不是一个简单的钱的问题。

八、数字贸易商业模式分类

数字贸易的商业模式有哪些分类？

按照供需双方的主体来划分，主要分为B2B、B2C、C2C、C2B、M2C、C2M、M2B2C。

为什么要做出这些区分呢？本质上是成本、费用、风险和盈利模式不同。开源、节流的价值折现，再乘以对标公司的市盈率，就是公司的估值。围绕这些商业模式建立信息流、资金流、物流，围绕这些流匹配支撑服务，比如建仓库、建物流、建供应链金融，做得大，就可以拆分上市。京东就是电商做久了再做健康、做物流、做金融的，京东物流2021年已经上市了。这就是资本市场的游戏，没有那么神奇。

表9-1 B2C与B2B的商业模式区别

商业模式区别	B2C	B2B
营销	广告多，动静大，营销驱动	重点客户
销量	零售或团购，补贴有效	批发，补贴无效
议价	明码标价，少讨价还价	讨价还价
竞争优势	价格、物流	供应链优化
客户介绍	转介绍	不会转介绍
生意争议	服务消费优先，息事宁人	打官司常见
谈判方式	照顾、安抚客户，让客户满意	谨防竞争对手，直接谈价格、数量
主营产品	聚焦，做一个产品	单个产品难以成功，多个产品，提高资金周转率
价值	让消费者满意：节省时间、增加便利、消除痛苦、满足欲望	帮企业赚钱：招人、卖机器、节省成本、营销策划
盈利	差价	差价+账期

如表9-1所示，将B2C与B2B进行对比，分析其优势。B2C因为是对消费者，特点是营销驱动，广告多、动静大、营销驱动；B2B企业对企业，服务好重点客户。销量B2C零售团购打折补贴是有效的；B2B领域对大客户补贴是无效的。B2C领域少有讨价还价的事情，因为客单价低；B2B经常讨价还价。B2C拼竞争优势、价格优势、物流优势；B2B主要是供应链优化。B2C客户会去转介绍；而B2B市场供应链、客户名单、折扣是商业秘密，不会转介绍。B2C领域一般都是小额争议，通过平台小二或者市场监管局投诉，一般都是服务消费者优先，息事宁人；B2B领域打官司常见，例如压货款。B2C的谈判方式是捧笑脸，照顾安抚客户，让客户满意；B2B领域没有那么多弯弯绕，多少货什么标准多少钱，简单直接。B2C领域通常做一个产品；B2B一个产品难以成功，要多个产品，提高资金周转率。B2C提供的价值，主要是让消费者满意，需要节省时间、增加便利、消除痛苦、满足欲望，往往有退货的行为发生；B2B就是帮企业

赚钱，招人、卖机器、节省成本、营销策划。B2C的盈利主要是差价；B2B是差价加账期，做金融。

商业模式还可以按照市场力（market power）来区分（见图9-5）。这个市场力和市场支配地位、垄断力是近似概念，只是程度不同。主要是对于横向市场的控制与纵向价格的控制。

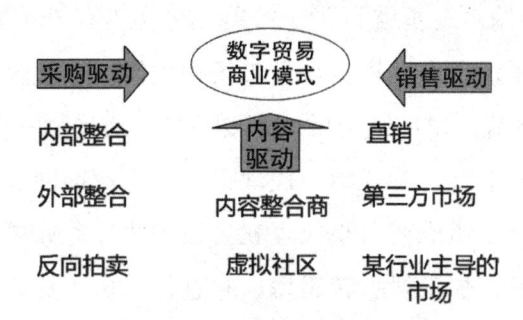

图9-5　按照市场力来划分商业模式

企业可以思考清楚自己是通过采购驱动业绩，还是内容驱动业绩，抑或是销售驱动业绩。根据驱动因素的不同，可以分别找到重组改进的思路。

商业模式还可以按照内容来区分（见图9-6）。讨论电子商务，容易想起以小包裹为代表的电子商务采购。但是数字贸易概念是一个更广泛的概念，起码包括实物交易、数字内容和服务。其中电子商务和跨境电商又是分别管理的，因为涉及进出关境、关税、质检、外汇、知识产权等问题。在美国，所谓的数字贸易概念，是以数字内容、数字传输贸易为主，比如在网飞（Netflix）看电视剧、Apple Music听音乐，因为美国没有强大的制造业、强大的需求、强大的物流和低廉的人力成本。中国数字贸易中数字内容与数字服务占比较低，实物交易占比非常高。可以预见，未来美国数字服务比例会进一步增加，中国巨大的利基同样在数字内容和数字服务，按照经济发展的历史经验看，一个国家经济发达，服务业占GDP的比例会提高至70%以上。中国2021年服务业占GDP比重在53.3%，还有巨大的提升空间。之所以做出这种以内容为划分的商业模式区分，是因为管理方式、获利方式、行政许可的风险程度不一样，后面我们会进一步论述。

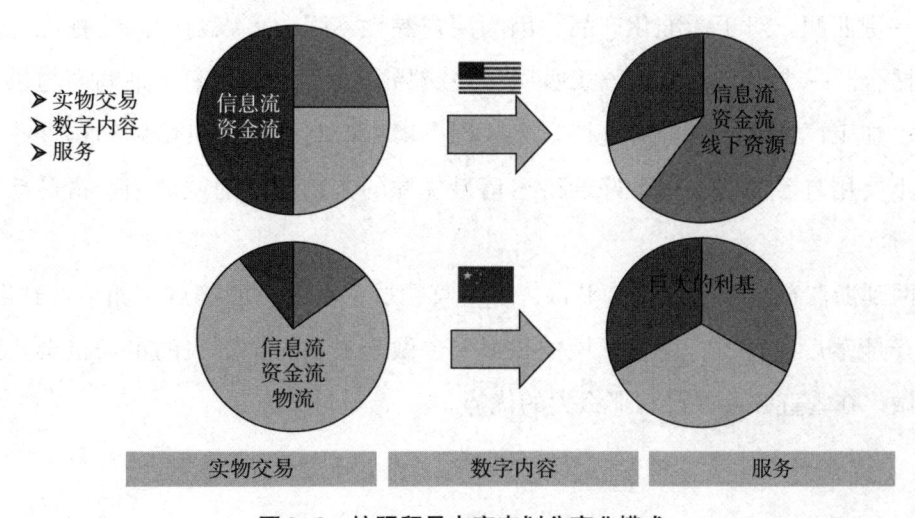

图9-6　按照贸易内容来划分商业模式

九、大生意：垂直行业 B2B 平台

以找钢网为例。这是一个找钢材的大宗商品垂直行业B2B。过去找钢材怎么找？终端找大代理，低买高卖，赚取信息费用差价加账期，大概有八级代理。新的找钢网策略：钢厂—大代理—找钢网—采购商—终端，五步就行了。策略：先免费撮合卖货，掌握终端客户资源，也就是钢厂或者大代理。一级代理商卖货，存量市场跑数据，找风险投资拿钱，免费出货或者代理拼价，后续自建仓库、物流、供应链金融。不要差价，通过牺牲产品的价值换取用户的价值，把终端厂商（客户）吸引到平台。一开始小代理很开心，找钢网会帮他们找到新增的客户；后来发现量到一定程度，就会去粗取精，小代理就会被淘汰掉。如果客户没有钱，就可以找第三方小额信贷公司给客户融资，加工费、转运费、利息、坏账、贷款由公司自己承担。找钢网到后来只赚手续费或者用支撑服务挣钱，买家免费，卖家收佣金。所有做平台的，边际成本低于平均成本，形成规模化效应后就会做一个艰难的决定——抬价。

又如，京东的刘强东曾经接受采访时说，京东物流亏损，自营服装亏损，10年后京东70%的利润来自于金融。但是这个愿望基本不大可能实现，因为从国家政策趋势看，虚拟转实体，金融的牌照永远是稀缺的，是垄断竞争的行业，永远是限制利益的，牌照就没那么容易拿了，京东搜集金融牌照的步伐实际已经慢了，真正赚钱的其实就是消费金融，还有一些不是很明朗的供应链金融、NFT之类。又如瓜子二手车，"卖家多卖钱，买家少花钱，没有中间商赚差价，成交量遥遥领先"，最后被罚了2 000万元。实际是什么？卖家少卖钱，买家多花钱，平台赚服务费或者金融手续费，从3%至今已经涨到了9%，亏损居高不下，业务在收缩。

垂直B2B电商的发展思路的关键，就是可复制性。

首先筛选行业。这个行业一定要行业容量大，市场规模大，供应链落后，比如有八级代理，标准化产品产能落后。例如服装与布料相比，布料就适合做B2B平台；钢材与磁材相比，磁材可能就不大适合做B2B平台。任何垂直行业都有痛点，例如浙江柯桥布料的B2B做得就很好，2021年获得了全国脱贫攻坚先进集体。他们的布料、布艺设计目前已经数字化版权登记，生产设计供需一键匹配。对于标准化产品，因为用户黏性不强，可以自营。非标准化产品用户黏性强，可以撮合。一个平台，免费方式吸引客户交易，撮合交易匹配小采购商与供应商，后续再加上仓储、加工、物流、金融的支持。大数据反馈生产制造，做供给侧结构性改革。用风险投资的钱，不要用自己的钱，用最好的待遇请最优秀的人，网站的域名用全拼简单好记，都很重要。

从找钢网到浙江布料领域的B2B平台，各垂直领域都有自己的痛点。如果找到供应链落后，可以标准化产能落后的行业，垂直领域的B2B平台做起来是一个很大的市场机会。阿里巴巴不可能什么都做，在垂直领域并没有那么大的优势。

十、好复制：B2C 四字诀

大多数人没有条件去做B2B平台。不是这个行业的人，也没有研发团队或者风头的支持，很难做起来。B2C是常见的小一点的老板可以做的事情。有很多人创业喜欢选择做餐饮，前几年很热门的就是开奶茶店。笔者从小生意的投资、收入、案例、人脉去分析开奶茶店是不是一门好生意。投资是看你投多少钱，什么时候能回本赚钱，有没有成熟案例可复制，你的人脉怎么样。行业新人风险比较大，容易踩坑。

一个奶茶店最少要投资20万元，包括加盟费、管理费、房租、装修费、人工费、设备费、物料、水电。收入方面，假设一杯你赚5元，一年你卖4万杯，一天要卖100杯你才能收回投资。但是这个奶茶需求弹性高，今天喝明天可能就不喝。同时还受制于行业周期，例如工作日需求少，大家都在上班没人去买奶茶；学校附近还受制于学生放假。所以奶茶店倒闭率超过90%，剩下10%是一些大品牌。案例方面，要看周围有没有成功的例子，有熟手做跟没有熟手做不一样。人脉方面，要看有没有开过奶茶店3年以上的师傅。

如果你把20万元定投沪深300指数基金，一年增长20%并不难，还可以随时赎回。但是如果投资奶茶店，巨大的固定成本投入，防风险和流动性就要差很多，一切的收益都还要乘以一个概率。所以开奶茶店不见得是一个好生意。买指数型股票基金押的是国家政策风向及大盘与科技发展的趋势，而奶茶店个例成败就受制于很多因素了，并且奶茶店不像贵州茅台，是难以调整客单价的，今天卖15明天卖20是不可能的，星巴克每次也只敢微微调价，并且奶茶生意受制于旺铺，可复制性不强。

再辨析卖馒头、卖烤红薯是不是一个好生意？是个好生意。投资方面，轻资产、竞争对手少。收入方面，没有库存，资金周转快。案例：小至街边小摊，大至连锁包子铺，可参考的多，可以电商化。人脉方面，可以找馒头行业、红薯行业做过的朋友问问。

又如卖服装是不是一个好生意？不见得。投资方面，重投资，竞争激烈，门市、订货、管理、重库存，非标产品，高SKU。虽然毛利高，但是可能有70%滞销。每年都要预测明年什么款式畅销，大量的利润沉淀于明年的库存之中，资金周转慢，清仓就得亏。但是卖布料就是一门好生意，因为布料是标准化产品，是2B的产品，或者大服装公司做C2M高端定制，一套西服大几千，这时候就不单纯是卖服装了，而是用户形象设计顾问服务，这时候溢价就高了。人脉方面，有没有服装业的老手请教。这都是家族化的生意，很多都做了30多年，深知里面的道道。C2M个性化定制服装能不能做，是不是个好生意？从技术角度看是个好创新，但是从做生意角度看，目前并不是好生意，衣服定制流程太长，量体裁衣成本高，普通消费者不容易接受，难以复制。

十一、创业的比较优势与风口

有人问淘宝、天猫、唯品会、京东、抖音、快手能不能做？都能做，关键是你要把握住机会，学会分析什么能够做。要考虑有没有对市场管理成本、交易费用的改善。另外，你是想当老板还是想深入到一个行业之中去经营，逻辑是不一样的。深入行业经营要遵循一万小时定律，即经过一万小时你才能熟悉行业。当老板就需要以无能为有能，通过核心供应链把握，分利润，去跟有知识（know-how）的人合作，这样你才能在很多项目中都当老板，实现总事业的增加。每个项目都能占10%，总量也非常可观。但是，怎么识别项目又需要有一万小时磨练了，多去观察身边现金流好的生意。如果创始人都是新手，既不懂管理又不懂运营，还不懂市场，大概率会亏损。人常说风口来了，猪也能飞，但是雷军的风口是你我的风口吗？

只有风口加我们自己的比较优势，才能构成我们自己的风口。没有比较优势，风口来了也只能当"韭菜"。个人的比较优势在哪里？看你朋友圈最会挣钱的10个老板。这几个老板的资源，就是你的比较优势。怎么认识老板？扩大交友质量。这里说扩大交友，并不是说天天花天酒地、推杯换盏、加微信、换名片；做好一件事情，写一本书、你的学识、你的见识、你的仪表、你开一辆好车，都是降低信号识别难度的手段。做一个对他人有益的人，自然而然朋友圈质量就会逐步提升。好的形象非常重要。美国有句谚语，"如果你看起来是鸭子、走起来是鸭子、叫起来是鸭子，你就是鸭子"。把你的时间用在更能产生价值的事情上，把你想做的事情，多请教他人，分解成5~8个模块，看、想、聊、学、总结。你想写一本书也不是从头写到尾，而是分成模块来写。投入多少、赚多少、找人、复制，这样成为一个年销售额千万级的老板还是比较容易的。你内心的渴望是做百万级、千万级还是十亿级的生意，逐步跟那个圈子的老板交流，就知道各个层级的老板思考问题的方式是不一样的。不要怕丢人，怕人家不见你，一般的老板见起来并没有那么难，实在困难找中间人引荐一下。

那么百万级、亿级老板、十亿级老板思考方式有什么区别？例如民宿创业，百万级，做低端客栈，隔成很多房间，做快捷酒店。亿级老板做有文化的民宿，一晚收个一两千。十亿级老板可以做博物馆、做四合院，面向高端客户。

小城市创业成功的概率要远比大城市高。为什么？因为大城市是一个资源和知识密集的竞争环境，你名校毕业在大城市不一定能成功，但是在小城市脱颖而出的概率更高一些。

怎么挑选投资的项目？不投钱挣100万，与投100万挣100万的难度远远不同。看好一个项目，逻辑倒推，投了多少钱、挣了多少钱、团队框架、做了哪些事。分解成3~5个步骤。将生意做成管理很重要，一边学管理，一边解锁技术。找个职业经理人给他30%的股权，这样就可以抽身出来，投资更多的生意。

你要做80%产出的事情。例如抖音卖货，就要有编导、主播、视频拍摄、剪辑、幕后、供应链整合。这里面最重要的资源是供应链。专注于有80%产出的工作，辅助性工作交给别人。

有的直播带货就很朴素。比如早上天还没亮去赶海，也是一种方式。由于他的供应链好，海鲜最新鲜，所以好卖。

向人请教，学习最强的对手，从标题、文案、设计，分级别地学习，不要学习运气型的成功。过去10年受益于中国经济的快速发展大周期，很多人的确快速发财了。他们误把自己的运气当做了能力。于是投入10万挣40万，误认为投入100万能够赚400万。要认识到边际效应递减的规律，不能盲目扩张。

资源整合的能力也很重要，也就是布局能力。试试自己不投钱能不能先把钱挣了？

把客户、供给先锁定。比如2 000元选择了服装行业创业，20元/件买了100件衣服，没有店面，没钱了怎么销售？可以挂到闲鱼上卖，也可以找5个服装店老板，只收35元一件，卖出去再结账。如果有1万件衣服呢？每件收50元，最后结账。这时候就要找到100个老板。找不到100个老板，就要找到能找到100个老板的人合作。例如服装业协会、布料协会的会长、工商联的主席、天猫店的老板、工会主席，把衣服当做高附加值物品的赠品。假设有一个价值好几千元的东西，买东西送一件文化衫，这时候服装就可以跟美术作品相结合，找到100个老板分他们钱就是，这样你自己不投钱就把钱挣了。所谓的布局能力，往小了说就是这个道理：不断重组，满足不同利益相关者的供需。

另外，别完全用自己的钱和自己的资源。要懂得分工找合伙人，管理、技术、资金。例如自己做抖音研究半天，需要编导、拍摄、剪辑、养号，还不如直接找合伙人。不论是卖红薯还是卖馒头，自己去把握供应链。当老板就是开一辆好点儿的车，找合伙人复制，找供应链就行了，不要事无巨细什么事情都做，那样做不大。

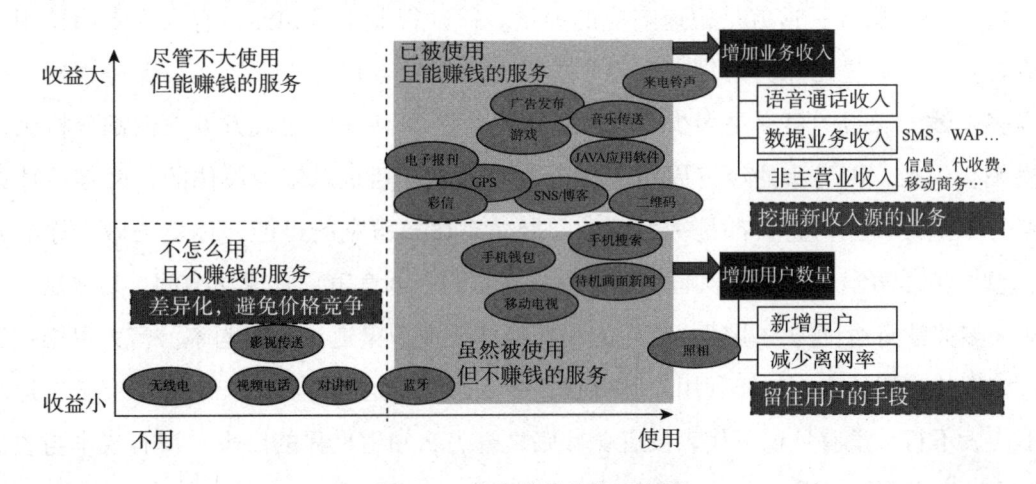

图9-7　业务赚钱分析四象限

赚钱的业务可以用四个象限来分析（见图9-7）。第一个自己不大使用，但是能赚钱的业务。第二个是已经被使用，能赚钱的业务。第三个是不怎么用，并且不赚钱的业务。第四个是虽然被使用，但是不赚钱的业务。这里面不大使用，能赚钱的业务，就是平时不开张，开张吃三年，但这类很少。不怎么用且不赚钱的业务，要把功能开着，尽可能差异化，避免价格竞争，也不要投入过多研发。经常使用，并且能赚钱的业务，要扩大产量，但是要注意成本边界，选择最优产量，寡头市场还要注意竞争对手的产量。虽然被使用，但是不赚钱的业务，要抓用户、抓数据，这些数据可能有别的价值。例如找店铺，这些数据可能没什么用，但是你把数据给了装修公司，就是商业机会。

怎么找合伙人？不要单打独斗，不要什么都自己干。最好的机会是大家发财，每个人都为自己的利益奋斗。为什么汽车修理厂的大师傅自己开厂却很难把生意做大？这里面很重要的原因就是管理，很多的精力都在做技术指导，很少有时间思考如何扩大经营。就如同星巴克加盟店的例子，虽然修车技术好，但是你选址、找客户的能力没那么牛，如果有合伙人给你找1 000个奔驰车客户，你可以开奔驰修理厂，会赚得盆满钵满。

投资逻辑，不了解不投，不熟不投，找懂的人先问问，虚心请教。

为什么高学历的人创业做一两百万的小项目比低学历的创业慢？这叫学历的诅咒。

因为高学历的人想得多。第一，创业的逻辑不清，小规模创业，一定要利润定位，活下来。有理想，大概率完蛋，钱一定要看得非常重要。第二，赚钱欲望高，你一开始想好了做一家什么样的公司，大概率会失败。因为有理想的公司需要配置很多研发和支持，但研发和支持人员是不创造利润的，工资却很高，于是大概率公司扛不住就会完蛋。要懂得省钱，增加利润。第三，脸皮薄。一般学历高的人脸皮薄，但是B2C这些小生意，要学会赔笑脸、学会道歉，把客户当上帝。当老板礼贤下士，当销售捧着客户，就是这个道理。餐饮、电商、自媒体、抖音，本质上是卖产品或者服务吗？本质上是逗客人玩，让客人舒心。从这个角度你就明白了为什么那么多人嘴上说着亲、亲、亲，脑子里都在想着钱、钱、钱。做服务行业的要认识到，很多时候客人并不在意品质的高低，而反馈的及时性却无比重要，也是为什么保险公司和银行的信用卡热线总是24小时服务，这就是快速响应的力量。律师行业也是如此，有人就专门请很多客服随时响应客户。又如星巴克卖的是咖啡吗？本质上还是让客户舒心。第四，财务逻辑，投入多少钱，赚多少钱，赚钱的概率是多少，不亏就干。大公司高学历的人方方面面都分析到，两年之后大概率会失败，因为小的经济周期和货币政策刺激计划是以年为单位的，两年后什么样对于小生意并不适用。任何企业都是一大堆的问题，有60%盈利的可能，你就去做。你的方法论就是看、想、聊、学、总结。高利润、低投资、高复购、低竞争、有成功案例、易复制，就可以搞小创业。多关注身边优秀的小店：宽广的消费群体、变现渠道、高复购率。富人思维：我能学到什么，结识什么样的人，怎样利用人脉赚钱？穷人思维：这是个骗局，不愿意突破舒适区。没有做过不代表不行，没有见识不代表没有，井底之蛙怎么知道世界的广大？没有成本与收益的思维，就无法学到商业的本质。

关于创业，要尝试分析用户的痛点，永远记得说让对方获得什么，不要凭空想象，要市场调研。深入这个行业的上下游，真正探索，一定能够成功。比如卖海鲜，很多人喜欢吃，但是冷链运输是个难题，海鲜保质期短，运费贵。那你把冷链运输难题解决，是不是个创业的机会？卖馒头、烤红薯、卖炸鸡都是不错的生意，因为产品标准化强，把位置选好，管理运输的问题解决了，管理相对轻松，现金流动快，存货少。但是开饭馆就不同，你准备10个菜得备多少新鲜货？如果真的对开饭馆感兴趣，美国有个电视剧《厨房噩梦》，走访了几千家饭馆，有的经营得好，有的经营得不好，有的饭馆开了三四十年，现金流非常好，非常值得借鉴。

十二、流量公司怎么做

创业有两种做法，一种是有一个市场，我们制造产品。一种是我创造出来了一种产品，去寻找市场。前者风险低而后者风险高，因为前者需要关注的是经过验证的市场，只要做得比别人更好、更快速；后者有可能市场本身是未经验证的，东西虽好可卖不出去，或者存在一些特殊的行政许可行业，使你压根就无法上市或者进入政府采购名录。例如你开发出了一款很好用的警察执法记录仪，但是因为不符合国家标准，肯定不会被采购。

从完整的商业闭环看，一门成功的生意，尤其是年营业额1 000万元以下的生意，很可能有几个关键步骤：痛点—市场需求—吸引流量—公域流量—私域流量—供应链—产品交付—社群—投资。如果简化为两个词，就是庞大的市场+变现逻辑。

那么如何找到市场需求呢？创业领域前几年有一句话叫C2C（copy to China，复制至中国）。很多早年的科技公司都是在美国看到了一套做得好的商业模式，立刻在中国做了一个对标版的。段永平的经营策略里也有类似于"本分""敢为天下后"的表述。对标的本质，就是用最小的成本去找到经过验证过的市场，而避免了市场发展初期的踩坑和试错。在小规模创业中，讲究一个"像素级"的学习，就是你找到一门成功的生意，或者一位业务高手，通过各种方式包括分利润、搞好关系、细致观察等极致的角度，去对高手的know-how进行全面学习。举例而言，为什么有人卖房子卖得好？除了去构建一种供不应求的话术，还在成交的最关键环节，对电话信号和网络信号进行屏蔽，以免另生事端，或者根据双边市场的理论，多签署独家委托。在正外部性高的行业进行营销，签署独家合作协议，在一个更广的平台上进行分利润式销售，就是一项很好的策略。培训里面多去掌握老师的资源，通过10%的分利润和20万元的版权费，去获得高质量的课程，剩下就是降低自己的工作成本，多与社群渠道分利润就可以了。

一门生意想做得好，就必须做到极致。一门生意想做得大，则必须将利益与人分享。这也是为什么大型的制造业都要给渠道商以丰厚的利益，要在组织结构上尽可能减少自己的管理成本，以便抽身出来参与到更多的战略布局和项目中。不要轻易换行业，多思考自己过往成功的故事，把自己过去成功的故事复制100遍，就能先挣得第一桶金。

要不要自己招人去干活呢？不一定。在小规模创业中，必须要核算清楚固定成本投入，如果资产投入非常重是不建议启动的，因为抵御风险的能力弱。培养一个公司中层可能要花几年的时间，而一旦培养出来很可能人家就跳槽了。如果一开始就找一位拿工资的员工，可能人家就是想挣点工资，然后出去看看世界。如果你一开始就是招合伙人的心态，为其配置资源、分利润，就可以把人员的积极性都调动起来。这也是为什么很多服务业最初是提成式员工，最终都愿意自己在项目的继续拓展中，逐渐成长为老板。这就是孵化模式的魅力，把人性驱动得非常好。

开放战略格局，才能赚大钱，如果别人挣100元里面有你的20元，比你自己干强100倍。并且你能够通过这种投资行为，快速掌握每个行业的know-how。腾讯当年在反思自己做电商做得不成功时，最终就有这么一条经验，多去跟别人合作，方便掌握know-how，远比自己闭门造车要容易得多。其实改革开放以来，中国以市场换技术和管理，也是这种策略。我们目前只是把它微观化了。

十三、互联网九大思维

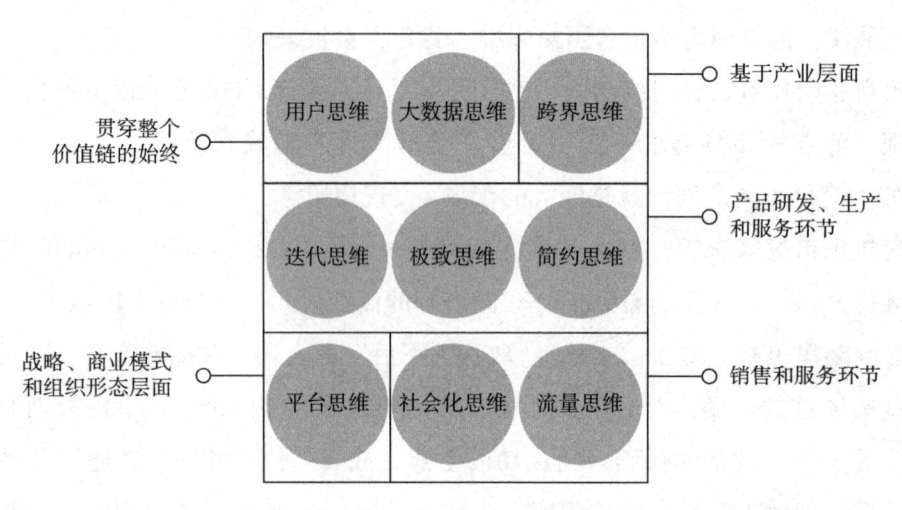

图9-8　互联网九大思维

首先所有前述所说的都要以扬弃[①]的观点看待。也就是要以辩证法的观点看待这些理论和经济现象，适用的前提是什么，为什么，怎么做。

比如在数字经济中，贯穿始终的有用户思维，对不对？不一定，因为适用的前提不一样。比如低频的领域，太强调用户思维就会提高成本，例如北京东单有家港式茶餐厅，开在巷子里面，店面小，等吃饭排队的客人连凳子都没有几个。这跟海底捞的服务态度完全反着来，但人家依旧门庭若市。

有大数据思维对不对？不一定，要量力而为。因为大数据从数据的量看，是要脱离样本意义的数据才谓之大，更遑论适用于Hadoop和Spark等大数据技术，技术人员和研发成本投入，非普通的商家和创业者所能承担。此时小型创业做好CRM即可，精明的商人都懂得这个道理。

在产业层面，要有跨界的思维，这点非常重要。经济增长的本质是人类面向未来的无限创造性。想创造就要有性繁殖，就要重组，因此在商业上的创造，就是技术、方案和模式的重组与创新。是卖产品还是卖服务？食神卖的撒尿牛丸"好吃、新奇、又好玩"，自然比普通牛丸更具有价值。海底捞在这点上就非常突出。可以吃火锅，还可以看变脸、做美甲，还可以买一套它的品牌火锅带回家，甚至被送一个大西瓜。一个维度比长度，两个维度比面积，三个维度比

[①] 扬弃，德语aufheben，来自于康德、黑格尔，辩证的意思。

体积。时时反思自己到底卖的是什么，从而做差异化竞争。在数字经济时代，产品和服务是高度混同的，B2C的商业模式本质就是带客户玩，让客户满意。抖音上有个磁吸数据线，虽然充电速度慢，但是价格低廉，还能发光。辅之以恰当的营销，一家店就有十几万的销量。这就是一个通过跨界重组进行的微创新。又如有人呼吁现在所有的化妆品、护肤品、睫毛膏、粉底全是小男生代言，姑娘们都去哪里了？期待给职场女性更多的关注。但是不得不思考，这种小男生代言化妆品，何尝不是一种跨界创新？如果想创新，还可以找只河马来给防晒做代言，找只猴子给尿不湿代言，未尝不可。发挥想象力，我们可以多用TRIZ创新理论，强制训练自己"风马牛要相及"的能力。

在产品研发、生产和服务环节，需要有迭代的思维、极致的思维、简约的思维，这里也有适用的前提。从创业的角度而言，如果前期想不清楚，没有那么强的架构能力，那就先上马再说，以后再慢慢改。例如滴滴打车最开始那个地图导航就非常差，经常把用户定位到一个莫名其妙的地方，规划的路线也不尽合理。但是上马之后，逐步迭代，现在也越来越好用了。对于我们个人、对于公司、对于政府，也是同样道理。为什么我们要构建数字友好，就是要形成共识、架构，在通信里面叫协议（protocol），在区块链领域叫共识机制（consensus）。《生活大爆炸里》的谢尔顿就曾经大言不惭地说，能打败谢尔顿的只有谢尔顿2.0。这就是迭代的思维。极致的思维，就是我们之前说到规模效应递增下，强者恒强，要么垄断，要么死亡的逻辑。但是依旧是不同的领域不同的发展阶段，会造成不同的均衡效果。上马就做到极致，会无限期拖延，把自己"拖死"。在网络效应强的领域，例如双边市场双边都是多归属，可能最终的竞争均衡结果是一家独大。但是如果做一个小生意，上来就追求极致，真有大概率把自己"拖死"。例如做豪车生产的，没有几家活得好的，为什么？就是因为受众太小、需求太小。简约的思维非常重要，这在经济学理论中就是降费、增效。如果过去有五步，我们能不能三步就把问题解决掉？直播电商大发展就是这么一个道理。笔者刚开始工作的时候，领导就说：写任何东西simple and plain，即简单和直白。从概率上讲，简单就是好也是有基础的，如果每个零件都有一定概率出错，那么3个零件的系统，肯定比10个零件的系统更不容易出错。这也是为什么在高原和沙漠，最好卖的车永远是丰田的兰德酷路泽，就是简单、可靠。国内的长城哈弗也大有迎头赶上之势。如果一个道理你无法用简单、直白的语言解释清楚，代表你还没有搞清楚这个道理。这不是学生的问题，而是老师的问题。爱因斯坦在向普通人解释相对论时就讲过一个非常浅显的例子：你跟漂亮姑娘在公园长椅上坐了一个小时，你会感觉像坐了一分钟；你在火炉边坐了一分钟，你会感觉像坐了一个小时。以繁治繁只能繁者更繁，以简化繁，方能举重若轻。

在战略、商业模式和组织形态方面，要具有平台的思维。如果有垂直领域的资源，就做垂直领域的B2B，这是大生意。如果有资金但是没有特别强的资源，那就多做B2C，多参股，跟成熟团队合作、复制。

销售服务环节，拥有社会化的思维，流量的思维。

关于常见的互联网思维，还有一些误区，需要澄清。

一是长尾模式。亚马逊有一本书不好卖,多少年了都没人买,但是就这么在它的网站上挂着,结果成了畅销书。世界有很多人充满了好奇心,有个果壳网就专门刊登分享那些稀奇古怪的知识。过去因为销售仓储的边际成本高,所以这部分主流需求之外,各不相同的小需求,又叫长尾需求,很难被人满足。但是网络和数字化技术的出现,使得边际成本降低,进而使得长尾需求有得到满足的可能性。传统的制造业创业,初始投入跟边际可变投入,难以区分;但长尾的需求创业适合初始投入跟边际投入分离,也就是固定成本初始投入完之后,新增一个SKU,不会使可变成本显著提升,这时就可以借助数字化技术去提升自己的长尾服务能力。量大了也就不那么长尾了。国外有个卖定制袜子的例子,特色袜子对个人来说是定制,对工厂来说就没那么定制了。但是要注意到不好的例子,过高的SKU会带来品质的降低,以及腐败和寻租,有时候也会让自己不堪重负。

二是众包模式,就是把问题交给众人解决。通过利益的绑定,无成本把任务分出去,再组合,但是面临品控的难题。国际最大的众包项目是什么?是GitHub和维基百科。但是显然走众包路线的两者反而越做越好了,自从区块链使得众包参与者有了收益权、投票权和成长权,众包和社区的力量不可小觑。

三是体验模式。传统制造业、销售业,如果产品是标准化的,销售行为没有优势,店面成本、人工成本又高,怎么比得过电商呢?这时候可以增加客户线下体验的感受,过去是卖服装的,现在成了客户的艺术形象顾问,从卖大路货,走向C2M的高端定制,就提高了服务附加价值。未来5G、AR、VR、3D打印和C2M等概念的兴起,会更加混同产品和服务的区分,体验模式也具有前景。

四是免费模式。切记售价等于零不是免费模式,可变成本等于零你才能做免费模式。用补贴换取高频客户的用户忠诚度和用户黏性才能够做免费模式。

十四、数字友好的 5F 策略

第一是碎片化思维(fragment)。碎片化思维是将各种整体信息分割成信息碎片,利用用户碎片时间提供各种用户需要的信息,满足用户需求,甚至引导用户需求。数字文明时代,地点碎片化、时间碎片化、需求碎片化,如何在碎片的时间内占用客户的时间,让客户在最短的时间内选择你,就要以商业模式为核心,以理论为指导,要认识到对于大多数产品,供应链是核心。

第二是粉丝的思维(fans)。数字文明时代,得粉丝者得天下。如何定义品牌的理念和价值主张吸引粉丝?如何将品牌的消费部落打造成粉丝温暖的精神家园?如何激发粉丝的激情和参与感?常见的UGC平台就是这样一种思路。像汽车之家,既有车托收钱发的营销帖,也有粉丝自己在垂直社群真正的分享帖,有的时候有个引子引一下也好。这在做市商和货币政策领域都有类似的逻辑。过去曾经火热的P2P,其实第一笔借贷往往都是虚构的。这里有两个例外:B2B领域不需要强烈的粉丝思维,低频领域也不需要强烈的粉丝思维,如景区的盒饭,从来都是你爱买不买。

第三是焦点思维（focus）。焦点思维是要求产品明确自身的定位，在一件事情上始终坚持，并尽可能做到极致的思维方式。焦点思维有助于将产品的核心功能梳理清楚，明确用户场景中的"任务"要素。数字文明时代，我们创业的核心不在于自己做什么，而在于不做什么。要懂得合理拒绝为别人做事，或者别人为你做事。有些事情并不重要，那么你的精力就不一定放在这些小事情上。建立焦点思维有两个关键点：如何做减法，找到焦点战略，要做主营业务，少做支持性业务；如何将焦点业务做到极致，把自己的工作二八分，找出产量最大最优的工作做，当老板就找人寻找供应链，当员工就把核心业务做到极致。

第四是快人一步的思维（fast）。数字文明时代，得到优势的时间和失去优势的时间，可能同样都很短。快人一步的思维有两个关键点：如何快速找到发展道路；如何将组织的速度与用户的速度协调一致。大公司有先发优势，规模效应。对于小公司，聪明的跟随者策略往往是较好的。

第五是第一思维（first）。做不到第一就会被干掉。不过这个也取决于双边市场的状态是多边归属性还是单边归属性。如果是单归属性，有可能存在多个平台；如果双边都是多归属性，就有可能被第一名兼并。在细分领域的B2B平台和B2C平台依旧有大量的机会。

十五、数字友好思维的十大法则

第一是倾听我（listen to me）。对于品牌营销来说，用户不再是简单的受众，而是遵循Web3.0法则，有着全流程的参与、传播、互动和分享收益。同时品牌与用户可以直接对话，企业可以倾听用户的第一手信息。这种变化要求企业必须调整自己的位置和心态，改变与用户的沟通态度。

第二是全渠道的一致体验（omni-channel）。过去以产品为中心，以实体店为中心的零售分销模式已经被新一代的以用户为中心、以数字贸易为中心的渠道体验模式所取代。企业跟随用户的脚步，在全渠道、全媒体为用户提供一致性的体验。像麦当劳、海底捞，都是全渠道一致性体验的典范，背后就是标准和实施的规范化和数字化。

第三是价值观（value）。必须回归商业的本质，商业是为人服务的，真正找到用户的痛点和普遍需求，为客户创造价值。"黄金圈"理论有三个同心圆（见图9-9），最里面的是why（为什么：目的、理念），中间是how（怎么做：方法、措施），最外面一层是what（是什么：现象、结果）。一般人的思想是由外到内，也就是遵循：是什么、怎么做、为什么？于是遇到了一个又一个具体的问题，去思考主要矛盾和矛盾的主要方面，做出决策和选择。但是这样的思考方式永远停留在具体事务之中，疲于奔命。原因在于，我们都被动嵌入了具体的事务之中，无法掌握我们的行为，我们所采取的how（方法、措施），用更多的知识为那些偏离why（目的、理念）的what（现象、结果）作修补和裱糊，看似忙碌，实则一旦遇到打击，一触即溃。

而创造伟大作品的人思维习惯则恰恰相反，作为一种逆向思维，一切都围绕着why（为什么）来开展工作，遵循为什么、怎么做、是什么的结构。当Why（目的、理念）明确了，才能够更加清晰how（方法，措施），然后才会出现期待的what（现象，结果）。有伟大见解的人，要想最大限度影响他人，不在于传达"是什么"的信息，而是去传达"为什么"的理由，让人与人的信念一致，从而内在推动人的行为；也可以说逆向思维是感召他人、感召客户、感召员工，这样无论在营销还是管理过程中都更能取胜。这也是为什么笔者推崇经济的发展和科学的创新，最终找寻人对于自我本源思考的精神创造的无限性。

图9-9 "黄金圈"法则

第四是参与感（engagement）。互联网和数字化把传统渠道不必要的环节、损耗效率的环节都拿掉了，让服务商和用户、生产制造商和用户更加直接地对接在一块，用户喜好、热点能够快速地通过网络反馈。

第五是让用户尖叫（scream）。真正的需求创造者把所有的时间和精力都投入到对"人"的了解上。他们一直在努力了解用户心中的渴望，用户需要什么、讨厌什么、什么样的东西能够引起用户的情感波动、什么样的东西能够激发出用户源自内心深处的好感。

第六是快速迭代（iterative）。这里的迭代思维更侧重迭代的意识，这意味着用户必须要及时乃至实时关注用户需求，把握用户需求的变化。边"开枪"、边"瞄准"、精益求精。做到快速失败（fail fast）、廉价地失败（fail cheap），同时整个组织要有一种包容失败的文化（inclusive culture）。及时收集错误，及时改进。

第七是给我想要（my favorite）。用户在网络上一般会产生交易信息、浏览信息、购买行为、购买场景和社交关系等多个方面的大数据。这些数据的沉淀，有助于企业进行预测和决策。

第八是个性化（personalized）。用户越来越追求个性化：如"请在我笔记本上铭刻我喜欢的名句""请在我的T恤上印上泰戈尔的诗篇"。

第九是少就是多（less is more）。如何让用户在一分钟爱上你的产品？给他最少、最优的推荐。苹果的SKU是很低的。1997年苹果接近破产，乔布斯回归，砍掉了70%的产品，使得苹果扭亏为盈，起死回生。即使到了2020年，iPhone也只有寥寥几款。

第十是高效（efficent）。流程设计要简化，要在每个用户与他想要的服务之间建立最短的路径、耗费最短的时间。用户无论从哪个渠道进入，在找到他想要的东西前，整个操作流程不要超过三步,越短越好。

十六、数字文明的商业模式

第一是工具+社群+商业模式。互联网的发展,使志同道合的人更容易聚在一起,形成社群。比如一位律师买了一辆奔驰汽车,进了奔驰车友会。通过车友的交流,建立了信任,获得了大把的案源。数字化的社群将散落在各地的星星点点的分散需求聚拢在一个平台上,形成新的共同的需求,从而形成规模,可以走量而压价,解决了重聚的价值,形成了新的渠道。如今互联网正在催熟新的商业模式即"工具+社群+电商/微商"的混合模式。

比如微信最开始就是一个社交工具,先是通过工具属性/社交属性/价值内容的核心功能过滤到海量的目标用户,加入了朋友圈点赞与评论等社区功能,继而添加了微信支付、精选商品、电影票、手机话费充值等商业功能。

为什么会出现这种情况?简单来说,工具如同一道锐利的刀锋,能够满足用户的痛点需求,用来做流量的入口,但它无法有效沉淀粉丝用户。社群是关系属性,用来沉淀流量;商业是交易属性,用来变现流量价值。工具、社群、商业三者看上去是三张"皮",但内在融合的逻辑是一体化的。

拼多多正是凭借中小城市人们对于高性价比产品的需求,对于社群的理解,凝聚了海量用户,快速形成了对淘宝、京东的竞争。

第二是长尾模式。长尾的概念由克里斯·安德森提出。最早是1988年有一本叫作《触及巅峰》(*Touching the Vold*)的书,开始无人问津,后来通过亚马逊的销售,成了畅销书。怎么做到的?就是向用户推荐该书,让用户撰写评价,吸引越来越多的用户。据统计,亚马逊有一半销量都是排名13万以后的需求。长尾模式在Google AdWords帮助小企业投放广告,也取得了明显的效果。余额宝、拼多多,都是关注长尾需求而起家。

长尾模式的本质,是销售从面向大量用户销售少数拳头产品,到销售庞大数量的利基(niche)产品(利基市场,即缝隙市场、壁龛市场、针尖市场等,实为小众市场)的转变,尽管每种利基产品相对而言,只产生小额销售量。但利基产品销售总额可以与传统面向大量用户销售少数拳头产品的销售模式媲美。通过C2B实现大规模"个性化"定制,核心是"多款少量"。所以长尾模式需要低库存成本和强大的平台,并使得利基产品对于兴趣买家来说容易获得。例如ZARA。

第三是跨界模式。纷繁复杂的互联网世界正在发生着什么呢?小米做了手机,做了电视,做了农业,做了智能家居,还要做汽车。阿里巴巴东一榔头西一棒子,看似无章,其实暗含了多点布局、重组和跨界的可能性。

互联网为什么能够如此迅速地颠覆传统行业?互联网颠覆实质上就是利用高效率来整合低效率,对传统产业核心要素再分配。这也是生产关系的重构,并以此来提升整体系统效率。互联网企业通过减少中间环节，减少所有渠道不必要的损耗，减少产品从生产到进入用户手中所需要经历的环节来提高效率，降低成本。

因此，对于传统企业来说，只要抓住传统行业价值链条当中的低效或高利润环节，利用数字化的工具和互联网的思维，重新构建商业价值链，就有机会获得成功。马化腾在企业内部讲话时说："互联网在跨界进入其他领域的时候，思考的都是如何才能够将原来传统行业链条的利益分配模式打破，把原来获取利益最多的一方干掉，这样才能够重新洗牌。反正这块市场原本就没有我的利益，因此让大家都赚钱也无所谓。"

第四是免费模式。数字文明时代是一个"精神无限""信息过剩"的时代，也是一个"注意力稀缺"的时代，怎样在"无限的精神与信息"中获取"有限的注意力"，便成为"数字文明"时代商业的关键命题。注意力稀缺导致众多互联网创业者们开始想尽办法去争夺注意力资源，互联网产品的基础就是流量，有了流量才能够以此为基础构建自己的商业模式，所以说互联网经济就是以吸引大众注意力为基础，去创造价值，然后转化成赢利。

很多互联网企业都是以免费、好的产品吸引到很多的用户，然后通过新的产品或服务给不同的用户，在此基础上再构建商业模式，比如微信等。互联网颠覆传统企业的常用打法就是在传统企业用来赚钱的领域免费，从而彻底把传统企业的客户群带走，继而转化成流量，然后再利用延伸价值链或增值服务来实现盈利。如果有一种商业模式既可以统摄未来的市场，也可以挤垮当前的市场，那就是免费的模式。信息时代的精神领袖克里斯·安德森在《免费：商业的未来》中归纳基于核心服务完全免费的商业模式：一是直接交叉补贴，二是第三方市场，三是免费加收费，四是纯免费。

第五是O2O模式。以智能手机为代表的移动互联网终端，由于不同于笔记本电脑，具有A-GPS传感器，使得地理位置信息带来了崭新的机遇。这个机遇就是O2O。二维码是线上和线下的关键入口，将后端蕴藏的丰富资源带到前端。O2O和二维码是移动开发者应该具备的基础能力。online to offline的狭义理解就是线上交易、线下体验消费的商务模式，主要包括两种场景：一是线上到线下，用户在线上购买或预订服务，再到线下商户实地享受服务。目前这种类型比较多。二是线下到线上，用户通过线下实体店体验并选好商品，然后通过线上下单来购买商品。

广义的O2O就是将互联网思维与传统产业相融合。未来O2O的发展将突破线上和线下的界限，实现线上线下、虚实之间的深度融合。O2O的核心价值是充分利用线上与线下渠道各自优势，让顾客实现全渠道购物。线上的价值就是方便、随时随地，并且品类丰富，不受时间、空间和货架的限制。线下的价值在于商品看得见摸得着，且即时可得。从这个角度看，O2O应该把两个渠道的价值和优势无缝对接起来。

直播带货只是一时之热，未来可能会有更生动的方式。而万变不离其宗的，对于国家而言，就要建设强产业链；对老板而言，要重点把握线下优质供应链资源。而随着未来5G、AR、VR技术的升级，越来越多加强线上互动和体验的方式不局限于直播，这时候优质的产品+明星，就会成为出现规模效应递增的局面。国内贸易中的县长带货，国际贸易中的大使直播，无不深刻地体现了数字友好技术对于销售体验和交互的改良，这也构成我们构建数字文明商业的利基的基础共识。

第六是平台模式。互联网的世界是无边界的，市场是全国乃至全球。平台型商业模式的核心是打造足够大的平台，产品更加多元化和多样化，更加重视用户体验和产品的闭环设计。利用互联网平台，企业可以放大，原因有：

其一，这个平台是开放的，可以整合全球的各种资源。

其二，这个平台可以让所有的用户参与进来，实现企业和用户之间的零距离。在互联网时代，用户的需求变化越来越快，越来越难以捉摸，单靠企业自身所拥有的资源、人才和能力，很难快速满足用户的个性化需求。这就要求打开企业的边界，建立一个更大的商业生态网络来满足用户的个性化需求。通过平台以最快的速度汇聚资源，满足用户多元化、个性化的需求。所以平台模式的精髓在于，打造一个多方共赢互利的生态圈。

其三，企业未来也只是一个节点。参考区块链点对点的思维，基于协议（protocol）和共识机制（consensus mechanism）所缔结的区块链分布式智能合约组织体系和经济体系，将会多点开花，层出不穷。目前消费和金融领域就是一个大风口，但要防止纯金融脱离实体产业的空心化危机。

在双边市场中，通过一方市场的补贴让利，可以放大另一方市场的需求和盈利。个性化定制通过平台交易，则又会变成相对的大众消费，解决了个性化定制成本高的难题。

十七、常见的商业模式辨析

下面我们分析常见的商业模式。

第一，剃刀模式。这个来自吉列剃须刀。使用剃须刀架，需要不停换刀片，于是赠送刀架而出售刀片。

剃刀模式适合销售的产品组合：基础商品+附加增值商品。门槛是需要有专利、会员。适用于高价值硬件+消费类产品。

第二，特许经营模式。特许经营的本质是知识产权持有方，将品牌、流程和管理等知识产权许可给加盟方。因为智慧的可复制性，于是结合各方力量，一起做大事业。不过要认识到风险，进行准确测算，因为特许人和被特许人的盈利方式往往不一样。特许人只管把品牌授权给特许人，收特许人加盟费和管理费，没事抽查特许人，而被特许人却要真金白银投入资金去运营自己的店面。有的特许人既不按照国务院特许经营条例备案，同时也在合同条款中设置了比较苛刻的义务。如同之前说的开奶茶店一样，特许经营投入较大，业务又受制于相关市场的竞争和客流情况，所以要仔细测算利润。还要通过法律和合同的约束，防止同业竞争行为出现。出现问题要利用法律武器维护自己的权利，有可能会跨界牵扯到特许经营合同纠纷、租赁合同纠纷、不正当竞争纠纷等跨界案由，要慎重选择救济途径。

第三，低价策略模式。例如Costco。低价策略区别于长尾模式，Costco的SKU，只有4 000个，但是沃尔玛SKU有几十万个。Costco在消费端是会员制，在厂商端每一类产品只有1~3个品牌，跟供应商谈判价格，需要商家做出承诺，给Costco的价格是市场最低的。

给Costco供货的所有商品毛利率不能超过14%。产品线负责人向CEO汇报，如果价格不是市面上最低的，不能在Costco出现。

如果把Costco研究透了，就会发现快速发展的拼多多有Costco的影子。针对三四线城市价格非常敏感，以会员的方式提高用户黏性，以分享、团购、裂变、社交的方式提高销量。只是把Costco的实体货场搬到了网上。

第四，统一收费模式。例如Netflix单次收取年费，就有超过10万电影随便看。全球超过3 000万用户，市值2 000亿美元。这个原理跟自助餐是一样的，一次性费用性价比高，并且还节省了服务人员的成本。这种统一收费模式适合边际成本低的行业。

第五，免费增值的模式。例如百度云盘、石墨文档，基础版本免费给用户用。到了用户量增加到一定程度，存储的数据越来越多，提供一些收费的高级功能。免费模式有利于产品有更长的打磨周期。因为即使有bug，也不会遭受到用户强烈的投诉。

对于免费增值模式，我们可以思考：

（1）产品设计过程中，能否设计基础版本免费开放给客户使用；对于重度用户，能否提供更具有效率或者复杂的功能增值。

（2）产品免费增值运营过程中，要关注数据，促进付费。

（3）思考什么行为会促使用户做出付费动作。

如果免费做得很好，很多年付费不见上涨，那就要思考数据有没有别的用处，或者换一个方向、换一个功能。

第六，隐藏收入模式。这就是上一条所说的，如果在卖产品、服务时遇到困境，开发了一个产品迟迟无法收费，可以思考收入有没有可能来自于第三方。典型的例子，报纸的收入来自于广告，还有不好的例子就是旅游收人头费。要思考在商业流程中，是否有互补的企业，也就是他的业务量跟我的某种数据同增减。合法的前提下，能不能把采购空气净化器的数据卖给装修公司。特斯拉最近就把卖汽车的市场成功拓展至超级充电站这个双边市场之中，意图对传统的加油站形成冲击。不论是蔚来汽车的更换电池还是特斯拉超级充电站，对于电动汽车都是互补品，有构建双边市场的潜力。

第七，差异化定价模式。这来自亚马逊千人千面的定价方式。据说不同的人叫滴滴打车价格也是不一样的。使用差异化定价有三个条件：

（1）商品时间影响价格。如机票。

（2）商品越方便消费者，价格可能越高。例如24小时便利店一般比大型购物商场的价格高一些。

（3）用户对商品认知不同，个人偏好、价格敏感度不同。例如不同品牌手机打车价格有可能不一样。

第八，快速融资模式。通过快速融资，占领市场。要从以下几个点考虑：

（1）通过烧钱，能否培养用户习惯接受你的新产品？

（2）是否可以通过烧钱扩大市场份额，形成支配地位？

（3）是否可以通过烧钱，建立技术壁垒？

（4）在双边市场中，双边都是多归属性的，烧钱凝结用户才有意义。如果烧到最后胜负未明，那就要适时合并，以免两败俱伤。举个共享汽车与共享单车的例子。因为其消费者和自行车供应商双边市场都是多归属，其均衡点应当是一个竞争者，因此滴滴和快的投资人达成一致意见合并为一家公司。摩拜和ofo，因各种力量的掺杂，使得投资人和创始团队难以达成一致意见，难以形成同一品牌，最终没有形成竞争壁垒，直至被新的竞争者蚕食市场。

民间资本期望快速退出，因此快速融资烧钱的模式适合能够快速形成垄断地位、建立竞争壁垒的行业。

第九，忠诚度模式。这基于一个统计：获取新客户的成本是留住老客户的3倍多。老客户收益是新客户的8倍。怎样从老客户获得更多收益？忠诚度激励。航空业、移动运营商、零售业门槛非常高，无法转化。不断互动，给用户提供针对性产品服务。例如乘坐飞机，如果是VIP，空姐就会马上过来问，甚至会记住其喜欢靠窗还是走廊，喜欢什么饮料。

亚马逊会员消费3倍于非会员。支付宝忠诚度计划、支付宝积分，给用户一系列权益，如高铁、酒店、下午茶。这种模式适合同质化产品间的竞争，细节取胜。

第十，C2B模式。标准化产品难以满足个性需求。更多地从用户的角度思考产品的设计、制作和交付。

（1）快速把握用户需求。

（2）快速提升供应链水平，把用户需求导入生产体系。如果团队效率不高，或者没有很完备的供应链系统，就没法支持高SKU、高设计性。

（3）强调个性化，要反思这样做是否能够带来利润提升。

上汽大通：汽车个性化定制；柒牌男装：男装个性化定制；韩都衣舍：女装品牌。

具体做法就是：组织架构调整，把组织架构打成一个一个小团队，采购设计、捕捉当下流行特点。对于数据的收集和整理，是实现C2B模式的基础，要确保顺畅和高效。

第十一，体验式营销。与体验有关的行业，很难被网络化数字化给替代。在同质化竞争激烈的情况下，体验式营销可以帮助自己在同行业胜出。例如星巴克、海底捞、诚品书店。

舒尔茨说过一句话，星巴克不是一家简简单单的咖啡馆，他们希望为客户打造第三空间。第一空间：家。第二空间：办公场所。第三空间：朋友洽谈。所以星巴克文化、内部布局很多地方都是这么思考的，如有高矮不同，形式各异的座位。但是在新冠疫情大背景下，因为担心安全，去实体店里喝咖啡的人变少，所以星巴克也不得不尝试向外卖咖啡转型。

体验式商业模式的关键是让用户用眼睛和心体验愉悦感。从生活情境出发，塑造感官体验和思维方式认同，以此抓住客户注意力，改变消费行为，为商品找到新的生存价值和空间。

诚品书店不仅卖书，音乐、话剧、厨房都有所尝试。我们可以多关注身边生存好的餐饮、教育辅导、娱乐企业，学习它们提高用户体验的技巧。

第十二，用户自我服务模式。把价值链一部分环节交给用户自己服务，可以有效降低企业的管理成本。例如超市自动结账、宜家家具的自助组装。

传统家具厂是怎么制作的？用户下订单，工厂直接运送到家。但是家具企业中，也有反其道而行的，就是瑞典宜家：它把家具模块化，用户根据自己需要组合家具。买回家的家具不是一个完整的整体，而是一块块拼接的模块，需要自己完成。也可以要求宜家给客户拼装好，但是需要支付相应成本。这种用户自我服务模式，用户参与价值交付，用户的体验也好。商家节约成本，用户增加体验。

另一个例子就是超市收银台，在永辉超市、物美超市、盒马鲜生的交付、收银，都可以用户自己完成。一台台自助结账机，辅之以360度的摄像机监督。

用户自我服务模式是否采用，我们可以思考：

（1）有没有环节是可以用户完成的？

（2）用户完成环节会获得价值吗？成本节约、时间节约或者便利性？

（3）用户自助服务中，用户体验如何？

第十三，白条消费模式。1919年，通用汽车首创分期付款，帮助买不起车的人买车。像京东白条、捷信都是做消费贷的。这里风控FICO模型和催收、控制坏账率比较关键。扫黑除恶之后，现在不准做暴力催收，所以更要做好风控。

第十四，用户锁定模式。用户锁定模式是说通过一些不兼容性，提高用户的转化成本，进而锁定用户。

那么航空业是如何锁定客户的？

（1）更个性化服务，提高转化门槛。

（2）对产品和技术提高。乐高怎么锁定用户，所有的玩具都有专利，其他竞争对手没法生产一样型号的玩具，其他企业的产品也不能跟乐高匹配。通过不兼容性，确保唯一性。

（3）跟用户签合同，必须是由我独家服务。

用户锁定模式需要我们思考的是：目前用户是否锁定了？用户流失率高不高？用户转换到竞争对手那里，转换门槛有没有？根据统计，获取新客户比留存老客户成本高7倍，客户留存率提高5%，收益率可以增值25%~95%，所以要想方设法锁定用户。

第十五，要素品牌模式。要素品牌模式说的是把你产品的核心要素绑定到别人的产品中。例如，英特尔CPU补贴主机厂商达成协议：提供微处理器，提供6%折扣。这6%折扣要用于这家电脑主机广告。1992—2002年，消耗了70亿美元，带来了400亿美元价值。所有采用英特尔CPU的主机做广告，都要凸显英特尔的音乐商标。

在咖啡界也有一个例子。意利咖啡illy，就代表了在illy认可的店可以喝到高品质的咖啡。

illy提供的阿拉比咖啡豆，咖啡因含量不超过1.5%，是高品质咖啡代表，还营造了咖啡文化和全球20多所咖啡大学。illy发展成为意大利餐馆咖啡第一品牌，有7.5%市场份额。每天300万杯，全球600万杯。虽然品牌小，只是附属要素，但不妨碍打造出色品牌。又如音响杜比降噪，平底锅特氟龙，等等。

当你的产品品牌附属于其他品牌的时候，要通过某种杠杆的效应提升自己品牌的影响力，最终成为不可或缺的要素，四两拨千斤，提升自己品牌的价值。

第十六，降维打击模式。降维打击，意味着要跳出原有的供需曲线。过去都是卖服装，现在成了形象顾问，这就是降维打击。移动、联通，依靠用户通话发短信获取收入。微信通过流量来交流信息，流量还是用户付费。这就是降维打击。

小米电视的功能、画质、信号进行了提升，从而推广互联网电视概念，从云端获取大量电视节目，精简遥控器，便于接收频道。于是小米电视全球销量同比增加350%，市场占有率16.3%，全国第一。但是很多人不知道小米电视其实是国内几家老牌电视机生产商代工的。

汽车制造，产权很重要，关键是正外部性、负外部性由谁承担。现在探讨汽车所有权和使用权相分离，新能源汽车脱离原有变速箱传统系统，使得无缝对接入网络和计算机，会有新的巨大的机会。

挖掘用户不断变化需求，以创新技术和产品提供更好用户体验，和传统企业维度不同。另外一个层面避开直接竞争，降维打击。

第十七，隐形冠军模式。我们不一定非要去淘金，我们可以送水做支撑行业。这来自于旧金山淘金客，很多淘金客没有挣到钱，但是淘金路上卖水的发了大财。很多公司上市了未必给公司带来根本性改变，反而是中介机构发了大财。很多跑到海外发币的项目方可能亏损严重，反而是沿途设立基金会、中介、站台的人发了大财。大众创业、万众创新，创业不容易，融资也必不可少。于是FA融资顾问对接投资人与创业者，融资成功收取3~5个点的利润。借着行业红利，微信商业化之后，很多企业微信开店营销。微盟做微信公众推广服务平台，2012年港股上市，这也是"淘金路上卖水"的生意。

福耀玻璃，全球只做汽车玻璃，隐形冠军，市场占有率21.9%，中国排名第一。专注于汽车玻璃，做工和管理精益求精，同行净利润个位数，他们却是15%~17%。专注的结果就是隐形冠军的价值。

看到产业兴起，这个行业产生新的需求，如何为这些人服务，就是价值所在。在新兴的众多人聚集的领域，思考我们能提供什么服务。

第十八，异类突围模式。在红海市场已经有激烈竞争，怎么突围？化妆品行业，The Body Shop美体小铺，创始人看到看着化妆品行业越来越贵，广告越来越多，反其道而行之。该公司广告开支只占一般化妆品公司1/5不到。主打所有产品都不用动物测试，只用天然原材料。环保的理念下，理解自然美容的需求。

这种异类突围模式需要我们做到：

（1）关注行业大的发展趋势，不能闷头做异类。

（2）关注用户的需求、尚未被满足的点。

（3）不断测试用户需求点，独特定位迎合需求点。

第十九，隐性附加费模式。主要针对用户对基础产品费用敏感，但是对附加产品付费思考不多。例如一些小商品，看电影买爆米花，等等。抖音卖货或者闲鱼卖货很多卖得比较好的货品都是50元以下的小东西，容易让人冲动消费，形成爆款。

第二十，分布式产权模式。共享经济的本质是商业模式中，产品或者服务的使用权与所有权剥离。

共享汽车的业态就包括连接（connect）、自动（automatic）、分享（share）、电动（electric）。

作为平台方，管理所有权和使用权。集中供应商，把使用权分发给消费者，如共享单车。企业经营也是一样，所有权和使用权相剥离，懂的人去经营企业，股东退居幕后。

分布式产权模式要领在于，发现现在的产业和行业过程中，今天能否使用权分割卖给消费者，降低成本。真正能够创造价值，创造长期黏性。

第二十一，UGC模式。UGC（user generated content），用户产生内容。用户提出问题，其他用户给予解答。比如乐高工厂，用户自己设计。互联网行业，用户参与设计、生产、包装、交付过程，提升用户参与感。常见的购物给好评、发三张图、好评返现，这都是UGC。

相应的还有OGC（occupationally generated content）职业产生内容，PGC（professionally generated content）专业人士产生内容。

基本上不论是知乎还是果壳，这3种内容产生都有。要防止劣币驱逐良币。

UGC模式中，我们要思考的是：

（1）要设计好用户的激励模式。用户为什么愿意设计产品，获得额外的收益还是分享过程中得到别人的认可？

（2）做好冷启动。让利种子用户，启动后会有更多人参与。

（3）运营方要设计好内容和标准化建设。

第二十二，交易效果模式。例如巴斯夫上漆服务。如果用户评价油漆上得好，一部分费用返给用户。再例如猎头服务中，推荐人士转正再收佣金。

这种交易效果模式在广告业是变革最为明显的。过去广告投标是多少分钟多少钱。现在有CPM（千人浏览次数）、CPC（用户点击行为）、CPA（用户有行为）。例如注册和下载支付多少钱、CPS（销售来付费），销售一单支付多少钱。这个要防止作假，不然你投入很多广告费可能效果并不好。

第二十三，订阅模式。选择订购的服务来节省时间和金钱，让消费者按频次享受产品和服务。例如，过去我们买袜子，想要更多种类的袜子。但是Blacksocks公司，只需要你做个袜子订阅，一家人一年100元。每隔一段时间，它就给你寄送袜子，夏天寄夏天的款式，冬天寄冬天的款式，你每次都能收到新鲜样式的袜子。看似提高了SKU，但是其实它总SKU并不高。这避免了用户重复购买，主动设计、挑选、定期交付，提供便利性，降低成本，确保用户长期、持续订购。

兰蔻也有这种类似订阅，第一时间通知你使用或者试用。

对于定期使用、容易消耗的产品，可以设计一些主动选择权，定期收到你为用户设计的产品。品质高于单独购买的产品，提供给他的产品应确实物超所值。

第二十四，内容营销模式。被文章打动，内容为王，内容营销。例如小红书：社区起家，主要用户在社区分享海外购物的经验。除了分享美妆个人护理，还有运动、旅游、家居、酒店、餐馆触及消费各个方面。用户和KOL的各种信息展示，对读者真实感强，真实的商品服务打动这些潜在用户。餐馆和服务机构，也因为这些用户聚集的社区内容吸引到这里来展示。又如马蜂窝：出行想了解异地风土人情，看别人的攻略，有众多达人，吸引他人。

第二十五，网络效应模式。微信用的人多，个体价值微小，个体连接点越多价值越高，这就是梅特卡夫定律。12个终端一一连接，则需要66个连接。一旦通过交换机和路由，就可以形成更为广泛的网络效应：手机、通话连接、传真机、铁道网络。协议网络：以太网。个人效用网络：微信。市场网络：双边组织如滴滴、阿里巴巴，等等。

第二十六，分享返利模式。一方有产品要售卖，另一方有流量，汇聚起来就是海量，人人成为你的销售渠道，记得给好处。最为典型的就是淘宝联盟。现在币圈的交易所也是这样，通过推荐码注册新用户，老用户就可以分享本该由交易所享有的交易佣金。每个链接，有特殊字符，这是推荐者的标志。如果有人通过链接下单了，就有相应的提成收入。分享返利最早是亚马逊做的分享推荐机制。通过这个系统推荐书籍，购买书籍，可以获得奖励，从书籍衍生到全网所有产品体系。

我们需要思考，通过什么方式用户愿意分享，什么奖励、什么样的方式可以跟踪用户方向，然后给予应有奖励。记得返利体系不要超过三层，不然会被认定为传销。

第二十七，按需付费模式。过去买软件要一次性买断，现在可以长期购买一些SaaS服务，灵活配置性能，最明显的就是阿里云，可以随时增减配置。又如Office 365产品，按需使用。福布斯科技企业，排名前三都是SaaS服务。需要饮用水，买一套净水设备，作为用户只需要在家打开水龙头就行。要给用户选择的灵活性，按时间、按配置等，供用户长期使用。

第二十八，大规模定制服务。根据客户的需求定制产品，同时还要保持与传统大规模生产一样的高效率。在满足客户个性化需求以及大规模高效率生产中寻求平衡。例如早餐吃麦片，天天一样又厌烦。德国Mymuesli提供5 000种谷物和麦片，每天吃不一样的麦片。这需要消费者作为总体，对每个品种的需求量都比较大才行。例如内衣、袜子类经常消费的消耗品，就适合这种大规模定制服务。如果量够大，SKU也没有那么多。

第二十九，区块链商业模式。区块链是一个自动履约的分布式账本，第一次通过软件的方式实现了交易的原子化问题，也就是避免了"双花"[①]和"拜占庭将军问题"[②]。过去中心化账本例如银行结算系统都是需要IBM大型机运行COBOL语言的程序。因为区块链商业生态本身有很强的点对点去中心化、中介化和数字化色彩，目前可以预见在容易数字化的金融、消费领域前景巨大。做NFT，流动性"挖矿"、区块链保险、借贷各种项目层出不穷。

但是在我国还是有一些法律政策上的限制。例如不发币，则无融资价值，难以激励社区。发币则需要金融牌照。如果仅当做不可篡改的数据库来用，其低效率、伪分布式计算，致使成本高而性能不足。其有很多替代性方案，如电子签名、时间戳等技术，是不需要区块链技术的。好在《中华人民共和国民法典》第127条，原则上保护了网络虚拟财产。

第三十，社群电商模式。社群是基于相同或者近似的兴趣爱好，通过某种载体聚集人气，通过产品或服务满足群体需求而产生的商业形态。很多小店自己建立的用户群，微信朋友圈买熟人东西，这都是社群。

传统电商的用户是个漏斗型的，找到1万个访客，然后通过客服，可转化500单。社群电商是裂变型的，找到100个忠实用户，让他们分享，每人帮着卖5单，再返利。从中可以看到一个是由货到人，一个是由人到货。

目前流量越来越贵了，普通人不能像平台用户一样获取大量用户。社群电商跟团购结合。拼多多或者云集电商，就获得了超高速的发展。

我们需要思考，电商一直在演进改变。了解社群的概念，建立和运营好社群。

第三十一，开源式创新。开源模式，我们讲计算机技术时说到过这个问题。开始是自由软件运动，后来黑客觉得这个名字让世人误会是无政府主义、自由散漫的人，于是把自由软件改名为开源软件。Linux是开源的操作系统，有超过200万个志愿者开发。Google在此基础上打造了安卓。安卓是开源的。新型软件公司可以在代码上快速低价开发产品。通常游戏生产商，自己平台自己分销。但是2005年Valve允许任何一个游戏开发厂商通过开源游戏平台Steam分销，佣金10%~14%。Steam可以下载超过2000个游戏，现在该公司有30亿美元市值。GitHub、百度Apollo汽车自动驾驶标准都是开源的软件。开源软件虽然免费但还是要遵循许可制的，利用许可制，就可以实现传播。开放所有权，实现共享共建，形成行业标准。

第三十二，众包模式。众包是借助大众、外部资源完成自己的项目，把负外部性包给别人。腾讯众多的表情包都是外包的，售卖分成即可。美国礼来公司（Lilly）的子公司InnoCentive是一个平台，通过平台来解决制药研发难题。需求发到平台上，全球学者来解答。后面开放不限于医药创新，成为全球创新的交流平台。协作、技能、竞赛都可以众包。2012年秋天，默克制药公司（Merck）与Kaggle（一家预测分析众包网站）携手简化药物发现的过程。当时的标准过程是利用生命科学技术，对成千上万种化合物一一测试。检测它们对所有潜在疾病机制的有效

[①] 双花（Double Spending），指同样一笔数字资产被重复支付，即同样一笔钱被花掉两次或多次。
[②] 拜占庭将军问题（Byzantine failures），拜占庭帝国军事行动必须得到距离很远的将军和副官的一致同意才能出兵。代指在点对点通信中，如果有信息丢失或者信息伪造，通信机制必须在容错的状态下，还能够做出正确的决策。

性，但效益很低。为此，默克公司设立了一场为期8周的比赛，悬赏4万美元，将这一任务发布给参赛者。该竞赛吸引了238支队伍参赛，收到2 500多份提案。最终胜出者是一组计算机科学家。他们采用机器学习法，大大简化了这个过程。这个方案也得到了默克制药的认可和推广。

除了众包，许多针对自由职业者的交易市场，也正在兴起。美国加州有一家公司，叫作Upwork（原名 oDesk），是目前全球最大的自由职业者市场。它拥有1200万名注册的自由职业者会员，以及500万家客户企业。平均每年发布300万个需求，总额约10亿美元。类似这样的平台非常多。为了进一步确保高质量匹配，它们会深入测量成员的技能，收集成员表现和客户的反馈，整合成大量数据。这些数据被翻译成算法分析，用于支持未来工作的精确匹配。比起传统招聘网站，它们所能提供的人才，无论数量还是质量上，都要高出不少。

国内也有众包平台，例如猪八戒网：需求侧600家企业，供给侧130家企业，互相链接。淘宝联盟也是一个众包平台，是营销的互助。

值得思考的是，在竞赛、协作社区、互补者、劳动市场，你可以扮演什么角色？是问题的提出方，还是问题的解决方？抑或是问题解决的平台方？还是三者都有机会？

所以本专题，我们总结如下：

（1）深刻用经济观点去分析我们任何投资跟经营机会。财富的本质是利息，任何机会成本有远期价值。远期价值叫资本、折算的今天的价值叫资产。资产有利息，利息就是你的收入。

（2）商业模式的本质是降低管理成本、降低交易费用、提高用户价值。如果一方面增另一方面减，就要小心，有可能不挣钱。

（3）深刻理解双边市场、单边市场结构。肯定有压一方打一方，这边免费那边肯定要收费。双边还是单边，主要看商业模式怎么设计。

（4）免费的本质是可变成本低，才可以免费。现在免费，很可能要有数据未来在资本市场拿钱或者其他的途径变现。

（5）赚钱和公司价值的本质，就是节省的成本总和乘以PE即你的公司价值。

（6）垂直领域B2B平台的搭建方式：找到垂直的行业，解决某个痛点，把供需在平台上匹配。垂直领域B2B平台是很好的机会。

（7）B2C平台，核心是把握供应链，找好团队合作，给经理人团队激励，然后不断复制。这样你管理几十个项目都是有可能的。

（8）把工作模式和创业模式分解为5~8个步骤，多找人请教。

（9）互联网思维的本质，就是双边市场理论。别的思维都要具体问题具体分析。

（10）知道自己产品和服务属于哪种类型，匹配值得自己参考的商业模式，例如开餐馆的去看看《厨房噩梦》(*Kitchen Nightmares*)。

专题十
OKR管理与营销

本专题我们讲管理的本质、战略的格局加破局、前沿的目标和关键成果法（ORK）以及营销的关键点等问题。我们期望大家从管理者角度，对认知进行升级。

一、管理的本质：认知管理

人和人竞争的是对事物的认知和对行业的洞察，同时执行也很重要。但执行的本质是实践认知，比如说鸦片战争清王朝为什么会失败，本质上就是认知的，因为认知的落后，所以在战争这种由技术、组织能力直接决定的胜负局中，清王朝败了。

关于认知人易有两个误区。第一个误区是以为自己知道，自以为是是自我认知升级的一个死敌。要假设自己无知，这样才可以向身边不同的人去学习新的知识，这是认知升级的重要途径。

第二个误区，对事物有所认知却不作相应的行动，比如我们常认为自己知道吸烟有害健康，但这和真正地认识到吸烟有害健康是两码事，真正认识到吸烟有害健康，就会立刻放下手中的烟头，爱护自己的身体。所以不行动的认知是伪认知，知易行难，要努力知行合一。

关于认知升级，我们有三味"解药"。第一味"解药"，要坚信一个大趋势，即什么是中期趋势，什么是短期趋势，要说清楚长期的趋势、中期的趋势和短期的趋势。短期的趋势受制于很多因素，像我们之前说的需求曲线、货币政策、市场恐慌，都是短期的趋势。在短期趋势中，一些生产要素是不变的，一些生产要素是可变的。在长期趋势中，所有的生产要素都是可变的。

第二味"解药"，是我们要对外求教，不要做井底之蛙。有的人比你强，不一定是因为比你聪明，而是因为他有更进步的认知。我们想要成功，其实并不需要特别聪明，而是需要不断更新认知。

第三味"解药"，活在当下，面向未来。做任何事情想清楚最坏的结果是不是自己能够承受的。如果能承受，就去做。未来处在一种激烈的变化之中，如果不跟上节奏，就会在未来的很多技术和新的业态之间形成数字鸿沟。这是很多人不愿意看到但是却正在发生的事情。

成长的本质就是认知升级。它不在于是否位高权重，不在于是否家财万贯，也不在于专业是否突出。比如说史玉柱,他当年投资建造巨人大厦成了烂尾楼,但他后来通过脑白金就迅速地翻身了,就是因为他在那个时代有着超出常人对于营销的认知。

腾讯也是一个认知升级的例子。比如说腾讯当年曾因为布局市场,跟很多互联网公司有所竞争,最有名的就是和奇虎360的"3Q大战"。那时候的腾讯表现出的是一个冲突对抗的认知,但后来腾讯的认知开始变了。变为通过投资的方式进入一个领域。于是,腾讯从做得不好的领域相继撤出,如拍拍网、腾讯微博,该停就停,转而投资京东、搜狗、58同城,投资出了现在庞大的互联网版图。在10年之前,腾讯只是一个300亿美金的公司,而现在已经是超过6 000亿美金的巨头了,这就是腾讯认知升级的结果。腾讯通过对兄弟公司的投资,既获得了行业的尊重,也获得了对行业的认知,同时还不违反国家的反垄断法,不论在方向、国际化、法治化这一块,都跟最优秀的兄弟公司形成投资的关系。这种交流合作,进而促进了腾讯公司本身的认知,也提高了它的市值。

又如现在很有名的小米。当年雷军想做手机的时候,也是借着投资的机会跟魅族的黄章进行深入沟通,从而详细地了解做手机的关键的产业链的信息。而后雷军就以他过人的智慧、营销技巧、管理经验和劳模般的勤奋,让小米一炮而红,现在还要进军电动汽车。

认知升级,也体现在《三国演义》中。曹操与刘备煮酒论英雄:"夫英雄者,胸怀大志,腹有良谋,有包藏宇宙之机,吞吐天地之志也。"这里面曹操有着过人的认知,一代枭雄,他说天下英雄唯刘备与他自己两个人而已。后来故事印证了曹操的认知判断,未来是刘备跟曹操二人争夺天下。所以三国也是关键人的关键认知的故事。

管理的本质其实就是认知的升级,管理有三要素:目标、路径和资源。管理也有三大能力:预测、组织、说服。先找到一个目标,想清楚路径,再投入资源,这里面就需要判断力。这个判断力的最核心要素就是认知。管理不是执行也不是组织结构,而是你比别人更理解一种事情。领导力也不等同于高情商,而是在大格局下构建对行业的认知体系做出正确的判断和聪明的决策。所以,管理的本质就是认知管理,要输入足够的信息,做出正确的决定,就跟手术台上的无影灯一样,有各种各样角度的灯,可以让做手术的过程没有任何的影子,也就是所谓英明的管理与决策。

那么,如何构建领导者的认知体系呢?任何领导都要谦虚地认识到,领导本身往往是一个组织最大的瓶颈。优秀的领导在核心点的能力上一定要能够覆盖整个团队的认知体系,一个人的认知要大于整个队伍的认知,这个领导才有真正的价值。如果领导不是这样的,只会给组织添乱,还是少干预的好。在互联网时代,因为工具跟网络会将人的能力无限放大,所以人越来越接近机器,越来越有可能会实现过去像武侠中超级武林高手的一种局面,100个普通人很可能不会有一个出众的人厉害。CEO的认知就是队伍中的最大的瓶颈。

那么认知的体系是什么呢?其实就是知识框架,这也是为什么笔者在本书中,从科学和逻辑说起,一再穿插不同的视角,意图从技术、经济、制度去构建一个完整的脉络。建立数字友好的知识认知体系,包含对技术、经济、历史、商业运营、法治有一个清晰的框架,这个框架要把我们遇到的各种问题、推理和答案，抽象化、重组化，把左右互搏的思维，融入我们的自升级操作系统之中。

就像我们之前谈及商业模式所言，把问题分解成5～8步，只需要把握最本质的5个点、3个点，直至凝结成一个点，把这最核心的点给把握住、做好，剩下的事尽量交给可靠的人，这样事业就会越做越大。

那么如何去建立领导者的认知框架呢？我们对市场和对产品要像对用户一样，要能够深入地理解，真正去和在市场上"跑"、市场上"吃猪肉"的人聊天，切忌以听报告的方式去建立认知。不论是做企业、做官、做法官、做研究都是这样，要深入实践。比如说特斯拉电动车，它在卖什么？它卖的不是汽车，也不是电动车，它卖的是下一代人跟网络接入的接口，只是它恰巧体现在车上面，特斯拉电动车不过是一个装了四个轮子的高级电脑。既然只是人与网络交互的接口，那么就不难理解为什么马斯克接着还要做Neurallink脑机接口，因为他希望人脑与网络也能够无缝对接。星巴克在卖什么？不是咖啡，而是家和办公室之外的第三空间。今日头条在卖什么？今日头条跟抖音结合在一起，在做数据的算法，最终它可能还是要在抖音这一块去形成新型的数字贸易业态、金融业态和社区业态。从这个角度，你就明白为什么微信为何对今日头条系的流量严防死守，因为在社交领域，它们是竞争关系。

那么认知管理的方法论呢？

第一个"解药"，逆向思考。做一件事情，你可以想想，如果花费时间少一半，这个事情能否做好。减少具体的工作的量，增加判断的工作的量，去帮助团队发展，这样才会发挥出优秀的管理者跟领导者的作用。如果你每天都沉溺在一些具体的事务中，那么这个团队其实缺战略性的领导，很难做大、走远。如果你在工作中做判断的工作的比重逐渐增加，而具体工作的比重逐渐减少，那你就在向领导者迈进了。

第二个解药，要明白少即是多。战略的略是忽略的略，要懂得怎么忽略。不懂忽略，其实就是不懂得事务的优先级，不懂得事务的主要矛盾，那么想分清楚事务的主要矛盾和优先级本质上还是认知升级。如果认知清晰，必须要有一个大的格局，知道什么叫大趋势，知道什么更重要，如果不是关键的点，就要学会妥协和让步。如果思维有盲点的话，要么是视野不够宽，要么就是反思不够频繁。

所以人与人最大的区别在于思维的格局。中层的思维跟创始人的思维很可能是不一样的，是沉溺于具体的工作情况、努力地工作的人。一个创始人，必须高低结合，既工作又反思，既能够有宏观把握格局的能力，把握走向趋势的能力，又能够在微观中看到细致的问题。乔布斯就具有这样的能力。他的很多同事都曾称赞他有"现实扭曲力场"，就是用科学的方法坚信一定能够成功，最终真的能够成功。所以我们做的每一个执行，是为了更高的认知，而不是完成具体的工作。

那么我们可以通过对三个维度进行管理，也就是信息、时间和人。我们之前讲到计算机基础，其实计算机来自于对人的思考，尤其是逻辑化思考能力的一个模拟。那么相应的人类逻辑化思考能力的本质，就是一个计算机，有一个CPU、一个数据库，而且有算法。如果有优秀的数据输入，还有优秀的算力和算法，就会有优秀的输出，套用到人的身上，就是所谓有格局。

那么如何把算力、算法跟数据库结构做得更好呢？第一，要深入分析对手。第二，要不定期走访行业。第三，要不断招聘行业优秀的人。所以管理就是获取足够的信息，做正确的决定，这样执行起来就会容易百倍。不好的领导就会将帅无能，累死三军，所以执行难的一个本质其实是认知局限，没有做出正确的决定。

在时间维度上看，时间其实是一个伪命题，为什么？有人工作3年相当于人家5年的成长，但有人工作10年，还在打酱油混日子。关键原因是浪费的时间其实算不得时间，只有真正发挥有效注意力的时间才是真正的时间。

你对于时间的花费跟投入其实表明了你对事物优先级的判断。那么你有效的注意力怎么分配呢？可以考虑一下：在格局方面，花了多少时间；在信息输入方面花了多少时间；在关键人方面，花了多少时间；是偶尔想，还是变成了一种习惯。

另外，多跟人聊天去获得认知，找到了简单的切入点，就为其他的事务节省了时间。同时，要学会一些举重若轻的工作技巧，比如说有的人天天玩这玩那，没事再来个美美的自拍，这儿布局、那儿布局，事业做得还挺成功。这些人其实是有他的独到之处的，他善于把握事物的本质。他每天要记清楚几个关键点，每天要开哪些关键的会，见哪些关键的人，要把哪几个关键点的问题给解决掉。这种工作方式是形乱而神不乱。

人的维度也非常重要。我们做事，除了对自我的管理，还有就是对他人的管理。我们要学会通过管理一个人而达到管理一片人的目的。在创业的初期，我们的团队扁平化，但是从管理原则看，一个人通常只能面对7位被管理者，所以说越成熟的业务，越需要一个堪重用的人，甚至不惜为这个人重构这个团队。那么，如何简化对人的管理呢？其实就是要找到关键人，要在关键人上花足够的时间，传递足够的认知，然后让这个人去做一群人的决定。切忌多人平行站位，要给一个人足够的职权，权责清晰，即使没有达到预期，换人也容易让人接受。另外就是要简化目标，通常如果一个东西说既要什么，又要什么，那这一定是一个很难实现的命题，因为既要和又要的东西通常是矛盾的。那么简化目标的重任，不在于优势情况下的互相兼容，而在于出现冲突或者真伪不明情况下，以何为优先、如何取舍的问题。最直接的例子就是当年"两弹一星"工程中国防科工委主任聂荣臻元帅给钱学森院长以充分的授权，人事、技术，但凭钱学森一人决定，导弹发射前告知聂帅一声即可。

领导另外一个关键的职责就是要帮助员工跟下属找到一个简单的目标，通过纵深的行业认知，帮团队简化目标，然后建立起正确、统一的认知目标。越简单越明确，越容易达成一致。所以，定目标，找关键人，非常重要。目标简单而清晰，人就会挺身而出，好领导看似总打胜仗，但其实打胜仗之前就已经有了七分胜算，靠的就是认知。看似千军万马在前面搏杀，其实取决于将领的认知格局。在开战之前，胜负就已经定下来了，这也就是《孙子兵法》所言："胜者先胜而后求战，败者先战而后求胜。"意思就是说在战局开始之前，胜利的人是因为先具备胜利的条件才去寻找战机；而失败的人，不知道自己是否能够胜利，就贸然跟别人交战，在交战的过程中，去寻找胜利的机会，这样大概率是不能够取得胜利的。处于优势的人，要懂得善于累积小胜为大胜，然后把握机会，一举胜出。处于劣势的人，要善于运用时间空间舆论的变化，趁人骄傲时，一举反超。从事竞技运动的选手无不知悉这个道理。

二、战略就是格局加破局

早期的创业与现在的创业，其实还有点不一样。早期创业的人胆子大，但是现在的创业其实既需要聪明和勤奋，又需要清晰的认知格局，还需要思考行业的大风向在哪里，哪里是过度竞争的？哪里是刚兴起，没有人察觉的？三四线城市的网民与一线城市的网民不同在哪里？互联网与哪个行业哪种形式相结合有机会？这些都需要我们去深入思考。

另外就是要重建自己的知识体系，建立新的战略打法，去更大的空间寻找破局点和机会，也就是所谓的降维打击。

那么这里面一直在讲的战略就是格局加破局。格局是什么？"格"是格物，意思是形而上学，你能把世间的普遍的事物总结出一套抽象的规律，寻找其本源，就是格物。"局"是什么意思？指的是事物的边界跟认知的边界。有了格局，我们就能在事物的抽象规定中，认识到自我认知的边界、自我能力的边界、我们做每件事的边界，以及我们所做这些事情客体的边界，就是所谓的格局。

有句名言叫"存在即合理"，这句话经常被国人拿来辩论。这句话是一个误读的话，它源于黑格尔"凡是存在的都是合乎理性的"。我们在之前的这个认知专题中讲到过什么是理性。理性的背后，是有逻辑地说话，合乎理性的，也就是合乎逻辑规律的。所以它的真实意思是说，任何一个现象背后必有它的逻辑规律可循，而逻辑是先验的，也就是人类社会存在之前就已经出现在这个社会上的，所以没有偶然，只有必然。所有的单点的趋势都是大趋势下的一个必然。如果发现一片肥沃的土地，不用思考就可以有所作为，但是当我们挤破头都涌入这片肥沃的土地的时候，就会导致很激烈的一个竞争，甚至导致无效率。这时我们要思考：某个生机勃勃现象背后的规律是什么？怎么去利用这个规律？这样才能发现下一片肥沃的土壤，从而在肥沃土壤中做一个先行者。很多厉害的政治家、企业家、学者都具有这种能力。

如果凡事你都追求标准答案，是很难找到下一片肥沃土壤的。想要突出重围，要逼迫自己更勤奋地思考，避免进入由过度竞争带来的无效率，也就是租值耗散，或者现在更为热门的词："内卷"。孟子告诉我们："行有不得，反求诸己。"但是今天期望大家更多地去思考外界因素，因为创新指望自己基因突变是何其困难，外界新的元素输入引起思维重组，更容易创新。

关于战略认知，还有两个误区。第一个是见招拆招，啥热门做啥，或者啥熟悉做啥。我们要认知到，每个单点在大格局下累积并不一定就会成长为强壮的巨人。如果仅仅期望于在每个单点上进行突破的话，其实到哪里都会遇到强大的竞争，很难长大的。我们更加要做的是找到一个肥沃的土壤，去发现更深的机会。

另外，我们做东西的方法不能停留在5年前的那些方法论。比如做一个软件、做个网站、做一个App，就可以上市了，已经不大可能了。数字和网络经济有一个规模效应递增，而边际成本递减的趋势。就跟提供准公共产品的自然垄断一样，要么垄断，要么死亡。它有一个很强烈的头部效应，做第三名想活下来，基本上是很难的。同时还受制于平台参与方的单一归属和双归属的特性。双归属的一个最终均衡的竞争结果其实就是一个平台。市场上有100家竞争对手，开始的时候就已经知道99%的都得被淘汰。

那些互联网的巨头其实已经认识到了如何去打击这些单点突破的小对手。所以我们必须要在趋势下形成一个战略性的思考。对于我们一些小型的创业而言，就是要把我们各种资源禀赋优势与一些新技术结合起来，多学会借用平台的优势。

在脑海中我们需要有一个大的格局：第一，深入行业，有清晰的认知。我们要认识到这个行业里面什么才是真正的机会，什么才是下一个趋势。第二，我们要养成组成格局与破局的思维习惯，要找到这个行业里面已经存在的不为人知的秘密。把这个秘密作为一个战略，加上杠杆，让这个杠杆放大十倍，这就成了一个小公司跟大公司的区别。

对于管理，除了我们说到认知升级，建立格局、进行破局，还涉及一些具体的管理原则。

笔者想推荐的是毛泽东同志在1949年发表的《党委会的工作方法》十二条。这是说给一把手听的。

第一，要善于当班长。也就是说，要把自己班子、组织的成员给组织起来。第二，问题要摆在桌面上，不要搞私底下的一对一的沟通，而尽量把问题公开化，会上解决。第三，互通情报，不要把自己的知识独立为一个知识，因为要做"无影灯"，所以你要经常跟别人互通有无。第四，不要自己不懂装懂，怕伤害自己的威信，要及时向下级请教，去了解具体的情况。同时，为了维护下级的积极性，不要轻易地表示赞成和反对，多听、多了解，学做一个"无影灯"。第五，要学会弹钢琴。弹钢琴的本质其实就是十个手指头协调，也就是我们要做十件事情，有的指头发声，有的指头不发声，那就需要我们通过自己的认知的升级，了解这里面所有的事情中，哪一个是核心的事情最重要的事情，哪个是可以让步可以妥协的。第六，抓紧，就是说任务布置下去，要有适当的监督机制。第七，要做到胸中有数。就是你的格局，你要认识到这个事情未来会走向哪个方向。第八，安民告示。就是说如果一个组织内部有些小的混乱或波动时，要及时出安民告示，尽量防止矛盾扩大化，不要让大家有很大思想压力。第九，精兵简政。做广告、做策划、做产品一定要遵循简单、平白原则，不要做得太复杂。因为从概率的角度来说，元素越多，越容易出错。第十，团结不同意见的同志一起工作。任何一个组织中其实会有各种各样性格，各种各样的人，我们要学会求同存异，尽量让大家朝一个目标去努力。第十一，戒骄戒躁，不要骄傲。第十二，划清两种界限，分清延安与西安，要有是非观。

三、OKR目标和关键成果法

目前国际上最流行的管理方法是目标和关键成果法（objective key result，OKR）[①]。就是通过对一个关键性的目标进行设立，然后要求评估这个目标需要哪些关键步骤，然后再对这些关键步骤进行考核，同时还互通有无。这就是我们说到的"十个指头弹琴"。

OKR的鼻祖是管理学大师彼得·德鲁克。首先被英特尔公司所采用，又被引入到Google公司。Google公司现在8万员工都在用这个OKR。OKR风靡美国硅谷，中国国内像百度、华为、今日头条、知乎都在用OKR。OKR本质是整合公司的所有资源为同一个目标而努力，适合有很多脑力劳动岗位的公司。

1. OKR与KPI对比

了解OKR，我们必须要与KPI进行对比。KPI是一些简单可以量化的考核指标，而OKR涉及的是更远期的目标。越要团队激励约束，越要了解OKR跟KPI的区别。

第一，在KPI体系下，制定任务是汇报驱动。老板布置给经理，经理布置给总监，总监布置给员工。获得激励是绩效驱动，看成绩发工资。

KPI机制的弊端是：组织并不是精密的机器，现代公司也不都是标准化计件工资的工厂，很多贡献如资源、人力、指标，很难量化。大家不知道彼此在做什么，难以力气往一处使。KPI制定之权在上级领导手中，但是上级领导的认知不一定覆盖全部门，因此员工对领导貌恭而心不服，难以形成开放平等的讨论空间。因为"00后"成长于网络空间，网络空间有着突出的草根化、平等化、自治化的特点，所以金字塔式组织结构不利于对年轻人管理。在博弈论中，任何的制度和绩效考核，都会引起员工的博弈行为，为了避免博弈行为，要充分地沟通。如果彼此目标不清晰，很难全力以赴，互相配合。利益驱动只能激励马斯洛的底层需求，金钱的激励越来越同质化，新一代工作者越来越追求培训、尊重、平等、自我实现的需求。传统的"胡萝卜加大棒"政策失效，新生代员工心情不好就离职。

OKR与KPI的本质区别在于生产力所处的时代不同。KPI产生于工业生产时代，工业生产的岗位是很明确的，流程是很精确的，然后原材料跟产品的产出是标准化的。效率为王，效率来自秩序。现在互联网时代，尤其一些脑力工作，有很大的不确定性，即不稳定、复杂、模糊、不好考核。所以要理解OKR，要拿它去对比KPI。KPI是固定的散点式的目标，是由上给下颁布的。OKR是一个阶段性的重大目标，是自我驱动的，通常期限都是3个月以上。

第二，KPI会决定员工的奖金，但OKR不会决定这个员工的奖金，也不是一个考核的工具。

第三，KPI是一个层层分包的战略指标，要落地要执行。OKR是做核心业务突破用的，就

[①] 保罗R.尼文、本·拉莫尔特著，况阳译：《OKR：源于英特尔和谷歌的目标管理利器》，机械工业出版社，2017。

是我要实现下一步的战略目标是什么，需要ABC这三步必须走完，然后如何把这三步确定成关键结果，引导至关键目标。OKR其实是一个自主协作的过程，就是作为一个员工，可以了解到CEO的OKR，而CEO也可以看到员工的OKR，所以它是一个开放沟通、高频互动的管理。OKR有助于适应我们现在以互联网、点对点交流为特征的扁平化、开放式的、自协作的组织文化。

所以KPI只求结果，而且是一些小型的结果。OKR是由目标去引导出关键结果，与你的绩效是没有关系的。

OKR，O是objective，也就是我们想完成下一步什么样的战略目标。KR是key result，是说我们想完成这个目标，需要哪几步关键的步骤，如何去实现。

英特尔只有年度目标才叫OKR。每个季度会形成关键结果，关键行动里程碑，配合形成一个OKR里程碑。由OKR反推出关键结果，关键结果反推出当月必须实现的关键行动。

比如说Google的Chrome浏览器是如何实现OKR的？它先定一个方向。这个大方向是要开发下一代的网络应用的程序端。在这个大方向之下，就会形成它的关键目标：2008年底活跃用户达到2 000万，对标IE，用户体验要取胜。那么就推出来了一个关键的行动，就是要强化JavaScript，在线应用程序像桌面已下载的应用一样顺畅。同时由关键行动预测出关键结果，就是4个月内要让JavaScript运行速度快10倍。

但这个OKR定出来之后，2008年Google其实没有完成2 000万活跃用户的目标。Google反思，改变了关键行动用以实现关键目标。

因为可以自己把产品做得很好，让用户自发来用，也可以给浏览器设计一些分销的渠道，比如，通过电视营销讲解浏览器的功能。所以Google改变了关键行动之后，引入分销的体系和电视讲解，进而导致了关键结果变化，两年之后JavaScript运行速度快了20倍。

OKR的逻辑体系是目标必须具有突破性与挑战性，由目标的要求业务来倒逼关键行动。

所以企业战略，不是看这个人的能力怎么样，而是应该去分析这个仗怎么打，怎么规划，然后人员进行统一的搭配和设计。所以在日常的事务执行过程中，老板定了大方向，中层就要尽快去探索，通过试错落地，然后做HR的就要去营造适合OKR的土壤。

所以KPI和OKR的区别，一个是小，另一个是大；一个是具体的，另一个是抽象的。KPI是100%要完成的，它跟工资和绩效相关；OKR的目标其实更高。

以唐僧师徒去西天取经为例。如果以KPI的方式来分析取经：对唐僧而言，就是经文多少册；对悟空而言就是妖怪打了多少个；对八戒而言，是化了多少缘；对沙僧而言，是挑了多少行李。如果是OKR的话，唐僧的目标就应是普度众生。唐僧普度众生的这个目标导致的关键行动是"造福一路"。悟空的关键目标也是普度众生，但关键行动是保护师傅。八戒的关键行动是协助悟空。沙僧的关键行动是支持团队。而师徒四人所有的OKR也有更小的关键结果。这与具体的KPI是不一致的。

如何激发员工自下而上调整目标呢？OKR适合主动性强的员工，招聘心理上的成年人。如果新业务老人不合适，就要从业务端设计战略与需求，重新匹配人员。假设KPI机制中维护老客户带来的收益不如新客户，如一个月1 000万的销售额，发掘一个新客户收益300万元，那么KPI考核中发掘新客户的权重就要高于维护老客户。另外要审核业务结果，把同级别的人的业绩放在一起来比较。

要找认可团队的人。如果是新业务没有业务量，就要跟人家讲清楚，我的现金流和奖金比不过大公司，但是可以给你股权和期权。大家可以一起商量，一起享受这个结果，也是我们之前谈商业模式时说的。如果风险与收益不确定的时候，最好设置一个风险收益共担的机制。

另外要认识到"一个诸葛亮胜过五十个臭皮匠"。就是精英胜出，不能搞平均主义。优秀的人拿的激励要是普通的人的3~5倍，人家才有动力给你做事。要通过一致的关键目标，把大家团结在一起。

那么如何设计一个好的OKR呢？

战略目标通常是一些最重要的事情，季度目标以上的目标。遵循SMART（specific具体的、measurable可衡量的、attainable可实现的、relevant相关的、time-bound及时的）原则。

HR考核别人是给员工定指标吗？不是这样的。HR必须要了解这些指标的来源，搞清楚业务如何落地，进行方向性分析，分析出来实现这个方向需要哪几步，附带产生哪些具体的指标，这些指标才是KPI。华为的做法就是制定方向性战略意图，配合战略意图设计出关键行动、关键结果，而不是事后总结关键行动和关键结果。

所以考核并不是为了去统计KPI的数字，而是关键行动一定要符合战略目标的逻辑推演。很多公司产品做得很好，生意做得很差，为什么？生意做得好的公司，一开始就设定了目标，专注于业务核心的本质，比如说互联网日活月活。这背后的逻辑其实就是业务逻辑的体现与衡量。它根本的核心就是用户的体验。没有用户的体验，就不会有日活跟月活，用户数据也就无从说起。虽然用户数的目标是可以造假的，但是用户体验是无法造假的，这就是你真正的目标。

所以OKR的O是用业务逻辑来解决用户和客户的痛点，就是真正的目标来源，也是从需求推导出目标。那么团队的发展要不要放在OKR上呢？要。我们要通过OKR去筛选出精英的团队，要借助于事务、任务和项目去增加挑战的难度和不确定性，让团队的成员突破舒适区。

我们要明白任何的业务目标本身的症状，是不能成为目标的，这只是一个表象。KPI其实也是个表象，最重要的是要解决背后的业务逻辑和病因。

有的企业设计的目标非常大，数十倍的增量，但是这个增量如果没法做到突破的话，其实是没有意义的。

那么设置目标的窍门是什么？是要不停地想我们的业务在哪儿，我们的目标在哪儿，你不要想我们在舒适区域、能力范围内能做什么，不能做什么。富士康的郭台铭回忆[1]乔布斯时曾说，因为苹果的要求是世界水准的，所以郭台铭经常说做不到。而乔布斯却信心满满，每次都

---

[1] 缁尘绮陌：《第一代iPhone研发前，乔布斯鼓励郭台铭：不试怎知做不到》，https://www.163.com/dy/article/H2G9LLU70543L37L.html.

对郭台铭说：回去试，没试就不要说做不到。后来真的就做到了。正是这样的一句话成就了富士康的今天，这句话也成了郭台铭至今难忘的一句话。

要这样想：我们必须做什么？我们怎么做？这样我们的目标就可以定成年度、季度的关键目标。公司业务变化快，我们就要定期地复盘，检查关键行动是否正确，去不停地复盘关键行动是否正确，而不是去考核人。这个是最关键点。所以OKR的真谛其实是关键目标，以及关键行动所带来的关键结果。

考察关键行动是否正确要依据跨季度性的标志性事件和里程碑，而不是具体每一周的小任务。关键结果如果不能有助于目标的达成，就要重设这个关键结果。

比如我们刚才说Google开发浏览器的时候，设置的目标是用户数超过2 000万，然而设计的关键行动是让它自发式地增长，那就达不到这个关键的目标。它的关键目标后来是通过电视营销、分销商的方式实现的。

还有一个相同级别的期望问题。组织上其实对你和与你同级的人的贡献是有一个相同的期望的，所以需要进行一个360度的环评。但是要注意任何的评价体系都有相应的管理成本，如果管理成本需要花费第三方过多的精力，其是否值当，还需要进行评估。最好的制度是让员工能够自发地进行评价，自发地胜出。这也是为什么笔者开篇写经济学原理，论述劳动力市场分离均衡和超市收银员排队节省管理成本的例子。

还有一个小细节，就是价值观匹配是否要检查。现在很多企业团队上来就说价值观，如果在进入团队的时候，你跟他提人的价值观和组织的价值观，是可以的。但如果在日常管理中，不停地谈论价值观的话，其实会起到一些负面作用的，会搞得人心惶惶。所以对员工进行价值观打分的话，要慎之又慎，因为不深入交流，是没法深入认知一个人的价值观的。

在英特尔和Google里面，甚至还有管理者反馈的一个功能，中国企业对此强调得不多。所有的员工是可以匿名评价管理者的，这对管理者有很好的提升作用。因为管理者的认知应该超过团队，但其实大多数的管理者只是出资的老板，他的本领、他的认知、他的管理能力并不一定比员工强。有钱人的钱有可能是才华、运气、家族积累、资本的力量、炒股炒币赚的，与带领团队进行破坏性创新的企业家还差十万八千里。

还有就是我们刚才说到的，成熟的业务做1亿销售额，与新业务做1 000万的销售额难度是不同的。如果一个销售团队完成率很高，但是得分很低，那么它的业务逻辑和评价体系设计是有问题的。

（二）今日头条的OKR[①]

我们看一下今日头条是怎么做OKR的。今日头条的所有员工都知道CEO张一鸣在做什么。员工可以随时看到CEO的状态：基本信息、汇报关系、他未来两个月主要精力放在哪里。然后

[①] mob604756f09529：《字节跳动（今日头条）5万人都在用的OKR，如何助你高效远程办公？》，https://blog.51cto.com/u_15127566/2665148.

14个高管向张一鸣汇报，今日头条从基层到顶层，只有3到4层，每两个月有一个CEO面对面的会议，张一鸣会给OKR进行逐项打分，没做好的都会直接告诉大家，从不遮遮掩掩。张一鸣占用会议室超时了，员工可以直接指出来"一鸣你超时了"，然后张一鸣就乖乖从会议室走出来去其他地方开会。

今日头条内部推崇直接入题的提问和回答。员工对CEO有激烈的意见，张一鸣甚至很开明地把这些意见直接印出来，发布全公司。不需要包装，结果也不要上纲上线，刻意投领导所好，鼓励群聊而不鼓励单聊。所以说成功的领导与失败的领导区别就在于，是否有一个坦诚清晰的沟通机制。坦诚、清晰是一个公司价值跟管理的很重要的点，底层逻辑就是要追求信息的高效流动。

四、真假OKR自测

刚才说的OKR跟KPI的大量的区别，其实可以检测一下。如果你公司的一些考核制度符合以下五条，就表明你公司的考核制度有值得改进的地方。

第一，OKR的结果跟员工的绩效相关。真OKR通常跟员工绩效和工资不相关。

第二，OKR由公司的HR负责牵头。通常那不是OKR，因为HR很难对公司的主营业务和下一步的战略目标形成很清晰的认识。

第三，OKR只是一个年度的目标跟年度回顾，大家年终开会的时候对一对。那这个就不是OKR，因为OKR是对未来的预期进行推导，得出的现在应当做的关键行动，对行动的评估要进行调整，而不是大家对对表这么简单。

第四，OKR在团队内做到透明，其他团队不允许知晓，严禁对外。这不是真的OKR。OKR在理论上来说是全公司一致的，因为全公司的目标只有一个。如果你公司真的很大的话，分成独立事业部（BU）制定OKR。

第五，为了达成目标的一致性，主管为员工制定OKR。这是不恰当的。OKR是每个员工、每个主管、每个CEO自己的远期的目标，根据这个关键目标形成关键行动跟关键结果。所以说，OKR不是主管设置的，而是员工根据公司的目标自己给自己设置的。

五、营销的本质

没有哪家公司的失败是因为营销失败。公司失败，本质都是产品的失败。当然不是说不要营销，营销不是本质，本质是产品。广告最多只能直接影响20%的人，剩下80%是受这20%间接影响的。营销不好，顶多就是卖得慢一点，但是产品好，不论营销好坏，20年后结果都一样。纯粹靠营销起家的公司那就是割韭菜，骗完一波，再换一个领域；整一些新概念，再骗一波。

商业是从营销中获取用户的付费，所以在眼花缭乱的商业模式、供应链、管理之外，我们谈一谈营销的本质。

营销的本质我认为是由一个公式组成，也就是STP+4P+CRM。用一句话表达，其实就是A为B创造B想要的价值，建立与维持关系，获得回报的一个思维过程。如果是企业营销，就是企业为消费者创造消费者想要的价值，建立与维持关系，获得回报的过程，也就是赚钱的过程。

STP是企业通过消费者洞察与市场调查，了解消费者有哪几类（market segmenting 市场细分），自己最有优势的是哪一类消费者（market targeting 目标市场），自己要在这类消费者大脑中占据"最"什么或者"第一"什么的位置（market positioning 市场定位）。

4P是什么意思？第一个P是product（产品），第二个P是price（价格），第三个P是place（地点），第四个P是promotion（传播）。4P意思就是企业期望以什么样的产品（product），在消费者心中占据什么样的品牌价值（price），利用什么样的渠道（place），传播产品和品牌价值（promotion）。

CRM做好上述价值之后，通过CRM客户关系管理，与客户和消费者不断来往，持续获得产品利润和品牌利润回报。

按照STP+4P+CRM的营销共识，我们就可以发现本质上，不论是经商还是做事，或是与人相处，本质上是共通的，就是如何自我定位，有利于他人，并且持续地与他人熟络、往来、互通有无。

例如谈恋爱，就是你为心爱姑娘创造对方想要的价值，建立与维持关系，获得回报的过程。通过STP，可以分析出姑娘有什么性格，你适合追哪一类姑娘，你自己期望在姑娘心中占据一个怎样的位置，按照这个标准打造自己。在对方需求的时候，你总能够出现，让人家相信你就是她需要的那个人，并建立稳定的恋爱关系。姑娘就会离不开你，要嫁给你。

例如职场生涯，就是你为老板创造对方想要的价值，建立与维持关系，以获得回报的过程。你要知道老板有哪几类，自己适合哪一类老板，自己要占据老板心中怎样的地位。通过努力达到那个老板心中的标准，为公司持续创造价值，让老板耳闻目睹你的贡献，并建立忠诚的事业合作关系。老板离不开你之后，你就可以提薪或者升职了。

例如当领导，要先知道有哪几类员工，自己如何争取更多的员工的支持，如何在一个目标下，把事业做大，建立起自己与员工的正向反馈机制，最终部门的大目标实现，员工的小目标实现。

例如人生，我们先知道有哪几类人生，自己适合过怎样的人生，如何将人生过得精彩，建立自己与生活的往复反馈，与他人的往复反馈，最终让自己可以享受生活。

把STP+4P+CRM想清楚之后，任何的商业模式只是围绕着这些本质性问题变化组合的不同，而不存在本质的区别。

营销本质就是满足人们需求的同时创造价值，也就是挣钱。因为营销的桥梁是4P，产品、价格、渠道、传播。4P的过程是要花钱的，要想赚钱，本质上就是如何以最小的4P去获取最大的收益。如果此刻此点你在4P上是亏损的，那么未来的其他时间点或者其他项目上你要把收益挣回来，这就是商业中盈利模式的本质。最重要的是以需求为起点，从认识需求到刺激需求、最终到满足需求。制造机会的过程就是思考的过程。产品和价格取决于自己核心竞争力和外在评价，需要不断努力获得。我们用什么样的方式证明自己，什么样的方式传播自己，都需要持之以恒地努力。公式虽然简单，但是人生充满偶然，消费者分几类、恋爱对象分几类、老板分几类、人生有几类就更难知道了，正如一位伟人所言，人生既需要自我奋斗，也需要考虑历史的进程。

六、营销的关键词

其实营销在STP阶段就非常难了，大多数人活了一辈子都不知道自己是谁，自己的消费者在哪儿。我们讲几个营销的关键点。

（一）洞察

STP第一点就是要市场细分，就是要对市场有洞察力。洞察指的是你能够看穿事物，并且能够激发情感。电影《教父》中说，3秒钟看清事物的人与一辈子看不清事物的人，命运注定截然不同。

洞察告诉我们，发现机会比学会营销更重要。把梳子卖给和尚是很难的事情，但是你发现很多有头发的人没有梳子，这个营销就容易得多。日本人看到铁人王进喜戴着狗皮帽子干活，就分析出来中国的新油田在东北，有多大规模。后来中国政府因为开发大庆油田在国际招标，日本人因为提前做了准备，一投中标。[1]

洞察之所以重要，是因为洞察是做事之前要做的，而其他只是做事的技巧。常言"观而后能言，闻而后能道"，告诉我们听懂了再说。为什么人有两只眼睛、两只耳朵、一张嘴巴，我想可能是进化的过程中，老天爷告诉大家多看、多听、再说。洞察的本质是要卖货、卖给谁、怎么卖、为什么卖？比如Target百货商场，可以分析女性购买记录，推荐产品。711可以分析天气预报，进行当天的货物配比，改变店里的音乐、温度和问候语。

成功的政治家和企业家虽然受到的教育程度各不相同，但是对于人性和世事的洞察，都是有过人之处的。

观察细致入微就会形成洞察。观察是记录行为了解表象。洞察是透过行为了解心理需求和事物的规律。所以我在开篇就给大家谈科学、谈理性、谈逻辑，科学是形而上学，哲学也是形而上学，都是物理学和表面世界之上的规律。只有具有了科学的精神，才能够对万事万物形成真正的洞察。

---

[1]《最著名的照片泄密案：从王进喜的一张照片中，日本得出啥重要情报》，https://c.m.163.com/news/a/E57VO4J0 0517QDMT.html.

之前我们在经济学案例中讲过中东战争爆发，引起石油价格走高，引起美国二手车价格降低。看清这种看似风马牛不相及的现象的内在关联，就是洞察。又如在经济形势不好的情况下，人们开始回归家庭，但是家里人又少，人们倍感孤独，需要宠物陪伴。于是航空公司开辟了新的服务，宠物可以上飞机，使得航空公司业务越来越好，这也是洞察。宠物食品、宠物社交、宠物医疗、宠物美妆，都成了好生意。

我们要时刻提醒自己，要学会问消费者需要什么，注意消费者；而不是问消费者在哪儿，请消费者注意。后面这种埋头苦干想象出来的需求，往往没有市场。

乔布斯就具有这样的能力。他反复问消费者需要什么样的手机，发明了iPhone。要知道过去的手机，都是以全键盘为荣，每一次选择都是条线化的，一层一层的。iPhone的设计据说借鉴了东亚人吃菜的做法，满汉全席，都给你摆上，爱吃哪个吃哪个，爱点哪个点哪个。

所以在做洞察的时候，我们可以问一些问题：什么产品、什么价格、什么地方消费。对消费者进行画像：什么性格、什么年龄、什么收入、什么教育水平、什么家庭结构、什么家庭角色、什么价值观。

我们可以看一看日本人对产品改良的洞察。

日本社会因为钱都是由女性也就是家庭主妇掌握，男人没什么钱，没什么消费能力。所以在日本卖产品如果无法获得女性的认可，那这个东西基本不会大卖。因此日本人就会邀请家庭主妇，就他们公司的产品的品质、功能、外形、价格、方便性、不足点，进行深入的沟通，沟通完之后就进行总结。具体而言有四条总结：第一，如果现有条件达不到消费者所需要的产品功能，就不要去研发这个产品，也就是条件不够不要做。第二，如果成本降低不到消费者能够愿意付出代价的程度，那就别做。比如，之前有个朋友开发出一个带激光投射功能的电脑主机，一开机一边激光投影出一个屏幕，一边激光投影出一个键盘。这个机子很炫目，但是实际使用效果和用户体验无法满足用户的需求。如果不能将产品满足到自己消费者所能承受的代价范围内，就不要投这个产品。如果这个新产品不能够在消费需要的时候，恰当地出现在它希望接触的地点，也不要投。所以为什么在经济学专题中，专门论述相关市场的概念产品有它的地域市场和时间市场，比如说鲜活易腐的鲜花、海鲜，消费者收到手都坏了，这个就不要投。但是如果某些研发成果解决了海鲜的冷链运输，那就是商业机会。汽车界也总有日本车技术老旧而德国车技术激进的说法，丰田公司也在不停研究新技术，但是他们不轻易在新汽车上使用，用的都是比较保守的方案，二手车市场丰田汽车保值得吓人。不过百年丰田最近也有烦恼，特斯拉的市值已经超越了丰田，马斯克号称要在2030年之前年产2 000万辆新能源汽车。这是一种降维打击，因为电动汽车的传动机制比变速器传动机制延时要快100倍，更容易无缝对接下一代基于电信号的物联网和人工智能平台。

所以说是市场调研形成了一个洞察，洞察要高于市场调研。为什么？因为市场调研的很多数据有时候会欺骗你，会构成一个消费者圈套。亨利·福特有名言[①]："你问消费者需要什么，他永远只会告诉你需要一辆更快的马车。"洞察构成品牌与消费者的桥梁。

比如说有一个盲人在乞讨，他如果说"我是盲人"，别人会说"凭什么我给你钱？"但是他如果说"现在是春天，我却看不到"，那这个盲人就具有洞察的能力。他洞察出了什么？因为人都有恻隐之心，人都有同理之心，人会照顾弱小、照顾可怜人。所以人一下就会反应过来，哎呀，我们都能看见春天，他看不见春天，我应该帮帮这个人。如果这个盲人乞讨的时候，他这么说，很有可能获得更高的收入。

所以调研是非常考验工夫的，因为调研是围绕着市场营销跟产品的开发进行的。

比如说地板。消费者关注地板什么问题呢？圣象地板做了一个调研，大家关注地板能不能经受得住椅子压，经不经得住水泡。于是圣象做了6个广告，在地板上放一些老板椅、让小狗玩水，把这些消费者关注的问题都解决了。

比如说婴儿车。好孩子婴儿车做了一个调研，发现用户对婴儿车安全性的关注度大于座椅舒适度。但是就跟幸存者偏差一样，大家都关注安全性，安全性反而不构成差异化竞争的优势。于是好孩子婴儿车发现了客户也就是家长有隐性需求，也就是防止孩子哭闹。如果一个小宝宝，他坐着很舒服，不哭闹了，同时又安全，多让家长省心。最终的广告是"好孩子婴儿车更舒适"，就是深层次的洞察，所以要小心市场调研出来的一些伪痛点。

洞察还要多思考自己每天在干什么。如果晚上8点钟之后多是在看电视剧、综艺节目，那这个人的人生很难取得很大的成就；如果在看书的话，还有一定概率取得更大的成就。但是要多看经典的书，少看一两年就失效的书，尽量不看周刊这种快餐书籍。

洞察有没有方法论呢？其实洞察没有特别强的方法论。洞察的本质是对人性的把握、人性的关怀，需要悟性，如果洞察那么容易获得，乔布斯和教父就不会被人奉为宗师了。

比如说一个冷冰冰的产品下线了，就可以思考，除了这个产品本身，能不能提供一些附加性的价值与心理关怀和意外惊喜？比如说两种意大利的通心粉，一种意大利的通心粉，事先放入了洋葱；另外一种意大利的通心粉没有放洋葱，但是它写了一则小提示，说放入洋葱可以更美味，让你的家人更满意、更开心。这两种通心粉哪个好卖？答案是：有提示的更好卖。

背后的洞察是什么？其实很多都市女性很忙的时候，经常会煮一些速冻的食品，给自己的孩子吃，但做的时候她其实是有一种心理上的内疚感的。她会觉得，我这么忙啊，家庭也没有照顾好，对不对？如果这个时候你能引导她加一些自己动手的成分，把一些新鲜的蔬菜加进去，就会减轻这种负罪感。所以，这也是为什么要洞察消费者的本质需求。本质需求并不是饿了要大家吃一顿，而是要照顾到一个家庭女主人的尽职尽责的心理成就感。

[①]《"客户第一"的三大误区》，https://baijiahao.baidu.com/s?id=1727961420171694793&wfr=spider&for=pc.

（二）冲突

冲突产生需求。比如好听的歌曲大多是抑扬顿挫的，这里面有一些套路和规律，把握了这些规律你也能谱曲，也有可能被人誉为"有才"。掌握了这个规律之后，你也会发现AI谱曲已经能够达到以假乱真的水平了。

所以营销的本质其实就是洞察需求，然后帮助消费者解决问题，获取利益。帮助消费者解决问题，什么是问题呢？问题其实本质上就是矛盾，就是冲突。所以三流的营销，寻找冲突；二流的营销，解决冲突；一流的营销，制造冲突。

比如之前有个广告：凡客不平凡，我是凡客，我为自己代言。这就是吴声制造的一个冲突，一些在大城市里面上下班挤地铁的人，觉得自己很平凡，但是后来发现有一种衣服有一种品牌叫凡客不平凡，虽然我们很平凡，但是我们的内心不平凡，他们就产生共鸣了。

冲突有三类。双趋式冲突：鱼和熊掌不可兼得。双避式冲突：两害相权取其轻。趋避式冲突：趋利避害，抓住主要矛盾。

找冲突的时候要学会找反义词，例如：快慢、新旧、轻重。有冲突的地方就创造了需求，需要解决方案。比如说冬天和吃冰淇淋是冲突的，就需要一个解决方案，可以为广告选择体育运动之后或北方有供暖的室内的应用场景，吃冰淇淋和冬天就不冲突了。

首先，找冲突要有逆向思维。比如说过去手机界面是等级分层式的，可不可以屏幕更大，取消键盘，满汉全席式的点击界面？

其次，可以关注性别的冲突。例如男的下班喜欢社交，女的会关心男的能否早点回家。雪津啤酒就提出了"为什么不一起喝呢？"的广告语。这样男女的需求就结合在一起了。

（三）诉求

诉求有两方面，一个是产品，一个是品牌。产品是与消费者交换的差异化机会，品牌是与消费者沟通、对话，兼容产品理念，拨动消费者心弦的魂。很多个产品才能凝结成一个品牌。例如小米过去"只为发烧而生"的品牌，就是传递了这种高性价比品牌货的品牌价值。

我们想了解产品的真相，可以从以下这些问题开始：这个产品是怎么做的？里面有什么，没有什么，为什么会这样？这个产品/服务的特性是什么？它如何使用？它的特性带来的好处是什么？竞争产品/服务之间的相似或不同点是什么？它的使用者是谁？

通过对以上问题的思考，我们可以判断产品诉求方向在哪里，但还需要谨记两条：产品真相必须是和消费者物理层面的需求紧密联系的具体功能属性；产品真相必须能被消费者识别，并被仔细和清楚地表达。产品是架起到达利益点的桥梁，不在于具体环节，而在于洞察最关键的利益点。功能让消费者满意，愿意付费。

产品最重要的是差异化，菲利普·科特勒（Philip Kotler）就说过："没有意义的差异化也是有意义的。"例如伊利"四个圈"冰淇淋，其实就是四层冰淇淋；蒙牛"随便"冰淇淋，其实就是牛奶巧克力混合冰淇淋。这些差异化并不会让这个产品更好吃，但会影响消费者的认知。我们做人和做事，如果要创新，一定要学会差异化。

产品的真相是物理意义的连接点，品牌的真相就是唤起消费者的内心。源于产品，高于产品，在很多产品中凝结出抽象的最强的概念。比如柒牌男装，他找了代表中华英雄，演过《中南海保镖》《黄飞鸿》的动作明星李连杰代言，身着"中华立领"，说出"男人就应该对自己狠一点""让女人心动的男人"，直至把"中国柒牌"叫响世界，成为一种民族服饰。柒牌就是把竹子、功夫、唐装、对襟这些中国元素集合起来，既古典又创新，解开了男性用户的精神密码，使得男性从精神上产生对柒牌品牌的共鸣。这就是一个好的营销案例。又如乌江榨菜提出了"三榨更健康"的概念，为什么？因为传统榨菜属于腌制食品，消费者吃了担心会对健康不好。那么更健康的诉求，就迎合了消费者，获得了成功。

所以我们设计产品，要分析出产品的三重属性。核心产品，美丽、自信还是成就感。实体产品：质量、外观、品牌、包装。周边产品：信贷、送货、安装、售后。比如，三只松鼠，送了很多方便吃干果的小工具。当然企业的长期经营还是会受到很多因素影响，但是这些对于诉求的微创新，的确就使得品牌在成立初期，走出了一条超越常规的发展之路。

（四）舍得

舍得，即简单，做减法。比如丰田A3报告，一张A3纸就可以把所有问题讲清楚。比如，未来智能家居的网系统，通过一个智能音箱就可以控制所有家庭电器。

（五）重复

不停重复理念。例如宝马营造出男人驾驶追逐自由的快感。奔驰是一种功成名就之后，追求舒适、安全和地位的快感。这就是不停重复理念的效果。

重复可以分成四步：提炼品牌核心价值、用正确的策略和杰出的创意表现核心价值、一次又一次重复积累、消费者心中形成一对一的品牌联想。

（六）劝诱

劝诱就是广告。遵循AIDMA法则：A（attention）引起注意；I（interest）产生兴趣；D（desire）培养欲望；M（memory）形成记忆；A（action）促成行动。具体而言会有SCQA的模型，也就是通过一个场景，设置一个背景，遇到一个冲突，给予一个解决方案。

3B劝诱规则，是满足人性的弱点：beauty（美女）、beast（动物）、baby（儿童）。3F劝诱：family（亲情）、friendship（友情）、forever love（爱情）。这都是人最朴素的需求。所以最具有销售力的广告往往是最简单、最平常、最原始、最纯朴的。你卖牛排，不如卖牛排的滋滋声，滋滋声就会搅动你的味蕾，听到你就想吃。卖电器，不如卖最具性价比的智能家居系统。

（七）产品

产品是满足需求和欲望的载体。所以我们的核心产品：满足需求，提供产品和服务，提供附加的价值。比如海尔客服"三不"原则：不抽烟、不喝水、不弄脏你家地板。比如福特：你问消费者需要什么，他只会告诉我需要一匹更快的马，给他一部更快的车就好了。这就是满足欲望。

（八）价格

比如免费模式中，吉列送剃须刀刀架，通过刀架的需求鼓励大家买刀片。之前分析过，免费的本质是肯定要找个地方收费，不是什么企业都扛得住免费。一般是边际成本低的免费。还有价格的小游戏，卖100元，设置50元的折扣券，不一定有人买。但是你设置100元两件大减价，可能就更容易卖。又如必胜客39元起，看上去便宜，但是你进去没有100元肯定出不来。这就是价格上的小魔术。

（九）树敌

《孙子·军形》说："昔之善战者，先为不可胜，以待敌之可胜。不可胜在己，可胜在敌。"先让自己别败了，只要敌人有漏洞，你就可以战胜敌人。

比如麦当劳：油炸、鸡翅、薯条，全球畅销。怎么与它竞争？真功夫说：营养还是蒸的好。不卖油炸的，所有产品都比麦当劳贵1元。

树敌，最浅的层次是与人为敌，分资源去斗。中间的层次，把敌人作为目标和事业而奋斗。高级的层次，要学会利用敌人，借力上位。所以优秀的政治家必然是个哲学家。

（十）游戏，该认真时要认真

游戏来自于对现实的模拟，现实犹如游戏。例如非洲草原上，常见的是雄狮在树下打盹，雌狮在捕猎，小狮子在玩。看似在玩，其实各有分工：雌狮捕猎照顾家庭；雄狮最强壮，守卫领地，跟入侵者和大型动物战斗，通过竞争确保最优秀的基因传承；小狮子看似在嬉戏，实则在锻炼捕猎的技能。

看似是游戏，其实是大自然的规则。我们现在玩游戏道理也是一样的：打怪升级、积攒经验、奖励、游戏货币和装备，还要防止通胀，要进行社交、不断开发新的副本，也就是突破舒适区去副本里猎奇。现实中，我们的生活和工作都是积攒经验，进入新的领域好比游戏中进入新的副本。

那些经营得好的互联网公司，无不对人性有洞察，非常会设计游戏。淘宝店铺设置一个个红心、钻石、皇冠、金冠，QQ以前的星星、月亮、太阳等级，都是游戏罢了。拼多多让你不停地摇手机提现红包，邀请多少人点击就可以得一辆电动自行车，都是游戏。

（十一）娱乐，所有的行业都是娱乐

娱乐与营销是相通的。

（十二）俗，通俗而不恶俗

俗的源头是人性。我们反的是：庸俗、低俗、媚俗。哪个广告给人的印象最深刻？如果让专家来评选，一定是最恶俗的那个。但是广告到底是为了让消费者记住还是专家记住？当然是让消费者记住，所以要通俗。

（十三）借势

孟子说："虽有智慧，不如乘势。虽有镃基，不如待时。故善战者求之于势，不责于人，故能择人而任势。"将军要遵循大的趋势，而不要求全责备于个人，这样你才能选择重要的人胜任局势。借势可以借公共事件，或者比你更厉害的角色。

（十四）非对称

我们在说防弹衣布料的例子时说到非对称的魅力。如果对称达不到目的，就尝试非对称。国家战略中也有很多非对称竞争的例子。

（十五）碎片化吸引

你是否为做事无从抓起而着急？因为你站得太近。以作画为例，在很近的距离，你很难把画作出来。罗中立画出名作《父亲》，连指甲缝里的泥巴都画得出来，视角肯定是时而宏观、时而微观。

（十六）试错

在科技创新中我们说到，试错法有盲目性，要在充分了解的基础上，小范围快速试错。技术类创新，可以使用TRIZ理论，创新检核表，参考矛盾矩阵。商业模式通过营销试错、作出抉择，是扩大产量还是做精。建议前期不要太多过分的创新，还是要看准高频刚需的市场，快速学习。

机会成本、时间成本、金钱成本哪个成本最高？机会成本最重要，放弃机会的最大值。先调研再试错，还是先试错再调研？建议先调研。

最后总结一下本专题：

（1）管理的本质是认知管理、认知升级，作为团队领导者必须要有覆盖团队的足够认知，合理授权、合理激励，输入足够的信息作出正确的决定，做到有格局和具有破局的能力。

（2）OKR管理体系，可以让团队上下一心。它不是KPI，也不是具体指标，是中期跟长期的指标，也是互相公开的指标。OKR由关键目标推出关键行动，由关键行动推出关键的结果，关键结果中可以量化的指标构成了KPI。这是OKR与KPI的不同。没有KPI公司不一定就是失败的，但是把做成功的公司经验总结起来，一定会有类似OKR的制度，名字不一定叫OKR。

（3）营销的本质：STP+4P+CRM。STP，segment（客户定位）、targeting（客户在哪里）、positionin（产品定位）。4P，products（产品）、price（价格）、placement（渠道）、promotion（推广）。CRM就是客户往来。不论是生活、谈恋爱、职场、跟领导相处，本质都是了解对方偏好，提高自己的价值，明确自己在对方心里占据怎样的地位，发生不断往来的过程。如果是企业，就是企业为消费者创造对方想要的价值，建立与维持关系，获得回报的过程。

（4）营销的十六个关键词，第一个是洞察，其他都是方法，学最强的对手。

专题十一
数字贸易5G产业新机遇

本专题我们讲解什么是5G，通信的历史、5G的特征、OTT与双边市场、5G的商业模式、5G开启的互联网下半场、5G开启工业互联网带来的业态机会。我们的目标是了解通信、移动通信与互联网的历史，从而了解到经济业态的发展脉络和规律，然后了解5G的基础性作用以及产业机会。

一、5G是什么

5G是第五代移动通信技术的一个简称。现代移动通信技术本质上是一个数字化的蜂窝网络。移动运营商将服务区划分成许多蜂窝的小地理区域。声音和图像的模拟信号在手机中被数字化，由模数转换器转换并作为比特流传输。蜂窝中的所有5G无线设备通过无线电波与蜂窝中的本地天线阵和低功率自动收发器（发射机和接收机）进行通信。收发器从公共频率池分配频道，这些频道在地理上分离的蜂窝中可以重复使用。本地天线通过高带宽光纤或无线回程连接与电话网络和互联网连接。当用户从一个蜂窝穿越到另一个蜂窝时，他们的移动设备将自动"切换"到新蜂窝中的天线。

5G的理论来自于土耳其数学家Erdal Arikan 2008年提出的极化码理论。这个科学家是信息论创始人香农的徒孙，也获得了2018年的香农奖。5G的设计标准是：

（1）峰值速率需要达到20 Gbit/s的标准，以满足高清视频、虚拟现实等大数据量传输。

（2）空中接口时延水平需要在1 ms左右，以满足自动驾驶、远程医疗等实时应用。

（3）超大网络容量。可提供千亿设备的连接能力，满足物联网通信。

（4）频谱效率要比LTE提升10倍以上。

（5）连续广域覆盖和高移动性下，用户体验速率达到100 Mbit/s。

（6）流量密度和连接数密度大幅度提高。

（7）系统协同化，智能化水平提升。表现为多用户、多点、多天线、多社群的协同组网，以及网络间灵活的自动调整。

二、5G 的三大特征

5G有三大特征，第一是增强移动带宽，第二是海量机器连接，第三是高可靠、低延迟通信。其中第二个特征和第三个特征是之前1G-4G从未有过的特征。

增强移动带宽（enhanced mobile broadband，eMBB），是解决一个实时交互的问题，可以实现高清视频更快速的传输与交互。我们常说买个5G手机有什么用，就是我们看视频、玩游戏更快了。但这个不是5G的本质特征。

真正区别1G-4G的特征，是海量机器连接（massive machine-type communications，mMTC）。海量就是百万、千万、亿以上的设备连接。IPv6的地址数量使得地球上每一粒沙子可以分得一个地址，把它们连接到一起，创造出无限可能。海量机器连接，可以用于物联网IoT领域，实现感知类和数据类的采集。实现万物实时遥控、遥感及管理。边缘计算可以实现一个规模化的边缘计算需求，然后根据3GPP的标准，每平方千米至少有100万个终端接入。这是1G-4G从未实现的。

高可靠低延迟通信（ultrareliable and low-latency communications，URLLC）在低迟延通信领域，例如工业控制、无人驾驶汽车、无人驾驶飞机领域尤为重要，在边缘计算领域也很重要。工业、医疗、无人机、运输行业对于高可靠和低延迟特性的需求是超过了带宽的。

三、Gartner 2020 年十大战略技术趋势

2020年，世界著名的咨询机构Gartner对十大战略技术趋势进行了分析（见表11-1）。

表11-1 Gartner2020年十大战略技术趋势

编号	以人为中心（people-centric）		编号	智能空间（smart space）	
1	超级自动化（hyperautomation）	AI+ML：发现、分析、设计、自动化、测量、监视和重新评估。RPA+iBPMS+DTO	6	边缘赋能（empowered edge）	信息处理靠近信息源，减少延迟。LPWA、NB-loT、LoRa、Wi-SUN、数字孪生
2	多重体验（multiexperience）	可穿戴、传感器、多感官、沉浸式体验（AR、VR、MR、HMI、HMD、MXDP）：懂技术的人变成懂人的技术	7	分布式云（distributed cloud）	云服务分发
3	技术普惠化（democratization）	人人都是数据科学家：分析开发设计知识	8	自主化设备（autonomous things）	机器人、无人机、汽车、船只、电器
4	人类增强（human augmentation）	感官、脑机直连、外骨骼	9	实用型区块链（practical blockchain）	数据机密性、授信私人交易
5	透明化和可追踪性（transparency and traceability）	数据隐私、所有权、控制权，有数字信任公司胜出20%收益	10	AI安全（aI security）	保护AI系统、增强网络安全防御、预测攻击者恶意使用AI，学习恶意攻击

Gartner把未来的十大战略技术分成以人为中心（people-centric）的技术和智能空间（smart space）技术。

在以人为中心的技术中，一是提出了超级自动化，就是以人工智能（aritificial intelligence，AI）与机器学习（machine learning，ML）为代表的发现、分析、设计的自动化。二是多重体验功能，以高可靠、低时延的传感器，AR、VR的传感器，从过去的懂技术的人向懂人的技术方向发展。三是技术普惠化，即人人都可以是数据科学家，分析、开发、设计知识。四是人类增强，通过高传感器来实现这个感官的增强，脑机直连、外骨骼提高我们的体力等。五是透明化和可追踪性，所有的数据在通信网络中都可以实时地追踪，从而建立起一种数字信任，人类可以从中获益，把所有权、隐私权、控制权进行分离，发挥其经济价值和使用价值。

在智能空间这个领域内也列了五项技术。一是边缘计算，就是我们周边的一些小型的设备通过通信实现合力计算的一种效果，产生的一种数字孪生的社会。二是分布式云，把一个计算问题通过云分发给各计算设备。三是自动化设备及机器人，如无人机、汽车。四是实用型的区块链，而不仅仅是记账。五是AI的安全，保护计算机系统，模拟计算机攻防。

四、通信的历史

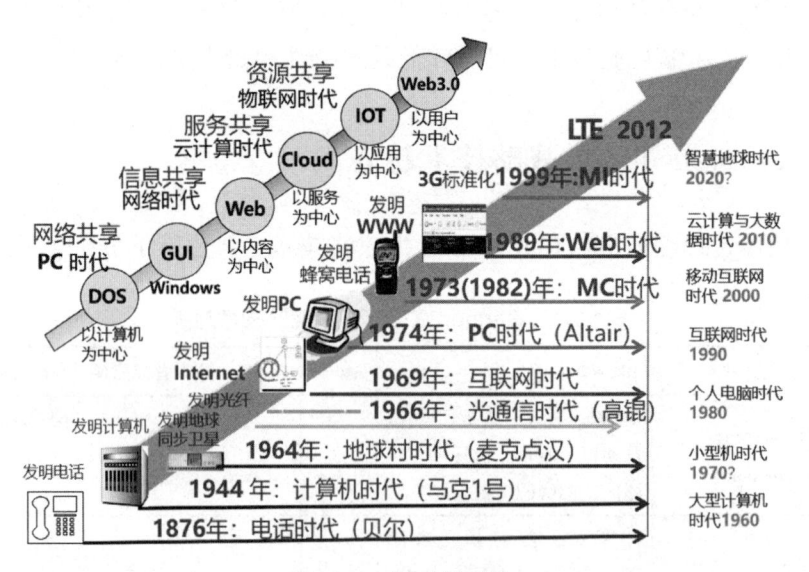

图11-1 通信的历史

了解5G的意义，就不得不从通信的历史开始说起。1876年贝尔发明电话；1944年发明了马克一号电子管计算机；1946年麦克·卢汉提出了一个地球村的概念，通过发射地球同步卫星，把地球变成一个村庄；1966年华裔科学家高锟发明了光纤通信；1969年美国的军事网络阿帕网成了互联网的鼻祖；1974年第一台个人电脑出现；1973年第一代的1G技术的蜂窝电话出现；1989年基于超文本链接Web技术出现了万维网应用；1999年出现移动互联网；2000年实现3G网络；2012年出现4G网络。相应地，我们从1960年代大型计算机，进入1970年代小型计算机；1980年代个人电脑；1990年代互联网时代；2010年云计算与大数据时代；2020年智慧地球，数字文明时代。网络也从过去以PC连接为中心的网络共享，到网络时代的信息共享，到云计算服务时代的SaaS服务的云计算共享，到以物联网为代表的万物互联的资源共享；相应的操作系统也从

DOS到Windows到Web到Cloud，到物联网到Web 3.0；相应的业务以计算机为中心、以内容为中心、以服务为中心、应用为中心到以用户为中心的Web 3.0时代的一个技术演进过程，与技术的脉络产生经济的脉络密切相关。

用户会随着终端和网络的资费体验提升而改变相应的消费行为，这也就是网络和终端改变了业态本身。

例如微信的业务转化，最开始的业态是2G时代，发信息文字的比重比较大。到了4G时代，视频跟语音的比重非常非常大，通话这一块反而比较少。

过去小屏幕即3.5英寸叫大屏，现在iPhone 13 Pro Max的屏幕已经可以达到6.7英寸。

现代互联网的基础是通信网络。但是互联网跟通信网络又不一样。互联网的设计理念是一个对等网络，也是一个不分级的网络。有本书叫《世界是平的》，描述了这种对等网络的一个特征，就是整个世界是一个扁平化的点对点的网络。

传统的电话网络是一种等级辐射汇接制。如果大家去过1990年代前期的邮电局，就会发现那种老式交换机，一个人打到邮电局，接线员拔了一根线再插入一根线，实现接通。过去的邮电局就是这种模拟式的交换技术。现在虽然使用了程控交换机，但是电话网络依旧是等级辐射汇接制度。它的弊端是，如果你把中心化的节点攻破了，电话就打不通了。

计算机通信是一个分组交换技术。分组交换就是一个一个数据包。通过这个分组头加用户数据，然后一层一层加数据头，一层层解析数据头。就像铁路与公路的区别，铁路是你走得通就走，走不通就停着；公路是你走不通就绕道。所以分组交换技术就像公路似的，走得通就走，走不通就绕。这种通信技术的实现成为一种可能。

五、广域网与局域网

说到通信还得说广域网与局域网（见图11-2）。

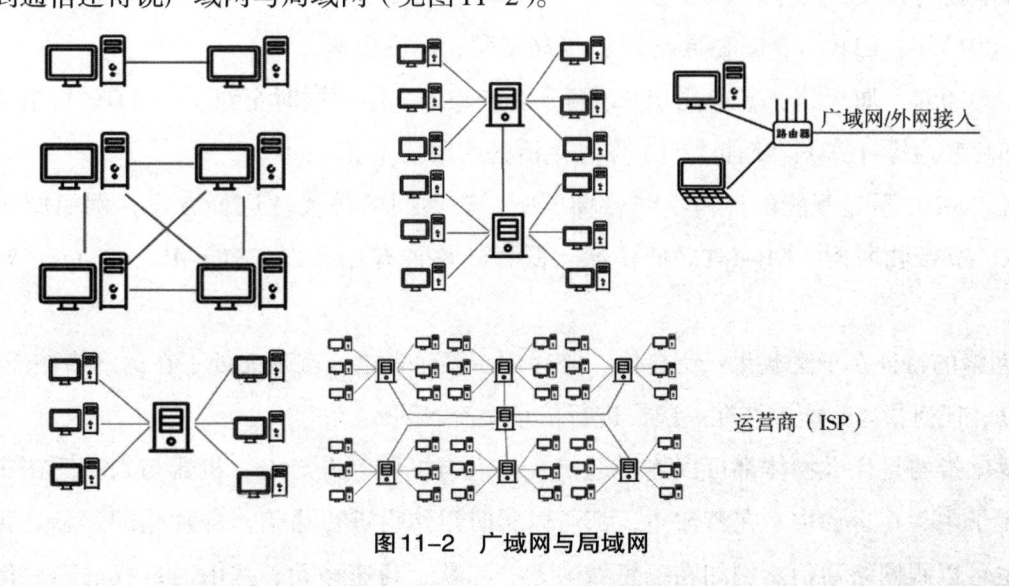

图11-2　广域网与局域网

过去两台计算机要实现通信，如果用排列组合的概念看的话，就是C_2^2，就是1根线；如果是

四台计算机就是 C_4^2，就是6根线。假设是一万台计算机，那就是 C_{10000}^2 即 $10000 \times 9999 \div 2$，所以需要4900多万根线缆连接。这种连接方式就非常不便，于是有人设计出了一个有中心化的交换机服务器去跟无数台计算机进行统一的连接。这样大家就不用部署那么多条的线缆。那么把这些交换机之间进行连接，就形成了一个广域网络。然后负责把这些交换机统一进行连接的服务提供者，就成为了一个ISP网络运营商。它负责把各种交换机连接在一起，使得世界数以亿计终端连接在一起，形成了广域网络。局域网网络就是计算机与计算机通过路由器连接在一起，路由器之外是广域网了，路由器之内就是局域网。

六、5G 的特征

现代网络通信，来自于UCLA教授克莱因·罗克（Lenonard Kleinrock）的发明。他发明了降低网络延迟的一个机制，叫作X.25协议。1969年的克莱因·罗克主持了美国基于分组交换的军事指挥网络APARnet的建设。最初的APARnet只能拿来发邮件，而分组交换的效率不高，在1980年之后由TCP/IP取代了这个分组交换协议。

移动通信技术从1G进步到了5G，实现了从有线到无线，从无线加互联网，再进一步生成了互联网应用，然后从过去的一个信息网络变成了现在的一个信息网络跟价值网络二合一的一种状态。由于有了价值网络在上，5G就可以实现商业行为在上面的执行。从移动通信发展的历史脉络我们可以看到：

1G（1986年，语音蜂窝电话）："大哥大"，模拟信号，抗干扰能力弱，经常听到别人说话。

2G（1992年，GSM，GPRS、EDGE，数字调制解调，WAP上网）：数字化编码、小型化、抗干扰能力强、上网慢。

3G（2000年，UMTS、LTE：TDD、FDD、WiMax）：2000年提出3G标准，乔布斯2007年定义移动互联网为社交、商务、娱乐化应用。

4G（2013年，LTE-A、LTE-A pro）：提高带宽、降价提速。

5G（2020年，厘米波、毫米波LTE、频分双工FDD、同频同时全双工CCFD、新架构包括核心网络切片和边缘计算）：赋能人们工作和生活的底层技术。

但是，5G并不是万能的，在不同的场景中，有不同的替代性选择方案，例如低功耗广域网LPWA、窄带物联网（NB-IoT，低功耗、低吞吐量，有LTE Cat M1.LoRa、Sigfox、Wi-SUN、ZigBee）。

5G网络的特征在于泛载化、泛在化、碎片化。概而言之，就是无处不在的网络在任何时候、任何地点、任何物体都能连接在一起，进行信息交流。

泛载化指的是什么物体都可以连接通信，如人与机器、人与人、机器与人。泛在化指的是我们在屋子中、在运动中、在游泳中，都可以实时跟网络进行通信。碎片化的意思是我们零散的时间也可以跟网络通信。例如在家里做家务、唱歌、高速移动、登山时，我们碎片化的时间里都不停在跟网络发生交互。这就是5G的"三化"特征。

那么在经济学家眼中，技术进步的原因是什么呢？主要是因为企业家想谋取超额的利润。这时企业家就会开发新技术，目标是提供差异化的服务，然后降低成本，消费者对竞争产品产生了比较，就会有选择。进而法律为了鼓励技术创新，采取了一种短时间的垄断，换取信息的公开的制度，也就是专利。比如说发明专利设置20年的独占期，但是相应地就要通过权利要求书、说明等公布技术创新范围。喜欢专利法的，可以详看法学章知识产权本源的论述。

经济学家认为企业家是为了赚钱而提高技术。但是通信专家认为，技术是外生变量，源自社会，而不是源自运营商或者企业。大家为了互联互通，按照一种共识建立网络，因此，像5G这种通信标准，不是被一个国家、一个企业所垄断的，而是一个基本的社会人权，而且各国都可以用，所以5G普遍性的高投入性，使得国际运营商对于5G的投入动力不强。为什么？因为4G投资的钱都还没挣回来。

但是我们要认识自3G在2000年推出，7年之后，乔布斯才推出了iPhone。所以5G从2019年起算的话，到2021年也才第3年，这是一个很好的风口，所以国家花大价钱去推5G。新基建是一个数字化基础设施，融合和重组的魅力非常大，因为网速提高了，融合重组的概率就会提高。根据洛佩兹-冈萨雷斯（Lopez-Gonzalez）和费伦茨（Ferencz）等人2018年对欧盟国家的研究，双边数字化连接每提高10%；在原有贸易额基础上，货物贸易可再增加2%，服务贸易再增加3%。

计算机加通信产生了互联网；互联网加手机产生了移动互联网；移动互联网加看杂志、订报纸、听音乐、照相、GPS、唱歌、玩游戏就产生了内容服务。移动互联网与家用电器和家庭网结合在一起，就产生了智能家居，就产生了移动互联网的各种业态。我们的新电商、新基建技术，如果按照融合和重组的脉络，就会迸发出无限可能，无限机会。

说到通信，不得不说美国1993年政府提出的信息高速公路计划，又叫国家信息基础结构计划NII。它的意思是要通过通信网络，使得计算机跟日常电子设备组建在一起，形成一个庞大的网络，为普通的美国人提供声音、数据、图像等相互传输信息的基础设施。当时为了说服国会拨款，甚至特别强调了在扶贫领域每年能够节省10亿美元。这种游说思路跟中国的修建铁路时以快速客运专线之名，行高速铁路建设之实有异曲同工之妙。这则消息传入了中国之后，中国人就率先提出了信息高速公路，中国人离信息高速公路还有多远？当时在海淀黄庄有一个瀛海威的大招牌，这也是中关村的一个标志性的照片，就是中国人离信息高速公路的距离——向北1500米。

到了1994年，为了应对美国的信息高速公路计划，由北京邮电大学校长叶培大等20多位专家起草了《发展我国高速信息网对策的研究》，提出到2020年要建成覆盖全国的信息系统，实现信息化；到2030年，每户有一部电话，要卖2亿部手机，并且提出了大容量、分布式计算、高性能计算、多媒体终端的技术要求。今天我们可以看到当时的预测偏保守，现在电话都不仅是每人一部了，现在都不用电话了，手机早就超过14亿部了。中央电视台春节联欢晚会小品叫

《有事您呼我》，结果寻呼机我们玩几年就都不玩了。随之而来的不仅是技术的更新，而且是即将形成一个全新的业态。

表11-2 美中两国信息基础结构计划对比

美国的规划	中国的规划
1994—2000，5年内连接100万户家庭，2000年每一间教室每一家一样每一家图书馆光纤化	1996—2000，信息化启动阶段：信息技术设备制造业和信息服务业形成规模。金卡、金关、金税，国民经济预警
2001—2005，美国所有经济阶层，普通公民获得多种形式的信息交流，使得数据、文字、图像电视节目都能通过电话线、有线电视、无线电话网发送和接收	2001—2005，重点企事业单位与国内联网，建成中等城市信息平台。信息产业占国民生产总值40%以上
2006—2015，通过光纤使美国计算机用户在办公室或家中利用终端，像使用电话那样方便地传送和处理信息，迎接21世纪信息化社会	2006—2015，基本信息化。建立以宽带综合业务数字网络技术为支撑的国家信息技术设施。发达地区建立电子图书馆、远程教育、远程医疗、电子购物服务网站、电子出版物。计算机家庭普及率20%以上

那么美国信息高速公路计划与中国当年的计划有什么区别（见表11-2）？1994年，美国提出目标要连接100万户家庭，要实现每一家图书馆的光纤化。这还是很重资产的一个模式。到2005年要让每个人都可以用上电话、有线电视；到2015年，要让光纤把美国的每一台电脑都给连接起来。1993年开始，中国推出了金桥、金关、金卡工程，计划要让国民经济走上信息化；预计到2005年，信息产业要占到整个的国民生产总值的40%；到2015年实现基本的信息化，把国家的图书馆、远程教育、电子商务都开展起来，计算机普及率达20%。但现在远超预期。

中国的基础数据通信网络其实分成三块，第一块是中国公用分组交换数据网（China PAC）：X.25协议，支持不同设备接入互联网。第二块是中国数字数据网（China DDN）：光纤专线。第三块是中国公用帧中继宽带业务网（ChinaFRN）：负责ATM和帧中继技术。

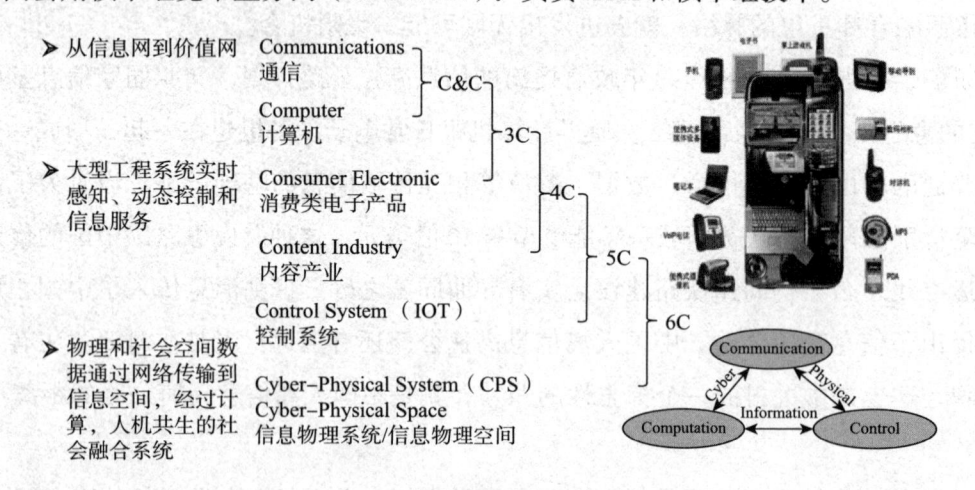

图11-3 通信技术未来的趋势

了解通信技术未来的趋势，我们可以从2C到6C阶段来观察（见图11-3）。手机其实一开始只有通话功能，后来传真机、照相机、看电视、发邮件、摄像机、玩游戏全部都放在了这个手机之中，使得手机成为一个无所不能的智能终端。最早就是2C通信加计算机。后来加入了消费电子产品的功能，又加入了内容产业，就像看报纸，还加入了控制系统，于是手机可以控制很多东西。这就是物联网的功能。到6C就出现了CPS的概念。CPS包括两个层级概念，第一个叫cyber-physical system（CPS），就是信息物理系统，第二个叫cyber-physical space，即信息物理空间。那么信息物理系统跟信息物理空间，就构成了5G的典型业态，构成了一个数字孪生的社会。

5G的本质就是从信息网到价值网，然后从大型工程系统的实时感知动态服务和信息服务，到最终的物理和社会空间的数据通过网络传输到信息空间，形成一种信息化跟人机结合的数字孪生状态。

了解5G跟未来的信息化社会特征，可以参考IBM公司曾经提到的智慧地球概念（见图11-4）。

图11-4 IBM公司智慧地球模型

智慧地球有两个模型：第一个叫e社会模型，第二个叫智慧地球模型。e社会模型强调以人为中心的任意可达的网络，是以人为中心的按需可用的网络。智慧地球模型，强调为人服务的生产的各个方面，强调为人服务的智能处理能力的提升。所以我们要认识到，不论是智慧地球、智慧电信、智慧交通、智慧电力、智慧银行、智慧食品，都是"智慧"而不是"智能"。智能是机器理性和逻辑，智慧是人性。从智慧地球模型，我们就可以深度理解物联网的核心不是包含一切连接物的网络，而是以人为核心的物的网络和为人服务的应用，物联网只是手段，人才是中心。

在5G的特征中，媒体经常讨论的是5G的两大波段：中国的厘米波和美国的毫米波。为什么波段如此重要呢？因为电磁波在真空环境传播是光速与两个数据有关：波长（f）和频率（λ）。根据狭义相对论光速不变原理，$c=f\lambda$。好比百米赛跑，有人跑100步，有人跑10步，如果10步跑100米，1步就是10米；如果100步跑100米，1步就是1米。步长就是波长，单位时间倒脚次数就是频率。为什么手电筒光照不能穿墙呢？因为光是一种高频电磁波，波长短怕遮挡。绕开障碍物的基础是波长大于障碍物。如果波长是硬币宽度的厘米波或者头发宽度的毫米波，随便一个物体就能阻挡电磁波的传播，所以5G的基站远多于4G。毫米波组网，基站数远多于厘米波组网，它的成本也更高。还有大家关心的问题，比如说辐射是否有害人体健康。辐射分两种：一种叫电离辐射，它的本质特征是可以把物质电离出一个电子，那么一旦细胞电离出电子的话，人的细胞就被损坏掉了，所以它高能量、高危险。比如说医院的X光机和CT机、核反应堆。还有一种是非电离辐射，能量低，有电磁辐射就是电磁波，还有光、手机辐射。电磁辐射的强度是电磁波的能量乘以动量，动量等于功率除以光速，所以频率越高，能量也大；但是如果动量很小，则不会有什么伤害。动量是由这个基站的发射功率所决定的，5G的基站密集，功率小，动量小。相反，电视塔调频700 MHz，相对于5G来说，就属于长波长、低频率，也是大功率、大动量。所以5G的电磁波辐射，虽然能量很大，但是动量很小，所以它并不会比4G或者3G或者我们常见的那种无线电波辐射更强。比如中国的GSM基站辐射标准是每平方厘米40微瓦，远小于美国每平方厘米600微瓦标准，像微波炉允许的泄漏标准是在一米开外，每平方厘米100微瓦，手机基站的辐射量要大幅低于微波炉辐射的标准，所以对于5G辐射无须过于担心。

还有大家关注的5G资费，因为在移动通信领域跟互联网领域，有个边际成本递减也就是成本的弱增加性特征。比如说微软卖Windows，每卖一个Windows光盘或者授权码，它的成本是非常低的。用的人越多，遵循梅特卡夫定律，它的价值跟节点数的二次方成正比，用的人越多，成本越低，反而价值越高。5G资费可以预见未来费用会降低。

那么说到5G的商业模式，就不得不说在移动互联网领域的鼻祖——日本的电话电报公司的子公司负责移动通信业务的叫NTT DoCoMo。1999年NTT DoCoMo想开发一款新的应用，针对日本的女性市场。于是NTT DoCoMo找到了日本很有名的咨询师松永真理，她也是一名女性。松永真理认为日本的家庭主妇每个月看两种杂志：一个是育儿，一个是时尚，并且均是半月刊。一个月在这两种刊物上要花费600日元，约合55元人民币。于是，她就说如果用手机看电子杂志可以每天500日元，而且每天都更新。NTT DoCoMo于是就推出了i-MODE电子杂志业务，广受日本的家庭主妇的欢迎。由于i-MODE业态以电子杂志为载体在手机上传输，那么就衍生出了各种支付、各种内容，需要更高速的网络，于是催生出3G技术。但是日本NTT DoCoMo虽然在市场取得了先机，但是它为了保持垄断利润，在卖终端设备时，总是把过时半年的机器销到中国。这样手机落后而且还非常贵，直接导致了日本的手机在新兴国家如中国全军覆没。所以说没有开放合作思维，想通吃市场，是不符合互联网时代的精神的。

七、OTT与双边市场，互联网模式的起源

OTT（over the top）模式来自于篮球赛里面过顶传球的概念。比如说我们喝矿泉水，塑料水瓶是中间产品，由厂家预付费，消费者去最终付费。但是上网听音乐呢？听音乐是我们最终消费的产品，流量是消费过程中的附加品或者叫中间品，流量我们要同时去付费，所以说理论上来看，流量应当像这个塑料瓶一样，由商家先买单再收费。所以OTT模式，使得互联网服务将网络

与业务相分离，网络流量转化为运营商和用户的关系，从而让自己免费提供服务，内容靠反向向广告商来收钱。这也就是所谓的"羊毛出在狗身上，让猪来买单"。

这个OTT模式在以前的美国有线电视行业是非常成熟的，就是付费就没有广告，免费就有广告，然后找广告商收钱。但是2013年之后，有些消费者找一些厉害的律师告美国的电话电报公司AT&T说，我们付了网络费，为什么还要看那么多广告？AT&T[①]辩解说，这广告是互联网公司做的，我们也控制不了互联网公司。OTT模式就给电信运营商带来一个困境，消费者付钱却控制不住广告，好处都被互联网公司给得去了。所以2014年AT&T就提出了一个流量800号。800号就是类似于我们国家以前的800电话，也就是商家预付费的号。点谁的网站，下载谁的App，谁就付流量费。Facebook、Twitter就不同意，AT&T就给网络公司降速，降速就用户体验差。消费者再次告了AT&T，然后美国法院就判决说：网络经济是个双边市场，运营商有权选择是向用户收费还是向互联网公司收费，不给钱你就走慢速，给钱就走高速，这符合经济常识。

所以美国的互联网公司就不干了，向美国电信委员会FCC投诉，后来美国政府出台了网络中立法规，禁止电信运营商封锁网站、减慢速度，但在2017年又废除了网络中立原则。这个原则在2018年6月11日开始实施。

八、乔布斯对移动互联网的定义

在3G时代，长期也是没有杀手级应用（killer application）的，乔布斯花了7年才重新定义了移动互联网。在iPhone出来之前，我们看看iPad与Walkman有什么区别：Walkman是一个巴掌大的磁带播放器，但是需要买磁带。iPad需要连接电脑才能下载音乐，人离开座椅，没法接入互联网，就没法下载音乐了。所以后来就出现了iPhone可以随时随地离开椅子，随时随地下载音乐、听音乐。加拿大的黑莓（BlackBerry）压根就不考虑听音乐的功能，到2010年左右还依旧守着它的安全邮件推送服务和全尺寸键盘，并且引以为傲，每年收取很高的安全服务费和邮件推送费。我们刚开始上班的时候，单位发一部黑莓都是异常兴奋，又多了一部手机。结果发现这是一个如影随形的任务发布器"金手铐"，叫苦不迭。加拿大的黑莓在进入东亚市场时，年轻人并不买账。为什么？因为中、日、韩的年轻人买手机是玩的，打游戏、听音乐、看电影，广大的消费市场根本没有那么多所谓的"商务需求"，所以黑莓在东亚市场溃败也是自然而然的了。

乔布斯另一大变革是对App Store开源。这使得很多应用开发商可以在App Store里开发应用赚钱，助推了应用的多样化。乔布斯同时借鉴了东方美食的平铺式布局。我们用Windows，总是"我的电脑—C盘—文件夹—文件"一层一层打开，就跟吃西餐一样，先吃配菜，再吃主餐，然后再吃餐后甜点，再喝点红酒。但是中国人不是，中国人要吃满汉全席摆108道菜，想吃哪个就吃哪个。乔布斯就借鉴了东方人这种满汉全席的文化，然后把所有的程序像餐盘子一样，平铺在手机的屏幕之中，方便用户来使用。但是苹果当年并没直接终结黑莓，因为苹果主要是一

---

① 《FCC通过网络中立法案：奥巴马互联网政策的胜利》，凤凰科技，https://tech.ifeng.com/a/20150228/40991660_0.shtml.

些娱乐化的应用，听歌、看电影，而黑莓主要是安全性业务，给一些政要、商务人士服务。但是没有办法，有人开发了更好的工具，就会替代之前的工具。微信就淘汰了飞信、短信和彩信。但是本质上这些移动互联网的改良还是对于APARnet的发邮件的一个改观，只是更加生动了，再加上一些好的用户界面、社交属性、生活服务、支付，最终就是把黑莓给淘汰了。所以不是哪家公司主动淘汰了黑莓，而是因为这些附加功能越来越多，用户投票把黑莓给淘汰了。

在中国，当时的互联网经济从1999年开始。王俊涛开始开了8848.com的B2B平台，模仿美国的Ariba。Ariba是一个反向拍卖平台，那么正向拍卖平台是什么？正向拍卖平台是我有一个卖的需求，然后买家竞价，价高者得。而反向拍卖什么意思？有一个买方的需求，然后卖方竞价，价低者得。当时邵亦波开发易趣是要模仿美国的eBay，做一个C2C的拍卖，解决之前拍卖双边收费的痛点，改成了单边收费。所以阿里巴巴最开始成立的时候，也是要模仿美国的Ariba，做反向拍卖的B2B平台，但是做得不是很好，直到2003年发现C2C模式——淘宝，阿里巴巴才开始步入了正轨。

这些对于国际项目的参考、重组、改良，恰恰证明了达尔文的进化论：能够生存下来的往往不是最强的，而是适应环境变化的。到了2011年，美国的KPCB德丰杰的合伙人约翰·杜尔，提出了移动互联网应用的SoLoMo特征：Social network社交网络、Location based service基于位置的服务、Mobility移动性。那么为什么电脑应用没法SoLoMo呢？因为电脑的传感器少，我们不可能把电脑随时扛着；它也没法了解我们的身体。相应的，电动汽车为什么是未来的方向？因为电传输技术完全改变了变速箱技术的高延迟特性，通过协议传输具有无缝对接的特性，使得基于传感器、高速网络和智能电脑的行动空间成为可能。所以特斯拉可能只是一家能源公司，开发了一款长了四个轮子配上沙发的高性能电脑而已，是下一代的高感知性终端平台。村野证券总结移动互联网三维模型：无处不在、一网打尽、24小时不打烊。传统业务加互联网就会出现这三个层面的改变，目前直观领域改变最大的就是在金融和消费领域。

九、5G的商业模式

互联网的本质是万维网（www）+文件传输（ftp）+电子邮件+远程登录（Telnet）。万维网只是互联网的一项服务，但是奠定了平台经济的基础；Web1.0是超文本传输协议HTTP，使得点一下就能跳转到另一个网页上，冲击了传统媒体。Web2.0呢？我们以前用过论坛，每个人都可以发表意见，这叫UGC（user generated content）。用户利用Web平台产生内容，每个用户都是内容生产者和消费者。微博和微信等社交媒体由此应运而生。

真共享与伪共享又有什么区别呢？不如说共享单车，这个在欧洲1980年代就有，准确名称叫作分时租赁业务。共享单车就是把分时租赁业务的自行车加上了智能锁，加上了GPS定位，加上了移动互联网。为什么出租车是牌照制的呢？Uber以前总结过，在没有政府发放牌照的时候，开"黑车"闲的时候叫不到车，忙的时候就加价，于是政府管制"黑车"司机。"黑车"司机抱怨，你只能看到我忙的时候加价，并没看到我闲的时候没活。于是政府就把司机的竞争秩序和价格维持在一个固定的状态，设定一个价格，维持竞争秩序。所以出租车在各国都是一个行政许可制的行业。但是维护竞争秩序却造成了两个问题，就是忙的时候车少，闲的时候，司机不知道客源在哪里。Uber推出来的时候，美国加利福尼亚州政府就禁止Uber继续运营。Uber就起诉到加利福尼亚州法院。法院最终判决加利福尼亚州政府败诉。理由是：Uber不是限流模式，而是开源向社会提供更多的供给的开放模式。资源来自民间，创造了全新商业模式：共享经济。所以，Uber的本质不是出租车+互联网，而是人人都可以做出租车司机，增大了供给。就像中央银行一样，为了抚平经济波动，促进经济增长，通过货币政策，使得这个货币的供给忽大忽小。所以互联网创新的本质是数字化、平台化连接需求和供给、盘活存量开源，所以它有无限的展示能力，从过去的人找书，到现在的书找人。这就是为什么亚马逊可以通过卖书越做越大。过去在报纸中缝登广告，现在朋友圈推一推，降低渠道成本。把特殊的技能、限制的资源，通过网络与人分享，降低了交易费用和管理成本，就是网络平台化的魅力。

平台模式创新的关键点在于大多数的公司创新都是+互联网，如工业+互联网、餐饮业+互联网。另外，就是用O2O的方式+金融，利用长收短付、押金、账期、保险费等，建立资金池，从中间扩大生产经营或者渔利。做得过分的就是像ofo和蛋壳公寓一般，造成天量的资金亏空和大规模的群体事件。O2O模式的关键是线下资源的把控，所以抖音之类的直播电商的关键点不在于上镜头的那个人、离奇的上镜的故事和视频的剪辑，而在于核心的供应链把控，给消费者提供最动人心魄、最具有性价比、质优价廉的商品。这套道理也适用于国家的产业经济，供应链是核心，而不在于代言的明星是谁。从这个角度看，明星是可以通过平台算法规则培养出来的，或者直接投资一个成熟的小团队，而供应链就需要老板八仙过海、各显神通了。

ofo值得反思的问题在于，乱摆放给社会带来了负外部性，自己的管理成本也高。道理例如线上美甲也是共通的，一方面降低了交易费用，另一方面增加了管理成本和负外部性，总收益是正是负？不好说。所以共享单车有它的局限性，当"红""黄""蓝""绿"都去投放自行车，就会造成一个最终亏损的经济学现象，即拍卖中的赢家的诅咒（winner's curse），赢家总是对自己盈利能力过于乐观，导致拍卖过程中报价过高，而最终亏损。花钱能买到，构不成行业壁垒，并且还重资产，流动性差，退出时卖都卖不掉，就是市场供需曲线在解释现实企业竞争中的缺陷。互联网创业要轻资产，能免费就免费、能赊就赊，你看现在的知名电商平台京东和过去的家电销售巨头国美，都是赊账能手。这就是真实的世界。1989年伯纳斯·李发明的万维网（WWW，world wide web，简称Web）只是因特网的一个应用。Web本质是http超文本链接，网络和业务相分离。如果类比铁路和公路，铁路是谁投资、谁使用、谁收费、重资产，其他人不准使用，对用户而言是重资产。公路是建设了大家都可以用，各收各钱，对用户而言是轻资产。所以Web更类似于公路，各做各的业务，各收各的钱。

在Web上搭建的平台业务最典型特征就是双边市场。旧的拍卖市场是怎么做的？不论苏富比还是佳士得，卖家收5%，买家收5%，买卖双方都收费。但是eBay只向卖家收钱，不收买家钱，这样就减少了一部分交易费用，所以更有市场。eBay网络拍卖的特征是需要有足够的研发、带宽和网络能力，沉没成本高、高网络外部性、零边际成本，所以做成了就赚大钱。在平台模式的双边市场中，你不能光看需求侧，还要看供给侧，一些企业通过控制供给侧控制渠道，然后再想办法在需求侧挣钱，比如说拼多多、京东、淘宝，它们搞二选一，有了账期，有了资金池，就可以发展金融服务、杠杆扩大业务。因为传统的垄断理论要界定相关市场，相关市场只是理论上的概念，非常难界定。只能二选一的违法性昭然若揭，于是国家的反垄断部门在二选一领域率先出手。

垄断在两个层面上改变了竞争的秩序，一方面的垄断就可以促进这个竞争秩序，因为它有大量的资金可以投新的研发，但在一些小的创新领域，如果达不到规模化收益，可能也没法做到有效创新，所以现在对于垄断的一个分析又进入了新型的一个业态。因为垄断对规模经济效率的影响，在不同层面呈现了一些很不同的状态，需要具体问题具体分析。

平台模式获得竞争优势的手段一般有五个法则：

第一是控制需求侧，压制供给侧。

第二是数据霸权，要通过禁止数据开放、启用算法歧视、对隐私数据采取支配地位，去获得自己的垄断地位。

第三是规模经济。因为固定成本不变，可变成本增加，而边际收益就会递减。比如说微软投100万元开发一种软件，卖1万套软件，它每套的成本就是100块钱，那么定价为800块钱，还有得赚，它的边际成本高于平均成本所以可以盈利。但是如果你投入100万元开发一种软件，只能卖100套，每套成本就是1万元；如果想跟微软一样卖800元，就得降价，降价就亏，涨价反而没人买，就会造成一种强者恒强的状态，就是垄断或者规模经济的竞争者的边际成本线长期低于这个平均成本线，是没法去跟它进行竞争的。

第四是范围经济。有些生产线把激光笔跟鼠标穿插性生产，反而效率高；同样的，把竹荪与桑树种在一起效率高。银行与运输业、电影业运营和过去截然不同，但是现在通过一种互相关联、互相引流、互相重组。

所以要么自己做平台，要么用别人的平台。像微信，现在就是一个生态系统，可以在上面做游戏、做短视频、做餐饮。小程序本质上就是一些H5的界面。OTT最终就实现了业务和网络相分离。

在注意力经济领域呢？过去我们写博客、QQ空间。博客=Blog=Web+log=万维网日记，我们写文档，辅之图片、背景音乐就成了一篇日志，有关注你的人订阅。后来出现了微博，140字以内来表达自己的观点，micro blog=微型日记。博客的本质是一个注意力经济。5G很有可能会改变这种注意力经济模式，为什么？因为博客改变了人与人的社交观。在微博里面，有很多"大V"、粉丝中的有才人和"吃瓜群众"，以及众多垂直标签的兴趣爱好社群，但是不是一个自下而上的草根文化，最早的"大V"是一些二线娱乐明星。微信是一个熟人的社会，有着很突出的草根性，最早是校园里代理人推荐的方式发展起来的。

如果我们留意博客到微博到微信再到抖音的发展，就可以看到注意力经济，从一开始2G只发文字，到3G可以配图片和音乐写日记，到4G拍视频发朋友圈，到5G高感知高互动，未来重组的空间和直观度越来越大。相应地，展示形式、表达的载体也从文字、日记、Flash、短视频、长视频、微博到Vlog，到未来高感知互动的经济业态。

注意力经济源于时间的碎片化、场景泛在化和题材草根化。从历史看，古代看话剧是很隆重的事。西方要穿着燕尾服这种晚礼服打扮两个小时，再看两个小时。后来人觉得太麻烦了，演麻烦，看也麻烦，于是搬到电影院，再后来搬到电视机，出现了电视剧。因为美国电视剧主要给家庭妇女看，所以经常插播一些肥皂粉、洗衣粉的广告，于是电视剧在美国又叫肥皂剧。但是现代经济讲究资源和资本的高效流通性，经济现象虚拟化之后会比传统经济加速100倍循环，在币圈甚至有着"币圈一日、人间一年"的说法，于是人们的兴趣自然也变得更加短平快、碎片化。像抖音，它是传统媒体到立体的转型，其本质是利用技术的改变去转移注意力的应用模式和场景模式。注意力在哪儿，我们的商业机会就在哪儿。

大家可以想象一下，在未来大容量、大覆盖、大带宽下，有哪些可以变的经济业态？4G培育了手机支付、全民直播、外卖、打车，那么5G会带来什么样的改变呢？如果老话所言"贫穷限制了我们的想象力"为真，那么它的逆否命题同真，我们是不是增强了想象力和重组性，就找到了财富自由之路呢？

5G可以赋能新媒体、自媒体，比如说车联网的发展势头还不是很明确。车联网的模式是由车场、运营商、平台，还是由买家来买单呢？现在都还没有谈清楚，因为一旦车辆加入模组，就会提高成本。但移动社交类的个人消费，因为创造力不足，所以现在我们鼓励UGC，也就是用户产生内容。所以在哔哩哔哩这种草根社区，二次创作、互动性非常强，哔哩哔哩也成为青年人学习新知识绝佳的平台，堪比慕课。

未来体育赛事的个性化直播也是一个很好的机会。我们现在看体育赛事，比如说C罗踢球，只能受制于球场上的几个固定的机位，而未来由于5G的高数据带宽的数据连接，可以提供不同机位的不同视角，可以评论打赏互动。你可以选择整个球场上任意一个用户的视角，甚至在C罗身上加一个摄像头，可以进行收益分享跟互动，每一场互动交流分享，都是一个交易所级的交易行为，会产生大量的机会。这种市民化、草根化的商业模式一旦形成，就会摆脱过去的授权转播的获益方式。这时候流量不再是天花板，那么就可以形成很多视频转播的业态。5G也可以赋能传统媒体，传统媒体过去怎么做的？线上与线下相结合，叫OMO。但是现在呢？娱乐草根化，娱乐不再孤立地存在，创作与消费的界限也消失了，有的既是创造者也是消费者，还是推广者。那么如何获益呢？明星通过技术的帮助，使得他的IP效率更高了，像现在被追捧的基金经理张坤，甚至有坤坤全球粉丝后援会iKun，用娱乐化的思维重塑生活。

那么手机终端的本质是什么？有个5岁的小朋友问爸爸一个问题：爸爸，为什么这个接电话的图标是中间凹下去的，两头鼓起来的？

看似是一个很简单的问题，但是对于一个没有经历过固定电话时代的人，的确答不上这个问题。因为5岁小朋友出生的时候，手机就已经是平板一块了，而不再是一个两头翘中间凹的传统话筒、听筒的形状。这也恰恰证明了目前技术进步非常快。

通信终端本质是人与网络空间的接口，你拿在手上叫手机，装在汽车上或者其他物联网设备上叫模组。现在可能使用的模组越来越多，包括眼镜、手表等。我们核心要解决的就是如何收集大数据，如何处理大数据。

之前我们说营销的本质叫作"STP+4P+CRM"，其实就是收集各种各样的用户数据和产品信息。那么核心的数据来源在哪里呢？数据的来源主要是多种结构的数据，我们叫多源异构化的数据。如何对多元异构化数据进行分析？比如说我们采集到志趣相投的附近的人，收集到我们自己的心情，通过AR可以憧憬未来可视化的场景，通过复杂的翻译系统可以加速国际交流，通过自动化的外观评估系统，修车、修飞机、修电脑可以更快速地识别问题。所以互联网公司的垄断策略就是不断吸引需求侧的注意，然后在供给侧收益。这就使得互联网公司往往喜欢大规模地投资抢占市场，从而抑制小公司的生存，限制社会的交流，让我们每个人都生活在一个信息的茧房，看到别人愿意让你看到的东西，或者正如之前一篇很火的文章《困在系统里的外卖员》，有着突出的内卷自我进化的危机。

AR与VR技术，可以使我们的科幻电影看起来更加真实。有一部电影叫作《头号玩家》，未来社会中拥有高科技但却生活在城市边缘的赛博朋克群体，穿上传感器，在这个虚拟空间玩一种很好玩、很大型的游戏，赢取很高额的奖金，现实中的矮子在游戏中反而是个巨人。5D的电影和游戏需要多路信号去同时传递各种信号。为了避免有眩晕感，就必须要有高速网络。所以5G出来之后，就有可能有了更多高互动高感知性的电影和游戏。比如说喜欢《倚天屠龙记》，可以选择进入张无忌的模式，可以选择进入"飞檐走壁大战金刚伏魔圈"这一组游戏场景，然后可以像张无忌一样，在游戏里面去跟少林大和尚进行对决。VR技术指的是虚拟现实，虚拟现实就是把现实传输到我们中间，模拟出真实的一个状态。比如说我们现在在家里面待着，想去看看南极，通过VR技术就可以看到真正的南极。因为有人把南极的状态实时播放给我们。像我们过去看《舌尖上的中国》只能看图像，看解说员说菜很香，现在通过虚拟现实，我们可以闻到味道——因为香味信息在录制的时候已经数字化了。通过数字化传输和解码，在终端释放出香味来。AR叫增强现实，通过增强感官，就像《终结者》里的T800机器人一样，眼睛、手、骨骼都会极大地增强感知。应用在消费领域，可以一边看一边买东西，但衣服总是不那么合身，这时可以直接扫描我们身体数据三维建模，走C2M定制合身的服装。

5G在线下实体店会有什么样的产业机会呢？20世纪初购物出现了小推车，20年代出现了邮购，30年代出现了自动贩卖机，50年代出现了信用卡，60年代出现了Shopping mall，70年代可以送货到家，80年代出现了电视购物，90年代出现了电子商务。所以阿尔文托夫勒就指出，未来可能是服务经济到体验经济的转型，尽可能刺激感官，形成行动和关联。

比如说OPPO、vivo，经常有人喊你进他们的线下体验店去体验，像阿里巴巴的小木马，扫一扫免费给你骑3分钟。摆脱了过去一块钱骑三分钟的商业模式。为什么？过去调研一个婴儿要花十几块钱，下载一个App需要100块钱。但现在扫一扫，公司就获得了你家里面有适龄婴儿的信息，从而向你推荐一些婴儿产品。这就是数据背后的价值。只要它有了数据，怎么做它都是划算的。

5G带来新的消费趋势，场景会触发购物，社交媒体与中心消费者互动，满足超出标准产品和常规服务的个性化需求。5G会重新定义客户三要素，从过去的渠道购买机器产品和服务变成了用5G和人工智能技术去重构人、货物、场景的关系，以实体店来搭建舞台、编写剧本，顾客就是演员，就可以营造气氛、设计事件和表演，就像星梦缘工厂一样。体验式的激励，意味着数据就是激励，数据量加利用率就等于经济增长。

5G将开启互联网下半场。互联网上半场是什么？是三大科技，即蒸汽机、电力、互联网。下半场就是云、网、端。云是空前强大的计算加存储。网是不断提升的宽带通信。端是无处不在的终端、手机、可穿戴设备、RFID、接口。未来各行各业都会产业互联网化。

比如过去医院拍片子总是重复拍，未来各行各业都会连接在一起，片子也会互联互通。过去，我们抱怨实体店、抱怨电子商务、抱怨微信、抱怨银行、抱怨支付宝，现在我们的网络除了替代能否创造新的价值？社会生产力的三大要素是劳动者、劳动对象、劳动工具。互联网与5G本质上就是一种劳动工具，可以提升劳动效率，通过软件加终端加人工智能加5G，提高工作效率。我们可以建立新的工作维度，连接到网络空间。这也就是野村综合研究所提出的一个泛在化概念。所以大数据包含四大要素：volume（海量数据，高容量）、variety（各种类型）、value（低价值）、velocity（高速度）。大数据就是围绕数据的四大要素作决策。所以在未来，我们不论是+互联网，还是互联网+，都要基于互联网去构建平台，提供第三方的方案。

5G在智能家居领域也与我们关系密切。比尔·盖茨在1996年写了一本书叫《未来之路》[①]，他还花了6 000万美元构建了一个高度光纤化的智能房屋。我们现在每年花费千元就可以做到光纤入户，但是由于Wi-Fi技术带宽不够，所以智能家居还做不到大规模高性能的家居组网。智能家居的核心是智能家庭网关。这个网关就像心脏一样。有了这个网关，我们就可以把智能插座、温湿度感应器、燃气报警器、智能监控、智能门铃、扫地机器人、冰箱、空调、饮水机、空气净化器等统一连接在一个网关中，方便智能控制。智能网关要解决的是系统信息的采集、信息的输入输出、集中控制、远程控制、联动控制等一系列问题，并把这些问题集中在一起。但目前呢？智能音箱其实就是一个很好的载体，像小米的小爱、苏宁的小Biu。做家居的要么加入他的生态，要么就被消灭，要么就落后于智能家居便利化趋势。目前，4G和Wi-Fi的家庭网关还有一定延时，未来通过5G技术会做到零延时、高体验效果的状态。

在工业互联网领域，5G也会帮助做到更大的改进。当然，这只是技术方案之一，并不是说一定要用5G。通用电气曾对工业互联网制定了三大标准，智能的机器加分析功能加移动性，就构成了工业互联网。在美国的大河钢厂，就实现了80%的体力加20%的脑力，然后变成一个全

---

① 比尔·盖茨：《未来之路》，北京大学出版社，1996。

自动工厂，把过去的生产从过去基于物质的原子化向现在基于数据的比特化演进，按需生产，低污染、低功耗，使得美国大河钢厂的生产效率要比传统的钢厂高5倍。①

在工业4.0时代的工厂，我们可以用"计算机+人工智能+工业制造+网络"来概括。过去的汽车是四个轮子加沙发，现在的电动汽车其实就是加了轮子的计算机，也就是个移动的计算机。

3D打印也有量身定做领域。俄罗斯工程师就在阿里巴巴上采购了一个3D打印机②，制造一个零件的模具，铸造出已经不再供应的零件，修好了他们的战斗机，总成本才花了1 000多元人民币。3D打印又叫增材制造。了解增材制造得先了解传统制造中的减材制造。即用一个钢锭，通过车、钳、刨、铣，减少材料制作出来零件。增材制造是建模后，用特殊材料一层一层长出来的，主要通过光固化快速成型、激光立体成型、激光选取融化成型来实现增材制造。

海量机器连接和高可靠低时延应用，也会改变过去的业态。例如汽车4S店过去是销售汽车、保养汽车，现在就转型汽车金融、保险，及各种各样的高体验化的服务。

5G还可以提高企业的移动化生产效率。过去新信息技术革命是从1980年开始的，但是真正达到劳动生产率提升是15年之后的事。因此斯坦福大学的保罗·大卫就说到创新需要数十年的时间，才能提高生产率。比如19世纪的工厂，各种零部件要流转，因为那时候没有电动机，于是厂房都是很高的，任何零件从上往下通过滑轮依靠重力流转。然而，现在的工厂都是水平化的工厂，叫作敏捷性制造和柔性制造。柔性制造就使得生产者跟消费者边界模糊，所有的产品跟零件，包括设计需求，在一个信息化的平台上水平流转，就是未来工业互联网的特征。

过去美国人均一年花2 000小时看电视，现在人们把自己自由的时间都拿来去学习，从平庸到卓越。医生可以利用自己的业余时间挣钱，教授可以业余时间当网红。

劳动工具所用的机器会实现机器联网、自主学习和智能化，可以丰富我们的劳动工具。3年之后，如果5G商用化，我们的制造业可以从过去费时费力地盘点库存，到未来使用大数据大幅削减安全存货和计划内冗余。我们的零售业通过大数据技术可以提高60%的运营利润。我们的神经系统可以通过传感器大幅提高我们对于外界的感知效率。

从开放式平台上来看的话，苹果公司的App Store、支付宝、微信本身都是寄生性平台，也就是很多App、小程序类平台发布于如上平台中，平台套平台。这使得从业人员不用自己建公路了，建一些轻量级应用或者智能合约，把握住强大的线下实体资源或者社区资源则成了核心竞争力。不过对于大企业而言，面临两难选择：加入他人的平台或者自建平台。概而言之，大企业追求的是数据安全和差异化竞争，不再是应用层或接近方案层的竞争，而是网络底层基础设施平台的竞争。以华为鸿蒙（Harmony OS）下一代物联网操作系统为例。在3G时代有各种系统，如诺基亚的塞班、黑莓的Qnix、微软的Windows Mobile，最终胜出的是苹果的iOS和谷歌的安卓。物联网的OS要解决的是手机、电脑、平板、电视、汽车、智能穿戴设备全部连在一起，

---

① 《钢铁界的特斯拉：美国大河钢铁产线装备》，搜狐新闻，https://www.sohu.com/a/444231077_120029359.
② 《俄罗斯将开始全面使用3D打印制造飞机零部件》，百度百家号，https://baijiahao.baidu.com/s?id=1653982813933624727&wfr=spider&for=pc.

于是谷歌推出了Fuchsia，通过轻量级Zircon，连接万物连接手机。华为就提出了鸿蒙Harmony OS。这就是物联网系统的竞争。

5G目前还有可能的应用是脑机接口。在脑袋上钻一个洞，植入特定的芯片，通过USB TypeC接口直接读取大脑信号。这个方案可以修复大脑损伤，阻止癫痫，治疗阿尔茨海默病，未来也可以跟iPhone相连接。

在远程医疗领域，从最初的中国人民解放军总医院给50千米外的小猪做肝脏切除手术，到同济医院的5G心脏支架手术，中国有上百家医院建立了远程手术平台，就是增强现实所带来的改进。

十、IT与OT的竞争

IT是公司的技术部门，OT是公司的运营部门，谁才是公司经营利润的主要来源和核心竞争力？二者僵持不下。IT是中国1990年代提出的工业化和信息化，"两化"融合。OT是operating technology，叫操作技术、运行技术、运营技术。在IT业及工业化和信息化领域，它的运行方式是知识—信息化—机器执行—生产自动化。但是自动化生产并不会当然带来利润，于是怎么把公司利润提高，就会出现know-how即商业秘密，包括技术信息和经营信息。从这个角度看OT部门是企业精神产物，而IT部门是企业的神经提供。5G技术使得企业的神经系统更加敏感快速，辅之以很好的OT，企业就会形成很强的竞争力。当然IT和OT谁更重要在不同的企业表现得不一样。这个争论将是长期化的。

Gartner报告曾经说过，IIoT（industrial internet of things，工业互联网平台），可以在数据分析、边缘设备管理、集成管理工具、数据管理、应用使用与管理安全方面，极大地提高企业效率。因此在制造业、自然资源领域如汽车、能源、重工业，在运输业如航空、铁路、汽运、管道、仓储、物流，以及公共事业如天然气、水、碳排放等领域可带来极大的生产效率提升。

5G在体验式消费领域，如C2B领域，就会产生很好的应用场景，有更好的体验，大家就可以冲动性消费。有更好的用户设计就先卖再生产，有垂直性的用户聚集，就可以产生高批量采购，进行团购。有C2M就可以柔性生产线，一条生产线生产不同的产品。所以未来5年，从重要性来看，5G的重要性大于人工智能大于大数据，百亿以上市值的公司对于5G的兴趣，远远大于10亿市值的公司。很多大公司对于5G的要求是，网络服务的质量大于安全，大于可靠性，大于低时延，大于大带宽。这样大家就可以看到，对于工业互联网而言，大带宽并不是最急迫的需求，并且还有很多替代性技术，5G并不是万能的。

在无人驾驶领域，单纯的上路自动驾驶汽车，光凭借5G还没法达到真正的零时延，还要辅之以边缘计算，才能保证各种传感器实时互动，保证汽车不开到河里去。但是在工程领域，通过5G技术、局域网、广域网架设，像AGB的小车已经可以实现在生产线空间自动地走来走去运送货物，进行相应的装配操作。基站基于边缘计算的服务器，可以发出相应的指令，指挥边计算的服务器。那么在离车最近的地方发出指令，人车路边云交互协同，就可以实现不论是无人驾驶的汽车还是工业互联网各种AGV小车，都能自动化运行的状态。

产业链条也会从过去的分化到现在的聚集，进行二次的分配重组。比如说2G时代，移动通信网络只有设备供应商、运营商、终端、客户。但到了4G时代，就多了很多产业链从业者，如设备商、运营商、终端用户、平台供应商、视频制作方、支付、银行、厂家、移动设备、地图供应商。这会聚集产业决策，从过去的厂商、总代理、一级代理、二级代理、零售商、客户，到现在的MCN机构，可能产业链条只有三层，就是厂家、网红盟主、消费者。在销售领域也是一个分化再整合的趋势。所以我们要把握住其中最核心的点，即供应链的管理，其他方面与他人合作，不停地复制，这样对于做一些千万级的生意，就非常容易快速拓展。终端为"王"、内容为"王"、渠道为"王"、客户为"王"，强弱之间互相转化。比如在汽车领域，过去有生产商，车前有零部件、软件供应商；车后有4S店、保险公司、维修保养、二手车商，这些角色都会进一步简化。通过传感器、操作系统、地图、娱乐信息，可能保险公司的保费就会更加灵活。

十一、数据标注师将成为蓝领工人

大数据与人工智能领域需要有优质的数据和优质的算法。所以数据的标注跟输入非常重要，而人工智能需要人工，也没那么智能。这些数据需要结构化就需要人去标注。在人工智能工程师面试问题中有一个段子，就是面试官问3+18=？250？130？第三步你才能答21。这就是对于数据的训练。百度的翻译能力在于概率论、数理论和数理统计的算法，并不是像人一样，对翻译对文字与语法的这种理解。所以说人工智能就像孩子，我们要用数据的"奶粉"去喂它，所以标注数据就成了一种工作。在未来我们要多样化发展，培养自己的广博的知识面和融会贯通的能力，专业技能、专业知识就像圆心，要深扎。但更重要的是，要以圆心为中心，画出一个圆。这个圆就是指广博通识的知识体系。正如钱学森所言，这些知识也包括艺术修养和体育爱好。那么AI最可能首先替代的是那些只有专业技能的人，这也是为什么说培养数字友好符合操作系统是非常重要的。

AGV的小车基础是大带宽与边缘计算，不一定需要5G技术。像阿里巴巴的很多并购，营业、健康、视频、旅游，看似无关的多元化，不符合现代管理理论单一化比较优势的经验。但是因为边际成本低，所以它最终的目标，是把信息化变成数据化，通过数据化强制联想分析，找到高附加值多维度的关系数据，实现从IT到DT的商业质变。所谓未来经济体的竞争，很有可能不再是企业与企业、供应链与供应链的竞争，而是生态与生态的竞争。在这种竞争中，会是一种无边界互相融合的趋势。例如小服装厂，过去是厂房—设计师—生产，但是现在服装厂可以专注于C2M的定制化生产，专注于自己的分工。这样高速的连接会扩大企业的边界，管理成本降低了，交易费用降低了，企业就像一个动态的泡泡一样可以变大，也可以变小，未来很多的服务就可以通过众包的方式扩大企业的边界。例如美特斯邦威通过这种合作方式，带动了300

多家服装厂代工，一年产衣一亿件。以前知名的保暖内衣品牌南极人，现在就直接成了一个品牌授权商，走特许经营路线了，把品牌授权给一个个工厂。我们要认识到做企业要专注于自己的分工，但是高速的连接和众包的方式扩大了我们的企业的边界，这时如何进行资源整合或虚拟化运营，同时还能高标准地进行质量管理，是个难题。我个人的看法是分布式与中心化、Difi与Cifi相结合，可能是未来的出路。因为过分分布式缺乏公共产品供给，是极其危险的。还是那句老话，你不能指望发生疫情时让中本聪来救你。越是晴天就越要记得修好屋顶。

十二、5G、光纤、4G之争

工业场景不是一根光纤就可以组成的家庭场景。工业场景非常复杂，有很多设备。5G通信模组可以进行海量的机器连接，提高工厂的生产效率。像三一重工，就把CPE替换成了5G通信模组。Wi-Fi信号带宽不够，在大数据传输过程中，Wi-Fi性能有限，同时工业系统还要通过软件定义的网络架构、虚拟化、网络切片技术，保证系统的鲁棒性。基于5G的传输方案在未来竞争中有重大优势，这也是为什么美国把5G列入下一步的国家级战略竞争计划[1]。

十三、云计算、雾计算、边缘计算

云计算其实就在云端离用户比较远，通过分布式集群架构，给用户提供集中式的大数据、大存储、大带宽。雾计算是介于云跟地面之间的一些计算能力，半虚拟化的服务计算架构。边缘计算，离用户最近，是在我们身边的一些小设备的一些计算。类比来看，云计算是大型的购物商场（shopping mall），雾计算是百货商店专卖店，而边缘计算就是24小时便利店。通过购物商场到百货商店，到24小时便利店这种三层次的云雾边的结合，可以成为新一代的万物互联、高可靠、低时延的海量数据连接的增强移动带宽的网络基础、设施跟经济业态的一个基础设施。这就是我们下一代数字友好型经济的创新基础。

本讲第一次讲到了点对点的网络的历史与特征，紧接着讲到了OTC与双边市场的一个历史由来，以及反向收费的理论。紧接着，我们讲到了5G的三大特征：增强移动带宽、海量机器连接、高可靠低时延应用，以及三大移动特点中，最核心的点及相应的业态的改变，从中了解到5G的产业机会：注意力经济、Vlog、AR、VR、C2M的经济。利用边际成本递减的优势，提高高体验、高互动、高服务增加值业态的发展，是我们独特的优势。同时了解工业物联网、云计算、边缘计算的趋势，主要是一些大企业跟巨头的游戏，个人想参与其中的难度比较大，但是可以有效利用平台的优势，对生产效率和经济价值进行改观，或者投资相关行业的股票或基金，与行业共同成长。

---

[1]《美国计划制定国家统一频谱战略 12.7-13.25GHz频段或将用于5G服务》，百度百家号，https://baijiahao.baidu.com/s?id=1744470173780482500&wfr=spider&for=pc.

专题十二
数字友好世界

本专题讲解数字友好世界的几大重点领域，包括安全空间、无人系统当前面临的问题、正确的研究范式以及应用场景，元宇宙的基本原理，碳中和、碳达峰、碳足迹的概念及产业应用前景。

一、数字友好安全空间

数字友好安全空间是一个包含实体空间与虚拟空间相融合以及虚拟空间本身，能够提供共享互操数据及操作系统底层、高效包容的市场和技术准入标准、开放服务应用平台的数字化空间基础设施。具体而言，包括建筑、民航、交通、无线电、无人系统频段等专业机构在工业生产、物流配送、冷链运输、防灾减灾救灾、应急救援、安全监测、环境监测、海洋调查、海上装备、城市管理、文化旅游等领域的产业化应用。以机场、港口、物流园区、开发区、铁路物流基地、城市道路、地下管廊、空中海上运输线路为依托，组织重要相关市场主体打造统一共享的底层基础数据体系，建设海陆空全空间无人系统管理平台。

（一）基本问题：数字友好安全空间研究范式

因为安全空间的复杂性，我们试图从范式的角度说清楚数字友好安全空间是什么、怎么办。2007年，吉姆·格雷（Jim Gray）在"科学方法的革命"演讲中将科学研究分为四类范式：第一类范式是观察，第二类范式是归纳与推演，第三类范式是数据模拟与仿真，第四类范式是为海量多元异构数据找到相关性，不再追求演绎逻辑而追求相关性。

过往的安全空间范式可以归纳为：鲁棒性控制理论及冗余设计，以及基于加密与认证授权的方式。核心是可信身份包括机器、可信数据。但是新的安全空间范式将包含数据相关性为主要特征的数据攻防。目前安全空间面临突出的内生endogenous安全问题，包括：

1.大数据的分析结论不可解释性

其一，无论是聚类算法、文本分析还是图像识别，机器学习的方法重要在于"预测得准"，而非"为什么要这样预测"。其二，"重视速度而非因果"，算法的可解释性较差。预测越准确的算法模型往往越复杂，涉及参数甚至上百万个。因此，得到结果时，技术人员也很难解释其中一个变量发挥着怎样的作用。其三，算法在效率公平及有效性方面的作用被高估，而负外部性又被低估。大数据的代表性、人工参与的参数设定的客观性都有待商榷，机器也缺少"关于未来的信息"以及专业知识等人类掌握更多的软信息。其四，在平台经济发展过程中，算法一方面减少了部分信息不对称性，另一方面却可能制造着新的不对称。

2018年欧盟出台的《通用数据保护条例》已经对此做出规范，要求运用自动化算法的企业能够保证算法具有透明性和可解释性。这也就意味着，那些不可解释的模型，将成为非法应用。"如果想去欧洲发展业务的话，就要增强国际竞争力，研究怎样增加自己决策的可解释性。"

2.人工智能的分析结果不可解释性、不可推理性

人工智能应用以输出决策判断为目标。可解释性是指人类能够理解决策原因的程度。人工智能模型的可解释性越高，人们就越容易理解为什么做出某些决定或预测。模型可解释性指对模型内部机制的理解以及对模型结果的理解。其重要性体现在：建模阶段，辅助开发人员理解模型，进行模型的对比选择，必要时优化调整模型；在投入运行阶段，向决策方解释模型的内部机制，对模型结果进行解释。比如决策推荐模型，需要解释：为何为这个用户推荐某个方案。目前，各领域对人工智能的理解与界定因领域分殊而有不同，但在共性技术和基础研究方面存在共识。第一阶段人工智能旨在实现问题求解，通过机器定理证明、专家系统等开展逻辑推理；第二阶段实现环境交互，从运行的环境中获取信息并对环境施加影响；第三阶段迈向认知和思维能力，通过数据挖掘系统和各类算法发现新的知识。

3.区块链安全问题

包括底层代码安全性、密码算法安全性、共识机制安全性、智能合约安全性以及数字钱包安全性。

4.5G网络安全性

IT基础设施留有后门和木马。强化5G网络安全能力建设，要在网络切片、边缘计算、能力开放等方面采用数据完整性保护、隔离、二次认证等技术，并建立风险动态评估机制。

5.可信计算的安全问题

主要涉及可信根合法性真实性的根本问题。

6.动态、主动防御安全问题

无法防护宿主环境内调度环境漏洞后门供给。

图灵（Turing）机只是回答了什么是可计算问题，冯·诺依曼（John von Neumann）计算结构也只是解决了怎么计算的问题，现阶段计算机科学与工程的进步尚不能区分什么是恶意或善意的计算问题。由此可见，网络空间因为广泛存在内生的且是共性的安全问题，攻击者只要能找到合适的攻击面及可资利用的软硬件资源，就可以建立起有效的攻击链。外因就能通过内因构成广义不确定安全威胁。

（二）数字友好安全空间人才培养

1. 强化攻防演练，完成细分认证

制造业领域的人才需求集中于供给侧，而安全空间领域人才集中于需求侧即用户侧。军方、政府、教育、产业都有庞大的安全空间需求。安全空间教育人才缺乏，每年人才缺口140万以上，但是真正安全相关专业毕业生仅2万余人。从事安全空间职业核心点要把握住对风险和漏洞的模拟、发现和对抗。这是以实践为基础的。目前安全空间最佳抓手有两点：①安全空间演练靶场，让人有实践的环境。②对抗赛，激发博弈中获得成就感。中国长期讲究和为贵，但是博弈和竞争带来的迭代优势，远超过系统内部的自我纠偏速度。安全空间领域职业一大问题就在"养兵千日用兵一时"，其绩效考核较为困难，很多人做这个领域是为了兴趣或者用户能够长期地无差异投入。

2. 人工智能对于安全空间的重要性

人工智能技术是当前较为先进的计算机技术，目前接触较多的是弱人工智能技术。其本质是利用相关算法将离散的数据连续化，从大量的数据中提炼出相关规律，达到模拟和延伸人类智慧的效果。大数据时代具有庞大且复杂多变的各类数据，具有模糊信息处理能力、拥有一定的学习能力和运营成本较低这三大优势。

3. 安全空间所需要的技术

（1）智能防火墙技术。防火墙技术是防范网络攻击最常用的技术。智能防火墙技术能够快速有效地对访问数据库、已识别入侵数据库中的大量数据进行分析、学习，并以此更新自己针对不同类型数据包的排查规则，更好地应对潜在威胁。

（2）基于人工智能的入侵检测技术。入侵检测是防火墙之后的第二道防线。其通过检测网络系统的某些关键数据并与系统正常运行时的数据进行对比，以此分析出网络系统是否正常运行。基于人工智能的入侵检测技术具有一定的学习能力，能够自己更新安全状态数据库，能够对实时采集的数据进行分析，并及时更新网络系统正常运行的数据模型，对首次出现或潜在的异常状态做出判断，迅速、准确地发现网络入侵行为并作出响应。

（3）基于角色的智能化访问控制机制。访问控制机制可以结合其自身的三要素（主体、客体、访问控制策略）来理解：通过采用一些访问控制策略限制访问主体（一个主动实体，如进程）对访问客体（系统内的资源）的访问，使得网络系统能够在安全状态下运行。每当接收到访问主体的请求时，基于角色的智能化访问控制机制能将访问主体的特征与已有的模型进行对比，分配给该主体一个角色。这个角色代表该主体的访问权限，可以对其访问行为做出有效控制。此外，系统还可以从访问数据库中的数据挖掘分析出新的规律，并更新角色模型，完善主体—角色、角色—权限的关系模型。该系统是一个智能化的系统，能够在短时间内以简单的方式应对大量的访问主体，对宝贵的网络系统资源提供有效的保护。

4.安全空间的应用场景

安全空间包括网络安全、社会安全、舆论安全。

（1）舆情预警系统。舆情监测的基础上融入人工智能技术，使其具有一定的感知和学习能力，在新的网络热点出现时对其进行分析和判断，并对可能威胁网络空间安全的议题作出预警，成为舆情预警系统。该系统能够利用高精度和高效率的网络爬虫从网络中收集信息，从中智能识别热点话题、舆论情感倾向、舆论意见领袖，与已学习到的各类舆论模型进行对比，并对其未来发展做出预测，使相关部门能够有效维护舆论环境，及时制定正确、有效的舆情引导政策。

（2）安全空间主动防御体系。传统的网络防御技术主要以静态防御为主，已经无法有效应对大数据时代下形式日益复杂、规模日益增大的网络攻击。为此，需要在人工智能的基础上结合防火墙、入侵检测、访问控制和蜜罐技术形成网络空间主动防御体系，将具有一定的威胁感知能力和智能决策能力，在增加攻击者的攻击难度和代价的同时增加系统的弹性和安全系数。网络空间主动防御体系将具有以下功能。

①主动识别攻击模式。利用蜜罐技术在虚拟的网络系统中诱骗攻击者发起攻击，在捕获到攻击者的攻击数据后对其加以分析，并更新入侵行为数据库，使得防火墙可以有效识别并应对这种新型的网络攻击。此外，还可以通过取得的数据评估外部网络空间环境，如检测到大量且频繁的攻击行为，便判断外部网络空间环境恶化，并主动做出异常响应。

②主动进行状态检测。利用新型入侵检测技术对网络系统的运行状态进行实时检测，在分析当前状态的同时，结合防火墙的访问数据和当前网络空间环境对未来的运行状态做出预测，若存在出现异常状态的可能，则向系统发出预警通报。

③主动做出异常响应。在得知网络空间环境恶化或是系统已经、将要处于异常状态时，整个系统将同时做出异常响应，防火墙将制定更严格的数据包排查规则，减少数据的访问；入侵检测系统将加大检测力度，并对未来状态做出预测，系统将以此制定新的响应策略；访问控制机制将采用新的角色模型，限制主体行为，加大系统资源的保护力度。在人工智能技术的加持下，网络空间主动防御体系能够更好地适应大数据时代下复杂多变的网络环境和应对潜在的威胁，进一步确保网络系统的正常运转和维护网络空间安全。

（三）无人系统

无人系统可以运用无人机自主控制，汽车、传播、轨道交通自动驾驶等智能技术，服务机器人、空间机器人、海洋机器人、基地机器人技术，无人车间/工厂技术，高端智能控制技术和无人操作系统。研究复杂环境下基于计算机视觉、定位、导航、识别等机器人及机械手臂自主控制技术。

世界上并不存在完全自主的无人系统，所有的自主无人系统都是人—机联合认知系统。提高自主能力亟待发展的技术，包括感知、规划、学习、人—机交互、自然语言理解和多智能体协调6项关键技术。其中感知技术包括导航、任务、系统健康与移动操作4类感知，主要差距是复杂战场感知与态势理解，包括突发威胁/障碍的实时检测与识别、多传感器集成与融合、有人—无人空域冲突消解，以及可靠感知和平台健康监控的证据推理能力等；规划技术的难点是在物理、计算约束和对现有计划做最小改变的条件下，决定什么时候自主规划、什么时候求助于操作员；学习技术的难点是在友、敌智能体并存的非结构化动态环境中的非监督学习；人—机交互的难点是自然用户接口，实现可信赖的人—系统协作以及可理解的自主系统行为；自然语言理解的难点是以实际环境直接互动为重点的指令和对话理解；多智能体协调需要重点关注针对特定任务，合适协调方案与系统属性的映射，正确的紧急行为，干扰下任务重分配以及鲁棒网络通信问题。

1. 自主性包括自动化、自主性和遥控多维度

（1）自动化（automation）目前应用于各种系统，一般包括应用软件来实现遂行的逻辑步骤或操作。一般的软件自动化指的是"系统运行不需或很少需要人工操作，但系统功能仅局限于设定的具体行动"。应用于飞行器系统的自动化还包括飞行控制系统所用的电传操作技术、将多个传感器信息进行整合的数据融合技术、制导与导航自动化技术（如飞行管理系统）、地面防撞自动回收技术等。可以说，这些系统只是在一种或多种功能上实现了不同程度的自动化（从低级到复杂），属于半自主性（semi-autonomous）。

（2）自主性（autonomy）总的来说，是指"在更为广泛的应用条件、环境因素和更为多样的任务或行动中，使用更多的传感器和更为复杂的软件，提供更高层次自动化的行为"。自主性的特征通常体现在系统独立完成任务目标的程度上。也就是说，自主系统要在极其不确定的条件下，能够完全排除外界干扰，即使在没有通信或通信不畅的情况下，仍能弥补系统故障所带来的问题，并确保系统长时间良好运行。

要实现自主性，系统必须"有一系列基于智能的能力，能够对设计中未规划未预测到的态势做出响应（即基于决策的响应）。自主系统应当能够在一定程度上实现自我管理和自我指导（由人的决策代理进行）"。软件设计方面，不仅要基于计算逻辑，还要采用计算智能（如模糊逻辑、神经网络、贝叶斯网络），通过智能体的通信和协同来实现目标。此外，学习算法可以实现学习并适应动态环境的能力。自主性可视为自动化的重要延伸，可以在各种未完全预测到的环境下成功地执行面向任务的高级指令，符合目前对人在具备适当的独立性和任务执行限制时的期望。因此，自主性也可理解为设计良好、具备较高能力的自动化。

（3）遥控平台。空中、地面、水面和水下无人平台将成为未来军事行动中不可或缺的重要组成部分。然而，当前大多数无人系统都由人遥控，在一些任务中的自动化程度较低（例如操作员指定平台的航点）。未来，这些遥控平台将具备更为强大的自主性。然而，"遥控"和"自主"这两个概念事实上是正交的，即只能存其一，也可二者兼而有之。遥控平台可由人直接遥控操纵，也可实现半自主（应用一些自动化功能）或全自主运行。此外，有人装备也可借助软件，以人工、半自主或全自主等多种方式遂行多样化任务。

自主性可以理解为控制谱系的一个潜在端。然而，在未来30年里，大部分应用将运用一定级别的半自主能力。换言之，我们将见证系统控制的逐步发展，而介于中间的自主等级将在不同任务中得到应用。未来随着自主能力越来越强，可以应对更多任务并应用环境中更多样的变化，系统将逐步向自主性更强的应用行动发展。然而，在大部分应用行动中，自主能力仍要求与空军人员进行交互，以接收指令，了解应用需求，并实现行动协同。

2.重点发展领域

（1）感知（perception）。无论是在平台上还是在战场上，感知能力都是实现自主的关键要素。只有通过感知，无人平台才可以到达目标区域（如导航、避开障碍物等）实现任务目标。例如，平台收集传感器数据、应用动能武器和对抗简易爆炸装置（IED）等都离不开感知能力。

（2）规划（planning）是指能将当前状态改变为预期状态的行动序列或偏序的计算过程。国防部将规划定义为在尽可能少用资源的前提下，为实现任务目标而行动的过程。在这一过程当中，共有两个关键点：A.描述行动和环境条件、设定目标/资源最优化标准；B.在遵照硬性限制条件（例如，平台在地形和速度等方面的限制条件）、优化软性限制条件（例如，最大限度地减少完成任务所需的时间或人力）的前提下，提供计算行动序列和分配行动资源的算法。

机器学习现已成为开发智能自主系统最有效的办法之一。大体而言，从数据中自主获取信息比手动知识工程的效率更高。计算机视觉最新技术系统开发、机器人技术、自然语言理解和规划主要依赖于训练数据自主学习。通过在大量具体数据中寻找可靠的模式，一般可以使自主系统的精确性和鲁棒性高于手动软件工程，还可以使系统根据实际运行经验自动地适应新环境。

（3）人—机交互（Human-Robot Interaction，HRI）是一个相对而言较新的跨学科领域，主要解决人与机器人、计算机或工具如何协作的问题。它是人—系统交互的一个分支领域，侧重于人与机器人之间双向的认知交互关系。在这个交互关系当中，由机器人承担智能体的角色，在远离用户、计算机或自动驾驶仪的位置上运行，在技术上具有明显的优势。

二、数字友好世界——元宇宙

元宇宙是整合多种新技术而产生的新型虚实相融的互联网应用和社会形态。它基于扩展显示技术提供沉浸式体验，基于数字孪生技术生成现实世界的镜像，基于区块链技术搭建经济体系，将虚拟世界与现实世界在经济系统、社交系统、身份系统上密切融合，允许每个用户内容生产和编辑。元宇宙区别于电子游戏，存在创造性游玩，开放式探索与现实连同。元宇宙不同于虚拟世界，里面具有权利、注意力和价值。VR让人变得越来越内向，整个文明变得越来越内向，我们越来越变成一种内向文明，而不是向外去开拓，去探索文明。

元宇宙本质上是一个无限游戏，它的经济模式是"利益相关者制度"。价值共创者也就是利益共享者，没有股东、高管、员工之分。所有参与者共建、共创、共治、共享。它的商业模型是创作者驱动。互联网是消费者驱动，用户数是互联网估值的核心指标。区块链是开发者驱动，开发者社区是区块链成功的标志。元宇宙则是内容创作者驱动,丰富多彩、引人入胜的内容是元宇宙"无限游戏"的关键。

"无限游戏"的概念由哲学家詹姆斯·卡斯于1987年提出。它的思想内涵非常丰富,广泛应用于国际政治、企业管理、游戏设计等诸多领域。无限游戏与有限游戏有着鲜明的对比,有限游戏以取胜为目的,而无限游戏以延续游戏为目的。有限游戏在边界内玩,无限游戏玩的就是边界(开放世界观)。有限游戏具有一个确定的开始和结束,拥有特定的赢家,无限游戏既没有确定的开始和结束(区块链不可停机性),也没有赢家。显然,传统互联网产品大多都是有限游戏,以追求利润、战胜竞争对手为目的,而元宇宙如果是构建在区块链智能合约体系之上,相当于注入了"无限性"。这种无限性体现在资产与元数据(游戏规则)的先天性、不可修改性、不可停机性等。

元宇宙构造的虚拟世界与现实世界将有非常大的差别,比如链上资产的转移成本其实是与字节数成正比,现实世界的资产转移成本则与金额成正比。链上是用户拥有对身份与数据的绝对专属权,现实中则属于平台控制着一切,平台可以注销、删除、冻结用户的账户与数据。链上是代码即法律,智能合约能在无人监督的状态下完成资产的自动交割,现实世界则需要被授权或许可的指定场所来完成资产的交易,且有时需要权力机构的强制执行。显然,元宇宙的产权、交易乃至生物繁殖等协议也将迥异于现实世界,我们需要的是原生的元宇宙协议,而不是孪生的元宇宙协议。

举个最简单的例子,传统游戏是环境先于物种(英雄、道具等)的,物种的属性得根据游戏环境而调整,即所谓数值平衡。无限游戏则是物种先于环境的。物种的产生是在游戏环境之外,先天的。物种属性先于游戏环境而存在,存在一个外部的不被游戏开发者主导的公开市场。开发者不能任意修改物种属性,正如一个元宇宙游戏开发者无法将游戏币在他的游戏中设计得很廉价或无关紧要,否则,套利者会将他的游戏中的资产(英雄与道具)"一套而空"。

虚实界面:拓展现实、机器人、脑机接口。拓展现实包括VR虚拟现实、AR增强现实、MR融合现实。VR提供沉浸式体验,通过全面接管人类视觉听觉、触觉以及动作捕捉来实现元宇宙的信息输入输出。AR则在保留现实世界的基础上叠加一层虚拟信息。MR通过向视网膜投射场景,可以实现虚拟与真实之间的部分保留与自由切换。机器人通过实体的仿真肉身成为连同元宇宙的另一种渠道。脑机接口技术应用于医学领域。

三、数字友好碳中和

碳中和的战略意义深远。中国计划2030年前实现碳达峰,2060年前实现碳中和[①]。背景是巴黎气候大会上各个国家共同努力把地球平均温度上升控制在2摄氏度以内。方法是控制温室气体排放。控制碳排放列入国家战略。工业发展绝大多数靠石化能源,生产包装消耗电能燃料。碳

---

① 《环保科普 | 碳达峰碳中和100问》,澎湃新闻,https://m.thepaper.cn/baijiahao_16907896.

达峰是年碳排放总量达到最高值，然后逐年减低。低碳能源替换，使用更多吸收碳的办法。碳中和就是碳的净排放等于或者小于吸收量，实现宏观对冲。碳足迹，英文为carbon footprint，是指企业机构、活动、产品或个人通过交通运输、食品生产和消费以及各类生产过程等引起的温室气体排放的集合。它描述了一个人的能源意识和行为对自然界产生的影响，号召人们从自我做起。已有部分企业开始践行减少碳足迹的环保理念。在减少碳足迹行动中可以设立激励制度。

为什么说碳中和是国策？哲学家阿瑟·扬（Arthur Young）说过，国际行为是政治和利益的博弈。控制全球变暖是人类共识，涉及技术变革、能源变革、产业变革，变革领先者，会成为未来国际社会的引领者。

碳中和的战略意义：

（1）降低石油的进口，减少能源依赖。目前我国石油70%以上依赖进口，国家能源链上存在不稳定因素和风险点。

（2）产业链重构带来的弯道超车机会。例如欧美日企业内燃机发动机变速箱技术上累积了大量专利，但是转型电动汽车，大家在一个起跑线上，中国甚至有竞争优势。中国在水电、风电、绿色发电，以及光伏技术、特高压技术上具有巨大市场前景。

（3）创造巨大就业和税收。新的产业带来就业，同时增加税收。例如合肥建立了电动汽车产业园，增加了就业和税收。

（4）增加国际影响力。中国目前是世界第一大排碳国，如果顺应人类未来需求，对联合国可持续发展目标做出表率，在新能源新动力新材料领域领先，可提高国际话语权。这些硬核技术对中国国际地位的提升有明显帮助。

变革时期谁跑得快，谁就是引领者。碳中和不仅是人类未来的环保要求，也是国家竞争赛道。既要环保，也要突破限制实现百年复兴梦，促进全人类可持续发展。

专题十三
电子商务法

本讲我们将了解《中华人民共和国电子商务法》(以下简称《电子商务法》)的重点条文，以及相应的关于平台经营者的法定义务、跨境电商十大关键词以及热点话题的解读。通过本讲，我们希望达到如下目标：第一，了解《电子商务法》中关于经营者的界定。第二，了解《电子商务法》中关于知识产权的通知删除义务。第三，介绍电子商务行为中的登记、纳税、交易记录留存、刷单的风险与提示。第四，对于常见的二选一、垄断、强制搭售、好评返现等常见问题予以解答。

《电子商务法》于2018年8月31日发布，2019年1月1日起实施，共七章八十九条。

法条的总则是价值的宣示，一开始就要界定什么是电子商务，什么是电子商务的经营者，然后通过一般性的规定，把电子商务平台的经营者也予以规定。从交易的流程上看，电子商务合同的订立、履约、争议解决、如何促进、法律责任构成了《电子商务法》的逻辑。

一、电商平台运营的"应当"

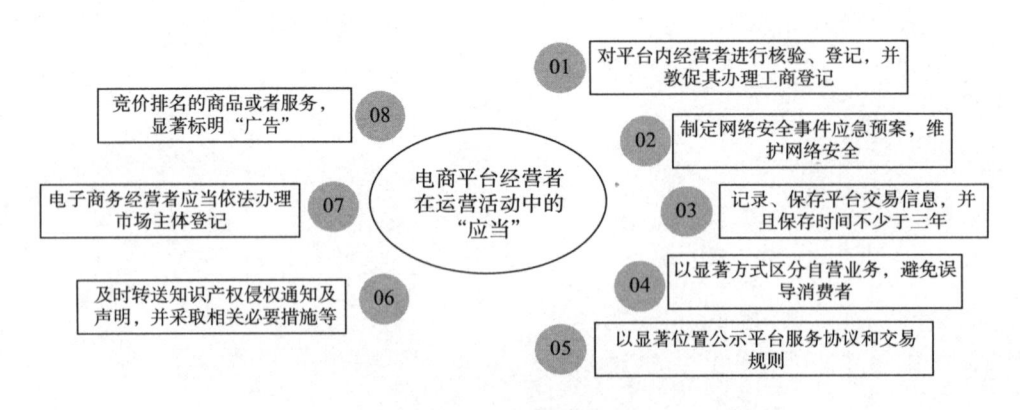

图 13-1 电商平台经营者在运营活动中的"应当"

电商平台的经营者有8项义务，如果在平台上从事相关业务，而平台未遵守，可以向市场监管部门投诉平台或者在法庭中引用条款。

第一，平台的经营者要对平台内经营者核验登记。意思就是有人要在平台里经营的话，经营者就要对他们的身份进行核验、登记；如果不登记，那平台相应要承担连带责任，这就是风险。那么问题来了，如果平台里是个人卖家，但其实背后是公司在运作，平台有没有尽到应尽义务呢？我的看法是未尽到应尽义务的。

第二，要制定网络安全的应急预案，维护网络安全，是网络安全法上所要求的。一般网安部门会专门指定平台去设立相应的安全负责人，然后定期地巡查记录，还有相应的留档，也就是责任到人，记录留档。一切的信息都要可巡查、可控、可删除。

第三，记录、保存平台交易信息不少于3年。例如交易信息、支付信息、争议信息，保存不少于3年。这个3年跟现行《民事诉讼法》诉讼时效是一致的。

第四，自营业务要以显著方式标明。为什么？因为自营业务是平台责任，普通的平台业务是连带的责任，找不到商家才由平台承担责任。

第五，以显著的方式公布平台的服务协议和规则。现有的网络安全法、隐私类法规，都要求服务协议要以明示的方式让用户看到、同意。到时候会成为争议解决的依据。当然服务协议如果有格式条款，排除用户权利或者条款有歧义时，应朝着利于非格式条款制定方来解释。

第六，要及时转送知识产权侵权通知及声明，并采取相关的必要措施。这个也是中美贸易谈判中比较重要的内容。对知识产权的保护，主要遵循避风港原则跟红旗原则。避风港原则就是通知删除义务，如果有人通知经营者他的知识产权被侵犯了，就要把这个侵权信息审查，如果确有其事，就得把侵权信息删除掉。然后要及时转送通知，谁侵权的或者权利是谁的，要尽可能通知他人，然后采取必要措施。如果不采取必要措施的话，经营者就可能要承担连带责任。

第七，电子商务经营者，依法办理市场主体的登记。现在有电子营业执照，还有虚拟地址都可以拿来做登记，目的是责任到人。

第八，竞价排名商品服务，要显著标明这是广告。这个主要是针对之前敏感性事件。过去竞价排名标志不明显，导致很多人点击，轻信了竞价排名广告的服务。但是广告做得好不一定口碑好，所以有很大的风险，要明确提示消费者，这个信息是广告。

二、电商平台运营的"不应当"

不应当的事情就是从消极的层面规定平台经营者哪些是不能做的。平台如果做了，可以此为理由维护自己的合法权利。

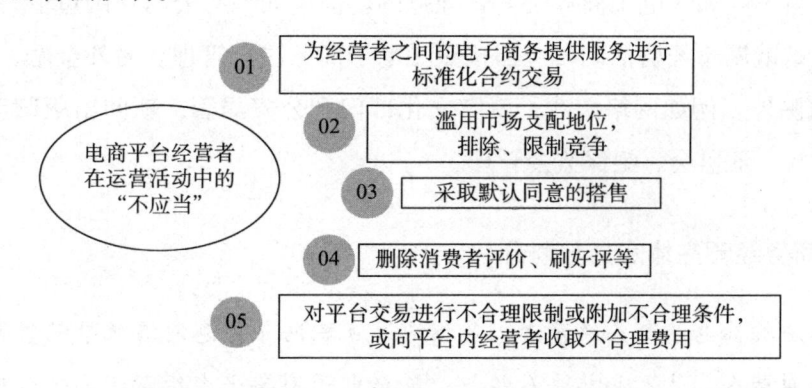

电商平台经营者在运营活动中的"不应当"：
- 01 为经营者之间的电子商务提供服务进行标准化合约交易
- 02 滥用市场支配地位，排除、限制竞争
- 03 采取默认同意的搭售
- 04 删除消费者评价、刷好评等
- 05 对平台交易进行不合理限制或附加不合理条件，或向平台内经营者收取不合理费用

图 13-2 电商平台经营者在运营活动中的"不应当"

第一，不得采取集中竞价、做市商等集中交易方式进行交易，不得进行标准化合约交易。为什么？因为这相当于开交易所了，属于严格行政许可的行业。

第二，不得滥用市场支配地位，排除、限制竞争。这涉及垄断理论问题，是结构是行为还是具体问题，需要具体分析。一般认为垄断是行为，即具有了垄断结构也就是市场支配地位，不一定就侵害消费者权利，有可能会带来效率，但是滥用市场支配地位就属于违法。怎么判断具有市场支配地位？一般是推定，在相关市场里一家经营者市场份额超过1/2，两家经营者市场份额超过2/3，就推定具有市场支配地位。

第三，不得采取默认同意的搭售。比如过去有一些订票平台，帮消费者默认把保险、接送机服务、酒店优惠券都勾选上。结账时消费者发现，为什么多了三五十块钱？这就是默认同意搭售，是违法的。合法的做法是明示消费者，让消费者自己勾选。

第四，不得删除消费者评价。有评价必须公示，不能乱删差评，乱刷好评。

第五，不能对交易行为不合理限制、附加不合理调解、收取不合理费用。遇到这些情形，可以向市场监督管理局、发改委、商务部等相关部门举报。

三、《电子商务法》重点条文

重点条文包括电子商务定义、主体登记、纳税、信息管理、信息报送、信息留存、经营者连带责任、信用评价、知识产权保护、平台责任等。

（一）《电子商务法》中电子商务定义

第二条　中华人民共和国境内的电子商务活动，适用本法。

本法所称电子商务，是指通过互联网等信息网络销售商品或者提供服务的经营活动。

法律、行政法规对销售商品或者提供服务有规定的，适用其规定。金融类产品和服务，利用信息网络提供新闻信息、音视频节目、出版以及文化产品等内容方面的服务，不适用本法。

评析：这个定义局限在互联网上，与我们说的数字贸易中生产、销售、运输、支付等范围不同。它主要指销售行为，商品和服务都可以，并且还得是经营活动。比如买卖个人二手物品，不是经营活动，就不归属《电子商务法》管理范围。但是如果有公司在闲鱼上"养号"，以闲鱼玩家名义卖货，这就属于经营活动，应当按照《电子商务法》管理。另外金融、新闻、音视频、出版及文化领域除外。例如网络游戏，就归文化部门和公安局管，新闻出版归新闻出版署，金融归中国人民银行、证监会、银保监会管理。

（二）电子商务经营主体定义与划分

第九条　本法所称电子商务经营者，是指通过互联网等信息网络从事销售商品或者提供服务的经营活动的自然人、法人和非法人组织，包括电子商务平台经营者、平台内经营者以及通过自建网站、其他网络服务销售商品或者提供服务的电子商务经营者。

本法所称电子商务平台经营者，是指在电子商务中为交易双方或者多方提供网络经营场所、交易撮合、信息发布等服务，供交易双方或者多方独立开展交易活动的法人或者非法人组织。

本法所称平台内经营者，是指通过电子商务平台销售商品或者提供服务的电子商务经营者。

评析：本条文将电子商务经营者分为"平台"和"平台内经营者"以及"其他电子商务经营者"三大类。其他电子商务经营者指的是自建网站、其他网络服务等，例如当下非常流行的各类App销售、微信公众号销售、微信小程序销售、微信朋友圈销售等，也应当遵守《电子商务法》。

（三）电子商务经营者的登记

第十条 电子商务经营者应当依法办理市场主体登记。但是，个人销售自产农副产品、家庭手工业产品，个人利用自己的技能从事依法无须取得许可的便民劳务活动和零星小额交易活动，以及依照法律、行政法规不需要进行登记的除外。

评析：2018年12月3日，市场监管总局发布了《关于做好电子商务经营者登记工作的意见》，其中，电子商务经营者申请登记为个体工商户的，允许其将网络经营场所作为经营场所进行登记。

以后无论"平台"还是"平台内经营者"，都应该申办营业执照。但是免除了小市场主体的登记义务。个人卖家无须进行工商登记，否则可能影响个人卖家开展电子商务的热情和电子商务的普惠特性。"便民劳务活动"和"零星小额交易活动"没有清晰界定，给自然人从事网络销售活动留下了空间。例如，销售自己种的黄瓜、个人做裁缝、自用二手物品这类物品不需要做市场主体登记。国家市场监管总局适时出台该意见，对电商经营者的登记要求进行细化，规定电商经营者可以将网络虚拟地址或者经常居住地登记为住所，很好地契合了电子商务虚拟性、跨区域性、开放性的特点。但是企业电子商务经营，必须要进行登记，并且互联网经营活动的电子营业执照是不得用于线下经营活动的。

（四）依法履行纳税义务与办理纳税登记

第十一条 电子商务经营者应当依法履行纳税义务，并依法享受税收优惠。

依照前条规定不需要办理市场主体登记的电子商务经营者在首次纳税义务发生后，应当依照税收征收管理法律、行政法规的规定申请办理税务登记，并如实申报纳税。

评析：本条第一款是关于电子商务经营者纳税义务的确认，这种纳税义务与充实线下传统的经营者是平等的、一致的。体现了在税收问题上线上、线下平等原则。第二款则规定了不需要办理市场主体登记的电子商务经营者的纳税义务问题。但需要强调的是，不需要办理市场主体登记并不意味着不发生纳税义务，在其营业额达到纳税义务的基准时，就应当办理税务登记，如实申报纳税。如果是个人所得也可以按照综合所得税制汇算清缴。

第二十七条　电子商务平台经营者应当要求申请进入平台销售商品或者提供服务的经营者提交其身份、地址、联系方式、行政许可等真实信息，进行核验、登记，建立登记档案，并定期核验更新。

电子商务平台经营者为进入平台销售商品或者提供服务的非经营用户提供服务，应当遵守本节有关规定。

评析： 本条款是对平台内经营者的身份信息管理义务的规定，平台对于平台内经营者有收集登记核验等义务。这一义务与《中华人民共和国消费者权益保护法》第四十四条对接，主要目的在于保护交易相对人。如果平台不能提供平台内经营者的真实有效信息，将要承担连带责任。这些信息审核属于实质审核，而非形式审查。

（五）搭售

第十九条　电子商务经营者搭售商品或者服务，应当以显著方式提请消费者注意，不得将搭售商品或者服务作为默认同意的选项。

第七十七条　电子商务经营者违反法律、行政法规有关个人信息保护的规定，或者不履行本法第三十条、第十八条第一款规定搜索结果，或者违反本法第十九条规定搭售商品、服务的，由市场监督管理部门责令限期改正，没收违法所得，可以并处五万元以上二十万元以下的罚款；情节严重的，并处二十万元以上五十万元以下的罚款。

评析： 上述法条对电商"商品搭售"的现象做出了有针对性的规定，很大程度上维护了消费者的知情权和监督权。但值得注意的是，条文并不反对套餐式销售，关键是要说清楚不能让消费者默认勾选。针对诟病已久的搭售行为，中国民航局运输司早在2017年8月9日发布《关于规范互联网机票销售行为的通知》，要求严禁互联网机票销售中的"搭售"行为，并表示要加强对互联网机票销售行为的监督管理。因此，各互联网机票销售平台更不能以默认选项的方式搭售机票以外的服务产品，并且应当通过清晰显著、明白无误的形式设置为旅客自主选择项。

搭售行为成为关注重点，在电商行业中主要在生活服务OTA等平台集中出现。消费者权益保护在不断加强。对于包括在线旅游平台在内的生活服务电商平台而言，不仅需要明确规范、坚守底线，还应该专注于产品与用户服务质量的提升，从产品经营、服务保障、防范风险等多个方面提升综合实力，这样才能在瞬息万变的行业大潮中站得稳、行得远。制止搭售行为及改善网络消费环境，需要更多人的努力。除消费者积极反馈外，还需要政府监督部门积极作为，依法行使监督权限。针对一些情节严重的企业，应依法惩处，以示警诫。同样地，消费者在权益受到侵害时，应当积极维权，否则只会助长平台违法行为。

（六）用户信息保护

第二十三条、二十四条规定了对有关个人信息的保护，并规定不得对用户信息查询、更正、删除以及用户注销设置不合理条件，用户注销的，电子商务经营者应当立即删除该用户的信息，但同时规定双方约定保存的除外。

第七十六条规定平台经营者对违反前款规定的平台内经营者未采取必要措施的，由市场监督管理部门责令限期改正，可以处二万元以上十万元以下的罚款。

评析： 用户信息的删除权问题，涉及根本认识问题，用户的数据属于经营者还是用户的，法律规定是用户的，但是可以通过约定保存用户数据。

（七）平台内身份信息和纳税信息报送

第二十八条　电子商务平台经营者应当按照规定向市场监督管理部门报送平台内经营者的身份信息，提示未办理市场主体登记的经营者依法办理登记，并配合市场监督管理部门，针对电子商务的特点，为应当办理市场主体登记的经营者办理登记提供便利。

电子商务平台经营者应当依照税收征收管理法律、行政法规的规定，向税务部门报送平台内经营者的身份信息和与纳税有关的信息，并应当提示依照本法第十条规定不需要办理市场主体登记的电子商务经营者依照本法第十一条第二款的规定办理税务登记。

评析： 本条规定配合《电子商务法》第十、十一条规定。在电子商务中最大的特点是，平台经营者掌握着大量平台内经营者的数据。这些数据对于市场监管及税务监管机构不可或缺，因此就要报送信息。但是，相关的主管部门必须保密，只能为监管目的使用，不得向第三方披露。同时，平台报送的信息必须全面、完整、真实，不得篡改。最后，平台为履行该报送义务所产生的费用原则上应该由平台承担。但监管部门应注意减少平台经营者这一负担。

（八）交易安全保护

第三十条规定了平台要保证网络安全、稳定运行，防范网络违法犯罪活动，有效应对网络安全事件，保障电子商务交易安全。

评析： 如平台遭遇数据错误或数据丢失时责任分配等问题没有规定。民事赔偿责任不可避免，例如友盟程序员删库，网络游戏回档造成装备、经验丢失，都会引起民事赔偿责任。

（九）商品和服务信息、交易信息记录和保存

第三十一条　电子商务平台经营者应当记录、保存平台上发布的商品和服务信息、交易信息，并确保信息的完整性、保密性、可用性。商品和服务信息、交易信息保存时间自交易完成之日起不少于三年；法律、行政法规另有规定的，依照其规定。

第八十条规定，电子商务平台经营者不履行第三十一条规定的行为的，由有关主管部门责令限期改正；逾期不改正的，处二万元以上十万元以下的罚款；情节严重的，责令停业整顿，并处十万元以上五十万元以下的罚款。

评析： 本条规定了平台经营者的数据保存义务。这一义务与平台协助消费者维权的义务，以及配合执法机关查明事实的义务相联系。平台经营者的数据记录和保存义务必须与其他条文中规定的平台责任结合起来。如果不履行这一义务，可能承担相应的法律责任。这一义务类似于"在自己经营的场所安装监控"，在发生纠纷的时候，协助查明发生的事件真相。否则就要承担举证不能的客观证明责任，也就是要承担不利的法律风险。此外，关于数据的完整性、保密性和可用性，也是平台履行数据保存义务的要求。保存数据不得少于3年，这是配合民事诉讼的3年诉讼时效。实际大型电子商务平台的数据保存可能是无限期的。数据存储有没有商业机会？另外就是消费者如果遇到取证困难，可以向法院申请要求电商平台提供信息。这是平台的法定义务，大型互联网公司都有专门对接法院的人。互联网法院为什么可以线上审理？可以高效率？部分原因是大型互联网公司基本都设置了专人对接司法的查证需求，真实而高效。

（十）服务协议和交易规则核心内容

第三十二条规定了平台经营者制定平台服务协议和交易规则中应明确"进入和退出平台、商品和服务质量保障、消费者权益保护、个人信息保护"等方面的权利和义务。

第三十三条规定，平台经营者应当在其首页显著位置持续公示平台服务协议和交易规则信息或者上述信息的链接标志，并保证经营者和消费者能够便利、完整地阅览和下载；对于修改等内容也做了明确规定，首先应当在其首页显著位置公开征求意见，采取合理措施确保有关各方能够及时充分表达意见，修改内容应当至少在实施前7日予以公示。

第三十四条规定了平台内经营者不接受修改内容，要求退出平台的，电子商务平台经营者不得阻止，并按照修改前的服务协议和交易规则承担相关责任。

评析： 一般平台有服务协议，要有规定的服务协议版块。定期要更新服务规则、要持续公示、多听取消费者意见，保证经营者消费者便利下载，最少公示7日再生效。如果消费者不同意，就要按照旧规则执行。如果消费者同意，则按照新规则执行。如果消费者不同意要求退出平台，经营者就要按照旧的协议承担相应的责任，保护退出权。

（十一）不得限制经营者、采取措施公示

第三十五条规定平台经营者不得利用服务协议、交易规则以及技术等手段，对平台内经营者的交易进行不合理限制或者附加不合理条件，或收取不合理费用。

第八十二条规定平台经营者违反本法第三十五条规定，对平台内经营者在平台内的交易、交易价格或者与其他经营者的交易等进行不合理限制或者附加不合理条件，或者向平台内经营者收取不合理费用的，由市场监督管理部门责令限期改正，可以处五万元以上五十万元以下的罚款；情节严重的，处五十万元以上二百万元以下的罚款。

第三十六条规定平台经营者依据其相关规定对平台内经营者违反法律、法规的行为实施警

示、暂停或者终止服务等措施的，应当及时公示。

评析：常见的平台二选一，就违反了第三十五条。"不合理"没有细化，具有主观性。在《反不正当竞争法》中，不合理指的是违反商业道德。例如破坏竞争秩序、协议垄断、滥用市场支配地位、限制低价、限制转售、拒绝交易、价格歧视等。

采取措施的时候，应当公示。平台处罚要履行类似于政府信息公开职责。

（十二）平台经营者的连带责任与相应责任

第三十八条 电子商务平台经营者知道或者应当知道平台内经营者销售的商品或者提供的服务不符合保障人身、财产安全的要求，或者有其他侵害消费者合法权益行为，未采取必要措施的，依法与该平台内经营者承担连带责任。

对关系消费者生命健康的商品或者服务，电子商务平台经营者对平台内经营者的资质资格未尽到审核义务，或者对消费者未尽到安全保障义务，造成消费者损害的，依法承担相应的责任。

评析：本条在立法过程中产生激烈的争论。

一是对"相应责任"的认定非常模糊，既未采取连带又不选择补充责任的做法，实际上导致消费者在维权时处在更加弱势的状态，在平台内经营者无法承担责任时，本条并不能明确保护消费者的合法权益，消费者也无法平衡维权成本与结果，事实上缺乏法律应有的确定性，打击消费者维权积极性。

二是"造成消费者损害的"若属于条款适用的必要条件，是不是意味着在没有造成损害的情况下，对关系消费者生命健康的商品或者服务，电商平台若未尽到安全保障义务、审核义务则无须承担责任？即电商平台拥有侥幸的空间？

此外，本条规定了平台经营者的安全保障义务。但是对于这种义务的具体内容，还不明确，需要通过以后的理论研究和司法实践来进一步明确。

（十三）信用评价制度与信用评价规则

第三十九条 电子商务平台经营者应当建立健全信用评价制度，公示信用评价规则，为消费者提供对平台内销售的商品或者提供的服务进行评价的途径。

电子商务平台经营者不得删除消费者对其平台内销售的商品或者提供的服务的评价。

评析：平台内的交易机会往往来自于信用，一是事前的信用等级，一是事后的评价。评价要公正不能随意删除，评价的规则还要公示。电商平台提供公共产品供大家交易，公共产品如果要保证正义，不在于怎么分三权和分五权，而在于切蛋糕的人要后拿蛋糕，这才能保证蛋糕切得公平。也就是把行为确定权与利益决定权分离。信用对交易机会有重大影响，于是引发了很多刷单炒信、恶意差评等现象。平台信息收集规则、删除规则、评价规则，都要依法进行，如果做得不到位,可以向有关部门反馈。

(十四)平台的知识产权保护义务

第四十一条　规定平台经营者应当建立知识产权保护规则,与知识产权权利人加强合作。

第四十二、四十五条规定,发生侵权时,知识产权权利人有权通知平台经营者采取删除、屏蔽、断开链接、终止交易和服务等必要措施;平台经营者知道侵权时应采取删除、屏蔽、断开链接、终止交易和服务等必要措施。

(1)接到通知后,未及时采取必要措施的,对损害的扩大部分与平台内经营者承担连带责任。

(2)知道或应当知道侵权,未及时采取必要措施的,与侵权人承担连带责任。

恶意发出错误通知,造成平台内经营者损失的,加倍承担赔偿责任。

第四十四条规定了平台经营者应当及时公示收到前述通知、声明及处理结果。

第四十三条规定了平台经营者接到平台内经营者的声明后,应当将该声明转送相关知识产权权利人,并告知其可以向有关主管部门投诉或者向人民法院起诉;平台经营者在转送声明后十五日内,未收到权利人已经投诉或者起诉通知的,应当及时终止所采取的措施。

评析:知识产权包括商标权、著作权、专利和商业秘密。商标领域侵权标准是造成消费者混淆。著作权领域就是四项人身权十一项财产权。专利是实质侵权,一个专利由ABC构成,如果方案是ABCD那就侵权,如果是ABE那就不侵权。

知识产权保护制度由知识产权保护规则、治理措施与法律责任组成。首先,这不是法律上的保护制度,而是与平台能力相关的保护制度。其次,知识产权保护包含两个层面合作,与平台内权利人和平台外权利人合作。再次,如果不建立知识产权保护制度会有法律责任。

实施知识产权保护规则很重要的方面是理解"通知—删除"义务。

第一,在避风港规则下,如果有人告知平台侵权,平台删除了信息,则无法律责任。第二,权利人合格的通知是要提供权属证明和侵权事实。第三,平台有权自主决定必要措施,是删除还是有足够的证据确信是不正当投诉而置之不理。第四,错误通知侵权或者恶意通知侵权要承担赔偿或者惩罚性赔偿责任。第五,还要及时通知权利人,告知可以向有关部门投诉或起诉。

这几条加强了平台的经营责任、增加平台的经营成本。建议平台经营者可与知识产权人建立相关合作关系,设定相关运作规则,为将来打击侵权行为扫除障碍。同时通过服务协议和平台规则设定虚假或错误通知平台采取措施导致的后果应由权利人自行承担。

(十五)商品、服务质量担保机制和先行赔偿责任

第五十八条　国家鼓励电子商务平台经营者建立有利于电子商务发展和消费者权益保护的商品、服务质量担保机制。

电子商务平台经营者与平台内经营者协议设立消费者权益保证金的，双方应当就消费者权益保证金的提取数额、管理、使用和退还办法等作出明确约定。

消费者要求电子商务平台经营者承担先行赔偿责任以及电子商务平台经营者赔偿后向平台内经营者的追偿，适用《中华人民共和国消费者权益保护法》的有关规定。

评析： 该条规定主要包含三个方面：鼓励电子商务平台经营者建立质量责任担保机制、设立消费者权益保证金以及承担先行赔偿责任的规定。该条文主要针对电商平台经营者和平台内经营者而设立，有益于消费者，切实保障了消费者的权益。

但值得注意的是，建立商品、服务质量担保机制和先行赔付责任并不是强制义务。但是做得好就构成了提高效率、增加消费者用户体验的独特优势。因为过去经营者需要派很多客服去维护消费者关系，现在不论如何，钱先退给消费者，平台慢慢去调查核实纠纷发生的原因。一要加强消费者信用管理，鼓励珍惜爱护自己的消费信誉，避免恶意侵占商家和平台利益的情况发生。二是消费者保证金要加强管理，谨防以保证金之名行融资、资金池、挪用资金之实，造成安全隐患。

（十六）投诉举报调解争议解决方面

第五十九条 电子商务经营者应当建立便捷、有效的投诉、举报机制，公开投诉、举报方式等信息，及时受理并处理投诉、举报。

第六十条 电子商务争议可以通过协商和解，请求消费者组织、行业协会或者其他依法成立的调解组织调解，向有关部门投诉，提请仲裁，或者提起诉讼等方式解决。

第六十一条 消费者在电子商务平台购买商品或者接受服务，与平台内经营者发生争议时，电子商务平台经营者应当积极协助消费者维护合法权益。

第六十三条 电子商务平台经营者可以建立争议在线解决机制，制定并公示争议解决规则，根据自愿原则，公平、公正地解决当事人的争议。

评析： 平台自建替代性争议解决机制（ADR）已经成为当前中国化解小额争议的有效途径。除了客服化解争议，像闲鱼平台试点的闲鱼仲裁庭，出现争议时，随机挑选9位在特定领域声誉好、有经验的用户当仲裁员，根据买卖双方陈述、举证做出简单多数投票裁定，就很好地化解了纠纷，节省了司法资源。

（十七）电商法对跨境电子商务的作用

跨境电商与做国内电商的是两拨人，政府管理也是分属不同部门管理。因为涉及进出关境，管理差异较大。

《浙江省跨境电子商务管理暂行办法》规定，跨境电商是指分属不同海关境域的交易主体，通过电子商务平台达成交易、进行支付结算，并通过跨境物流送达商品、完成交易的一种商务活动。其经营主体分成四类：自建跨境电子商务平台开展进出口业务的企业，简称"自建平台企业"，对应《电子商务法》自建网站的经营者；利用第三方跨境电子商务平台开展进出口业务的企业（含个体商户、个人网商），简称"电商应用企业"，对应《电子商务法》平台内的经营者；为电商应用企业提供交易服务、物流仓储、报关、报检、退税等专项服务或综合服务的跨境电子商务第三方平台或服务企业，简称"电商服务企业"，对应其他网络的经营者；为跨境电商应用企业提供网上交易服务的第三方电子商务平台，简称"第三方平台"，对应电子商务平台经营者。

根据《电子商务法》第二条的规定，该法适用中华人民共和国境内的电子商务活动。电子商务活动是指通过互联网等信息网络销售商品或者提供服务的经营活动。同时，明晰了电子商务经营者的主体分为三大类，分别是电子商务平台经营者、平台内经营者和自建网站、其他网络的经营者。

《关于增列海关监管方式代码的公告》也明确了"跨境贸易电子商务"与"保税跨境贸易电子商务"，均适用于境内个人或电子商务企业通过电子商务交易平台实现跨境交易。不同的是，后者保税跨境电商是在经海关认可的电子商务平台实现跨境交易。

所以，我国境内的电子商务经营者（个人或电商企业）帮助消费者从境外采购商品等跨境电子商务活动，同样适用《电子商务法》，即我国消费者通过境内电子商务经营者从境外购买商品等电子商务活动的，既可以按照我国涉外民事法律关系适用法律、法规，也可适用该法关于消费者保护的相关规定。这也符合当代消费者通过"代购"或者自行在海淘网站从境外购买商品的实际情况。

四、跨境电商主体资质及许可

国家食品药品监督管理总局在《关于食品跨境电子商务企业有关监管问题的复函》中明确规定：①食品跨境电商企业在线下开设展示（体验）店，但实际不销售食品的，不需要办理食品经营许可证。但该展示（体验）店应当在其营业场所设立提示牌，提醒消费者现场不销售食品。②食品跨境电商企业在线下开设展示（体验）店，但实际有销售行为的，需要按照规定办理食品经营许可证，所销售的食品需符合食品安全法律法规、食品安全标准的规定。《电子商务法》明确电子商务经营者应当办理市场主体登记，依法需要取得相关行政许可的，应当依法取得行政许可。《关于规范跨境电子商务支付企业登记管理的公告》规定，跨境电子商务支付企业在向海关办理注册登记或信息登记手续时，应当提供跨境电子商务支付服务的银行机构的金融许可证资质；非银行支付机构得提交支付业务许可证，且支付业务范围应当包括"互联网支付"。

综上所述，跨境电子商务经营主体应当办理市场主体登记，实行备案登记管理，依法取得许可证，不过这需要结合具体跨境业务模式来看。比如，跨境商品有多个仓储地的应当实行"一址多证"，实施生产许可"一企一证"，实行地域性、区域内管辖，有利于对跨境电商业务的监管。

五、跨境电商食品安全标准

自《中华人民共和国食品安全法》（以下简称《食品安全法》）修订实施以来，国家对于食品监管更加严格，无论是直邮模式进口或者保税模式进口均属于进口，更应当受其约束和管辖。传统跨境电商，境外企业在中国境内设立了食品的进口商、代理商，可以依法建立诸如进口和销售记录制度；进行商品入境检验检疫；对进口预包装食品、食品添加剂加贴中文标签；有说明书的，提供中文说明书；提供相关资质材料，以处理商品不符合食品标准安全和质量问题，也可以按照中国境内法律法规及时进行下架或整改，比如加贴中文标签，预包装食品符合GB7718国家标准规定，包装按照相关规定标示日食用量等。

但是，直邮商品、代购商品或者保税商品，在无法提供前述资质材料的情况下，按照法律规定也确实属于不符合食品安全标准的商品，没有加贴中文标签或中文说明书的，消费者可以依据《食品安全法》主张退一赔十。且《中华人民共和国消费者权益保护法》第四十四条规定："消费者通过网络交易平台购买商品或者接受服务，其合法权益受到损害的，可以向销售者或者服务者要求赔偿。网络交易平台提供者不能提供销售者或者服务者的真实名称、地址和有效联系方式的，消费者也可以向网络交易平台提供者要求赔偿。"又规定，"网络交易平台提供者明知或者应知销售者或者服务者利用其平台侵害消费者合法权益，未采取必要措施的，依法与该销售者或者服务者承担连带责任"。

同样地，在《电子商务法》第三十八条，也有类似规定。这意味着，直邮模式或保税模式下，电子商务平台方需要严格审核海外商家的经营资质及品牌资质，在无法提供海外商家资质，不能提供商家名称、地址和有效联系方式的情况下，要承担连带责任。同时，为了保障消费者知情权等，也应当向消费者披露海外商家的真实信息。平台方并不能够以商家在境外无法核实披露等不合理理由，主张免责。

结合立法及司法实践来看，跨境电商企业，无论是前文提到的几种主体，进境食品应当符合我国法律法规、其他国家规定及标准。预包装食品标签不符合国家标准的，认定为属于不符合食品安全标准，至于是否达到标签瑕疵，则需看具体标签内容才可予以判断。标签内容合规也是很多职业打假人的重点关注对象。对于职业打假人而言，主张诉求不需要花费检测费、人工成本等就可以提出。

六、跨境电商消费者权益保护

《电子商务法》中，明确要求电子商务经营主体应当履行消费者权益保护，依法承担产品和服务质量责任。跨境电商主体也在该法约束范围内。那么，是否意味着消费者完全可以依据该法主张涉外民事法律权益或消费者保护权益呢？其实，并不尽然。

在跨境电商通关过程中，电商企业应当在跨境电商通过服务平台上提供的报关单、支付企业提供的支付清单、物流企业提供的物流运单，三单数据确认无误后才可放行进境。"海淘""代购"身份主体虽被认可,但进境通关难度极高,涉及检验检疫、许可证、进口配额,报关数量有限等问题。这对于小型电商而言,无疑增加成本和负担。为了规避海关的监管,很多海淘客选择从"灰色"渠道入关进境,或者以人代购。这也导致很多委托"灰色"海淘客或以人代购的商品,一旦发生质量问题,消费者难以倒追境外商品主体责任。

譬如直邮商品和保税区商品,一旦商品出现问题需要退换货或追责的,则需要区别对待。消费者从境外电子商务平台直邮购买的商品出现问题,比如境外电子商务平台亚马逊,则很难要求退换货或追责;但如果通过网易、天猫等平台购买境外直邮商品,网易、天猫作为电子商务平台经营者,理应保护消费者合法权益,承担产品和服务质量责任。这一点从天猫国际规则也可见得,天猫国际平台要求商家必须向消费者提供当地指定退货地点及正规退货渠道,即商品销往中国的商家需提供中国的指定退货地点;商品销往中国香港的商家需提供中国香港的指定退货地点;商品销往中国台湾的商家需提供中国台湾的指定退货地点。如此规定,也迫使需要入驻天猫国际平台的品牌方势必在中国境内建立"国内仓"和国内运营中心,最大限度地保障了消费者从天猫国际平台购买的境外直采商品也可以在中国境内进行退换货。

另一方面,《电子商务法》也提及国家推动建立国际和地区间的跨境争议解决机制,完善跨境电商消费者权益纠纷解决机制,依法维护跨境电子商务消费者的合法权益。2018年8月1日最高人民法院《关于为海南全面深化改革开放提供司法服务和保障的意见》也明确提出,跨境电子商务平台经营者使用格式条款与消费者订立仲裁协议,未采取合理方式提醒消费者注意,消费者请求确认仲裁协议无效的,人民法院应予支持。从司法实践层面,对于跨境电商贸易纠纷,也将在日后逐步完善纠纷解决机制。仲裁的好处就是遵循1967年《纽约公约》,一旦仲裁生效,全球都可以执行。但是因为电商争议一般金额比较小,所以选择仲裁是很少见的。

七、跨境电商数据共享

《电子商务法》第六十九条规定:"鼓励电子商务数据开发应用,保障电子商务数据依法自由流动。"同时又规定,"国家采取措施推动建立公共数据共享机制,促进电子商务经营者依法利用公共数据"。这一项规定,意味着国家鼓励电子商务数据商业化,鼓励电子商务数据流转、共享,打破各个主管部门之间的数据"孤岛"问题,开放公共数据进入商业领域及各个部门数据。同时,这也表明,数据间的共享、流转,能在很大限度上推进和实现跨境电商备案、申报、审查等有效监管,提高进境通关速度,更加适应互联网模式下跨境电商快节奏的速度,也将决定着电商发展的梯度进阶形态。

八、跨境电商模式下的犯罪形态

随着移动互联网、网络购物、跨境电商等的快速发展,国内消费者购买境外服务或产品,到境外或通过境外网站交钱参与活动,其合法权益无法得到国家法律全面保护。这也滋生了一些非法组织，比如传销组织，打着所谓"微商""电商""消费投资""旅游互助"等名义，以高投资高回报率作为诱饵，看似推销产品和服务，实则从事"拉人头、发展下线"的传销活动。特别是一些境外传销组织，向境内消费者推销境外产品和服务，再通过境外网站，用外币或虚拟货币进行结算，或者怂恿消费者直接到境外交钱加入，以此来逃避中国境内法律法规和执法部门的约束和监管。这种境内境外操作的犯罪形态及犯罪行为更加隐蔽，有些非法组织甚至以合法的、受国家政策支持的新兴互联网企业开展活动，呈现虚假的欣欣向荣繁荣之景，并许以高额回报蒙蔽消费者，导致众多消费者上当受骗。这也需要加强对利用跨境电商进而犯罪的模式，进行深入研究分析。

在现行《电子商务法》中，尚有诸多内容和环节仅属于原则性规定，应尽快依据其他法律法规或出台具体实施细则的方式，进行明确和细化。

九、跨境电商的民商事法律问题和行政管理问题

跨境电商规范可以分为两个方面，一方面是与普通的电子商务相通的部分，可以适用《电子商务法》不存在问题。另一方面是跨境电子商务其本身独有的问题，需要单独的、专门的规范。这些独有的问题，又体现为民商事法律问题和行政管理法律问题两类。

民商事法律问题，如果跨境电商列入了《电子商务法》的规范范畴，这些问题直接可以适用《电子商务法》，也就不成为问题。有问题的是不能纳入《电子商务法》调整范围（或不确定能否纳入）的这一部分。我们知道，电子商务一个根本特性就是全球化，局限在一国之内的电子商务很少见，也不是电子商务发展的趋势。现在大型的电子商务平台和经营者基本上都是全球范围内经营。根据《电子商务法》第二条，"中华人民共和国境内的电子商务活动适用本法"。如何理解，非常关键。正如我们之前所分析的，目前电子商务都存在着全球化的情况，如何理解电子商务活动在中国境内？是电子商务经营者注册在中国境内，电子商务经营平台在中国境内，还是电子商务交易的行为全部或部分发生在中国境内？抑或是只要一方主体在中国境内即可？比如中国消费者在国外电商平台上购买商品的行为，算不算中国境内的电子商务活动？这一条法律需要解释。根据上下文，我们也可以做一个推断，立法者的本意应该是局限电子商务经营者、电子商务平台经营者在中国的范畴之内。如果是这样的话，那么大量的跨境电子商务行为将被排除在电子商务法的管理之外。

行政管理问题，这里专指其特有的进出境监督管理问题。实践中跨境电子商务的最为突出的问题就是海关、税务、外汇等部门的监督管理问题。如何确定跨境电子商务平台销售商品的性质，是货物还是个人物品？如何设定通关模式，如何办理通关手续，如何征收税款，如何办理出口退税，如何办理外汇进出境，等等，对管理部门和跨境电子商务经营者、消费者来讲，都是需要明确的问题。否则，会带来不确定性，对跨境电商带来消极影响，实践中也确实产生和存在着大量的问题。现行的《电子商务法》对此几乎没有涉及，只是一些原则性的、宏观的、

宣言性的规定，对社会实际需求而言是远远不够的。

十、《电子商务法》中跨境电商规定的意义

跨境电商方面规定是亮点也是缺憾。一方面，我国跨境电商确实存在立法缺失，不仅在法律、行政法规的层面上存在缺失，就连海关总署等管理部门的行政规章也都没有制定颁布。目前实践中能见到的就是国务院的一些政策性规定和海关总署等部门的一些公告，行政管理规范严重缺失。从这个方面讲，电子商务立法对跨境电商的规范，确实是一个标志性事件。另一方面，《电子商务法》中对跨境电商的规范是框架式的、笼统的，没有具体详细的规定，不具备可操作性。实践中的难题没有真正解决。

2018年11月30日，商务部、财政部等十几个部委联合发布了三份进口跨境电商政策文件，进一步完善我国跨境电商零售进口监管工作，调整跨境电商零售进口税收政策，提高享受税收优惠政策的商品限额上限，扩大清单范围，并于2019年1月1日起执行。三份政策文件分别为：商务部等六部委《关于完善跨境电商零售进口监管有关工作的通知》，财政部等三部委《关于完善跨境电子商务零售进口税收政策的通知》，财政部等十三部委《关于调整跨境电商零售进口商品清单的公告》。

观点一：政策调整对海淘代购会产生"浴火重生"的影响。跨境电商政策调整除了清单扩容和税收优惠政策的商品限额提高外，还明确已经购买的跨境电商零售进口商品不得进入国内市场再次销售。再次明确跨境电商零售进口商品不得进入国内市场再次销售，基本对跨境电商行业不会产生新的影响，不过对个人代购或会产生"浴火重生"的影响。不管是个人名义，还是以公司为单位运作的代购公司明显是违法的，本来就处于"灰色地带"，以后运作更难。

观点二：政策持续利好进口跨境电商释放信号明显。国务院再次决定延续和完善跨境电商零售进口政策并扩大适用范围，对中国进口跨境电商行业将带来重大利好，这也是"四八新政"[①]出台后第三次延期执行。不仅延续个人自用进境物品监管，而且继续有利于跨境电商企业做大做强。跨境电商零售进口的监管模式和措施继续完善，对质量的监管和把控也会加强。政府已在反思外贸监管政策，在跨境电商所引发的全球贸易新趋势下要进行监管创新，仍需要时间继续推行试点，以总结经验，研究出一套更符合全球贸易发展趋势的跨境电商监管制度。

观点三：税目商品增加限值提高给进口跨境电商更大想象空间。值得注意的是，此次国务院还新增加了63个税目商品，提高单次交易限值和年度交易限值。这继续给进口电商行业带来更大的想象空间。进口跨境电商依靠削减中间环节提高了交易效率，降低了成本，更好迎合了国内消费升级背景下对于更高性价比的国外产品的需求，从而发展迅猛，市场规模迅速扩大。跨境进口电商未来需向中高端市场发展，以多种物流形式结合以应对形势的变化，行业巨头将

---

① 跨境电商业内所称的"四八新政"，是指在2016年4月8日开始实施的跨境电子商务零售进口税收新政，以及相应的两批跨境电商零售进口"正面清单"。

更加凸显自身供应链管理及资金运营优势。

观点四：进口跨境电商正步入全产业链竞争时代。跨境电商正在由打造爆款单品向提供全程的优质服务转移，就平台而言，消费升级的趋势对其资源整合、全程把控能力也提出了更高的要求，货品采购、通关物流、销售服务，每一个环节都影响客户体验。基于此，也为电商从不同领域着手建立竞争优势提供了切入口。消费结构的快速升级蕴含着巨大的消费潜力，然而国内消费需求释放面临缺乏有效产品供给匹配的问题，使得消费市场正处于结构升级的断档期。伴随收入水平提升及人口结构变迁，当前消费结构呈现出多元化、个性化以及快速多变的发展态势。

十一、微商、海外代购

以前游走在"灰色地带"的微商代购，从今以后都会受到严格的监管。一旦违规，等待着的将是最高200万元的巨额罚款。

从《电子商务法》出台到现在，微商、代购一直都是居高不下的热点，也能看出这一行其实已经渗透在每个人的生活中。从税收的角度来说，每个人的工作、消费都需要缴税，微商、代购也不能例外。另外，还有作为经营者却不在监管范围内的问题，这不仅仅是经营者的问题，也有我国先前对准入管理不够严格的问题，但是无论如何，微商、代购都不应该是法外之地。

《电子商务法》实施前，代购的利润点在于免交关税、消费税等，也和以往的执法依据不够明确、执法程度不够到位有关，但《电子商务法》明确规定后，代购要求办理主体登记及纳税，成本自然就上去了，价格也会相应地上调，其优势也会减少；但与跨境电商平台相比，还要看《电子商务法》对代购的制约力度到底有多大。当然，《电子商务法》并不意味着代购被判了"死刑"。对于个人代购，该法并没有禁止，更多细则还需要部门规章和行政法规来调整。但这也并不是一件坏事，淘汰掉不正规的"小代购"，也有利于市场良性发展。跨境电商总体上仍处于"试验"阶段，并依赖于国家政策而非法律予以维系。电商法的实施，对于跨境电商要求也会更加严格和规范化。此外，近期发布的跨境电商新政延续按照个人物品过关，扩大个人年度进口额度、单次交易限制、跨境进口商品清单等措施都是明显利好。

十二、个人代购与走私之间的界限

个人代购与走私的区别在于有无偷逃关税，从海外购买回国的物品如果在免税额度之上的，需要向海关申报，并补足税款。伪报商品性质、低报商品价值以及入境不申报的行为均属于走私违法行为，而如果偷逃应缴税款在10万元以上，或者1年内因走私受到两次行政处罚后，又走私的将构成走私犯罪。

走私普通货物罪不仅侵犯了国家的税收制度，还侵犯了海关监管秩序和贸易公平。因此，走私普通货物、物品罪以偷税应缴税额而非被告人违法所得作为判处标准，《电子商务法》实施以后将会对个人代购产生巨大影响，从事海外代购交易的，必须先办理工商和税务登记后才能对外经营。

虽然《电子商务法》出台之后对代购业务的冲击显而易见，但其实更希望消费者和代购从业者、电商经营者把《电子商务法》看作一个信号，不仅仅是警告之后将严惩，而是对于代购行为本质是走私的认识将渗透到司法层面。这个信号就意味着代购行为的认定并不是从电商法实施开始，而是将对过去的走私行为进行累计计算。《中华人民共和国刑法》第一百五十三条规定"对多次走私未经处理的，按照累计走私货物、物品的偷逃应缴税额处罚"。这种情况下，代购行业、电商行业将面临一轮重新洗牌，由合规经营者作出替代，许多存在交易惯性的消费者、经营者或将因难以承受、难以适应而退出或做出其他改变。客观看待这件事，除了前述的两点之外，最关键的是不确定性在加大。无论是代购者、电商经营者、消费者还是执法部门都在这个环境里尝试，尝试彼此的空间。新的尝试也就需要去打破现有的场景，其间的不确定性意味着风险，"富贵险中求"的理念在此时需要转变为"不去尝试侥幸"，法律不保护在权利上睡着的人，也不会保护在违法边缘试探的人。

专题十四
数字贸易竞争力指数[①]

本专题讲数字贸易概念的由来、争议、谈判及评价标准。通过本专题,我们期望政府、企业、产业、学界、应用端能够找到数字贸易产业升级、指引、预测、教育、评价、参与的方法。

一、数字贸易的国际定义与中国方案

根据OECD2017年报告,全球贸易的发展大致经历了3个历史阶段,传统贸易—全球价值链贸易(Global Value Chains Trade)—数字贸易,表14-1概述了这3种贸易类型的特征、驱动因素以及贸易政策走向。

表14-1 不同时期全球化浪潮中贸易的特种、驱动和贸易政策走向

类型	特征	驱动因素	贸易政策议题
传统贸易	跨国界的生产与消费分离 货物成品贸易	运输成本下降	市场准入
全球价值链贸易(GVCs)	企业跨国界拆分生产过程,并利用区位比较优势 中间货物和服务的贸易 服务外包,全球生产部分转向新兴经济体	运输和协调成本的持续下降	贸易—投资—服务—知识联系 贸易便利化,进入国内或边境后的非关税措施
数字贸易	超链接的新时代:既有数字贸易,又有拆分生产、物流、消费和更多的传统贸易以及GVCs贸易 更少的实体货物以及数字服务 改变了某些服务的本质 将货物和服务捆绑在一起	运输和协调成本进一步减少 通过数据传输或分享信息的成本大幅下降 全球数字化趋势	数据流动 数字连接 互操作性

从表14-1可以看出,数字贸易脱胎于传统贸易和全球价值链贸易,同时随着区块链等新技术的出现,又高于传统贸易和全球价值链贸易,因此要对数字贸易发展及数贸区和数贸港建设做出评估和指引,首先要解决数字贸易的定义问题。

目前对于数字贸易容易混淆的概念主要包括电子商务、货物贸易、服务贸易等概念。从历

[①] 本文为2019年10月12日,杨勇、刘泽枫在南京江北新区"首届数贸中国产业发展大会"上首发的《2020数字贸易竞争力展望报告(江北指数)》。

史脉络看，数字贸易起源于美国于1996年率先提出的电子商务，美国财政部1996年在《全球电子商务选择性税收政策》中指出，电子商务是运用电子设备和技术在双方与多方进行货物和服务的能力。1998年WTO第二次部长会议后发布了《全球电子商务宣言》《电子商务工作计划》，认为电子商务是通过电子方式生产、分销、营销、销售或交付货物和服务。并且进行了三类区分：①信息、销售的商品和服务的电子传输；②商品和服务的网上购买并通过非网络途径交付；③服务（有些情况下是商品）以电子方式通过互联网的实际提供。欧盟则于1998年发布了《欧洲电子商务动议》，将电子商务分为直接购买和间接购买。直接购买所有流程都在网上，又称在线（on-line）交易，间接购买网上订购、付费，但是交付在线下，又称线下（off-line）交易。线下交易就是WTO分类中的第二类标准，主要是根据交易的标的是货物还是服务，决定电子商务是受到GATT还是GATS规制。

那么为什么一定要对国际贸易进行货物和服务进行区分？国际贸易的本质是降低壁垒、方便国与国之间的管理，增进社会总福利。货物贸易的管理较简单，通常是关税、配额、原产地标识、政府补贴这些手段。货品的进出口都要经过海关，如果进口量太多，还可以启动"紧急保障措施"，因此各国的开放货物贸易的压力较小，容易实现贸易自由化。但服务贸易管理则有两大难点：

一是交付服务大多不经过海关，政府无法对交易进行严格控制。服务贸易一般有跨境交付、境外消费、商业存在、自然人流动4种提供方式，基本上都无法接受海关的监管。

二是服务活动的特征是生产与消费同步进行。服务业的开放，意味着要允许外国人在本土设立服务机构对本国人提供服务。这也就是服务贸易中最大的部分，有可能会对本土市场带来巨大的冲击，并且这种开放有时候是不可逆的。因此，对服务业开放，各国都比较慎重。

但是现在技术的发展使得货物与服务混同，更加难以区分。以3D打印为例，3D打印在提交需求的时候，是跨境的设计服务，但在消费时它又是一个货物。那么是应该适用GATT关税及贸易总协定还是GATS服务贸易总协定规则呢？这会直接影响市场准入和税收管辖方面的自主权保留问题，因此引发了各国不同的看法和争论。如果将电子商务归为货物而适用GATT规则，并加上现有的对此类传输的关税免征协议，无疑等于成员方必须承担使网上交易全面自由化的义务。这是因为国民待遇和最惠国待遇是GATT规则的一般性义务。通过接受GATT的规则进而适用国民待遇，成员方就得放弃它们对通过互联网进口的产品在国内税方面实行歧视待遇的权利。此外，关税免征还使成员方对通过互联网进口的商品的税率约束在零关税的水平。

从表14-2的各国数字贸易定义发展历史脉络可以看出，虽然美国于2013年率先提出了数字贸易，但是对其定义也是一直变化的。我们认为这与两个原因有关：一是数字贸易是建立在数字技术之上的。这是如上数字贸易定义演变的根本原因。例如之前美国的定义中突出"互联网交付产品或服务"，到2017年扩展到"固定网络或无线数字网络"，对数字贸易所依托的技术进行更加清晰的表述。二是数字贸易发生的方式不同，导致数字贸易的标的不同。例如美国USITC2013年定义中强调依托互联网交付即属于数字贸易。而且2014年定义中依托互联网或互联网技术的线上交易、线下交易都算作数字贸易，这就包含了货物贸易。2017年定义又变更为通过有线网络或者无线网络，并且只能够网上传输的产品和服务。这个定义就又把货物贸易，也就是诸如现在最频繁发生的线上订购、线下交付的跨境小包裹给排除了，更多地强调数字贸易交付的产品或服务必具备网络传输特性。但是美国USTR2017年的定义中数字贸易又把互联网销售和智能制造包含进去。

表14-2　数字贸易定义发展脉络

美国定义	欧盟定义	OECD定义	WTO定义	联合国定义	中国定义
2013年，美国国际贸易委员会（USITC）在《美国与全球经济中的数字贸易Ⅰ》中首先提出"数字贸易"：国际和国内贸易中，通过互联网交付的产品和服务。认为数字贸易不包含大部分实体商品，如线上下单包含实体物的书籍、软件、CD、DVD等。并将数字贸易分为数字交付的内容、社交媒体、搜索引擎和其他数字产品	1997年，《欧洲电子商务动议》，区分在线上交易和线下交易	2017年，从统计角度，创造了一个广义数字贸易概念，满足三个条件之一，可以称为数字贸易：数字订购、数字（平台）促成、数字交付	1994年，TRIPs协议，可以参照适用于数字贸易中的知识产权问题	1996年，《电子商务示范法》	2018年浙江大学，《世界与中国数字贸易发展蓝皮书》，数字贸易是以现代信息网络为载体，通过信息通信技术的有效使用实现传统实体货物、数字产品与服务、数字化知识与信息的高效交换，进而推动消费互联网向产业互联网转型，并最终实现制造业智能化的新型贸易活动。这是传统贸易在数字经济时代的拓展与延伸
2014年USITC在《美国与全球经济中的数字贸易Ⅱ》中把定义修正为：依赖互联网和互联网技术建立的国内贸易和国际贸易。其中互联网和互联网技术在订购、生产以及产品和服务的交付中发挥关键作用。实体货物纳入数字贸易交易标的	欧盟在数字贸易方面制定了建立"单一数字市场"的目标。这被定义为"个人和企业可以在公平竞争的条件下无缝访问和行使在线活动的区域，无论其国籍或居住地"（欧盟委员会，2016）	OECD2019年《数字时代的贸易》：数字贸易是可以通过数字或实物交付的商品和服务贸易中的数字化交易。这包括数码软件、电子书、数据或数据库服务	1996年新加坡，第一次部长会议，《信息技术协议》(ITA)，"世界范围内信息技术产品贸易自由最大化"信息技术产品关税减免	2015年，联合国贸易和发展会议（UNCTAD）将电子商务定义为通过计算机网络进行的购买和销售行为。对联合国贸易和发展会议而言，电子商务涉及搭配实物商品以及以数字方式提供的无形（数字）产品和服务	2019年《中华人民共和国电子商务法》：电子商务，是指通过互联网等信息网络销售商品或者提供服务的经营活动。金融类产品和服务，利用信息网络提供新闻信息、音视频节目、出版以及文化产品等内容方面的服务，不适用本法商务部、中央网信办、工信部《关于组织申报国家数字服务出口基地的通知》数字服务界定为："采用数字化技术进行研发、设计、生产，并通过互联网和现代信息技术手段为用户交付的产品和服务。"

续 表

美国定义	欧盟定义	OECD定义	WTO定义	联合国定义	中国定义
2017年USITC《全球贸易1：市场机会与外国主要的贸易限制》，数字贸易定义为：通过固定网络或无线数字网络传输的产品和服务	欧盟2019年4月提交至WTO的电子商务提案： 一、承认电子合同效力，但不适用于广播、博彩、法律、公证、不动产、政府当局事务 二、承认电子身份认证和电子签名法律效力 三、保护消费者免受欺诈，要求贸易者提供诚信资料，保护消费者申诉权，增进消费者信任 四、保护消费者免受商业电子信息骚扰。可以通过事前同意或者事后拒绝方式，并提供申诉和识别谁发送的 五、电子传输（包括电子内容传输）不得征收关税 除了一般例外和安全例外条款，不得要求强制转让或使用源代码 六、跨境数据流。确保跨境数据流促进贸易，成员不得：强制要求使用境内计算设备和网络或者设定许可证。强制要求数据本地化存储。禁止在其他领土内存储或加工。跨境数据流转依据设备和网络的本地化 七、个人资料及隐私保护 八、开放互联网接入		1998年5月日内瓦，第二次部长会议《全球电子商务宣言》，WTO成员方政治上承诺"电子传输免关税" 1998年9月总理事会《电子商务工作计划》：电子商务，是通过电子方式生产、分销、营销、销售或交付货物和服务		学者观点： 一、数字贸易是依托有线或无线数字网络，通过数字交换技术，提供一种基于数字化电子信息为标的的创新商业模式 二、数字贸易是以数字形式或以数字技术作为基础工具所实现的有形产品、货物和无形的跨境交付，包括数字化贸易、数字支持贸易和数字驱动贸易 三、数字贸易是不同行业的企业通过相关设备在网络上进行的产品和交易
2017年，美国贸易代表办公室（USTR）发布的《数字贸易的主要障碍》报告认为，"数字贸易"应当是一个广泛的概念，不仅包括个人消费品在互联网上的销售以及在线服务的提供，还包括实现全球价值链的数据流、实现智能制造的服务以及无数其他平台和应用 美国2018年给WTO关于电子商务倡议基本等同于USMCA数字贸易条款			2019年1月25日瑞士达沃斯WTO非正式部长会议上，签署《关于电子商务的联合声明》，确认有意在WTO现有协定和框架基础之上，启动和贸易有关的电子商务议题谈判。鼓励所有成员参与谈判，以便使电子商务为企业、消费者和全球经济带来更大利益		中国世界贸易组织研究会数字经济和数字贸易专业委员会《数字贸易竞争力展望报告》观点：通过数字方式生产、分销、营销、销售或交付货物和服务

在"万物数字、万物互联"的大趋势下,将数字贸易等同于电子商务或者归属于数字服务贸易,越来越具有局限性,应对数字贸易做扩张解释。因为文化和技术输出能力不足,广大发展中国家倾向于将数字贸易限缩解释为电子商务,即基于互联网而进行的跨境货物贸易以及相关的服务,核心仍然在于"货物流动",本质是货物贸易,货物最容易改善物质生活;发达国家,尤其是在具有文化和技术输出霸权的美国,致力于将数字贸易定义于数字化交付内容及服务的跨境流动,核心在于"数据流动",本质是服务贸易。

从经济发展的角度看,以货物贸易促进服务贸易基本是每个发展中国家经济发展的必经之路。究竟将数字贸易界定在什么内涵和外延范围内,主要取决于3点:①需要知道货物和服务在立法、治理方式、税收管理、国际条约义务、社会福利经济学模型中如何区别对待;②是否有利于一国发挥比较优势;③是否易于达成区域协议或国际多边协议。美国的比较优势在于数字文化霸权、ICT技术霸权,因此美国在定义数字贸易的时候,试图将数字贸易局限在服务贸易概念之下,并且意图在"跨境数据自由流动""数据存储设备以及数字技术非强制本地化""保证网络自由接入"建立一个促进数字服务输出世界。但是中国的比较优势在于强大的平台经济,灵活的实践机制和立法机制,数字订购、实体交付等货物贸易,因此将数字贸易仅仅归属于服务贸易,将会显示出重大的定义不足,不利于数字贸易的全面发展。中国基于数字贸易的比较优势,是以跨境电商为代表的,数字贸易下的数字订购、货物贸易,以及现在不断发展的数字服务贸易。因此中国应当力推高效的跨境数字贸易争端解决机制,强化保护消费者权益和隐私安全,以"一带一路"建设数贸区和数贸港为契机,输出中国对于数字贸易的定义和范式,支持广大发展中国家制定与自己经济发展水平相适应的数字贸易发展方向。

因此,在数字化技术全面发展,尤其是以区块链技术为代表的无依托虚拟资产发行经济现象的今天,数字贸易与传统贸易应当是交集关系。数字贸易,应当满足三个标准之一:

(1)数字贸易应通过固定网络或者无线网络等数字方式进行。

(2)数字贸易线上交付和线上订购线下交付,均应属于数字贸易。

(3)数字贸易的内容包括传统产品和服务贸易中数字化的部分,也包括完全数字化手段生成的产品和服务的贸易。

因此本书将数字贸易的定义归纳为:通过数字方式生产、分销、营销、销售或交付货物和服务。

根据交易标的的不同,本书将数字贸易分为数字货物贸易和数字服务贸易(见表14-3):①数字货物贸易的交易标的包括数字货物的贸易如承载软件和影视作品的CD、DVD的贸易,以及线上订购线下交付的跨境电子商务贸易。②数字服务贸易包括数字内容服务贸易和以数字方式提供的服务贸易。数字内容服务贸易可以包括在线播放电影、听音乐、购买软件等,以数字方式提供的服务贸易例如数字化的服务包括在线英语课程等。

表14-3 数字贸易的分类

比较项目	数字贸易	
	数字货物贸易	数字服务贸易
贸易标的	跨境电子商务：主要是线上订购线下交付的实体货物 有实体交付产品的数字货物，如CD、DVD	数字内容服务贸易 数字媒体（数字音乐、数字电影、数字动漫影视、数字游戏、社交媒体） 软件贸易 卫星定位 搜索引擎 云计算 区块链纯数字资产流动 跨境数据流转 服务贸易数字化内容 数字旅游 数字教育 数字医疗 数字金融 其他通过互联网交付的离岸服务外包
适用协定	GATT（国民待遇、最惠国待遇均为一般性义务）	GATS（国民待遇非一般性义务、最惠国待遇一般性义务+例外条款） 建议FTA谈判，以适应当前越来越复杂的情况

在明晰了数字贸易各类定义之后，数字贸易工作究竟该如何开展呢？表14-4专门对比了在2019年瑞士达沃斯WTO非正式部长会议之后多国截至2019年9月《关于电子商务的联合声明》所提交电子商务与数字贸易的倡议和提案。

表14-4 美国、欧盟、中国关于数字贸易和电子商务的FTA协定与WTO提案[①]

比较事项	美国方案	欧盟方案	中国方案
国际提议和FTA	1998 – WTO Customs Duties Moratorium 2003 – US –Singapore FTA 2004 – US –Australia FTA 2009 – US –Korea FTA 2018 – TPP（退出）（现为CPTPP） 2018 – USMCA（代表美国最新看法） 2018.4.12 – WTO Joint Statement Initiative（与USMCA高度近似）	2015 – 欧韩FTA 2016 – 欧加（CETA） 2019 – 欧日FTA 2019 – WTO Joint Statement Proposal	2015 – 中澳FTA 2015 – 中韩FTA 2019.4.23 – WTO Joint Statement Proposal
电子认证和电子签名	未提及	是	是
电子签名	未提及	是	是
电子发票[②]	未提及	未提及	未提及
无纸化贸易	是	是	未提及

---

① 参考相关协定条款及多国向WTO提交的与电子商务和数字贸易有关倡议和提案。
② 2019年4月30日，新加坡在向WTO提交的电子商务提案中，论及电子发票系统及电子发票互认、互操的重要性。2019年7月5日，新西兰提案中也有类似表述。

续　表

比较事项	美国方案	欧盟方案	中国方案
推进在线支付[①]	未提及	未提及	未提及
保护在线消费者	未提及	是	是
电子传输免关税	是	是	是
有权就境内产生的收入和利润向数字贸易征税，即便境内没有商业活动[②]	是	未提及	未提及
数字产品非歧视性待遇	是	未提及	各国分歧巨大，需要澄清概念，提交 WTO 谈判之前，需要更多探索性讨论
个人信息保护	是	是	是
是个人信息非歧视条款[③]	未提及	未提及	未提及
非应邀电子商业信息拒绝权	未提及	是	是
信息跨境流转	积极推动	禁止从四个方面限制跨境数据流动	各国分歧巨大，需要澄清概念，提交 WTO 谈判之前，需要更多探索性讨论。要以安全为前提，考虑核心利益，符合法律法规
计算设施非强制本地化	是	是	各国分歧巨大，需要澄清概念，提交 WTO 谈判之前，需要更多探索性讨论
禁止以"开放源代码"为市场准入前提	是	是	未提及
禁止强制技术转让	是	未提及	未提及
禁止强制使用国家技术	是	未提及	未提及
限制或强制使用加密标准	是	未提及	未提及
禁止将 OTT（互联网）服务视同电信设计服务管制	是	未提及	未提及
开放政府数据，国民待遇	是	是	未提及
豁免互联网中介发布或传输责任	是	未提及	未提及
开放电信市场	是	未提及	未提及

---

①　2018 年 4 月 12 日，日本在向 WTO 提交的倡议中提议国内法保障电子支付，以避免电子支付的风险。

②　2019 年 4 月 30 日，巴西在向 WTO 提交的电子商务提案中，论及保留依法征税的权利。

③　2019 年 9 月 10 日，加拿大在向 WTO 提交的提案中重点论述了要求非歧视保护领土之外的个人信息，还要去公布个人信息保护措施，类似于不分种族、肤色、性别、性取向、语言、宗教、政治观点、国籍、社会出身、财产、残疾等一律同等保护的宪法条款。

续 表

比较事项	美国方案	欧盟方案	中国方案
开放计算机服务、金融、零售、物流、快递，以及数字化服务（如商业服务、专业服务、教育服务）①	未提及	未提及	未提及
最低限度关税和税收豁免	是	未提及	未提及
云计算服务限制	是	是	未提及
数据存储本地化	明确反对，并且认为是数字贸易壁垒	原则上境内存储	各国分歧巨大，需要澄清概念，提交WTO谈判之前，需要更多探索性讨论
网络接入自由②	是	是	尊重网络主权，加强网络安全
数字产品免关税	是	是	各国分歧巨大，需要澄清概念，提交WTO谈判之前，需要更多探索性讨论
关税及贸易便利化安排③	未提及	未提及	未提及
免除数字广告服务限制	是	未提及	未提及
改善艺术家和表演者的报酬，提高数字环节报酬和报酬的透明度④	未提及	未提及	未提及
公开数字贸易法规	是	是	是
政府干预数字贸易正当程序原则⑤	未提及	未提及	未提及
研究、培训、交流	未提及	未提及	是
消除数字鸿沟	未提及	未提及	是
增加妇女参加电子商务机会⑥	未提及	未提及	未提及
帮助发展中国家和最不发达国家	未提及	未提及	是
尊重各国差异	未提及	未提及	是
明确数字贸易协议定与已有WTO规则的关系	未提及	未提及	是

① 2018年4月12日，日本在向WTO提交的倡议中，建议改善信息通信服务市场准入和国民待遇。这是发展数字贸易的基础。可以促进国内外投资，鼓励竞争，并且可以消除数字鸿沟。同时对这些服务开放，将进一步对经济体的经济效益产生保定效果，带来额外的好处。

② 2018年4月12日，日本在向WTO提交的倡议中认为，网络限制使得中小微企业难以了解最新的国际电子商务规则，造成困境。

③ 2018年4月5日，阿根廷、哥伦比亚、哥斯达黎加在向WTO提交倡议中，建议货物贸易准入（如关税）及贸易便利化（如简化低价值货物的处理、简化退货程序）也应一并讨论。这三国也同意需要集中澄清现有世贸规则。

④ 2018年4月12日，巴西在向WTO提交的倡议中认为知识产权本地化保护、提高报酬和透明度非常重要。

⑤ 2018年4月12日，日本在向WTO提交的倡议中提议为了确保在线商业环境可预测性，WTO规则应设立行政正当程序原则。应当包括但不限于颁布法律法规，及提出反对动议的程序。同时政府应做出国际承诺在访问境内和境外的私营实体的知识产权和商业秘密应遵循正当程序原则。

⑥ 2018年4月11日，巴西在向WTO提交的倡议要提高女性作为消费者和贸易者参与电子商务的比例。

通过如上统计分析，我们可以发现：

美国因为其技术霸权和文化霸权（英语文化圈），在"跨境数据自由流动""数据存储本地化""个人隐私保护""网络接入自由"方面的倡导最为激进，美国于2019年6月14日专门向WTO提交了一份报告[①]，意在论证跨境数据流转的加强，对经济和相关事务的增效明显，并且尤其对发展中国家有益。但真实情况是根据2014年美国国际贸易委员会的估算，较少跨境数据流动障碍将使得美国的GDP增加0.1至0.3个百分点，推进跨境数据流转头号受益国是美国。在"数据本地化存储"方面，美国既有《爱国者法》《外国情报监控法》立法保障其全球执法的能力，同时又在强大网络技术能力的前提下，秉持"技术中立主义"，认为数据是否安全与存储位置没有关系，存储在国内可能更不安全，并且更加有利于本国政府获取本国公民数据。

欧盟在"跨境数据自由流动"方面观点跟美国近似，但是既慎重，又矛盾。因为欧盟的国家联合体并不存在一个相对统一的文化圈和大市场，全球股市市值前二十名的互联网公司，美国有十三家，欧盟一家没有。因此欧盟一方面期望通过促进数据跨境自由流转推进欧洲数字经济发展，另外一方面担心数据自由流转对个人隐私造成危害，同时更加不利于培养欧洲数字产业，成为美国的附庸。在"数据本地化存储"方面，欧盟内部如德国、法国都是支持"数据本地化存储"的，并且还带动了印度、韩国、俄罗斯、越南等国纷纷效仿加强数据本地化存储。

中国在向WTO的提案中，主要谈及电子合同，开展研究、交流和培训的议题。对于美欧所强调的所谓"跨境数据自由流动""数据本地化存储"回复是"再议"，其本质上的分歧在于，中国国内立法在如上两个议题上与美国有差别。

我们要认识到，数据监管由浅到深，数据流转由强到弱分成四种方法。第一种方法是根本没有监管，也就没有数据保护，在许多最不发达国家中就是这种情况。问题在于缺乏监管会影响其他国家向这些国家发送数据的意愿，从而影响其从数字贸易中受益的能力。第二种方法允许公司导出数据，但如果数据被滥用，则使它们承担责任，称为事后问责制。第三种方法要求事前充分决策，以确保各国在满足特定条件之前可以安全地传输数据。在尚未确定充分性的情况下，公司可以采用约束性规则或者合同同意的方式来转移数据。第四种方法最具限制性，就是采用更多的临时方法或个案方法，通常要经过当局的审查，有时还要酌情批准。这些法规可以直接影响数字化商品和服务的交易能力，也可能产生更广泛的贸易后果，例如当法规影响对全球价值链的协调至关重要的数据流时。即使临时拼凑出一些法规，也可能使中小微企业更难从数字贸易中受益。

在一国的网络技术能力和文化输出能力有限的情况下，不应激进地采取美国的数字贸易方案。因为跨境数据自由流动的好处主要在于：①获取国际商务信息、政策信息、法律信息更加便利，更容易促成交易，但此可以通过平台贸易以解决。②对文化大国的数字商品和服务的在线传输极为有利。发展中国家发展数字贸易的早期阶段依旧是以在线订购为代表的电子商务业

---

① 2019 年 6 月 14 日，WORK PROGRAMME ON ELECTRONIC COMMERCE THE ECONOMIC BENEFITS OF CROSS-BORDER DATA FLOWS COMMUNICATION FROM THE UNITED STATES.

务为主。但是作为一个正在向文化技术强国迈进的行进中大国，加强数据跨境流转，提升数字服务贸易金额比重，终究是未来的大趋势，因此中国的数贸区和数贸港未来可以在如下方面积极试点：

（1）响应新加坡、新西兰等国的提议，在数贸区和数贸港内率先探索电子发票系统及互认。

（2）响应美欧的研究和试点，开放部分数字服务贸易的限制，在数贸区和数贸港内试点增强跨境数据流转自由度和数据强制存储本地化要求。

（3）在数贸区和数贸港内试点网络连接的开放。

（4）响应日本的提议，政府宣誓干预数字贸易的正当法律程序原则，严格按照行政法的理论执行，并依法行政、依法公开，遵循比例原则，明确抗辩权。

（5）开展数字贸易国际培训交流合作和区域内降低数字贸易鸿沟的职业技能培训。

（6）建立区域数贸信息共享平台，包括但不限于国际数贸规则、法治信息、商务信息共享。

（7）响应巴西的倡议，提高文化创意作者的报酬和流转透明度。

（8）依据政府公开法律法规，将政府数字贸易数据和法规公开化，增加国民待遇条款，一视同仁对待国内外企业，鼓励数贸区和数贸港内企业分享数据。

（9）响应加拿大的提议，非歧视性保护个人信息，一视同仁保护境内个人信息、境外个人信息。

（10）推进央行数字货币为代表的数字支付体系在数贸区和数贸港率先使用，并在"一带一路"合作港区中推荐应用。

二、数字贸易、数贸区和数贸港将改变全球城市生态

陆港或海港往往是发展成为特大城市的必要条件。在过去500年的城市竞争中，一直存在着海权文明优于陆权文明的论调。究其原因，运输成本是传统贸易发展的最大成本和障碍。因为骡车、马车、汽车、火车、飞机，都有其载重劣势，并且受制于天气、地理位置等诸多原因。只有海洋，只要船舶够大，理论上一次性可以运输足够数量的货物。同时，遥远的大洋隔阻了两次世界大战殃及美国，从历史机缘的角度，使得海权文明更容易获得平稳发展的机会。因此，现代经济所依托的信用制度、有限责任、保险制度、信用证、仓单、代收代付制度，都启蒙于海权文明地中海、英国、美国等。一个超大型的港口，往往也是贸易中心、金融中心、人才中心和科技中心。

然而，随着陆上轨道交通技术越来越完善，辅之以现代信息技术，极大降低了交易费用，改变了商品和服务的形态，陆权文明越来越显示出独特的优势。在中国，持续了数百年的人口与经济的"胡焕庸线"，因为数字技术和物流网络的发展，越来越不明显，并且给西部城市追赶东部城市带来了极大的契机。

因此，当今世界，不论是内陆国家还是海洋国家，均呈现出越来越均衡的竞争态势。今天，港口不再需要临江临海，一个具有完善数字贸易基础设施的非沿海城市一样可以发展成为中心城市。

当前数贸区和数贸港建设的1.0阶段，主要做的是传统自由贸易区的数字化。马来西亚DFTZ作为第一个接入eWTP的国家，将在清关、外汇服务、融资服务和物流开展数字化解决方案，并且可以对接阿里巴巴、中东市场的Romman，欧美市场的ebay或者新加坡的Q10等平台。在港口方面，由于数字自由贸易区设在吉隆坡国际机场，所以商家可以在机场进行海关申报，现在巴生港口和滨城港口的报关也已经连接起来，但是在海关人员的培训上面政府还需要花些时间。2019年，马来西亚数字经济机构（MDEC）将联合政府的其他有关部门来找出马来西亚中小企业所面临的问题和不足之处，并且会花更多的精力在提高中小企业的质量上面。例如，如果马来西亚的企业家们想出口产品到其他国家，那么他们就必须在产品的包装和商标等方面进行改进以达到对方的要求。

因此现阶段的DFTZ数字化发展，最显著的问题在于：

第一，仅仅将贸易标的定义为电子商务货物贸易，缺乏对于服务贸易的数字化引领和规划。

数字贸易对于传统意义上的货物贸易和服务贸易来说恰恰是发展中国家的优势，数字贸易对于发展中国家人才，将足不出户跨境提供专才服务（例如在线的菲律宾英语外教），减少人才流失，发挥低成本、高技术的比较优势；对发展中国家的大企业，互联网可以使其低成本进行全球性的广告促销；而对于中小企业，数字贸易更是提供了全新的机遇，使其低成本地广泛接触全球市场中的供应商和消费者，降低市场准入的门槛，将大大提高发展中国家企业对发达国家企业的竞争力。

第二，仅仅对DFTZ部分功能数字化，但是缺乏围绕法律、金融、培训的系统化规划。

马来西亚DFTZ仅仅在快速清关、电子海关、电子商务平台和物流数字化方面展开，但仅此几项光人员培训就花费了相当的时间，而企业质量和知识产权保护水平（例如商标、版权、域名和外观设计等），与贸易目标国的要求又有距离，因此再次出现了信息不对称问题，没有实际有效降低交易费用。中国的电子商务企业在马来西亚的DFTZ事实上是无法按照现行《中华人民共和国电子签名法》给马来西亚公民颁发数字证书签订电子合同的。这进一步导致了数字贸易的法律效力不足和争议解决证据效力不足难题。

对此，我们在数贸区和数贸港的2.0阶段，也就是真正的数字自由贸易区和真正的数字自由贸易港阶段，将围绕跨境电商、数字货物贸易和数字服务贸易，输出中国FTA国际标准，包括但不限于目标国所要求的身份、电子签名、确权、证据力、信息、物流、技术、报关、报检、支付、结算、征信、金融、清关、支付、法律适用与司法管辖、国际仲裁、争议解决、人员培训的全方位数字贸易平台功能。

为此，中国在国内和国际数贸区和数贸港标准输出方面，进行了重大战略布局，并卓有成效。

数贸区和数贸港国内建设方面，以中国国家级新区南京市江北新区为例：

（1）精准定位：建设数字经济发展和创新文化名城。

一手抓数字技术进步应用创新，一手抓历史文化名城建设。这十分符合当前对于技术和文化两大核心数字贸易竞争力的国际分析判断。高质量发展，创新是根本动力，文化又是创意能力和隐形竞争力。作为长三角的特大城市、江苏省省会、南京都市圈中心城市和东部地区重要中心城市，南京科教资源十分丰富，科教综合实力仅次于北京、上海，位居全国第三。因此无论是数字贸易升级还是资源禀赋，一手抓技术、一手抓文化，必须聚焦创新的市场化、高端化、国际化、融合化、集群化和法治化，以此为依托深化"创新名城"建设。

（2）系统规划：五大战略布局，互为掎角之势，纲举目张。

根据国务院部署，围绕江苏省"着力打造开放型经济发展先行区、实体经济创新发展和产业转型升级示范区"战略定位，用3~5年将江苏自贸区南京片区打造成为贸易便利、高端产业集聚、金融服务完善、监管安全高效、辐射带动作用突出的高标准高质量国际数字自由贸易港区。着力建设具有国际影响力的自主创新先导区、现代产业示范区、对外开放合作重要平台。

（3）思路明确：五大核心问题，条分缕析步步为营。

南京聘请国内外的知名技术专家、法律专家、贸易专家和金融专家，围绕如何数字经济精准定位和最优路径、如何推动数字经济领域前沿创新、如何加快传统行业数字化转型、如何打造通向未来的智慧城市、如何构建数字经济发展生态圈5个方面，进行重点研究和探讨，以做出科学部署，步步为营。

（4）数字金融：催化与服务数字经济创新和实体经济。

全球数字金融面临前所未有的挑战，美元式微、Libra挑战全球主权货币、人民币国际化进一步加强、中国央行近期将发行法定数字货币。2018年8月，中国人民银行数字货币研究所（南京）应用示范基地成立。2018年11月，南京数字金融产业研究院成立。2019年5月，南京引入21个应用示范项目启动1 000亿元的"1+2+N"，包含1个金融科技创新驱动核、2大公共服务平台：数字资产登记结算+数字金融服务一体化平台，以及N个应用场景，培育数字金融产业集群。举例而言，充分运用以大数据、云计算以及区块链为核心的数字资产登记结算平台，可以有效解决知识产权和资产信用评级、登记、质押流转和法院执行问题，仅南京地区商业银行每年可以节省1 200万元成本，未来向更多的中小型企业和个人开放，系统发展积极开展征信、风控、反欺诈、定价、营销、投资辅助决策、量化投资、智能投顾等多领域场景应用，促进数字金融服务实体经济能力，解决融资难融资贵融资慢问题。

江苏自贸区南京片区将成为国际数字贸易发展的创新高地，从推进技术创新、拓宽应用领域、集聚创新人才、优化发展环境、数字产业与传统产业数字化、数字孪生城市与数字治理、数贸人才研训等方面进行系统化突破建设，将建立一个"数贸之都""创新之都"，科技成果转化、数权保护和国际数贸人才研训的数字贸易总部基地。

在数贸区和数贸港海外建设方面，值得一提的是，位于东非红海口岸的吉布提港（吉布提国际自由贸易区）（见图14-1、图14-2）。

吉布提港是"一带一路"倡议在非洲的重要的"丝路驿站"，也是中国企业进入非洲的重要门户。吉布提港口与自贸区管理局（DPFZA）是负责吉布提所有港口与自贸区管理和控制的唯一权力机构，也是自贸区公司与其他所有政府机构之间的唯一接口，由吉布提总统府直接授权。

吉布提港DMP码头深水大港，总投资5.8亿美元。设计吞吐能力1 000万吨，10万吨级泊位，已经于2017年5月正式投入使用。吉布提自由贸易区建成后将产生GDP超过40亿美元，相当于目前吉布提GDP的2倍多，可创造就业岗位逾10万个，超过吉布提可就业人口的1/6。

港口运营方系统分析了吉布提港的比较优势。①基数庞大。埃塞俄比亚是东非最大、非洲第四大经济体，非洲最大内陆国，拥有近1亿人口和丰富自然资源，非盟总部就设在其首都。②优惠政策。埃塞俄比亚外汇管制严苛；埃塞俄比亚客户通过在吉布提国际自贸区进行贸易结算，可规避外汇管制。③免税保障。埃塞俄比亚税收标准高且税种类型多。通过吉布提国际自贸区完全免税平台，埃塞俄比亚客户进口原材料享受免税政策。④规避垄断：埃塞俄比亚轮船对埃塞俄比亚进出口货物试行垄断式经营；物流商通过吉布提国际自贸区可规避垄断处罚。⑤增值显著。中国和埃塞俄比亚双边贸易额大，且吉布提是埃塞俄比亚的主要出海口，埃塞俄比亚的进出口迅猛发展为吉布提提供了广阔的经济腹地。目前，已开通三条从国内到吉布提的集装箱直航航线，从深圳蛇口出发至吉布提仅需15天。

为此，中国招商局集团依托于港口主业和成功发展深圳蛇口的历史经验，提出了"前港—中区—后城"的综合开发模式，通过建设临港工业区，港区联动，互为促进。汇集物流、人流、商流、资金流、信息流，实现向贸易、金融、高端服务业的进一步延伸。

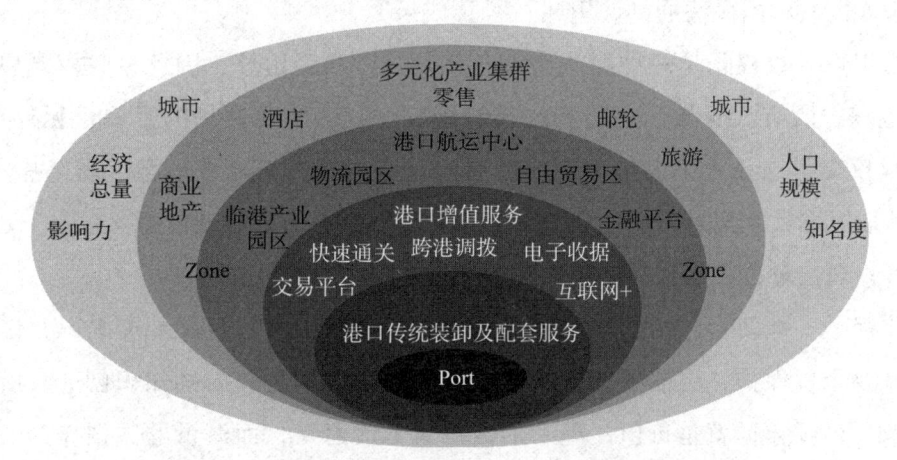

图14-1 吉布提自贸区多元化数字贸易产业集群PPC模式

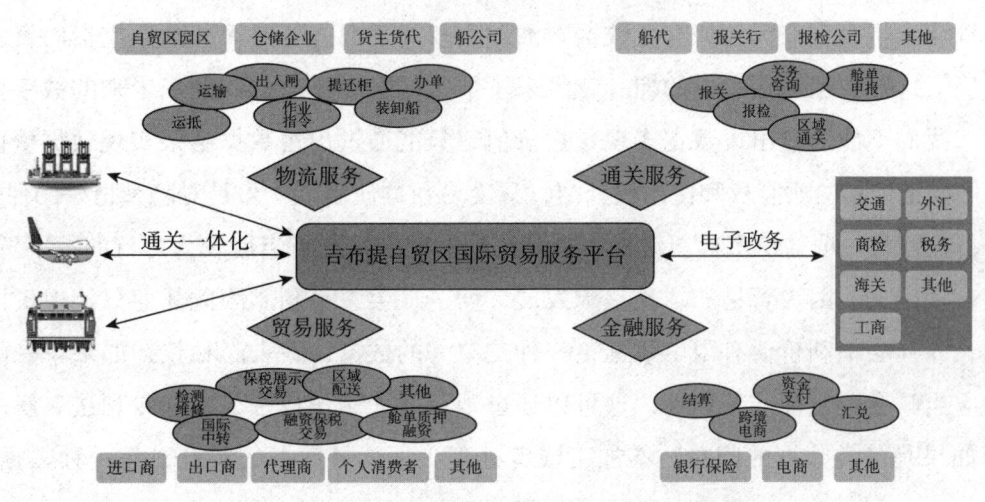

图14-2 中国数字贸易标准在吉布提港的应用

目前《东南非共同市场》(COMESA)条约，削减了成员国之间关税和非关税壁垒，实现了商品和服务的自由流通；协调成员国关税政策，分阶段实现共同对外关税。中国招商局集团将进一步丰富数字贸易自由港建设内涵，帮助吉布提建设成为一个面向非洲的国际数字贸易产品和服务集散地及标准示范基地。

中国将以实践形成数字贸易话语权，在"一带一路"如瓜尔达港、克拉克新城产业园等的建设中进一步加强数字贸易的创新和应用，以中国范本，力促FTA和WTO改革。

三、数字贸易创新的本质是数字权利创新

如前述，数字贸易是通过数字方式生产、分销、营销、销售或交付货物和服务。究其本质，不论是数字化订购还是数字化传输交付标的，均是一种数字权利，简称数权。只是数权至今也没有标准定义，相关论述零散见于：在《中华人民共和国网络安全法》中，数权是政府的"关键信息基础设施"；在《中华人民共和国民法典》里，数权是"网络虚拟财产"；在诉讼法里是独立的证据门类，叫"电子数据"；《中华人民共和国电子签名法》里叫"数据电文"；《中华人民共和国反不正当竞争法》里叫作"商业秘密"；《中华人民共和国民法典》里叫作"技术秘密成果"；《中华人民共和国民法通则》里叫"科技成果"。

从以上法规看，数权既是一种经济形态，又是一种社会治理，因此，数权既属于公法范畴又属于私法范畴，既有人身权又有财产权还有国家主权。数字贸易的开展，无外乎数权权利、数权主体、数权交付这几大关键细节，因此厘清数权的边界，对发展数字贸易中的政府关系、市场关系，争取国际数字贸易市场和相关贸易谈判的话语权有着重要的意义。

一般而言，现在对数权概念的界定有四种学说：

第一，数权是一种新型人格权。但是此学说的问题在于人格权不能交易，只能保护，而经济学中权利既要予以保护，更需要促进交易，提高社会总福利和鼓励知识创造，所以新型人格权说不甚可取。当今数据就是价值，单一的数据看似无意义，而海量的数据作为一个整体，又极具价值。《经济学人》早在2017年就发表封面文章，称"数据将取代石油"，成为当今时代最有价值的资源。但直到今天，拥有"数据石油"主权的普通人依然无法从这宝贵的资源中获得收益。相反，这些数据还给它们的拥有者带来了严重的隐私泄露的问题。未来的数字贸易发展需要明白，我们不能通过出售数据实现数据价值，只能通过出售数据结果实现数据价值。也就是说，我们要把数据的所有权和使用权分离，只交易数据使用权，才是对隐私最好的保护。

第二，数权是一项知识产权。这是本书较认同的观点，也是当前较为可行的数字贸易1.0阶段的数权合理定义。因为贸易的本质是求发展，增进社会总福利。因此任何只能保护而不能交易的权利，其社会福利价值有限。数据，一种是单一的数据，除去隐私权；如果单一的数据具有价值，应当具有独创性或新颖性，这可以通过现行的《著作权法》及《专利法》解决保护问题。数据如果是各类数据的归总，不加工或者处理，那就是数据的集合，是一种数据的汇编。

根据我国著作权法第十四条的规定，对于不对作品进行修改的汇编作品的独创性是认可的。如果再对数据进行处理、计算、分析，如果具有独创性，即可以依据著作权法的"改编权"或者依据"举轻以明重"的民法基本原则，使得处理分析过的数据依法获得保护。对于不具备独创性特征的数据，一样可以通过著作权法邻接权加以保护，亦即投入了，就有权利获得收益。此外，知识产权也包含人身权、社会治理、公共利益、行政权等多重含义。《世界贸易报告2018》也有类似观点，指出许多数字产品交易的本质就是知识产权的许可，在互联网中知识产权至关重要。例如商标可以用于识别并营销产品和服务，版权涵盖了运行网站和应用程序的软件，界定了音乐和电影下载时候的使用权，并确定了非歧视原则、反竞争措施、司法管辖和救济措施[1]。

第三，数权是一种商业秘密。商业秘密要求数据为不为公众所知，有经济利益，且是采取保密措施的数据。但是数权很难同时满足这三个标准，并且与加强数据流转大趋势不符。

第四，数权是一种数据财产。个人数据、商业秘密数据都有很多身份权内涵，如果强调数据财产权，会忽视对人格身份权的保护。

四、数权确权是重中之重

产权制度和契约制度是市场经济的灵魂。市场的基石就是要保护产权，各类产权都要得到有效的保护，包括产权保护、透明度等。过去产权方便确定，生产者、销售者、消费者都有明确主体，但在数字时代，数字权属的定义和主体变得越来越不清晰。为此，俄罗斯于2019年3月19日发布《数字版权法》，并在2019年10月1日正式生效。该法律第一次明确了"digital rights"（数权）的概念，规定电子形式交易简化，以及允许智能合约缔约，并明确了智能合约的定义是使用能够检测相关条件是否满足的特殊软件，通过自动化方式（即无须人工干预）签订、执行和终止的合约。尽管俄罗斯立法从未否定智能合约的缔约效力，但是这是世界各国首次以立法的方式正面承认智能合约的法律效力。与此同时，俄罗斯国家杜马正在审查另外两项法案，一项涉及"数字金融资产"，另一项涉及"使用投资平台吸引投资"。如果这两项法案通过，将构成俄罗斯确认和行使数字版权的法律体系[2]。

数字权利相较传统权利具有极大的变化。一是数字权利是无形的，并且可以多重分化，可以一数一权，也可以一数多权。二是可以法律规定（例如未来央行的法定数字货币），可以依约设定（将某种服务的要约承诺数字化）。三是数字权利有可能包含人身权、也包含财产权。四是数据来源者经常获取不到经济价值。五是市场只是泛泛认为数据具有价值，却没有问为什么具有价值。数据本身如果不具备经济学的稀缺性，是没有价值的。只有数据的集合、数据的分析结果包含人类和机器的劳动在里面，产生了稀缺性才具有价值，这类似于知识产权中版权的独

---

[1] 世界贸易组织：《世界贸易报告2018》，上海人民出版社，2018，第142-147页。
[2] New law establishes conditions for digital rights in Russia, https://www.cms-lawnow.com/ealerts/2019/05/new-law-establishes-conditions-for-digital-rights-in-russia?cc_lang=en&from=timeline.

创性和专利的新颖性，或者用沙子打比方，一粒沙子没有价值，达到某个量级的沙子或者沙子加工出混凝土工程才具有价值。

不论是贸易还是金融，确权是第一步，在物权法中有公示公信原则，从维护交易安全的角度让具有信赖利益的人可以通过外观（动产是占有，不动产是登记）去产生信赖利益维护交易安全。根据调研，在中国各地广泛开展的供应链金融创新中，最大的难题是核心企业不愿意对数据进行确权。核心企业不愿确权，据业内人士所言[1]，有三大"痛点"、十七个"卡点"。首先，不是每一笔应付账款都可以确权，有些货品是设备一类的东西，需要有一个调试期。在这个调试期内肯定就不能确权。其次，核心企业与银行对接ERP系统可能会泄露自己的商业机密。再次，单家银行供应链金融系统的对接不便于管理应付账款，容易导致单笔账款被重复确权。核心企业不确权，银行就不愿给中小企业供应商贷款，普惠金融的任务也就无从下手；供应商贷不到钱，只能改道担保公司或小贷公司；但担保公司往往要求提供反担保，万一担保公司承担了担保责任，还了银行的钱，转身就会来追索供应商，手段更加激烈。所以一般供应商愿意通过确权来融资。但这只是解决了核心企业不愿确权的问题，并不等于其主动确权，要让核心企业主动确权，就要给它动力。国家扶持中小微企业发展，各地政府也提出积极改善营商环境，支持民营企业发展，但是目前所用的办法还是担保，属于旧金融动能，只有数字化确权才是新金融动能。因此业内人士提出了一些解决思路：

（1）多银行补位融资。同一标准体系下，银行间可以对账款共认、补位融资，解决单一银行授信额度不稳定问题，避免同笔账款被重复确权。

（2）线上确权提高工作效率。包括应收账款发票线上核验，通过电子签章、电子合同去签署第三方确权通知协议。

只有完成了确权，才能最大限度地保证底层权利的真实存在，并且排除或明晰其他不利影响。从某个程度上说，数字金融创新的本质是数字法律科技的创新。那么如何进行数字化确权？图14-3对供应链金融业务确权逻辑进行了梳理。

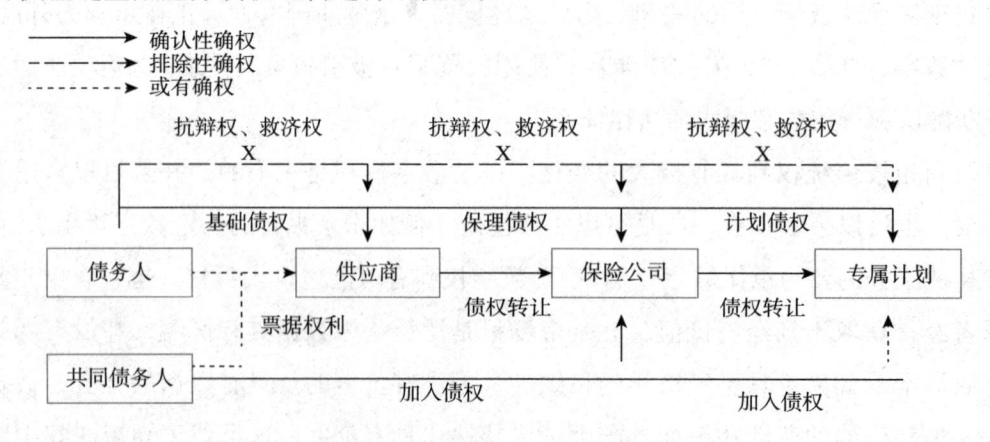

图14-3 供应链金融确权逻辑[2]

---

[1] 赵建琳：《供应链金融暴雷背后是确权环节屡出纰漏，电子确权能否彻底扭转？》，掌链传媒。
[2] 大队长金融：《当我们在确权，我们在确些什么？》。

(一)确认基础权利(债权)

在供应链金融中和资产证券化项目中,最核心的就是要把基于货物或者服务贸易而形成的供应链应收账款债权作为一项金融资产,对外进行转让或者质押而实现融资。

因此,确权的第一步,是要进行确认性确权,即在符合法律要求的情况下,确认这一基础债权已经产生。

确权的第二步,是要进行排除性确权,防止不利因素干扰行权。有别于借贷关系而产生的债权本金和利息,货物和服务贸易产生的应收账款债权即使已经产生,也会因各种原因而导致债权人无法收回款项。例如货物或服务存在瑕疵或者没有进行质保服务,都可能影响应收账款回款。

只有经过了确认性确权和排除性确权,才能较大程度地确保债权作为金融资产,进行结构化设计,实现融资效果。

在具体实践中,在普通的供应链金融业务中,基础债权属于法律上的请求权,需要按照合同法的标准做尽职调查,逐一审核交易的主体性、标的、交易价格、时间、付款方式、质量、质保等。在买卖合同中,卖方可以通过由买方出具电子化付款确认书进一步确认。

在供应链金融证券化融资中,原始权利人向专项计划转让的基础资产多为企业应收账款,上交所、深交所、机构间报价系统的挂牌确认指南等规则,都额外规定了供应链应收账款债权所应具备条件。以上海证券交易所(以下简称上交所)确认指南为例,规定了企业的应收账款是指企业因履行合同项下销售商品、提供劳务等经营活动的义务后获得的付款请求权,但不包括因持有票据或其他有价证券而产生的付款请求权。同时,挂牌条件一节明确要求基础资产涉及的应收账款应当可特定化,且应收账款金额、付款时间应当明确等要求。卖方一般会将其对于买方的应收账款债权转让于保理公司,保理公司对于买方的基础债权将通过付款确认书、应收账款转让通知及应收账款转让通知回执等文件进行确认。

(二)抗辩权与救济权确认

抗辩权主要在《中华人民共和国民法典·合同编》中有同时履行抗辩权(如一手交钱一手交货)、先履行抗辩权(如先交货,再付钱)、不安抗辩权(如担心状况,不给钱)等。救济权主要是要求减少价款、承担违约责任的主张。因为买方不付款、少付款、要求赔偿或者违约责任的重要原因就是基于某种理由,因此为了保证供应链融资能够进行,需要对抗辩权和救济权进行确认。根据调研先履行抗辩权是比较常见的情况,即交货可能没有交齐或者不符合质量,买方拒绝付款。根据《中华人民共和国民法典·合同编》的规定,债务人接到债权转让通知后,债务人对让与人的抗辩,可以向受让人主张。即供应商将基础债权转让于保理公司时,如果存在尚未交货或交付瑕疵的情形导致债务人享有拒绝付款的权利,该抗辩可直接向保理公司进行主张。因此,债务人需要通过出具付款确认书等形式以确认交付义务的完全履行,付款条件已经满足,进而排除其可能对保理公司享有的抗辩的权利。

对于供应链金融证券化中的抗辩权,上交所确认指南中规定了"基础资产涉及的交易合同应当合法有效,债权人已经履行了合同项下的义务,合同约定的付款条件已满足,不存在属于预付款的情形,且债务人履行其付款义务不存在抗辩事由和抵销情形"。对于这类项目,若存在未交货而产生的先履行抗辩权,仅仅依靠约定进行抗辩权的排除,是不符合发行资产证券化的要求的。在此情况下,理论上,抗辩权应该依靠对于确实存在交货行为的事实确认,以及交货行为的完全性的确认而进行排除。

(三) 加入债权

债权主要指第三人向债权人承诺加入对债权履行的行列。但同时不免除原债务人承担债务。在供应链金融业务中,供应商(作为卖方)向保理公司转让其对于项目公司(作为买方)的应收账款债权时,为保证项目公司的付款能力,一般会要求与项目公司相关联的核心企业作为共同债务人承担项目公司的债务。加入债权的确权即确认上述保理公司基于债务加入对核心企业产生的债权请求权。

(四) 融资性债权/保理债权

融资性债权/保理债权一般是指保理公司受让供应商(作为卖方)对于项目公司(作为买方)的应收账款债权而享有的对于项目公司的债权请求权。保理公司基于应收账款债权转让可以取得融资性债权的法律基础在于《中华人民共和国民法典·合同编》规定,债权人可以将合同的权利全部或部分转让给第三人。债权人转让权利的,应当通知债务人,债权转让通知债务人并非债权转让的生效要件,而是债务人是否可以就转让事项进行抗辩的前提。

(五) 支付结算工具权(通常为票据和信用证)

票据在供应链金融交易中频繁使用的原因在于其天然的无因性。票据关系与基础原因关系(如贸易关系)是相互割裂的,持票人只需证明票据债权债务的真实成立与存续,而无须证明自己及前手取得票据的原因,即可对票据债务人行使票据权利。这为供应链金融的支付结算提供了方便,提高了交易效率。根据我国票据法第13条的规定,票据债务人可以对不履行约定义务的与自己有直接债权债务关系的持票人进行抗辩。也就是说,对于直接发生贸易关系的双方,当卖方的交付义务存在瑕疵时,买方可以根据前述约定拒绝履行票据项下的付款义务。但当卖方已将票据进行背书转让,票据受让方对前述瑕疵不知情且已支付合理对价时,则买方无权基于其与卖方之间的交付瑕疵对抗票据受让方的付款请求。

通过对复杂的供应链金融业务进行总结,我们可以整理出一般性的数字贸易金融业务平台及基本模型(见图14-4),尤其可以进行在以知识产权质押融资、证券化、保险为代表的数字化权益金融服务创新。

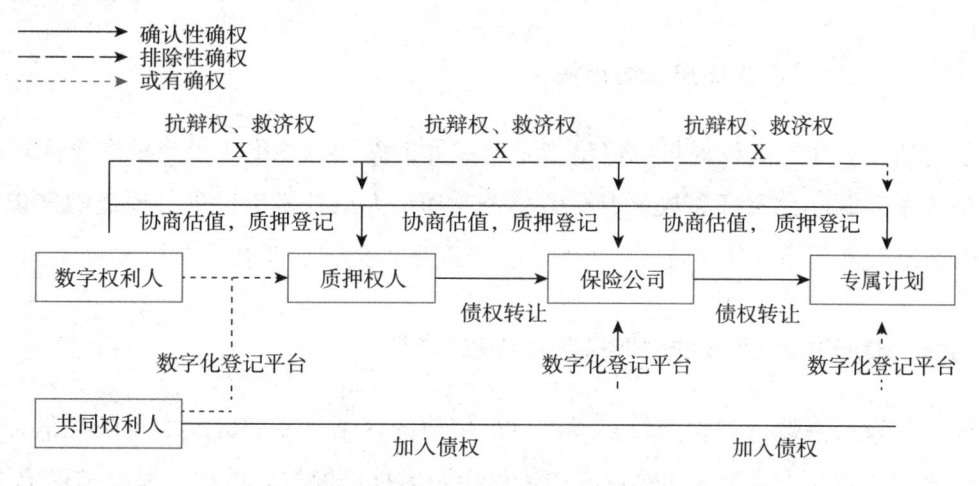

图14-4 数字金融确权一般逻辑

五、没有知识产权就没有数字贸易竞争力

《世界贸易报告2018》认为，"广泛采用数字技术需要重新定义贸易中的知识产权问题"，贸易就是"知识产权许可"，尤其是数字贸易时代更是如此。没有知识产权竞争力就没有数字贸易竞争力，知识产权保护水平和数字化水平是未来数字贸易竞争力水平的核心。

为什么这么说？因为"无救济即无权利"。在数权尚没有公认定义和法律规定的情况下，知识产权就是构建城市数字贸易竞争力体系在现行国内外法律框架下1.0阶段可以落地的直接方向。

知识产权的数字化和证券化，以及数字金融的创新的本质是法律科技的创新，需要围绕知识产权的确权、流转、金融、争议解决、行政执法、盗版自动跳转等构建多重配套措施。同时，我们也需要认识到，知识产权的保护应当处于一个合理的度量范围内。过度的保护会抑制消费，合理的保护会鼓励创新。知识产权的数字化越强，可数字化产品的贸易量会越下降。因为数字化大大降低了复制、创建、访问、传播创造性工作的成本，使得书籍、报纸、CD逐渐被电子书、新闻App、内容流媒体和下载服务所取代。3D打印通过网络下载数据文件，本地生成物理对象，会进一步降低国际贸易的需求。

对于数字化知识产权金融支持而言。下一步的重点工作将围绕落实数字化知识产权竞争力评价体系、扩大数字化知识产权登记数、增加数字化知识产权中介服务机构数量、建立数字化知识产权密集型产业园区、开展数字化知识产权质押融资、数字化知识产权侵权损失保险、数字化知识产权投资基金、专项考核激励、建立知识产权评估机构、专家库、融资项目库、增设知识产权基层管辖法院、互联网法院数量和在线争议解决机制ADR、构建统一的知识产权登记质押信息公示平台等多维度进行创新。例如最高人民法院批准在南京、苏州、武汉、成都、杭州、宁波、合肥、福州、济南、青岛、深圳、郑州、天津、长沙、西安设立15家知识产权法庭，共同构成了中国法院知识产权司法保护"3+15"的新的大格局。

目前技术进步使得知识产权至少在以下方面，面临全新的机遇与挑战[①]：

（一）中小企业知识产权保护蓝海市场

国际条约加强了知识产权保护，但是带来了额外的费用，使得中小企业和个人难以负担知识产权保护成本。因此数贸区和数贸港在中小企业和个人以技术手段进行便捷的知识产权确权与保护方面是重大机遇，尤其在版权、外观设计及商标的登记、监测及维权方面。

（二）数据驱动的知识产权的创造机制和金融机制

人工智能的发展将改善知识产权实践，包括价值的评估、专利诉讼表现的评估、提高可预测性和降低成本。为此，数贸区和数贸港的建设应大力推进版权的质押、保险和登记平台建设。同时，随着系统变得更加复杂和富有创造性，人工智能的使用将产生新问题，如机器创造的发明在知识产权中的地位问题。

（三）普通法知识产权国际条约的不足

随着互联网的出现，许多普通法条款不再符合技术规范。例如，版权法的穷竭原则指出，版权所有人的权利在首次出售受保护品时即告穷竭。通过网络购买作品几乎消除了首次销售防御，因为购买者有权使用和转售受版权保护的作品。数字产品复制的边际成本几近于零却又切实提高了社会整体福利，但这些福利是当前的GDP等指标难以统计的。

（四）商标领域将更拥挤

商标领域已经饱和，要获得强有力的全球保护几乎是不可能的。由于可能与已注册商标混淆，品牌所有者将会看到更多的注册障碍。因此，从业者必须拥有独特的申请策略，以增加成功的机会。比如马来西亚商标ECTP的国际电商业务就面临此问题，因此数贸区和数贸港应当对跨境商品和服务的商标注册，提供必要的策略帮助。

（五）全方位IP管理

与大数据的使用一样，技术与实践的整合将成为未来10年的常态。虽然智能软件可能无法取代律师带来的专业知识，但机器和算法能迅速执行各种功能，包括搜索侵权材料和准备专利申请。目前以大数据、人工智能、自然语义分析、区块链为代表的监测及分析技术日趋成熟，即将进一步拓展至广大中小企业及数贸区和数贸港中。

---

① The future of IP: Top 10 changes to expect in the next decade, Dennemeyer Group, Cary Levitt, https://blog.dennemeyer.com/10-things-expected-to-change-in-ip-over-the-next-decade.

（六）执行知识产权策略在线客户交流

由于许多新的沟通方式和设备，律师、培训师、代理和服务者与客户不再需要面对面交流。10年后，通信技术将会发展到这样一种程度：面对面的交流将完全失去必要性。

（七）剽窃的结束

人工智能、软件和技术使得为目标受众量身定制产品成为可能，并消除人们对机器学习创造和发明的担忧。10年后，机器创造的艺术和设计将变得更加普遍。

（八）最大化投资组合价值和律师角色的转变

过去50年，无形资产已增长到大多数公司估值的80%和美国经济的35%以上，并有望持续增长。因此，数贸区和数贸港的建设者和从业者应制定战略来发展投资组合，将知识产权管理转向获利，而不单作为保护机制。从业者必须承担双重角色，提供法律建议和投资组合管理服务。

六、数字贸易总体增进社会福利

目前总体研究结果表明：

（1）数字技术例如电子邮件、搜索引擎、地图、电子商务、视频、音乐、社交媒体和即时消息等，创造了巨大的社会福利和消费者剩余，但是传统的GDP统计和生产率指标忽视了这些收益，因此需要更新的社会福利指标和统计方式。

（2）数字技术需要一段时间渗入到整个经济中，并且需要互补创新，以能够对整个经济产生影响。知识产权、电子签名、电子政务、电子商务、数字货币等可以视作是数字贸易的必要构成。

（3）数字技术提高生产率仅限于某些产业部门，其他产业部门不应贸然花费巨资投入到数字技术之中，而应当使用已有较为成熟的PaaS和SaaS服务。

根据《世界贸易报告2018》，时间敏感性商品、认证密集型商品和合同密集型商品，可以从数字贸易中获益。

（一）时间敏感型产品

如易腐烂食品、快销产品、急救医疗设备等，根据专家研究，每延迟交付一天，交易额降低1%。

（二）认证密集型产品

越来越多公司自愿获得产品认证以进入国际市场。食品和农产品领域通常需要认证，工业产品、金属、电器和光学设备、机械设备等也需要认证。一个产品能否从认证成本的降低中获得收益，取决于是否能在线上和线下建立可信的连接。虽然在线验证信息非常容易，但确定记录在网络或者区块链信息的真实性成本却非常高昂。物联网设备可以通过传感器、GPS、RFID等设备有效记录真实世界的信息，因此不同成本的物联网技术方案促进信息可信。这也是创新的方向。所以，通过降低电子化的认证和确权成本，从源头打击假冒伪劣，以及提高供应链的透明度进一步提升融资、保理、保险、证券化等附加价值，数字技术可以促进贸易增长。可能受益的是奢侈品、布料、纺织品、服装、家具、化妆品等设计时效性强、产品周期短的产品，电子产品，机械产品，以及高附加值生态农产品等领域。

（三）合同密集型货物

贸易需要大量的文书工作，从合同到货运单据到提货单。起草和执行贸易合同是复杂问题，可能阻碍企业特别是中小企业参与贸易。数字技术可以极大地减少贸易中的信息和交易成本，最明显的是通过买家、卖家和评级系统匹配相应的在线平台，降低信息不对称的评级系统。数字贸易竞争力强的城市，有望通过降低信息中介和信息存储复杂度，进一步降低与贸易有关的成本。例如基于区块链的智能合约提供有效和可靠的方式，在安全、透明地确认合同的执行后自动发布货物的付款。非标准化的生产制造行业，买家和卖家需要通过起草和执行合同来建立信任。EDI使用率较高的行业包括汽车零部件、电子、工程、塑料、零售和纺织品，属于组织良好的价值链，数字技术将有效改善这些行业的贸易。

七、降低数字鸿沟是重大战略机遇

数字鸿沟是数字贸易全球化过程中，不同国家、地区、行业、企业、人群乃至性别，由于对信息和网络的拥有程度不同，而造成信息落差、竞争力及贫富进一步两极分化的趋势。根据世界知识产权组织《全球创新指数2019》统计，中国是中高收入经济体中唯一一个与高收入国家在创新指标上越来越接近的国家。这既是中国的历史机遇，也是中国作为第三世界国家的责任担当。我们无法想象未来小型企业或者弱势群体因为在计算机的使用及信息获取方面的能力不足，进而在经济活动中受到不平等待遇。因此，中国城市要在减小数字鸿沟及帮助中低收入国家减小数字鸿沟方面有重要担当和引领。

虽然数字贸易正在重塑城市的方方面面，但是因为每个城市参与数字经济的程度不同，发达城市和其他城市、中心城市和非中心城市，以及不同企业不同人群之间的数字鸿沟，很可能成为数字贸易一体化的障碍。但是数字鸿沟并非不可改变。如果非中心城市在智慧城市、电子政务、电子商务领域进行必要的投资和拓展，是有可能缩小与中心城市在数字贸易方面的差距的。

本书认为有力的监管框架，如无纸化办公、电子签名、电子支付、电子政务、消费者保护、邮件撤回权、在线争议解决、替代性争议解决ADR都可以有效消除数字鸿沟。另外，城市需要建立起消除数字鸿沟的工作计划和愿景，例如确定女性、儿童、学生、贫困人口的数字化学习、办公的统计数据和提高指标。例如对于公共信息资源，规范数据本地化及数据分析制度，降低大企业与小企业之间的数字鸿沟。例如降低高技能工作人员与低技能工作人员的数字鸿沟，进行基本的在线培训。在软件行业，由于新一代信息技术对软件工程师的知识更新和专业提出了更多要求，未来20年约占总就业人口76%的劳动力会受到人工智能技术的冲击[1]。软件工程师要加强学习，向国际软件工程师发展。未来降低数字鸿沟指标，将成为一国以及一个城市人权状况的重要指标。中国城市应该勇敢发声，树立自己的指标体系，进一步勇敢担当，努力为第三世界国家和人民降低数字鸿沟而努力。

八、降低数字贸易壁垒促进国际合作

贸易数字化程度总体会对经济发展形成有效提升。WTO和OECD研究表明，全球货物和服务的贸易额年平均增长率仅为2.4%，而跨境数据的流动年均增长率达到49%，在欧洲城市数字化连接每提高10个百分点，可以促进经济总量增长超过2.3%。数字贸易对发展中国家的经济提升更为明显。数字贸易成为未来城市发展指标的重要支撑。但是同时也应注意到，数字化程度对不同行业的经济发展提升，效果是不同的，需要具体行业具体分析。

近年来，一些国家纷纷通过立法加强了对跨境数据流通的管理。这实际上是数字贸易中的"贸易壁垒"，虽然一定程度能够避免本国产业部门盲目开放受到损失，但也会限制数字产品贸易的发展（见图14-5）。

表14-5 全球数字贸易壁垒总结[2]

数字贸易壁垒	具体内容
强制本地化	需要当地设置（代表处/分公司/子公司/开设账户）
	需要当地设置数据中心/数据库/服务器
	电子商务设备或服务有标准或审批
市场进入限制	外商投资限制（如云服务）
	限制使用专线或VPN
	屏蔽网站、社交媒体
	数字产品征收关税
	广告投放须与本地服务商合作
数据和个人隐私保护	限制数据跨境流转或需要批准
	隐私保护规则
消费者权益保护	跨境欺诈问题执法
	个人隐私保护
知识产权保护	数字著作权、数字商标权保护

---

[1] 清华大学大学中国科技政策研究中心：《2018中国人工智能发展报告》，2018年7月。
[2] 2018 Fact Sheet: Key Barriers to Digital Trade, USTR, https://ustr.gov/about-us/policy-offices/press-office/fact-sheets/2018/march/2018-fact-sheet-key-barriers-digital.

续表

数字贸易壁垒	具体内容
法律责任不明确	数字贸易参与者法律责任不明
内容检查	不利于数字贸易通关和其他程序
数字基础设施不健全	网络基础设施不足 网络自由开放限制 电子签章标准不统一，效力不确定 缺乏无纸化贸易机制 缺乏网络安全保证

我们认为要在国际数字贸易快速发展的大背景下，认识到加强国际数据流转是大势所趋。应尽快在国内建立试点举措，积极分析各类数字贸易壁垒的优劣，改进数字贸易治理。我们要积极参与对外谈判，参与数字贸易的国际规则制定。例如对于美国的恶名市场名单，了解其产生原因、产生过程、法律依据及抗辩对策。对于301调查，我们要积极交涉。对于ACTA和TPP等国际条约，我们应理性看待，学其长处。

作为企业，我们要与政府、行业协会建立起知识产权预警，与第三方建立起基于大数据、区块链等技术的知识产权侵权分析监测平台。在对外贸易过程中，做好法律法规研究，积极主动应对恶名市场和相关壁垒，通过协商、调解、诉讼、仲裁等手段，积极举证、参与听证，提出异议避免自身商誉受损。可以借鉴韩国、日本在应对美国337的调查中，从最初缺席审判到最终反诉成功的经验。

把握国际数字贸易知识产权保护的潮流和契机，降低数字贸易壁垒，提高中国数字贸易知识产权保护，让朋友越来越多，让中国成为创新的乐土。

九、数字技术正在冲击贸易理论

WTO的基本经济学理论是确保一国政府对其贸易伙伴施加的负外部性内部化（Robort W. Staiger），因此WTO致力于构建一个通过协定没有关税和贸易壁垒，让各国发挥比较优势，增进社会总福利的多边贸易世界。但是如在线免费播放的影视作品和软件下载，或者超过10亿人口的网络连接所带来的思想碰撞一样，因其指数效应和边际成本极低，事实上带来的消费者剩余和社会福利增进是GDP等传统指标难以所统计的。技术改变了比较优势和要素禀赋的模式，提高了数字基础设施质量和市场规模等因素的重要性，以及重视比较优势的制度性因素、监管因素包括知识产权促进与保护。我们深刻认识到世界经济发展单纯依托消费难以驱动，只有依托于技术创新才能进一步增进社会福利。经济增长周期的源头正是来自技术创新。要推动技术创新，宽容的环境、稳健的社会、法治环境和产权的保护非常重要。有了这四点基础，才能实现真正意义上的技术革命。本报告就与数字贸易密切相关的几项技术进行重点说明。

（一）物联网技术

物联网（IoT）是将传感器芯片等嵌入设备，使设备能够发送和接收各种数据。物联网使得日常物品具备识别、传感、网络和处理功能。比如商品的RFID标签、记录物流信息、监测土壤和天气、可穿戴设备、可协助监测体质和健康状况，或可协助通过智能电器（如连接冰箱）更好地管理家务和日用品。对于企业而言，物联网可以通过更好地预防性维护机器和产品来帮助提高运营效率，还可以提供销售新数字产品和服务的机会。

2018年，有超过86亿件物品接入了物联网，远超过57亿移动宽带订阅。每年增值17%，到2024年达到220亿美元。美国、中国、日本、德国、韩国、法国比较先进。全球物联网设备会增长10倍，从1 510亿美元增长到16 679亿美元（物联网分析，2018年）。IDC2018年估计，到2025年每个人每天与IoT设备交互4 900次，每18秒交互一次，将是2015年每天584次的近10倍。

然而，该技术的广泛采用也面临一些严峻挑战。物联网中连接设备的部署（其中许多设备的设计没有充分考虑安全性）可能包含危险的漏洞。将大量新设备连接到互联网可能会使电信系统产生严重瓶颈。最后，由于许多公司正在竞相开发新的连接设备，未来可能会出现兼容性问题。物联网会出现设备身份和产品责任问题。

（二）人工智能技术

传统计算机是确定型图灵机器（deterministic Turing machine）；人工智能是不确定性图灵机器（non-deterministic Turing machine）。人工智能是数字计算机或计算机控制的机器人在人类辅助下执行任务的能力，例如推理、探寻意义、概括或从过去经验中学习的能力。今天的许多人工智能是"狭隘"或"脆弱"的，因为它们只是为执行相对有限的任务（例如面部识别或下棋）而设计。然而，对于许多人工智能研究人员而言，创造几乎在每一项认知任务中都会超越人类的"通用"或"强大"的人工智能才是长远目标。人工智能可用于提高商品和服务的生产效率，并通过产生新的想法来帮助创新。虽然人工智能的发展已经拥有了许多重要里程碑，但仍然面临许多技术挑战，包括人们经常不假思索地进行某些认知任务，例如感知周围物理环境并进行导航。即将进行的人工智能研究可能会集中在以下方面：使人工智能系统更加强大、使其社会效益最大化、减少人工智能的负面影响（包括社会不平等和增加失业）。人工智能会产生知识产权归属以及一些伦理问题，但同时也会让信息的搜集分析和决策更加科学，有助于提高政府和企业的治理分析水平。

（三）3D打印技术

3D打印是根据数字模型制造三维立体物体的过程，几乎可制造任何形状。随着时间的推移，3D打印将使得供应链更加数字化和本地化，产品生命周期中的能源消耗、资源需求和相关的二氧化碳排放更低。然而，充分实现3D打印的潜力取决于能否克服大量障碍。必要的材料技术仍处于初期阶段，构建复杂产品的速度依旧很慢。在消费者市场广泛应用3D打印之前，还存在许多问题需要解决。尽管3D打印设备、材料和扫描的成本近年来有所下降，但仍然相对较高，尤其是对于中小企业而言。据称3D打印可以有效覆盖发展中国家工资优势，改变制造业离岸外包的决定，促进生产制造业向发达国家回流。但是劳动力成本并不是企业决定生产是否回流的唯一因素，一个完整的供应链采购、物流体系和灵活的法律法规制度同样是重要竞争力。根据复旦大学中国研究院的研究，在美国一项科技成果从研发成功到修正法律、批准上市需要8年，而在中国只需要23个月。美、法、德、意、英的企业依旧倾向于在全球产业链中进行离岸外包，而不是回流，只有日本企业表现出明显的制造回流趋势。

3D打印主要起到的作用很可能使得外包生产和组装的需求减少，从而降低生产步骤的数量。在一个无处不在的3D打印世界里，价值链可能主要基于跨境数字传输的设计、蓝图和软件，而不是跨境交换物质产品。

（四）区块链技术

区块链是将交易（分类账）进行分散的、分布式的数字记录，并使用各种加密技术进行保护。信息一旦添加到区块链中就会被盖上时间戳，无法轻易修改且修改尝试易于被追踪，同时具有适当权限的任何人都可以在对等的基础上记录、共享和验证交易。虽然区块链技术在安全性、不变性、透明度、可追溯性和自动化方面呈现有趣的特征，但目前大范围推广仍取决于能否有效应对各种挑战。区块链的可扩展性仍然有限，现有的区块链网络和平台无法相互"交谈"，如果要建立起区块链的信任，最起码要从3个维度进行解决：

（1）技术信任，即通过身份、Token（令牌）、CA认证、电子签名、哈希、非对称加密等技术，让信息流和价值流在数学和技术上被交易（Transaction）主体互相认可。

（2）法治信任，例如在法定身份、确权、隐私管理、反洗钱、融资、智能合约等方面，明确交易主体在现实社会法律体系中的权利义务承担。目前法治信任是社会信任的主要来源，因为法律依旧是公共产品的主要来源以及社会救济的最后一道防线。

（3）社群信任，主要是指区块链活动的参与各方对于基于区块链规则所运行的社会治理模式和经济模式的互相信任及信心。

因此在理解区块链的时候，要从认识论的角度去看。互联网产生了信息，产生了中心化的互联网账户。价值流转通过互联网账户关联至银行账户系统，通常基于交易的价值流转需要担保。区块链的本质并不产生信息，而是记录信息，并且形成了以Token为代表的区块链账户体系，可以传递价值，不需要担保。因此互联网与区块链的组合，形成了中心化的信息网络叠加去中心化的价值网络的合作体系。不宜单纯将数字化或者区块链看成改善商业模式边际效益的工具，而应把区块链看成制度重构商业和底层逻辑的机会。美国现在就有"股东资本主义转向利益相关的资本主义"的思潮，通过区块链用以解决跨类利益相关者共享激励的问题。基于认识论的视角，少谈"+区块链"，而应重视"区块链+"。

目前区块链的应用主要包括：①在区块链的数据库属性上将其作为一个公信、不可篡改的账本去核验记账。例如中国的法院系统司法联盟链就包括公证处、法院、司法鉴定、央企等具有社会公信力的记账节点，可以核验电子数据证据的完整性。②区块链的金融属性，例如Libra数字货币，各国央行将要发行的数字货币，以及比特币、以太坊等数字资产。以太坊的愿景已经从最初的"世界超级计算机"，改为"去中心化金融的结算层"，恰也印证了金融是区块链的典型应用领域。目前在金融领域，Ripple自动化的区块链全球支付清算网络，自动化履约、分红、清算的银行联合信贷都是极具前瞻力的方向。③区块链的分布式协作，例如广泛分布于以太坊、EOS、KodakOne之上的DAPP，具有去中心化、去中介化协作的特征，形成对传统的公司有限责任在非社会化大生产和工业产品责任领域的有效商业协作方式补充。④基于区块链的分布式身份系统以及零信任框架下的统一身份管理平台，也是当前的一大创新方向，主要可以实现身份数据的分布式管理、自主管理、隐私保护、分级管理、分片管理、区块链可信证明、机器身份、服务身份等功能，将身份数据所有权交还用户本身，将用户的主体（人或机器）、财、物、事结合起来，形成数字贸易和数字治理的基础。根据Gartner曲线预测，2018—2021年区块链将在第一阶段成功。2022—2026年将爆发。2027—2030年全球将达3万亿美元。

（五）5G移动宽带

5G所依据的是土耳其数学教授Arikan2007年的论文。它是下一代网络通信传输数据所需大量数据的基础。大约是今天数据处理能力的1000倍。全球72家移动运营商在2018年测试5G，2019年有25家推出5G服务，2020年26家推出服务。

附件一
数字友好竞争力评价体系

目标	一级指标	二级指标	三级指标
数字贸易竞争力展望报告评价体系	数贸创造指数	经济水平与数字贸易产业结构	数字贸易圈层生态建设
			人均年度GDP
			公司、供应商、相关产品和服务集群集中度
			ICT产业产值占规模以上工业总产值比重
			新文创领域产值占城市年度GDP比重
			创新性教育指数
			创业成本指数
		科学技术人力资本	R&D人员占城市劳动人口比重
			R&D经费占城市年度GDP的比重
			高等院校及科研院所数量
			自然科学、计算机、数学、工程领域年度毕业生数
			大数据、云计算、AI、5G、物联网、区块链类技术企业数量
		文化贸易人力资本	文化、艺术院校数量
			文化、艺术领域年度毕业生数
			文化、创意类企业数量
	数贸确权指数	供应链金融确权	供应链金融确权类型数
			供应链金融确权数
			供应链金融证券化确权数
		专利确权	PCT年度专利申请数量
			每百万人发明专利申请数量
			每百万人共有专利发明人外国人申请数
		商标确权	电子商标注册系统
			每百万人商标申请数量
		著作权确权	年度作品登记量
			年度计算机软件著作权登记量

续 表

目标	一级指标	二级指标	三级指标
数字贸易竞争力展望报告评价体系	数贸运营指数	政府管理	数字贸易政策法规体系建设
			行政正当法律程序和抗辩权
			政府和企业数据开放度及国民待遇
			数字贸易行业自律建设情况
			数字贸易核算体系及数字贸易数据库
			创新企业法规政策包容性及速度
			企业公共政策执行压力
			知识产权密集型产业园区建设
			数字鸿沟平等性指标体系建设
			国际身份认证与电子签名互认发展情况
			无纸贸易发展
			原产地电子认证体系
			自动海关操作系统
			政府电子采购
			数贸信息互联网发布
			数贸信用评级体系建设
			城市宣传片数量
			电子政务参与指数
			创新产业补贴与减税指数
			外商投资金额
			外国劳动者就业难易度
		金融支持	数字金融沙箱、研究院建设
			创新型投资基金额度
			质押融资政策
			知识产权侵权保险
			知识产权投资基金
			统一知识产权登记质押公示平台建设
		交易流转	知识产权交易平台建设
			知识产权中介服务机构数量
			专利实施许可备案登记情况
			专利权和专利申请转让情况
			专利权质押合同登记情况
		知识产权贸易成效	高新技术产业新产品产值
			技术合同成交额
			驰名商标产品产值占 GDP 比重
			知识产权支付占贸易总额百分比
			高科技进口占进口总额百分比
			出口 ICT（通信、电脑及资讯）服务占贸易总额百分比
		数字鸿沟	电信行业贸易开放和投资政策
			数字贸易培训数量
			数贸国际交流会议数量
			数贸国际交流专家代表团人次

续 表

目标	一级指标	二级指标	三级指标
数字贸易竞争力展望报告评价体系	数贸救济指数	行政执法	年度知识产权联合执法次数
			年度电子商务工商投诉结案数
		司法争议解决及替代性争议解决机制 ADR	解决纠纷司法体系效率
			互联网法院数量
			司法区块链部署
			专门知识产权法庭数量
			管辖知识产权案件基层法院数量
			年度知识产权案件结案数量
			具有强制执行力公证信息化建设
			数字权属公证数
			电子数据证据公证数
			国际仲裁院建设
			仲裁信息化建设
		电子商务自建争议解决平台	自建争议解决平台数
			年度调解结案数

附件二
以"人类命运共同体"哲学思想为统领，推动构建数字友好人类命运共同体[①]

尊敬的各位驻华大使、外交使节、专家；女士们、先生们：

很高兴在数字友好与碳基文明全球科学家大会驻华使节、专家新春对话会上，与各位新老朋友相聚。

2017年1月18日，习近平总书记在联合国日内瓦总部发表主旨演讲，系统阐释了构建人类命运共同体重要理念，站在历史和哲学高度对"人类社会何去何从"给出了中国理念、中国方案。人类命运共同体哲学思想意味着开放、包容、普惠、无歧视，与互联网发明者克莱因罗克所言互联网文化是合乎伦理、开放、可信、自由、共享的理念殊途同归。人类命运共同体理念引领全球价值观的道义大势，在数字经济"换道超车"的全新态势下，更需要我们团结起来、乘势而上、顺势而为，立足新发展阶段、贯彻新发展新理念、构建新发展格局，全面建设顺应时势的话语体系。以"人类命运共同体"这一重要哲学思想为"根"和"魂"，构建数字友好公理系统，推动经济全球化朝着更加开放、包容、普惠、平衡和共赢的方向发展，优化全球治理秩序结构，观照人类共同价值追求。

一、把握新趋势：以数字友好公理系统为器，构建多边数字友好合作话语体系正当其时、众望所归

"数字友好公理系统"作为人类命运共同体的创新内涵，是一种人与数字化和谐共生的社会形态和数字文明趋势，其核心内涵是以人为本的人类生产生活和以数据驱动的数字生态系统协调可持续发展，并遵循科学实证不断进化和改善，最终实现人类自由而全面发展的社会状态。"数字友好公理系统"是由中国世界贸易组织研究会数字经济和数字贸易专业委员会全球首倡，除了对于人类社会当今面临的数字鸿沟问题的深度思考，更重要的是基于对数字世界发展经验、逻辑和预期的梳理、总结与科学实证，拟通过建立最广泛共识和协议的方式，将全球不同文化、

[①] 本文为2022年1月20日，杨勇在第六届世界智能大会主题推介活动——第二届世界数字友好大会暨第四届中国能源周"数字友好与碳基文明全球科学家大会"驻华使节、专家新春对话会发言稿。

不同民族、不同优势的人民团结起来，差异化、有步骤、分阶段，在不同地区实现联合国可持续发展目标和更高水平的低碳巴黎气候大会目标。

二、立足新阶段：人类已从工业时代步入数字时代，数字时代的发展需要新的公理系统去指引、预测、教育和评价

人类社会正站在从农业文明、工业文明向数字文明和碳基文明转型升级的重要历史节点，脱胎于工业社会的数字社会，其核心需要同步迭代更新，用以统领新型数字经济的发展方向、价值体系和规则秩序。

过去贸易谈判和学理研究，对于人类从工业文明向数字文明演化的大背景变化研究不足，也即从网络扁平化、自组织、无边界的视角去回答如何才能机会均等、提供优秀的公共产品供给、实现全球的"帕累托改进"，以及数字社会的发展将走向何方等。

今天的我们正在或将要享受三个层面的数字成果：第一个层次是数字孪生，也即现实世界、物理世界的数字化映射，例如数字文化、数字体育、数字医疗等。第二个层次是数字原生。数字世界里原生出来的很多东西和现实世界并没有对应关系，例如元宇宙。第三个层次是虚实相生，当数字原生的东西足够大、足够强盛，必然会反过来影响现实世界，例如脑机接口。其中，数字原生是最重要的。三个阶段的数字化迁移一定会在数字空间重构一整套的经济体系、经济模式、金融模式和发展方式。它会产生新的货币市场、资本市场、商品市场、社会规则、公共产品供给、竞争和吸引人才的方式。在这个激烈变迁中，如何在数字孪生、数字原生与虚实相生中找到正途，需要从公理系统上取得突破，进一步深入研究。

三、贯彻新理念：以数字友好公理系统为话语体系，推动全球数字经济发展友好广泛磋商

话语体系包含思想理念、符号表达、制度文化和规则秩序等丰富的内容，话语体系建设是涵盖了学理研究、传播引导、行为规范和制度创新等方面的系统性工程。具体到数字经贸磋商领域，既需要官方高级别快速地谈判，同时也需要民间和市场先行实践，并且往往市场走在了快速反应的第一线。习近平总书记指出"国之交在于民相亲"，中国在加入RCEP，申请加入CPTPP及DEPA等，目标是建立更加高水平的开放性经济。对于民间，我们要深入把握WTO改革、RCEP、CPTPP、DEPA的高水平、前瞻化发展的实质内核，构建数字友好公理系统，在实践中加强复合式创新型人才培养，健康网络内容生态建设，创新文化表达，增进广泛认同，更新国际交往规则，优化全球治理秩序。

同志们、朋友们，过去中国的发展，得益于以WTO为代表的外部环境。时至今日，中国对国际经济的贡献比重日益加大，中国也成为多数国家的国际环境本身。数字经济发展速度之快、辐射范围之广、影响程度之深前所未有，正推动生产方式、生活方式和治理方式的深刻变革，

成为重组全球要素资源、重塑全球经济结构、改变全球竞争格局的关键力量。我们期望在核心技术、基础设施、数字技术同实体经济相融合、货物贸易服务贸易稳步发展、完善数字经济证券规则、产权规则、数据治理和促进竞争等方面，进一步形成合力，与世界各界一道，构建尊重规则、开放市场、共商共赢、同舟共济、积极有为的人类命运共同体。

"大鹏之动，非一羽之轻也；骐骥之速，非一足之力也"，当今世界，面对数字经济和数字贸易转型的机遇与挑战，需要强大的公理系统保障，方可长出参天大树。相信在大家的共同努力下，必将更加快速地提高国际社会对数字友好问题的关注度，弥合数字鸿沟，消除数字贫困，预防数字垄断，建立数字友好全球共识，为共建数字友好人类命运共同体探索新路径和发现新方法。

再过几天，就是中国农历虎年的春节了，在这里，预祝各位心想事成，虎年好运，友好吉祥！

谢谢大家！

附件三
中国数字贸易正在发生什么[①]

中国经常因为在数字经济和数字贸易领域做出成绩被国际组织表扬。这里面有什么秘诀？我今天为大家揭开中国数字贸易的面纱。上个月中国在纪念加入世界贸易组织20年，但是事实上在1986年，中国只是关贸总协定的观察员，当年在申请加入关贸总协定的时候，需要解释中国贸易体系和中国GDP，中国在计划经济体系下，根本没有这些概念，GDP还被视作剩余价值。唯一出路就是向外学习。20年前中国没有合同法。怎么办，就是学习，学TRIPs，学CISG。所以今天面临更高水平的发展时，中国依旧是学习，向RECP学习、向CPTPP、向DEPA学习。

2020年中国数字经济发展占中国GDP的36.2%，根据国务院"十四五"数字经济发展规划，到2025年，中国数字经济要占到GDP的约50%以上。这是一个宏大的目标。关于数字贸易，其概念一直有争议。一种定义是电子商务，线上订购，线下发货。另一种定义是2013年美国提出来的线上传输。我认为数字贸易是一个更广泛的概念，数字经济得益于重组，就像寒武纪有性繁殖基因重组带来物种爆炸一般。因此数字贸易特征是货物、服务、技术一起混同，像3D打印、在线音乐会，都可以分步交付，而不受制于过去服务贸易中实时交付、实时终止的概念。

现代经济学有其局限性，例如基于理性人假设和价格受体假设。但是事实上人们并不总是理性的，人有精神，有信仰，人也不总是看价格，还有消费者偏好。大家把公司作为一个方程去研究，但是没有人去研究集群、研究城市、研究自贸区。因此我们提出了新的促进人类自由而全面发展的数字友好公理系统去研究数字经济。

数字经济领域三个规律起重要作用，这三个规律是摩尔定律、库兹韦尔定律、梅特卡夫定律，也就是随着重组，网络的价值与节点的平方成正比，带来了网络经济的规模价值。

农耕文明时代，土地劳动力是生产要素，规模效应递减。工业时代，资本和技术是生产要素，规模效应递增。数字文明时代，数据、算力和算法成了生产要素，非竞争性、绿色性、网络性使得规模效应指数级增加，竞争不再是零和博弈，而是双赢。

中国经济历史上取得了成功，但是现在也面临挑战。举例而言，过去是县域经济的竞争，每个县长都像公司老总一般掌控人事、财务、招商引资，但是现在竞争单元变成了产业集群、城市带、自贸区、自贸港的竞争。中国过去人力资源是比较优势，但是现在劳动力和生育率在

[①] 本文为2022年1月20日，刘泽枫在第六届世界智能大会主题推介活动——第二届世界数字友好大会暨第四届中国能源周"数字友好与碳基文明全球科学家大会"驻华使节、专家新春对话会发言稿。

急剧下降。外商投资，需要有更先进、国际化的投资便利措施。供应链面临危机，尤其在大豆、香蕉、乳制品、肉制品、铁矿石、钾肥、铜矿、铝矿、锂、钴、锆、石油天然气、动力煤、高档仪器、芯片等领域，每年花费数万亿美元采购，还不安全。社会需求低迷，需要长期投入社会保障系统，解决住房、医疗、教育等后顾之忧，人们才敢消费。国家级的科技计划。从过去牺牲环境换取经济，到现在比巴黎气候大会所要求的标准更高的高水平环境保护，发展绿色经济。中国的资本收益率下降，资本和技术也亟须走出去。

从数字贸易经验而言，中国电子商务的发展得益于村村通计划带来的公路、通信、互联网相通，以快递小哥、外卖小哥为代表的丰富的人力资源，支撑了电子商务的繁荣。

国家级的科技计划也同样重要。1993年，中国就开始对标美国的信息高速公路计划。北京邮电大学老校长叶培大等教授提交了中国高速信息网络对策研究报告。1990年代，中国就提出了金卡、金关、金税等信息计划，其中像金税到如今已经发展到了金税四期，采取大数据和人工智能的方式，对中国的一次分配、二次分配和三次分配全方位智能化管理。中国有超过16亿的移动设备，使得网上服务贸易和货物贸易蓬勃发展。但是中国服务贸易较弱，文化影响力不强，于是开始跟各国合拍电影。中国在AR、VR、元宇宙的等技术方面也有布局。中国从1G到4G落后于国际发展，但是从5G开始，已经率先应用。5G的增强移动带宽、海量机器连接、高可靠、低迟延的应用，使得网络服务泛在化、泛载化、碎片化，像自动驾驶、远程手术，2019年百公里外给一只小猪做手术，到现在上百家医院都有这种远程手术设施。

双边市场作为数字经济的一个重要形态，也是数字经济成功的秘诀。免费一方，而吸引另一方付费。例如俱乐部中女宾免费，而男宾付费。在平台的竞争中，如打车平台，出租车司机和乘客都是多归属性，那么在均衡的平台竞争结果中，就是只剩一个平台。在多归属客户方面竞争激烈，而在单归客户方面竞争就没有那么激烈，构成了不同平台的竞争策略和并购策略。

直播电商也是目前正在快速发展的行业。以化妆品直播销售为例，过去有五级经销商，现在只有两级经销商，降低了30%的成本。但是网络红人有着突出的头部效应挤压了上、下游的利润空间，并且不能很好反馈在税收上，随着金税四期大数据和人工智能系统的应用，对税务监控越来越智能。像最近一个网红，补交税款和滞纳金共计13.41亿元人民币，这是大数据技术在税务领域的应用。

中国同时在网络立法方面也走在了前列，从网络安全法、民法典、电子商务法以及相关司法解释，建立起了系统的网络法体系。中国判决公开系统使得司法大数据可以具有公示性和互操性。替代性争议解决机制例如平台的小法庭，每年更是处理上亿的小额纠纷。

以上是中国数字经济和数字贸易正在发生的变化。总而言之，基于数字友好公理系统，鼓励生育、采购相对低价的产品改善代际补偿，做好联合国贸发会数字贸易评估，控制资本外流，积攒外汇，建设ICT基础设施，在实践中培养青年领导力，培养青年复合背景、提出和解决问题的能力，加入、学习、引领自由贸易区，建设简单、明确、国际化具有执行力的法治体系，是成功拥抱数字经济和数字贸易发展潮流的中国经验。

附件四
构建数字友好型全球数字贸易示范区[①]
——以数字友好公理系统为引领推动我国数字贸易示范区全球话语体系建设

摘要： 人类命运共同体理念引领全球价值观的道义大势，在数字经济"换道超车"的全新态势下，需要我们乘势而上、顺势而为，立足新发展阶段、贯彻新发展新理念、构建新发展格局，全面建设顺应时势的话语体系。以"人类命运共同体"这一重要哲学思想为"根"和"魂"，构建数字友好公理系统，推动经济和贸易全球化朝着更加开放、包容、普惠、平衡和共赢的方向发展，优化全球治理秩序结构，观照人类共同价值追求。

关键词： 数字友好公理系统　全球话语体系　数字经济和数字贸易　全球数字贸易示范区

近年来，在数字经济和数字贸易"换道超车"的全新态势下，中国各地园区、保税区、自贸区的发展很快，极大地促进了我国经济和贸易的全球化发展。但是从发展策略和现状看，存在前瞻度不够、国际谈判实证研究供给不足等诸多问题。其基本原因就是，缺乏可持续发展、道器合一、久久为功和顺应时势的数字思想体系和数字话语体系建设。脱胎于工业社会的数字社会，其核心价值观需要同步迭代更新，用以统领数字经济和数字贸易的发展方向、价值体系和规则秩序。

话语体系不是简单发明一些概念，而是包含学理研究、通识表达、传播体系、行为活动等层面，是系统完整的整体，并最终要接受社会文明发展的检验。话语体系弱，则道义归属力和国际向心力就弱；话语体系强，则海纳百川，涵养中华文化自信，观照人类共同价值追求，优化全球治理秩序结构，助力国家经济社会发展和民族伟大复兴。因此数字文明时代的话语体系作为一个整体要求是科学的、实证的，我们需要基于科学研究的基本范式，去构建具有前瞻、统领、全局意义的数字贸易的话语体系，因此，数字友好公理系统的提出正当其时。

[①] 本文为2022年6月29日，杨勇、刘泽枫在北京"第二届世界数字友好大会·数字友好安全空间发展论坛"上就"全球数字贸易示范区"所做的大会主题倡议。

一、数字友好公理系统是什么

吉姆·格雷曾经就科学研究提出过4种范式,包括实验归纳、模型推演、仿真模拟和数据密集型科学发现。基于这四种科学研究范式,中国世界贸易组织研究会数字经济和数字贸易专业委员会(CWTO数贸会)全球首倡数字友好公理系统,在构建数字文明时代新话语体系、发展数字经济数字贸易和推动"数字友好城市和园区"的创新研究工作中走出了最前瞻的一步。CWTO数贸会在2020年8月18日召开的首届"世界数字友好大会"上倡议和发起"世界数字友好日",并开展"数字友好全球对话",明确提出了数字友好公理系统当前和未来的研究方法。"数字友好公理系统"作为人类命运共同体的创新内涵,是一种人与数字化和谐共生的社会形态和数字文明趋势,其核心内涵是以人为本的人类生产生活和以数据驱动的数字生态系统协调可持续发展,并遵循科学实证不断进化和改善,最终实现人类自由而全面发展的社会状态。"数字友好公理系统"除了对于人类社会当今面临的数字鸿沟问题的深度思考,更重要的是,基于对数字世界发展经验、逻辑和预期的梳理、总结与科学实证,拟通过建立最广泛共识和协议的方式,将全球不同文化、不同民族、不同优势的人民团结起来,差异化、有步骤、分阶段,在不同地区实现联合国可持续发展目标。

当前,人类文明正站在从农业文明、工业文明向数字文明转型升级的重大历史节点,人类命运共同体理念引领全球价值观的道义大势,在数字经济"换道超车"的全新态势下,需要我们乘势而上、顺势而为,立足新发展阶段、贯彻新发展新理念、构建新发展格局,全面建设顺应时势的话语体系。以"人类命运共同体"这一重要哲学思想为"根"和"魂",构建数字友好公理系统,推动经济和贸易全球化朝着更加开放、包容、普惠、平衡和共赢的方向发展,优化全球治理秩序结构,观照人类共同价值追求。

二、国际数字贸易发展的战略趋势

数字贸易没有统一定义,是因为各国比较优势不同。很多人认为数字贸易既包括了数字交付本身,又包括因为数字连接而改善的服务贸易、货物贸易、技术贸易和供应链贸易。根据洛佩兹-冈萨雷斯和费伦茨等人2018年对欧盟国家的研究,双边数字化连接每提高10%,在原有贸易额基础上,货物贸易可再增加2%,服务贸易再增加3%。数字化降低了国际贸易的交易费用,使得全球企业与消费者前所未有地连接起来,传播思想和技术,促进了全球价值链(GVCs)变革,包括研发、分销、销售的方式变革。如今,无数的小包裹和低价值的数字服务正在国际上进行交易;更多的服务正在变得跨地域性、异步性和可交易;商品和服务越来越多地捆绑在智能产品中。这些变化带来了新的挑战,不仅是应对数字化颠覆,而且包括如何确保数字贸易的机遇和利益在全球范围能够得到实现和普惠式增长。

愿望是美好的,但是当前构成数字贸易支柱的数字化服务和数字化技术却在各国、各区域凸显出明显的数字鸿沟、数字垄断、数字霸权问题。数字技术和数字基础设施的诞生归功于全球化及开源精神,但是在国家之间存在物理边界、价值观差异、阶层差异、比较优势不同的复杂背景下,国内和国际数字贸易政策能够互联互通、互相协调正面临着巨大的挑战。贸易规则中的多边、双边谈判则有助于帮助各国应对挑战,确保贸易和关键公共政策目标的实现。

举例而言,欧洲的数字贸易便利性和一体化较高,像芬兰、瑞典、卢森堡、荷兰、爱沙尼亚等国数字贸易便利化水平较高,经济也较为发达,而罗马尼亚、希腊,以及非欧盟的塞尔维亚、摩尔多瓦等则较弱。在中东阿联酋、以色列、巴林发展水平较高,而也门、埃及、伊朗则相对较弱。在亚洲新加坡、马来西亚发展水平较高,而巴基斯坦、吉尔吉斯斯坦、老挝则发展水平较弱。

三、中国数字贸易发展问题与数字友好科学指标构建方向研究

结合目前WTO、RCEP、DEPA、CPTPP谈判的数字贸易议题和数字贸易发展,贸易便利化、数字服务市场准入、国际规制对接、关税与数字税、跨境数据流动、数据规范化采集和分级分类监管、数字知识产权保护、公平竞争的市场环境、科技创新与制度创新是当前中国高水平国际数字贸易示范区建设的重点与难点。

在贸易便利化方面,包括贸易程序和手续的简化、法律法规的协调,基础设施的标准化,加速要素跨境的流通等。中国政府2015年批准WTO《贸易便利化协定条款》,目前国内贸易便利化研究指向口岸与物流效率、规制环境、电子商务、金融服务、海关与边境管理5个方面。其中较典型的结论如产业结构调整缓慢,缺乏创新能力,人才流失,通关成本高,涉外部门如海关、国检、边检、银行和税务共享信息连通性差,官员变动频繁,检验检疫流程复杂水平有待进一步提高等问题。为应对以"即时性、小规模、大批次、无纸化"为特征的数字贸易,我们需要进一步深化金盾、金卡、金关、金税政策的成果落实,打破部门壁垒和国际壁垒,在相关谈判领域深化电子认证、电子签名、电子合同、电子支付、电子发票等规则的对接与协调。国际协定中允许贸易商就海关行政决定提出行政申诉或司法审查要求,我国贸易商应摈弃过去"找关系"的传统做法,以后在国外遭遇不合理对待时,应运用法律手段维护自身的合法权益。

在市场准入方面,数字贸易所涉商品或服务的市场准入,取决于成员在《服务贸易总协定》(GATS)和区域及双边贸易协定中作出的承诺,数字产品非歧视待遇和服务市场准入是重要方面。GATS中存在一般例外、安全例外、合法公共政策例外,值得细化研究和量化研究。通过判断对于市场准入和国民待遇的遵守国内法一致性,实质的非歧视和不改变竞争条件,去归纳出不友好的项目和评价方式,既可以促进国际技术合作以弥合数字鸿沟,也可以重新对减让表进行谈判,对数据分类分级构建科学实证规则。

在关税与数字税方面,各国趋于强化管辖权要求,税收是根本的利益损失和重新分配问题。部分国家征收数字服务税减缓税收损失引发贸易摩擦成为当前国际谈判的难点。在数据流动问题上DEPA与CPTTP完全相同,即免关税。目前对数字贸易的分类基本上是结合WTO中GATS

进行的，换言之，是将数字贸易定位在服务贸易领域。在CPTPP中，它没有明确区分数字贸易是服务贸易还是货物贸易，而是通过第14章第3条关于关税的注释即"不得对电子方式传输的产品征收关税"来规定，这是否意味着它也不尽然是属于服务贸易领域。有分歧，就有制定标准的空间。

在数据跨境流动方面，数据作为新生产要素，加大数据流转已成全球共识，但是要同步加强隐私、商业秘密、网络安全和国家安全的保护。目前国际承诺要求最高的区域贸易协定是CPTPP和DEPA，中国已经加入RCEP，正在申请加入DEPA、CPTPP。RCEP比CPTPP多了一个不受质疑的安全例外，并且RCEP不适用争端解决机制。DEPA是新加坡、新西兰、智利所倡议发起的方案，在数据流动方面DEPA与CPTPP有许多相同之处，例如免关税、数字产品的非歧视待遇、数据跨境流动和计算机设置。从数字友好实证研究看，跨境数据自由流动和存储、非强制本地化、源代码保护对数字贸易的促进作用更加显著，采取限制措施的国家会抑制出口技术复杂度，对发展中国家不利影响更大；从部门来看，金融和研发部门受影响很大，贸易服务限制性措施对出口的抑制作用要大于进口。跨境数据流动限制性措施作为数字服务贸易限制性措施的重要组成部分，数字服务贸易限制对制造业服务化水平产生不利影响。数据安全审查应该从事前审查转向事中和事后审查，完善数据分级，实现原始数据本国不移动，通过技术手段实现数据信息的流动。

在个人隐私保护方面，美国从个人隐私角度规避个人数据保护事项，像中国民法典把个人数据保护纳入个人基本权利范围之内，像隐私个人安宁权与个人信息、一般信息和敏感信息的双重定义，并特别提及其对隐私保护的价值。欧盟用个人数据概念完全代替了隐私概念。将个人数据保护限定在隐私方面，会限制个人数据的保护范围和力度，而应将个人数据放在个人隐私保护之上。

在数字知识产权保护方面，如何确定保护与监管的边界是规则建设的重要议题，主要涉及数字内容版权的保护等。CPTPP相对于WTO的《与贸易有关的知识产权协定》（TRIPs），知识产权客体范围扩张，明确知识产权的保护标准，扩张了知识产权权利的内容，规定了严格的执法程序和法律责任。

在打造公平竞争的市场环境方面，规则谈判既包括对电信通道、互联网、大型互联网平台等数字基础设施的公平使用，又包含平台责任、打击市场垄断、建立包容性的技术创新环境等内容。未来，制定数字基础设施的技术标准也会成为国际合作的重要内容。RCEP和CPTPP要求每个缔约方都应当设立国家竞争法主管机关，不因国籍不同而有所歧视，确立了竞争政策的平等基础地位。可以从竞争审查制度和审查范围切入，运用混合策略博弈论和随机抽查的方式，严格清查违反民营、国有、内外资不一致的行为，授权反垄断执法，完善奖励机制和政府考核等，平等保护各类市场主体。

四、数字友好公理系统对数字贸易示范区发展对策建议

在各国数字经济发展水平和竞争力不同,以及数字贸易诉求各异和利益复杂交织的情况下,多边谈判难以快速取得成果。转而通过在区域及双边贸易协定中设立专门的电子商务章节,将数字贸易议题纳入规则制定范畴,或者以专门签署数字贸易协定的方式就数字贸易做出制度性安排,成为当前数字贸易共识的可行方案。此外,非政府对话平台和专业组织在专项领域的规则和技术标准规范上具有影响力,对构建数字贸易国际规则体系谈判的依据发挥着重要作用。

对我国在数字贸易示范区的建设实践,建议如下:第一,加强数据跨境流动,减少管制,或者进行事后管制,运用混合策略博弈论思维去促进以市场机制平衡违法犯罪行为的规范和处罚。第二,数字贸易周边谈判可以适度降低审慎标准,求同存异并且对中国有利,减少对全球产业链的冲击。第三,区域层面,学习CPTPP、DEPA,快速提升承诺水平。第四,增强国内立法的细节,可通过司法解释、规章的方式,让法律细化,提高信息化、可操作性和激励性。第五,在数字贸易示范区内,可以在取得法律授权的情况下突破性创新尝试。第六,数据安全审查可以从事前审查转向事中和事后审查,完善数据分级,通过技术手段减低数据的本地化存储强制要求比例。第七,培养涉外法律人才和普通法人才,基于法治的规则,参与到全球事务的磋商、竞争、争议解决、申诉与反制,可以多学习日韩申诉恶名市场的成功经验,以及利用好中国香港这一普通法前沿阵地、国际争议解决中心和国际金融中心的资源优势,多使用中国人或中外合作,在国际竞争中壮大中国专业服务人才队伍。

五、数字贸易示范区共建共享倡议

数字贸易示范区是一个多边市场、多方共赢的模块化可伸缩式国际数字化企业赋能生态圈和数字贸易谈判实证示范区,既包括全球一定区域内的物理空间,也包括基于网络和计算技术的开源式数字化生态网络系统。

数字贸易示范区不再关注于传统园区同质化的政策解读、项目申报、知识产权等服务,而着重于运用数字化技术,系统性、长期性、便捷性、针对性、友好性地吸引企业、赋能企业、培养企业,加强科学研究和国际谈判能力建设,并基于所在地区、政策和自身定位的比较优势,深度发现行业价值链,以国际思维、法治思维和共享平台思维,发现价值链中的潜在痛点和潜在增值点,从价值发现到价值创造,从基础服务到产业服务。

数字贸易示范区将以运营为出发点,把运营服务的客户(既包括企业也包括企业中的人)放在中心,围绕客户的互动规划各类应用,进行数据沉淀,创新数据共享和利用的方式方法。其中包含招商管理、资产管理、商业服务、企业服务、社群服务、产业链服务等。基于示范区产业运营定位和规模,围绕潜在客户全生命周期的发展需求,选择配置不同的组合,以搭积木的形式填充示范区内容,回归产业服务和企业服务的本质,构建新型的区企共生共赢关系。

未来的数字贸易示范区不再是服务层面的认知,而是没有围墙、开源式、即插即用的数字

化、全球化和友好型的模块生态认知。由于数字化边际成本和交易费用低，未来示范区空间、联合办公、孵化器、加速器、写字楼、产业园、特色小镇、产业新城等业态的边界会越来越模糊，都将进化成各具特色和规模的、以工业互联网生态和新型数字友好城市、数字友好园区、城乡发展战略一体化的产业基地。这种以人为本的开源式、模块化的智慧产业生态集群，将助力当地产业发展和全球化链接，体现出统筹、友好、伸缩、个性的特点。

为实现这些共同目标，国际数字贸易示范区应通过数字友好的协议、共识和测评，去促成标准体系建设，再闭环归结为基于科学方法、实证、可持续发展的数字友好公理系统。为此我们提出以下倡议：

（1）积极发展数字经济和数字贸易，鼓励数字创新，建设总部基地，依托比较优势资源对接与合作，打造数字友好型自由贸易区、园区交流合作和亲诚普惠的国际样板。

（2）开展数字人文交流、理解和支持活动，提高数字文化品牌、文化遗产和文化产品的供给，提高数字传播精准度和直观度。

（3）促进复合型数字友好青年领导力培训、青年事务交流和国际青年数字友好全球对话，研发数字友好教育课程，培养跨文化交际力、沟通力、领导力、具有国际视野和全球治理能力的数字友好青年人才，提供稳定、发展、安全与获得感的数字友好青年交流环境。

（4）探索和促进数字金融、数字资产事务交流、合作与支持。

（5）促进自贸区、园区、商会、协会和私营部门之间的合作与交流，促进学术研讨、图书出版和智库交流合作。

（6）共同应对数字鸿沟、数字垄断、数字贫困、数据安全、数据流转、平等竞争、隐私保护和劳工问题。

（7）开展自贸区、园区部门的数字化公共产品供给的交流与合作。

（8）充分动员现任及退休外交和商务官员、学者、媒体人士、企业家、青年人才、彼此侨属等社会资源开展数字友好交流与合作。

（9）持续发布数字友好型数字经济和数字贸易发展理论成果，形成人人关爱数字友好的良好国际风尚。

附件五
世界数字友好城市白皮书（通用版）[①]
——"世界数字友好城市"和"世界数字友好园区"将改变全球城市竞争格局

前　言

数字经济时代，城市承担着区域发展、国际竞争、产业升级的重要职能，担负着聚集创新资源、培养创新人才、培育创新产业，推动经济和治理数字化、普惠化、友好化建设等一系列重要使命。

用"数字友好"公理系统构建数字文明时代新话语体系，发展数字经济和数字贸易，倡议和发起"世界数字友好日"，召开"世界数字友好大会"，开展"数字友好全球对话"，推动"世界数字友好城市"的全球缔结和创建工作，弥合数字鸿沟，消除数字贫困，防治数字垄断，发展数字文明，为全球共建数字友好人类命运共同体探索新路径、发现新方法。

以"数字友好"理念为指导，以"数字友好城市"为主体，以建设"数字友好贸易中心"为载体，以"世界数字友好城市和园区全球对接计划"为手段，协力打造运行高效、安全稳定的国际产业链、供应链合作网络，开拓国际经济循环和国际经贸合作的新途径，是实现党中央提出的"加快形成以国内大循环为主体、国内国际双循环相互促进的新发展格局"战略部署的重要途径。

一、"数字友好"公理系统提出的时代背景

数字经济是继农业经济、工业经济之后的一种新的经济形态，是更高级的经济发展阶段。数字经济以数字化的知识和信息作为关键生产要素，以数字技术为核心驱动力量，以现代信息网络为重要载体，通过数字技术与实体经济深度融合，不断提高经济社会的数字化、网络化、智能化水平，加速重构经济发展与治理模式。数字经济正成为国家经济发展的重要引擎且全面融入生产生活的各个方面。

数字经济时代，城市带、城市、自由贸易港区和产业园区成为区域经济发展、产业结构调

[①] 本文为2022年6月29日，杨勇、刘泽枫在北京"第二届世界数字友好大会·数字友好安全空间发展论坛"上就"世界数字友好城市""世界数字友好园区"所作的大会主题倡议。

整和升级的重要空间聚集形式，担负着聚集创新资源、培养新人才、培育新兴产业、推动城市化建设等一系列重要使命。同时园区数字化也在拓展产业园区经济组织形式和产业生态。

在数字经济形态下，城市如何围绕数字产业进行孵化培育、推动实体经济数字化转型升级，提升城市服务水平、加速数据价值化进程，参与全球经济产业链、价值链体系建设，是数字经济时代城市面临的重大机遇和挑战。从而围绕提升城市内在禀赋和打通外部循环通道两大主线，使城市发展方向逐步在国内外两个大局中展现。从国内情况看，城市将继续发挥示范和载体功能，引领改革、创新、开放和可持续发展。主要表现在城市按照低碳、绿色、环保等要求存量意义上提质增效、调整产业结构、跨区域协同共建，产城融合升级，推动制度创新，致力于融入新一轮数字经济和数字贸易体系。从国际情况看，各国城市产业集群建设、城市交往如火如荼开展，中国城市经济以新的数字友好理念进行的国际化发展布局正当其时。以中国城市"出海"为切入点，发挥政府支持海外投资、产能合作及企业"抱团"走出去的"一站式"综合服务平台作用，策应"一带一路"以及国际合作等新时期的大国经济外交方略。

（一）城市发展面对新挑战

1.高质量发展的要求

党的十九大报告中明确指出：我国经济步入新常态，已由高速增长阶段转向高质量发展阶段，经济发展正处在转变发展方式、优化经济结构、转换增长动力的期待期。随着国家经济的战略转型，科学技术创新发展成为推动国家经济发展的新引擎。在新时代国家创新驱动发展战略的推动下，各级政府把建设发展城市作为地区经济产业转型、升级的重要平台，着力打造不同区域优势、不同产业业态、不同研发规模、不同服务类型、模块化、可插拔式的城市产业生态圈，发挥科技新转化、产业新动能的辐射带动作用。

2.碳中和愿景的挑战

"碳中和愿景"的实质，是应对和解决工业化过度排放的温室气体所产生的气候变化问题。经济社会的发展不能缺少工业建设的支撑，因此，"碳中和愿景"的关键是，实现在一个国家之内二氧化碳的净零排放，即一个国家领域内的二氧化碳排放与大自然所吸收的二氧化碳相平衡。城市实现碳中和产业园区，就是指在园区范围内，企业、产品、活动或个人在一定时间内直接或间接产生的二氧化碳或温室气体排放总量，通过节能减排等形式，以抵消自身产生的二氧化碳或温室气体排放量，实现基本平衡，达到相对"零排放"。城市碳中和的核心是"节碳"和"耗碳"的中和。

我国应对气候变化的目标是力争在2030年实现碳排放达峰，到2060年左右实现碳中和，这意味着中国必须用30年的时间完成发达经济体60年完成的任务。可以预见，我国碳中和之路将是艰巨而迅速的。但这个过程不会是线性的，而是一个逐步加速的过程。城市作为国家经济、文化的创新先行者，更应在实现全国"碳中和"的愿景中作出努力。"低碳城市"是城市建设和发展的重要目标。

（二）友好型发展在经济建设中的体现

"数字友好"理论体系作为原创理论体系，目前尚没有在实践中完整地应用，但是现有的城市、园区发展理念包含了"数字友好"的元素。这些理论在特定的领域蕴含了"世界数字友好"的思想，更多体现在城市、园区节能、环保、可持续等领域，但在合作与交流、技能发展、外循环、数字鸿沟、数字垄断等领域缺乏关注。

1. 循环经济

循环经济理念被引入我国后，逐渐发展为我国的一项发展战略。在循环经济名下进行的城市生态化活动活跃而繁多。2008年，《中华人民共和国循环经济促进法》颁布。循环经济的推进有了法律基础，循环经济城市和园区的建设得到了大规模的推进和支持。2013年国务院发布《循环经济发展战略及近期行动计划》，强调构建城市和园区循环经济产业链，推进城市和园区资源高效循环利用、城市和园区基础设施绿色化。在此行动计划的指导下，循环经济城市和示范园的指标体系完善、园区循环化改造、城市矿产示范基地建设、循环经济城市和园区建设的资金支持等工作稳步推进。推进重点行业和重要领域的绿色化改造，全面提高资源利用效率，推进资源的循环利用。城市和园区循环化改造主要是指以城市和园区为载体、以企业为核心，通过建立物质交换与循环利用的有效机制，打造城市和园区循环产业链。城市和园区循环化改造的目标在于降低生产过程中的原材料和能源消耗，减少废弃物的产生与排放，实现经济发展和环境保护的双赢。

2. 绿色发展

2016年工信部发布《关于开展绿色制造体系的通知》和《绿色制造体系建设实施方案编制说明和要求》，绿色城市和园区成为绿色制造体系的主要内容之一。绿色城市和园区涵盖了产业共生的理念，也整合了循环经济城市和园区建设的许多理念，作为绿色制造体系的一部分，目前已经成为地方政府规划的一部分，得到各项政策的支持。未来一段时间，绿色城市和园区建设将成为城市和园区生态化建设的主要手段。

党中央高度重视生态文明建设，把"绿色发展"上升为"五大发展"理念之一。通过加快构建绿色生产体系，着力推动经济社会发展与人口、资源、环境相协调，形成节约资源和保护环境的空间格局、产业结构、生产方式、生活方式。绿色经济以环境保护为出发点，即在经济发展过程中，不能损害生态环境和人体健康。绿色经济的实现离不开科技创新的辅助，经济发展过程中要充分利用现代科学技术，开发绿色能源和再生资源，统筹经济发展与环境保护，实现人与自然协调发展。

绿色发展是联合国开发计划署（UNDP）在2002年提出的。其本质就是强调经济发展与生态环境保护的统一，是一种可持续的发展模式。《2010中国科学发展报告》将绿色发展定义为"生态健康、经济绿化、社会公平、人民幸福"四者的有机统一。

3. 创新发展

在创新范式面临大变革、大变迁的背景下，创新型城市和创新型园区作为创新创业的主要空间集聚区，已经成为全球新经济、新业态培育的主阵地。当前，新一轮科技革命正在孕育兴起，创新创业的形态和范式正在加速演进，创新型城市和创新型园区也从大产业格局的集聚向小生态的精耕细作转变，创新治理也面临新挑战。新的创新型城市和园区建设，要充分结合所在地区实际，置于所在区域创新生态中考量。新经济下的创新型城市和园区，不仅是创新资源的集聚地，更是一个孵化创意、培育产业之地。

4. 对外开放

2020年11月23日，WTO发布《2020年世界贸易报告：数字时代促进创新的政府政策》。年度报告指出贸易和贸易政策历来是创新的重要推动力，特别是多边贸易体系通过完善可预测的全球市场条件和支持全球价值链发展，对创新和技术的全球扩展做出了重大贡献。

随着数字经济不断发展，数字企业能够更快地进入全球市场。数字经济的成功将取决于市场开放、信息获取和信息通信技术产品及服务、合作开展研究项目以及新技术传播等要素。

世界经济正在向数字化和信息化转变。这一转变凸显创新和技术在促进经济增长方面的重要性。在数字时代，政府政策的一个重要特征是支持向数字经济转型。

支持数字经济的创新型政府政策体现在推出旨在提升技术、推进生产及服务数字化的经济发展规划，包括具体的数字发展计划和创新型产业发展战略。自2008年国际金融危机以来，政府对经济的干预又开始流行起来。迄今，大约115个国家已经制定了"新产业政策""工业4.0"或"数字转型"计划，所有处于不同发展阶段的国家都有支持创新和数字化转型的政策，特别是许多发展中国家采取了积极政策推动数字科技发展及电信基础设施建设。这些新政策反映了数字经济的特点，即以数字化为导向，鼓励技术升级、数字化生产和数字创新，突出数据在政策工具中的核心作用。

（三）数字友好理念渗透到发展的各个方面

创新、协调、绿色、开放、共享的发展理念，是管全局、管根本、管长远的导向，具有战略性、纲领性、引领性。新的数字友好理论，协助城市弥补数字治理、人文关怀方面的短板，有助于城市发展突破天花板。

1. 创新发展注重解决发展动力问题

我国创新能力不强，科技发展水平总体不高，科技对经济社会发展的支撑能力不足，科技对经济增长的贡献率远低于发达国家水平。特别是在数字经济时代背景下，数字经济、数字贸易和数字发展理论创新对经济发展提质增效具有决定意义。

2. 协调发展注重解决发展不平衡问题

我国城市建设注重基础设施建设、产业生态建设，但在数字时代人的发展、数字公共服务、数字化发展、国际交往与合作方面表现出一定的缺失，"木桶"效应愈加显现，制约了城市更高层次的发展。

3. 数字治理注重解决和谐有序发展问题

我国数字资源未能有效治理、产业生态系统不完整，制约数字产业创新和快速发展。

4. 开放发展注重解决发展内外联动问题

现在的问题不是要不要对外开放，而是如何提高对外开放的质量和发展的内外联动性。我国对外开放水平总体上还不够高，用好国际国内两个市场、两种资源的能力还不够强，应对国际经贸摩擦、争取国际经济话语权的能力还比较弱，运用国际经贸规则的本领也不够强，需要加快弥补。

5. 友好型数字公共产品解决社会公平公正问题

数字经济的发展对弱势群体在一定程度上会产生不利影响，应避免所提供的数字公共产品无法服务弱势群体，从而更好地弥合数字鸿沟，推动数字友好型社会的发展。

（四）打开世界开放、合作发展新通道

2008年金融危机后，逆全球化和贸易保护主义抬头，最近几年更是愈演愈烈。中国外部环境的巨变是提出"双循环"这一发展新格局的大背景，也让"双循环"成为未来一段时间内，国内制定宏观政策的基本出发点。中国明确提出"加快形成以国内大循环为主体、国内国际双循环相互促进的新发展格局"，为我国循环经济提供了实实在在的发展机遇。在"双循环"的新发展格局下，遵循经济循环的思想，把握循环经济的发展方向，并以此推动国内大循环和国内国际双循环的战略目标，对我国2035年基本实现社会主义现代化的远景目标具有重大意义。

1. 双循环发展格局是未来一段时间发展的主基调

纵观大国崛起历程和经验，可以发现，单纯依赖外部循环，难以支撑大国的持续发展。作为世界第二大经济体和崛起中的世界大国，应当借鉴其他成熟的大型经济体发展模式经验，发挥我国国内市场优势，形成可持续的双循环相互促进的发展格局。

2. 国内大循环的真谛是开放

在当前保护主义上升、世界经济低迷、全球市场萎缩的外部环境下，我们必须集中力量办好自己的事，充分发挥国内超大规模市场优势，逐步形成以国内大循环为主体、国内国际双循环相互促进的新发展格局，提升产业链供应链现代化水平，大力推动科技创新，加快关键核心技术攻关，打造未来发展新优势。国内大循环的真谛是"开放"，即国内循环的生产、流通、消费全环节都在开放的环境中运行，吸引跨国企业把产业链、工厂、店面继续留在中国，分享中国消费市场的蛋糕，以提高国内市场供给质量，释放国内经济和消费潜力。因此，新发展格局

绝不是封闭的国内循环,而是开放的国内国际双循环。我国在世界经济中的地位将持续上升,同世界经济的联系会更加紧密,为其他国家提供的市场机会将更加广阔,成为吸引国际商品和要素资源的巨大引力场。

3.着力打通国际循环新通道

国际外循环对中国经济的积极作用。一是打开全球市场,中国经济加速崛起。2001年中国正式加入WTO,只用了9年时间;即在2010年,中国工业增加值规模就超过了美国,位居世界第一。2018年中国工业增加值全球占比接近四分之一,遥遥领先其他国家。二是融入世界市场,也为中国企业创新提供了资金和动力。众所周知,创新活动高风险、高回报,市场规模越大,企业越容易积累创新所需的资金,也越有动力去创新以提高市场份额。全球市场打开,以及进口产品和技术、代工等因素,加快了中国创新步伐。推动国内国际双循环相互促进,必须首先巩固我国参与国际循环的优势,提升新形势下国际外部循环的质量和水平。特别是要推动商品和要素流动型开放向制度型开放升级。

数字经济时代叠加贸易保护主义抬头,突破原有的国家间贸易模式,推动数字友好城市和数字友好园区的创建和全球缔结,开创直接数字化城市交往渠道,是参与全球产业链、价值链合作的有效方式。

4.推进数字经济和贸易新渠道的实质性突破

形成双循环相互促进的难点在于改革制约内外循环联通互促的制度性障碍,关键在于推进国内国际规则制度的衔接,构建现代化市场经济治理体系,在制度型开放方面取得实质性突破。具体来说,就是要对接国际通行做法,建立国内外相互衔接的经济运行规则、规制、管理和标准,以及自由化和便利化贸易投资合作政策,市场化、法治化、便利化营商环境。这是建立国际国内循环相互联通、相互促进的制度性开放的重要举措。

二、数字友好公理系统的提出

用"数字友好"公理系统构建数字文明时代新话语体系,致力于弥合数字鸿沟,消除数字贫困,防止数字垄断,发展数字文明,推动"数字友好城市"和"数字友好园区"的全球缔结和创建工作,推动亲诚普惠、可持续发展的"数字友好社区"和"数字友好乡村"的研究与建设工作,为共建数字友好人类命运共同体探索新路径和发现新方法。

(一)数字友好是什么

"数字友好"价值理念是由中国世界贸易组织研究会数字经济和数字贸易专业委员会杨勇主任全球首倡,并于2020年8月18日在北京召开的首届"世界数字友好大会"上面向50多个国家和地区的参会嘉宾中、英双语发布了《世界数字友好宣言》和数字友好哲学和公理系统,给出了"数字友好"中国定义。

"数字友好"作为一个数字文明哲学和公理系统，是一种人与数字化和谐共生的社会形态和数字文明趋势，其核心内涵是以人为本的人类生产生活和以数据驱动的数字生态系统协调可持续发展，并遵循科学实证不断进化和改善，最终实现人类自由而全面发展的社会状态。

（二）数字友好为什么

数字友好哲学和公理系统的提出，除了对于人类社会当今面临的数字鸿沟问题的深度思考，更重要的是，基于数字世界发展的成功经验梳理、总结与科学实证，通过建立最广泛共识和协议的方式，通过数字全球化和全球数字化将全球不同文明、不同价值观、不同种族的人民团结起来，差异化、有步骤、分阶段，在不同地区实现联合国可持续发展目标。

（三）国际数字友好现状

联合国在2015年制定了17个可持续发展目标，致力于团结各国消除贫困、消除饥饿、保证医疗、优质教育、饮水卫生、可负担清洁能源、体面工作和经济增长、工业创新和基础设施、缩小贫富差距、可持续发展的社区和城市、负责任的消费和生产、气候行动、水下生物、陆地生物、保卫和平和正义、促进全球伙伴关系。联合国《2019年数字经济报告》重点论述了要加强数字基础设施，缩小数字鸿沟、缩小财富不平等，关注新技术所带来的失业问题，为人们提供终身的学习机会，对于网络安全和非法经济活动，协调各界共同寻找解决办法。

世界贸易组织在2018、2019年《世界贸易报告》中专门论述数字贸易改变全球贸易未来，服务贸易构成国际贸易新增量。认为在时间密集型、认证密集型、合同密集型产业中，将率先实现数字贸易机会。知识产权的贸易将成为数字贸易的主要内容。那么新的衡量数字贸易的发展和测评指标制定数字贸易关税政策、降低数字贸易壁垒、提高数据互操性、安全性、跨境数据流转和隐私保护、跨境资金便利支付、数字司法、数字贸易人力资本改善，就成为数字友好重点议题。

欧盟率先出台《通用数据保护条例》和《数字服务法》，成功在各国数据使用及监管政策方面不尽相同的方面取得了最大程度共识，建立了一个统一的数据市场，解锁了尚未得到利用的数据，使得数据能在欧盟内部流动，实现了产业、学术、政府等部门共享。并且OECD《数字时代的贸易》报告认为，数字化连接每提升10%，商品贸易增长2%，服务贸易增长3%，出口增加2.3%。

非洲联盟（以下简称非盟）开始推进非洲各国相应联合国贸发会数字贸易快速测评表，并就本国的数字贸易发展短板进行针对性的发展。非盟在2019年6月，欧盟—非盟数字经济工作组（EU-AU digital economy task force）发布了"新非洲—欧洲数字经济伙伴关系（New Africa-Europe Digital Economy Partnership），倡导"在电信、数字经济、数据保护和隐私、创业公司、电子商务和电子政务等领域制定政策和法规"。这意味着非洲与欧盟的政策对接（例如通用数据保护条例或电子商务相关法规）将成为主要议题。

阿拉伯联盟数字经济发展领先的阿联酋，2020年8月17日批准了《阿联酋人工智能和数字经济行动计划》。在沙特的倡议下，沙特、巴林、约旦、科威特和巴基斯坦五国召开通信和信息技术部长视频会议，并宣布成立"数字合作组织"。该组织旨在加强创新驱动领域合作、加速数字经济增长。中东国家年轻人口众多、消费群体庞大、区域数字经济发展不平衡、基础设施各不相同，随着互联网基础设施的日益普及与改善，未来这一地区的数字经济发展有着广阔空间，中东国家与中国的数字合作潜力巨大。

东盟2018年批准了《东盟数字一体化框架》，并于2019年制定了该框架的行动计划，在促进无缝交易、保护数据、实现无缝数字支付、拓展数字人才、培养创业精神、协调行动进行六大领域统一部署。

目前多个国际联盟和国际组织都在制定执行多样化、借鉴外国先进经验的数字化发展。中国作为数字经济发展大国，本身也具有港澳台等多关境辖区，在数字发展、应对新冠肺炎疫情等数字友好领域积攒了丰富的经验，可以为国际组织提供丰富的技术储备和发展方案，并极具商业机会和公理学科前沿价值。

（四）现已取得的成果

在联合国可持续发展目标下，CWTO数贸会提出"数字友好"公理系统并倡议发起"世界数字友好日"，反映了世界各国人民对数字文明时代的共识和态度，表达了人类社会对数字世界美好、自由而全面发展的向往和追求，也是国际社会对提高数字问题关注度、弥合数字鸿沟、消除数字贫困、防止数字垄断和建立数字文明共识机制并采取积极行动的重大契机。CWTO数贸会联合权威媒体与国际组织代表、驻华外交官、专家学者、数字经济和数字贸易企业领袖等开展对话，对话围绕理论创新、数字化发展测评、民间数字化交往、数字基础设施、数字经济战略、支付解决方案、数字物流、法律规范、数字技能培训、政府治理、数字垄断、教育平等、环境保护、社区文化、脱贫致富、员工敬业、女性、儿童、老年人和残障人士影响力、全民医疗等方面展开。

数字友好典型案例征集活动由中国世界贸易组织研究会数字经济和数字贸易专业委员会发起，旨在挖掘为传播、实践数字文明建设和改善数字鸿沟事业做出突出贡献的典型案例，树立数字文明城市和行业的典范，形成数字友好建设人人有责、数字文明风尚人人关爱的新局面，在全社会形成政府倡导、企业自律、公众关切、社会监督的数字友好文化氛围，进一步丰富数字友好人类命运共同体内涵。

数字文明时代，数字友好程度将逐渐成为数字文明转型过程中的重要公共产品和市场配置要素的竞争比较优势。各地区、各行业已经越来越充分地意识到其重要性，并不断在社会治理、城市建设和行业发展过程中尝试推出各类支持数字友好建设的创新举措，包括但不限于数字友好型技术、数字友好型产品、数字友好型企业、数字友好型产业、数字友好型贸易、数字友好型金融、数字友好型教育、数字友好型法律、数字友好型社区、数字友好型园区、数字友好型城市及数字友好型政府等领域的好做法。

数字友好城市建设案例侧重理解数字友好定义、弥合数字鸿沟要求、数字化转型的决心与部署、政策支持、资源扶持和施政成绩等。行业协会和领域联盟数字友好案例可重点关注履行社会责任，带领本行业或本领域开展数字化转型建设举措、增强数字友好性、实施部署和标志性成果等。企业数字友好案例集中展示企业在社会治理、城市建设和行业发展过程中尝试推出的各类支持数字友好建设的创新举措和实践、问题与突破、成果与效果等。

为了更好地在全球形成关注数字友好的信用流量，丰富数字友好公理系统的科学内涵，中国世界贸易组织研究会数字经济和数字贸易专业委员会倡议将《世界数字友好宣言》发布日即8月18日作为"世界数字友好日"，并于2021年4月2日在北京成功召开的第二届世界数贸大会启动仪式上，经过与会政商代表热烈研讨形成进一步共识。巴哈马驻华大使馆大使H.E. Robert Quant（罗伯特·匡特阁下）、黑山共和国驻华大使馆前大使H.E. Darko Pajovic（达尔科·帕约维奇阁下）、利比亚驻华大使馆代办Haitem.I.M Twati（哈西姆·塔瓦里）、瓦努阿图共和国驻华大使馆代办兼公使衔参赞Yao Ruihua（姚瑞华）、津巴布韦驻华大使馆临时代办公使衔参赞Mqabuko Spencer Dube（姆卡布科·斯宾塞·杜贝）、斯里兰卡驻华大使馆副馆长Mr. K.K.Yoganaadan（尤格纳丹先生）、埃塞俄比亚驻华大使馆公使Mr. Gebru Alemu（盖布鲁·阿莱穆先生）、乌干达驻华大使馆公使Mr.Gebru Alemu（盖布鲁·阿莱穆先生）、孟加拉国驻华大使馆参赞Mohammad Monsour Uddin（穆罕穆德·孟索·伍迪）、贝宁驻华大使馆参赞Luc Compan Eban（吕克·康潘）、马达加斯加驻华使馆参赞Andrianasolo Adrien（阿德里安）、北马其顿驻华大使馆参赞Ms. Vesna Andreeyska（维斯娜女士）、白俄罗斯驻华大使馆高级参赞Ms.Tatyana Kharlap（哈尔拉普女士）和海关参赞Dzmitry Kavalionak（迪米特·卡华利安拿克）、沙特阿拉伯驻华大使馆商务参赞Dr.Mohammed Alotaish（穆罕博士）、伊朗驻华大使馆技术创新合作参赞Sajjad Ahadzadeh（阿哈德）、阿富汗驻华大使馆商务参赞M. Mustafa Jamal（穆斯塔法·贾马尔）、几内亚驻华大使馆政务参赞Bah Thierno Maadjou（巴·迪埃赫诺·马德儒）、摩洛哥驻华大使馆商务参赞Reda Oudghiri Idrissi（瑞达·伊德里西）、格鲁吉亚驻华大使馆高级参赞Tornike Mnatobishvili（托尔尼克·马纳托比威利）、老挝驻华大使馆经济商务参赞Mr. Khouanchay IE MSOUTHI（呼兰察伊先生）、吉尔吉斯斯坦驻华大使馆商务参赞Aseinov Meder（梅德尔）、泰国驻华大使馆经济参赞Theerawej Dankaew（拉威丹考）、蒙古驻华大使馆经济参赞Dashtseren Temulen（达什特森特穆伦）、伊朗驻华大使馆一等参赞Ali B. Nemati Zargaran（内马蒂·扎格冉）、土耳其驻华大使馆商务参赞Ugur Kilicarslan（伍克南）、多哥驻华大使馆商务参赞Klutse Messan Amakoe（格雷奇·梅桑）、纳米比亚驻华大使馆商务参赞Freddie Gaoseb（弗雷迪）、加蓬共和国驻华大使馆文化参赞Arnaud Pambou（班布）、尼泊尔驻华大使馆商务参赞Chhabindra Parajuli（察宾德拉·普拉朱利）、马里驻华大使馆二等参赞Bokary Bocoum（波库姆）及摩洛哥、印度尼西亚、莱索托、土耳其、多哥、纳米比亚、加蓬、尼泊尔、吉尔吉斯斯坦、白俄罗斯等

50多个国家驻华大使馆外交官,以及国际国内商协会组织、媒体代表、学研机构的专家学者和企业家共计500多人出席本次启动仪式。世界数字友好日反映了世界各国人民对数字文明时代共识的认识和态度,表达了人类社会对数字世界美好、自由而全面发展的向往和追求,也是国际社会提高数字问题关注度、弥合数字鸿沟、消除数字贫困、解决数字垄断和建立数字文明共识并采取积极行动的重要契机,发起"世界数字友好日",将更加快速地吸引公共部门、私营部门和社区参与数字友好公理系统和共识的建设。目前,正在积极推动世界数字友好日的倡建工作,包括邀请联合国、世界贸易组织、世行等国际组织,外交官,科学家,企业家,公益人士等录制中英双语VCR,共倡世界数字友好日,共建数字友好世界。

已有的实践工作为本课题提供了丰富的参考资料,有助于世界数字友好开放区理论的提升和深化。

三、世界数字友好城市标准体系

数字友好城市是人类面向未来、和谐友好、科技创新、以人为本,具有数字化互操性的地球村居民生活和产业集群单元。人类文明正在从农业文明、工业文明步入数字文明,但是社会发展却面临百年未有之大变局,例如生产关系重构、数字鸿沟加剧、贸易保护主义、分布式金融系统重构、垄断、贫富差距加大等问题。传统的衡量社会发展的指标如CPI、GDP、人均收入等并不能全面地反映人类社会数字文明发展思路和发展水平。我们迫切需要研究城市、自由贸易区、产业城市等数字经济和数字贸易时代新型生产单元。

为了更好地落实习近平总书记倡导的"人类命运共同体"哲学思想,"要以'一带一路'建设等为契机,加强同沿线国家特别是发展中国家在网络基础设施建设、数字经济、网络安全等方面的合作,建设21世纪数字丝绸之路"的重要指示,在指引、预测、教育和评价世界数字文明发展,实现联合国可持续发展目标、WTO电子商务谈判成果、联合国贸发会快速数字贸易测评,欧盟、非盟、阿拉伯联盟、东盟、OECD、G20、世界银行、IMF、ITU等关于世界数字文明发展的革新建议,开展"世界数字友好城市认证"研究,从产业城市的视角,研究如何在全球推进数字友好哲学思想和公理系统研究,提炼出国际化、高水平的中国数字发展理论,并针对各国具体数字化发展情况,提出分步骤、分阶段、分重点的发展路径,团结更多致力于国际友好、和平、可持续数字化建设的公共部门、私营部门和社区,开展更为广泛的数字化生态合作,建设数字友好人类命运共同体。

(一)世界数字友好城市建设的意义

(1)完善数字经济标杆城市建设统筹推进机制。

(2)实施法规标准引领战略。

(3)统筹数字经济发展与安全。

（4）打造国际化发展平台。

（5）争取先行先试政策支持。

（6）优化数字经济营商环境。

（二）世界数字友好城市的内涵

数字友好城市认证是为了使不同的产业城市能够"可插拔式"快速融到全球数字经济和数字贸易发展生态之中，对其进行分等级、分阶段、分重点的评估和认证，并提出发展建议。并且利用认证的数据和算法，不断学习修正认证标准，使得"以认证、促发展"，最终促使产业城市的数字化发展愿景和路径均能够与国际数字经济贸易融合，达到一体化、可持续发展的良性状态。

人类社会从工业文明进入数字文明时代以来，现代产业和服务业的主要提供单元，从过去的县乡和企业转变为城市、产业集群以及居民个人。这些城市和产业集群既通过高速铁路网络和公路网络为基础的物流体系相连接，更重要的是，企业、产业集群和个人所蕴含的人类智慧和技术的内生增长，通过城市数据的互操作性进行土地、资本、劳动力、技术、数据的要素配置，开始组成了一个个无边界的数字友好城市集群。

因此数字友好城市这个数字文明时代居民生活和产业的基本单元，既在于物理空间的连接，更在于数字时代。数字孪生城市具有互操作性生产生活的一体化广域数字虚拟化范围。

因为数字化技术的零边际成本特性，数字友好城市的典型特征，是统筹安排、关注个人，通过智能计算技术的应用，使得城市管理、教育、医疗、房地产、交通运输、公用事业和公众安全等城市组成的关键基础设施组件和服务更互联、高效和智能。数字友好城市发展的工作重点，将城市资源观念从完善的基建类基础设施转变至既具有完善的基建类基础设施，又具有促进国际技术交流、保护、贸易等内生增长的数字化信息基础设施和制度建设，加强信息资源、软件资源的确权、保护、分享与重组，加强对于文化多样性的关注与保护，加强对于弱势群体的培训与个性化帮扶。致力于将城市打造成为开放创新空间，营造有利于创新涌现的城市生态。

当前数字友好城市的工作重点将体现在：其一，利用高传感技术，对城市进行自动、实时全面的感知，尤其应关注到城乡接合部及相对贫困的社区；其二，对过去信息孤岛的行业结构，打破利益壁垒、重复建设，在具有互操作性和公共产品的理念上，进行开放整合的复杂系统信息化架构设计；其三，注重通过在云计算、雾计算、边缘计算、5G以及其他泛载网络、泛在网络，实现无所不在的数字化智能融合服务；其四，从用户视角，以产品经理方法去关注、分析、使用城市的数据，并设计出人性化的公共产品和服务，解决"事难办、脸难看、门难进"的痛点，让群众少跑路、多办事、办实事；其五，强调人的主体地位与个体的差异，更加强调开放创新的城市文化塑造、市民参与和用户体验，以人为本实现可持续创新；其六，简政放权，通过要素数字化、市场化理念，发展知识产权的金融和交易，促进政府、公共部门、私营部门、个人各方力量协同塑造关爱城市基于比较优势所凝聚实践发展出来的数字友好城市独特风尚，从而吸引不同的国际人才和资本到来。

数字友好城市不但采用物联网、云计算、人工智能、数据挖掘、知识管理、社交网络等技术工具，也注重用户参与、以人为本的创新2.0理念及其方法的应用，构建有利于创新、重组的制度环境，以实现友好技术高度数字化集成、友好产业高度数字化发展、友好服务高度数字化便民、以人为本关注弱势群体和不同族群，完成从工业城市、旅游城市、宜居城市向数字友好城市的跃升。数字友好城市将是创新2.0时代以人为本的国际化可持续发展友好创新城市，是地球村时代生产生活、科技创新的城市发展样板和真正的元组基石。

世界数字友好城市将通过多边或双边数字友好协议、共识和测评，达成包括但不限于发展数字经济和数字贸易，鼓励数字创新，建设总部基地，依托比较优势资源对接与合作，打造科技创新开放区、自贸区、自贸港、跨境电商综合试验区、综合保税区、海外仓、贸易数字化服务基地之间交流合作、亲诚普惠的国际样板；促进复合型数字友好青年事务交流、青年领导力培训和国际数字友好青年对话；探索和促进数字金融和数字资产事务交流；促进城市、商会、协会和私营部门之间的合作与交流；共同应对数字鸿沟、数字垄断、数字贫困、数据安全和隐私保护问题；开展友好城市之间的数字化公共产品供给的交流与合作；形成数字友好型数字经济和数字贸易发展理论成果，形成人人关爱数字友好的良好国际风尚。在所有合作中，双方将充分发挥城市、城市、机构、私营部门和市民的作用，努力实现城市之间的互利共赢。

（三）世界数字友好城市认证体系

围绕国际产业城市数字化发展的难点、特性与共性，科学提出量化标准用以作出认证测评和分级（见附表1）。包括但不限于：

（1）数字经济、数字贸易和数字发展理论创新和战略规划。

（2）ICT基础设施，即5G及千兆网络普及率，人均智能移动终端、PC终端数。

（3）软件系统，即统一身份认证、电子签名、ERP、CRM普及率。

（4）民间数字交往，即数字化技术，将物流、资金流、信息流、商品、文化和服务，以及人与人的交往频繁结合在一起。这样就可以形成一个民间交往的网络化、规模化效应，也会进一步增进理解、促进和平。

（5）支付清算解决方案，包括数字货币、信贷的匹配、资金安全、金融改革。

（6）物流体系，即公路、铁路、航运、航空、物流中心、自动化物流系统、劳动力充足度。

（7）智慧交通，即新能源汽车与智慧交通、高精度地图。

（8）海关体系，即数字海关和EDI发展、保税仓、海外仓建设。

（9）法律规范，包括国际反洗钱、数据确权、隐私保护、跨境数据流转、数字贸易税收、反恐、外汇管制、数字法庭、国际仲裁。

（10）数字技能培训，包括对慕课、公共产品供给和对老年人、女性、儿童、残疾人以及贫困人口更多的关注。

（11）数字化治理团队，即组建专门负责数字化发展的团队，统筹城市的数字化发展。

（12）反垄断。即治理数据公司和巨型平台的经营者集中、垄断协议和滥用市场支配地位行为；治理行政垄断行为。

（13）环境保护，包括数字化传感、分析及提供解决方案，碳达峰、碳中和发展措施和路径。

（14）社区文化，即对开源软件运动和密码朋克主义等社区文化的理解、关注、参与、团结机制。

（15）脱贫致富，通过全要素生产率提高和收入提高速度实施。

（16）员工敬业，避免员工陷入人工智能发展的内卷化，最低工资标准、工作时长、商业保险普及。

（17）女性和老年人数字鸿沟问题，建立女性产业及老年人产业发展及友好度。

（18）全民医疗，建立疾病远程诊断治疗，数据库分享，医疗保险普及度。

（19）文化体育，包括文化体育的科技化、普惠化、数字化。

附表1 数字友好城市认证指标体系

目标	一级指标	二级指标	三级指标
数字友好城市认证体系	数字友好城市基础设施	全感知城市	共16项三级指标
		智能网联化城市道路	
		其他	
		共4项二级指标	
	数字友好城市创造指数	6G网络	共43项三级指标
		算法创新	
		区块链	
		生物与信息技术融合	
		其他	
		共8项二级指标	
	数字友好城市数据要素资产确权指数	多来源公共数据	共24项三级指标
		协同高效算力中心体系	
		数据资产产业链	
		其他	
		共7项二级指标	
	数字友好城市运营指数	法规标准	共95项三级指标
		开放互联国际数据枢纽	
		其他	
		共11项二级指标	
	数字友好城市救济指数	行政执法	共15项三级指标
		其他	
		共3项二级指标	

四、世界数字友好城市建设路径

人类文明正在从农业文明、工业文明步入数字文明，但是社会发展却面临百年未有之大变局，例如数字鸿沟加剧、贸易保护主义、金融系统重构、垄断、贫富差距加大等问题。传统的衡量社会发展的指标如 CPI、GDP、人均收入等指标并不能全面地反映人类社会数字文明的发展水平。为了更好地落实习近平总书记倡导的"人类命运共同体"哲学思想，"要以'一带一路'建设等为契机，加强同沿线国家特别是发展中国家在网络基础设施建设、数字经济、网络安全等方面的合作，建设21世纪数字丝绸之路"的重要指示，在指引、预测、教育、评价世界数字文明发展，实现联合国可持续发展目标、WTO电子商务谈判成果、联合国贸发会快速数字贸易测评，欧盟、非盟、阿拉伯联盟、东盟、拉共体、OECD、G20、世界银行、IMF、ITU等关于世界数字文明发展的革新建议，开展用数字友好公理系统开展"数字友好城市、数字友好园区、数字友好社区和数字友好乡村等发展与建设"的研究，以在全球推进数字友好哲学思想和公理系统研究，提出中国数字发展理论和方案，团结更多致力于国际友好、和平、可持续数字化建设的公共部门、私营部门和社区，开展更为广泛的数字化生态合作。

（一）指导思想

世界数字友好城市研究与建设以习近平新时代中国特色社会主义思想为指导，围绕落实《国民经济和社会发展第十四个五年规划和2035年远景目标纲要》提出的发展目标和任务，统筹推进"五位一体"总体布局，协调推进"四个全面"战略布局，立足国内大循环，协同推进强大国内市场和贸易强国建设，形成全球资源要素强大引力场，促进内需和外需、进口和出口、引进外资和对外投资协调发展，加快培育参与国际合作和竞争新优势。创新发展服务贸易，推进服务贸易创新发展试点开放平台建设，提升贸易数字化水平。

（二）法规依据

世界数字友好城市依法合规开展研究和试点建设工作。将重点遵循《中华人民共和国城乡规划法》《中华人民共和国循环经济促进法》，以及《2020年新型城镇化建设和城乡融合发展重点任务》《国家发改委、财政部关于推进园区循环化改造的意见》《关于推进国家级经济技术开发区创新提升打造改革开放新高地的意见》等相关规定。

（三）研究与建设主旨

1.把握新趋势

数字友好正当其时。通过"数字友好"将世界数字社区联合起来，加强世界跨文化交流与新经济合作，是人类共同面临的一项伟大事业。数字友好文明，超越主权理念，强调不分人种、不分地域、不分贫富，观照人类整体和人类未来，是具有时代性、引领性的世界观、发展观。要解决好人类需求与数字资源供给之间的矛盾，要牢牢把握"数字友好"的公理系统，数字友好文明的发展，将成为解决人类矛盾重大历史契机。

2. 形成新理论

数字友好公理系统包含数字文明时代，社会效用测算机制、社会生产力的发展方式、社会生产关系的重组、社会组织和治理结构的新状态。

3. 站位新布局

实现联合国可持续发展目标。对于联合国17个可持续发展目标，以"数字友好"为新契机，构建世界"数字友好伙伴关系"，探索人类未来和平共荣发展模式和分享中国数字文明实践的伟大尝试。在联合国重要可持续发展战略核心区发起示范项目，成建制、成体系、成规模地先引进世界数字友好商会组织与各界优秀代表，通过商贸数字流通、文化交流、科技孵化、产业培育、教育合作、学理研讨等国际数字友好城市、自贸区、园区、社区常态化交流活动，呈现人类大同、世界共荣、美美与共的未来国际都市、社区新景象。

4. 使用新话语

以协议和共识打造亲诚普惠的交易，实现祖国统一和人类和平。经济发展的秘诀在于，以市场经济作为要素配置主要方式，以政府良治作为优秀公共产品供给，以科技创新为内生增长动力，以多维主体为竞争参与对象。顺应数字文明时代的全新话语，基于"协议"（protocol）和"共识"（consensus），去构建合作机制，实现普惠和多方共赢。照顾数字人才在公共产品供给不足重大关切，建设数字人才的"亲善之都""宜居之都""教育之都""医疗之都""生活之都""财富之都"，最终实现世界人民大团结。

5. 研究新结构

数字友好社会契约论结构。数字友好作为一个研究数字文明的哲学和公理系统，是一种人与数字化和谐共生的社会形态和数字文明趋势，其核心内涵是以人为本的人类生产生活和以数据驱动的数字生态系统协调可持续发展，并遵循人类不断创造、科学实证不断进化改善，最终实现人类自由全面发展的社会状态。是科学技术经济内生增长和数据作为生产要素之后，生产关系变革带来的重大社会契约变革。

6. 建立新测评

数字友好经济测评指标。重点研究数字经济、数字公共产品对社会效用和福利的测评和提升，完善GDP、CPI指标在指引数字经济发展中的不足。

7. 展示新自信

数字友好中国方案。通过项目实施，让世界更多的城市和人民分享到中国超大市场规模优势和蓬勃发展的红利，充分展现中国坚定不移推进改革开放的信心和决心，充分展现中国坚定不移支持经济全球化的力度和行动，充分展现中国作为一个负责任的大国为促进世界经济增长，促进人类和平共处，促进人类自然和谐相处所做的务实工作。

8.构建新格局

破局"官"热民"冷"。破局国际合作和交往中，"官"热"民"冷，"内"热"外"冷，避免意识形态之争，以中国定力，用国际语言，发展数字友好统一战线力量，各尽所长、协同配合，共同推进话语体系战略工程。实现习近平总书记"国之交在于民相亲"重要指示。

（四）研究与建设内容

世界数字友好城市是数字友好理论在城市的应用，是一个多边市场、多方共赢的模块化可伸缩式数字化企业赋能生态圈，既包括全球一定区域内的物理空间，也包括基于网络和计算技术的开源式数字化生态网络系统。世界数字友好城市不再关注于传统同质化的物业服务、政策解读、项目申报、知识产权等服务，而着重于运用数字化技术，系统性、长期性、便捷性、针对性、友好性地吸引企业、赋能企业、培养企业，并基于所在国家、地区、政策与自身定位的比较优势，深度发现行业价值链，以共享平台思维，发现价值链中的潜在痛点和潜在增值点，从价值发现到价值创造，从基础服务到产业服务。

世界数字友好城市将通过多边或双边数字友好协议、共识和测评，达成包括但不限于发展数字经济和数字贸易，鼓励数字创新，建设总部基地，依托比较优势资源对接与合作，打造科技创新开放区、自贸区、自贸港、跨境电商综合试验区、综合保税区、海外仓、贸易数字化服务基地之间交流合作、亲诚普惠的国际样板；促进复合型数字友好青年事务交流、青年领导力培训和国际数字友好青年对话；探索和促进数字金融和数字资产事务交流；促进园区、商会、协会和私营部门之间的合作与交流；共同应对数字鸿沟、数字垄断、数字贫困、数据安全和隐私保护问题；开展友好城市园区之间的数字化公共产品供给的交流与合作；形成数字友好型数字经济和数字贸易发展理论成果，形成人人关爱数字友好的良好国际风尚。在所有合作中，双方将充分发挥城市、园区、机构、私营部门和市民的作用，努力实现城市、园区之间的互利共赢。

1.法律法规层面

研究数字经济和数字贸易最新法律法规，为世界数字友好城市试点与建设提供法理依据。

2.行业政策层面

研究国家部委、各地政府等出台的关于数字经济与数字贸易、数字城市建设的政策要求，为世界数字友好城市试点与建设提供行业政策支撑。

3.试点实践层面

有针对性地选择课题研究基地，有计划和有系统地针对课题研究基地的试点与实践进行研究，开展案例分析，总结成功模式。通过世界数字友好开放区全球缔结计划，打通外循环，优化供应链，形成新的数字贸易渠道。

4.模式推广层面

基于课题研究基地梳理和总结的成功经验，结合数字友好理论，提升总结形成新时代世界数字友好城市建设的实施模式，并有计划地向符合条件的其他地区进行推介和推广。

五、世界数字友好城市推进策略与建议

（一）以点带面，召开"世界数字友好大会"，倡议发起"世界数字友好日"

"友好"属于国际话语通用符号，该符号超越主权国家范畴，有"中立性"，超越人种、性别、文化、经济等差别，具有"平等性"，含共建共享和包容、普惠等理念具有"互动性"，既能够充分体现命运与共的理念，又对数字社会当前一些突出问题（霸权、垄断等不友好现象）进行有针对性的回应。通过召开"世界数字友好大会"和倡议发起"世界数字友好日"，逐步将"数字友好伙伴关系"运用到双边关系或多边关系中，推动形成全世界全社会的广泛共识，成为共同的价值理念。

（二）以研促用，设立数字友好民间国际性研究智库

智库既是国际发展的智囊团，又是高效的发声器。通过民间组织组建有国际权威政要、数字科技国际杰出科学家、社科领域著名专家学者共同参与的数字友好智库组织，加强"数字友好关系"理念在数字网络领域的规则体系、技术标准体系、制度体系研究和网络科技发展战略研究，推广指导数字友好空间治理、技术产品创新、投资贸易规则创新应用。

（三）以制强治，推进数字友好文明领域规则标准创新

研究制定和积极倡导数字友好文明命运与共的技术标准、产品标准、投资贸易规则，引导企业和其他社会组织，在新技术新应用开发、国际投资贸易、人才培养培训中自觉遵循和采用，形成更加友好数字经济产业生态。

（四）以文化行，加强数字友好文明理念国际传播

依托民间国际性组织举办国际高峰论坛，在中阿、中非、中国东盟等一系列国际合作展会论坛中植入数字友好文明符号，积极倡导数字友好城市共同体行动准则和共同宣言，加快在世界形成共识。

（五）以导定向，建立数字友好评价标准体系和评价机制

评价体系是有效的指挥棒。利用民间组织研究编制和发布数字友好报告、数字友好文明指标体系，形成评估评价体系，以评价导向引导社会导向。

(六)以形载道,物理空间强化数字友好符号表达

依托联合国、WTO、国家联盟和外事系统,开展数字友好文明国家、数字友好文明城市、数字友好文明企业等认定和创建活动,把数字友好文明命运与共理念融入生活环境、融入日常行为。

(七)以投促进,通过金融工具实现持续共赢

设立数字友好产业引导基金、建设交易所,实现持续共赢。依托国内产业引导基金和国际主权资本跨国资本进入数字友好城市联盟优势产业,建立数字化商品和资产交易所,以居民普惠为原则,构建数字友好城市幸福保险体系,以联盟、自贸区和城市的合作联动国家间的合作,实现多点开花,灵活自主,多方共赢,持续发展。

(八)以法支服,培育涉外数字法律人才和服务

成立"国际数字友好法律研究中心",落实商务部等三部委《数字经济对外投资合作工作指引》,司法部等四部委《关于发展涉外、数字化法律事务或研究业的意见》,研究、建设、储备一批通晓国际规则、具有世界眼光和高技术、数字化视野的高素质涉外、数字化法律人才,更好地为"人类命运共同体""一带一路"、自由贸易区建设等国家重大发展战略,为中国企业和公民"走出去",为支持爱国统一战线和"数字友好"的国际友人,为我国重大涉外、数字化经贸活动和外交工作大局提供法律支持或研究支持,进一步试点多元涉外、数字化法律人才培养机制,充实涉外、数字化法律人才队伍,提升中国涉外、数字化贸易法律事务研究水准和国际影响力,充分发挥行业协会作为政府和市民社会的中间层在国际交往中的灵活性和引领作用。